조선시대 **藩胡** 연구

# 조선시대 藩胡 연구

한 성 주

景仁文化社

　전근대 영토 인식은 오늘날처럼 단선적인 것이 아니었다. 특히 조선시대 두만강 유역에 대한 영토 인식은 중층적으로 나타났다. 조선의 관원이 파견되어 조선의 관할로 인정되어지는 범위와 관원이 파견되지 않더라도 조선의 법령과 왕명이 미치는 조선의 영역이 서로 다른 양상으로 존재하였던 것이다. 즉 두만강 바깥 지역이더라도 조선왕의 법령과 왕명이 미치는 범위가 있어 왔다는 것이다.

　이러한 인식의 가운데에는 藩籬와 藩胡가 있다. 번리는 '울타리'라 뜻이고, 번호는 藩과 胡의 합성어로 '울타리를 이루는 오랑캐'라는 뜻이다. 조선에서는 두만강 유역의 여진인들에 대해서 조선의 번리라고 인식하였고, 조선 중기부터는 번호라고 부르기 시작하였다.

　두만강 유역의 여진인들을 번리라고 인식한 것은 크게 두 가지 이유가 있었다. 첫 번째는 고려시대 윤관이 여진을 정벌한 후 9성을 설치하였는데, 두만강 밖 선춘령에 공험진을 설치하였기 때문에 두만강 이북 지역이 고려의 땅이라는 것이다.

　두 번째는 보다 직접적인 것으로, 조선을 건국한 이성계가 두만강 유역에서 성장, 활동했기 때문에 이 지역이 祖宗舊地, 즉 조상의 옛 땅이라는 것이다. 특히 이성계가 고려 말에 東征·西伐할 때 두만강 유역의 여진인들은 이성계에게 종군하였고, 이성계가 조선을 건국한 이후 자신에게 종군한 여진인들에 여러 관직을 주었던 것도 이러한 인식의 형성에 많은 영향을 끼쳤다.

주지하다시피 함경도의 6진은 세종이 설치한 것이지만, 이미 태조 때부터 두만강 유역까지 조선의 행정구역으로 편성하였고, 이 지역에는 조선인들과 여진인들은 혼거하여 왔다. 6진 설치 이전부터 두만강 유역 여진인들을 조선의 번리로 인식해 온 결과 조선은 明과 치열한 외교전 끝에 두만강 유역을 중심으로 한 동북면 11처 여진의 귀속을 인정받았다.

그리고 세종 때 두만강 유역에서 발생한 여진 세력의 변화에 맞춰 6진을 설치하여 조선의 실질적인 관할을 두만강까지 확대하였다. 6진을 설치하였다고 해서 현실적으로 모든 여진인들을 강 밖으로 몰아낼 수 있는 것은 아니었다. 여진인들을 몰아낼 경우 삶의 터전을 잃어버리게 되는 여진인들과의 갈등과 분쟁으로 함경도 지역의 안정은 이루어지기 힘들었다. 결국 6진 설치 후 조선인들은 성 안에서, 여진인들은 성 밑에 살면서 평화 공존의 존(zone)을 만들어가기 시작했다.

6진의 성 밑에 사는 여진인들을 조선에서는 城底野人이라고 불렀는데 사실상 이들이 번리 및 번호의 주축이라고 할 수 있다. 물론 두만강 바깥에도 조선의 번리가 있었다. 즉 두만강 내외에서 정치·경제적으로 조선에 복속되어 온 여진인들이 조선의 울타리를 형성하였던 것이다. 두만강 유역의 여진인들은 조선의 정책에 부응하여 조선으로부터 정치·경제적 이익과 혜택을 받았고, 조선인들과 교류하면서 점차 사회·경제적 성장을 거듭하였다. 특히 조선에서는 번리들을 구제·구호하였으며, 먼 지역의 여진인들이 번리를 침입하면 조선군이 나가 싸워 그들을 보호하기까지 하였다.

그렇지만 조선에서 번리라고 불리는 여진인들은 조선의 법령과 왕명을 따라야했고, 해마다 조선왕에게 진상 물품을 보내야 했으며, 북방 및 여진인들의 동향을 수시로 보고해야만 했다. 따라서 여진인들이 조선을 침입하였을 경우 조선에서는 6진과 두만강 유역을 둘러싸고 있는 번리들에게 책임을 물었다.

조선과의 교류 속에서 두만강 유역의 여진 번리들은 거듭 성장하고 있었다. 6진 지역을 중심으로 두만강 내외에 점차 중심 부락이 형성되었고, 조선에서는 이러한 중심 부락을 번호라고 부르기 시작하였다. 이에 조선 중기가 되면 번리라는 말 대신 번호라는 말이 보다 더 통용되기 시작하였다.

16세기가 되면 번호들의 사회·경제적 발전은 6진 지역 조선인 사회를 뛰어넘는 수준으로 발전하였다. 그런데 여진 사회가 발전한 만큼 조선의 정책과 인식이 변화하거나 발전한 것은 아니었다. 조선은 6진 지역을 처음 설치했을 때와 같이 번호의 이탈을 방지하려 하였고, 민족과 민족의 경계를 나누어 왔으며, 조선에 복속되어야 하는 대상으로 인식해 왔다.

결국 사회·경제적 발전에 힘입은 번호들은 조선을 이탈하기 시작했는데, 그 대표적인 예가 16세기 후반에 발생한 '니탕개의 난'이다. 당시 여진인들은 2만여 명의 군사가 6진 지역을 횡행하였고 조선에 큰 경각심을 주기 충분하였다. 특히 조선에서는 번호들의 침입을 '亂'이라고 불러왔는데, 이는 조선에서 번호들을 어떻게 인식해 온 것인지 잘 알 수 있게 해 준다. 즉 조선에서는 번호들이 조선에 대해 반란을 일으킨 것으로 보아온 것이다. 번호들의 반란은 조선의 1차 방어선이 오히려 조선을 공격하는 상황을 초래한 것과 같은 것이었다.

또한 임진왜란의 발생은 번호들의 이탈을 더욱 확산시키는 계기가 되었다. 임진왜란이 발생하자 조선에 불만을 품었던 번호들은 6진 지역을 약탈했으며, 임진왜란 이후에도 자주 조선의 鎭堡들을 침입하였다. 이에 조선에서는 번호의 침입에 대응하고 이탈을 막기 위해 征討라는 이름으로 여진 부락을 정벌하였다.

한편 여진 세력은 두만강 일대의 번호 부락만이 집중화되고 발전한 것

만은 아니었다. 농경이 보편화되기 시작하면서 요동 일대의 여진 세력들
도 역시 발전해 갔다. 이른바 '골(kol, 골짜기)에서 고로(golo, 고을)로, 그
리고 구룬(gurun, 나라, 國)으로 발전하기 시작하는데, 그 대표적인 것이
누르하치와 부잔타이라고 할 수 있다. 누르하치는 흩어져 있던 건주위를
통합하고 점차 세력을 확대하고 있었으며, 해서위의 울라부를 이끄는 부
잔타이 역시 누르하치와 치열한 경쟁을 벌여왔다.

임진왜란 전부터 시작된 두만강 유역 번호들의 반란은 이제 누르하치
및 부잔타이와 연계되었으며, 누르하치와 부잔타이는 번호들을 복속시
키기 위해 경쟁하였다. 그리고 부잔타이가 먼저 직접적인 군사 행동을
벌여 두만강 유역의 번호들을 침략하기 시작하였고, 이 과정에서 조선의
6진 지역을 침입하였다.

부잔타이의 번호 침략은 필연적으로 누르하치의 개입을 초래하였고,
마침내 조선의 경내인 종성진 烏碣巖에서 누르하치와 부잔타이의 군대
가 전투를 벌였다. 이 전투에서 누르하치가 승리함으로써 두만강 유역의
번호들은 누르하치에게 철폐되기 시작하였다.

한편 이수광은『지봉유설』에서 김종서가 함경도 6진을 설치한 것이 2
백년이 되었고, 성 밑에 살고 있는 여진인들로 울타리를 삼아 藩胡라고
불러왔다고 하였는데, 근년에 건주위의 누르하치가 번호들을 노략질해
잡아가서 거의 남아 있는 자가 없게 되었다고 하였다. 그리고 입술이 없
어지면 이빨이 차가운 것처럼[脣亡齒寒] 번호가 없어지니 우리나라에 미
치는 근심이 이루 다 말할 수 없다고 하였다.

임진왜란이 근세 동아시아 변동의 서막이었다면, 실제 변동의 核은 만
주였다. 사실상 明 중심의 국제질서를 무너뜨리고 바꾼 것은 누르하치였
다. 누르하치는 주변 여진인들을 통합하여 마침내 후금을 세우고 이후
淸이 중국을 차지하는 밑거름을 세웠다. 누르하치의 두만강 유역 번호

침탈과 철폐는 여진 통합이라는 단면을 보여주지만, 누르하치가 국가를 수립하는데 있어 필수불가결한 요소였다. 그러나 이러한 통합은 조선의 입장에서 보면 북방의 울타리가 철폐되는 것이었다. 그리고 마침내 누르하치가 조·명연합군을 격퇴하면서 조선과 후금과의 관계는 변화를 맞이할 수밖에 없었다.

이 책은 이러한 조선시대 번리, 번호의 관점에서 그동안 썼던 글을 재구성한 것이다. 필자는 조선시대 여진관계사를 전공하면서 2010년부터 여진 번리와 번호에 주목하여 왔다. 처음 의도는 조선의 6진 설치 이후 조선과 여진과의 관계를 재조명하고자 하였지만, 연구를 거듭할수록 조선의 여진 번리 인식과 번호에 대한 정책이 북방 정책의 핵심이라는 생각이 들었다.

이 책에서는 모두 9개의 논문을 3편으로 나누어 편집했다.

제1편 '번호의 형성과 발전'에서는 조선의 영역 인식이 중층적이고 중첩적으로 나타나는 양상을 두만강 유역 및 여진인들에 대한 번리 인식과 연관하여 살펴보려고 하였다. 그리고 여진 번리·번호의 형성과 성격을 규명하는데 중점을 두었다. 또한 번리와 번호 구축과 관련된 조선의 변경 정책을 검토함으로써 조선의 정책이 가지는 양면성을 검토하였다. 결국 조선의 번호 정책이 한편으로는 조선의 방어에 도움이 되었지만, 또 다른 한편으로는 번호의 성장과 발전에 영향을 미쳤던 부분을 규명하는데 노력하였다.

제2편 '번호의 침입과 조선의 대응'에서는 임진왜란 전후 여진 번호의 조선 침구 양상, 부잔타이와 누르하치의 침입 양상을 세부적으로 파악해보았다. 그리고 각각에 대한 조선의 대응이라는 측면을 살펴보려고 하였다. 번호들의 이탈 및 조선 침입에 이어 부잔타이, 누르하치의 두만강 유

역 진출에 따른 번호 침탈이라는 상황에서 조선의 대응이 어떻게 이루어 졌는지는 중요한 부분이다. 이 부분을 통해 각 시기 및 대상에 따라 조선의 북방 정책의 변화 추이를 가늠해 볼 수 있을 것이다.

제3편은 '번호를 둘러싼 교류와 인간상'으로 세 가지 개별적 사례들로 구성하였다. 첫 번째는 번리 인식을 바탕으로 이루어진 신숙주의 여진 和解事의 과정과 성격을 살펴보았다. 두 번째는 번리·번호를 중심으로 한 조선시대 대여진관계의 특징과 6진 지역의 조선인과 여진인들의 모습을 구현해 보려고 하였다. 세 번째는 번호였던 小弄耳가 부잔타이 및 누르하치의 침입을 거치면서 외교 실무자로 바뀌는 양상을 파악함으로써 조선과 여진과의 변화를 살펴보고자 했다.

이 책에 실린 논문들은 이미 각종 학술지에 수록된 글들을 재구성한 것이다. 뿐만 아니라 이들 논문이 처음부터 한 권의 저서로 기획된 것도 아니다. 그래서 수록된 글들이 자연스럽게 연결되지 않는 점이 있고, 또한 경우에 따라서는 중복 서술된 부분도 있지만, 각 논문의 이해를 위해 그대로 수록하였다. 이 책에 실린 논문들은 다음과 같은 학술지에 수록된 것이다.

제1편 藩胡의 형성과 발전
　　제1장 朝鮮前期 豆滿江 流域에 나타나는 두 개의 '朝鮮'(『明淸史硏究』 제37집, 명청사학회, 2012년 4월)
　　제2장 조선전기 두만강 유역 '女眞 藩籬·藩胡'의 형성과 성격(『韓國史學報』 제41호, 고려사학회, 2010년 11월)
　　제3장 조선 변경정책의 허와 실 - 두만강 유역 女眞 藩胡의 성장과 발전 - (『明淸史硏究』 제42집, 명청사학회, 2014년 10월)

이 책을 내기까지 많은 분들의 도움을 받았다. 우선 한국연구재단 중
견연구자지원사업에 '조선전기 두만강 유역의 女眞 藩胡 연구(2013년 5
월~2016년 4월)'가 선정되어 3편의 논문을 쓸 수가 있었다. 또한 동북아
역사재단 한중역사관련 분야에는 '신숙주의 女眞 和解事에 대한 연구
(2011년)'가, 한국연구재단 우수논문지원사업에는 '조선전기 두만강유역
에 나타나는 두 개의 朝鮮(2013년)'이, 또 동 재단 시간강사연구지원사업
에는 '호차 소롱이를 통해서 본 조선·여진관계의 변화(2017)'가 선정되
어 연구를 진행할 수 있었다. 이 책은 이러한 지원에 힘입은 바 크다. 이
자리를 빌어 한국연구재단과 동북아역사재단의 실무자 분들과 연구계획

서를 심사해 주신 심사위원들께 감사의 인사를 드린다.

또한 지도교수님이신 손승철 교수님의 은혜는 빼놓을 수 없다. 학문의 길로 이끌어주신 것뿐만 이 책을 내는 데 있어서도 끝없이 용기를 북돋아 주셨다. 그리고 항상 온화한 미소와 격려를 해주시고 연구실을 제공해 주신 강원대학교 사학과 강치원, 권오신, 유재춘, 남의현, 김대기, 김규운 교수님께도 감사의 인사를 드리고 싶다. 교수님들이 제공해 주신 연구실이 없었다면 이 책은 나올 수 없었을 것이다. 또 매년 강의를 주시고 격려하시는 강원대학교 교양학부 차장섭, 배재홍, 윤은숙 교수님께도 감사의 인사를 드린다.

한편 같은 연구실에서 동거 동락하는 홍성익, 김용태, 홍종규, 이홍권, 정병진 선생님께도 감사한 마음뿐이다. 전공은 다르지만 同學이라는 이름으로 도움만 받은 것 같다. 또 한일관계사학회, 만주학회, 강원사학회 선생님들, 강원대학교 선후배님들께도 감사하다.

무엇보다 아직도 자식 걱정이신 부모님께 아들이 열심히 공부하고 있다고 전해드리고 싶고, 밤마다 공부하러 나가는 필자를 걱정하고 격려해주는 사랑하는 아내 송수민, 아들 재희, 딸 한나에게 고마움을 전하고 싶다.

끝으로 흔쾌히 책의 출간을 허락해 주신 경인문화사 한정희 대표님과 김환기 총괄이사님께 감사드리며 이 책을 편집하는데 애쓰신 경인문화사 편집팀께도 감사의 인사를 드린다.

2018년 3월
한성주 삼가 씀

# 목 차

# 제1편
# 藩胡의 형성과 발전

# 제1장 朝鮮前期 豆滿江 流域에 나타나는 두 개의 '朝鮮'

## 1. 머리말

朝鮮을 건국한 李成桂의 세력기반은 東北面이었다. 고려말 동북면은 고려 유민과 여진인들이 混居하고 있던 상황이었고, 이성계의 私兵은 이들을 기반으로 하였다.[1] 이성계는 자신의 사병들을 거느리고 東征·西伐하였으며, 조선 건국 후 자신을 도왔던 여진인들에 대한 포상을 실시하였다.[2] 또한 조선의 동북면 및 두만강 유역까지는 아직 조선의 완전한 관할지역으로 편입된 것은 아니었기 때문에 태조 이성계는 鄭道傳, 李之蘭 등을 파견하여 이 지역을 조선의 행정체제에 편입하려 노력하였다. 그리고 이에 힘입어 압록강과 두만강을 경계로 하였다는 인식을 하게 되었다.

---

1 고려말 동북면 및 이성계의 세력기반에 대해서는 다음과 같은 연구성과들이 있다. 유창규, 「李成桂의 軍事的 基盤-東北面을 중심으로-」, 『진단학보』 58, 1984; 허흥식, 「고려말 이성계의 세력기반」, 『역사와 인간의 대응, 고병익 회갑기념 사학논집』, 1985; 김순자, 「고려말 동북면의 지방세력연구」, 연세대학교 석사학위논문, 1987; 심재석, 「용비어천가에 보이는 고려말 이성계가」, 『외대사학』 4-1, 1992; 최재진, 「고려말 동북면의 통치와 이성계 세력 성장-쌍성총관부 수복이후를 중심으로-」, 『사학지』 26, 1993; 송기중, 「朝鮮朝 建國을 後援한 勢力의 地域的 基盤」, 『진단학보』, 78, 1994; 김선호, 「14세기말 몽·려관계와 동북아 정세변화」, 『강원사학』 12, 1996; 박성규, 「고려말 한·중간의 유민」, 『경주사학』 20, 2001.

2 『조선 태조실록』과 『용비어천가』에는 이성계에게 從軍하였다가 조선 건국 후 조선의 관직을 받은 여진인 27명의 명단이 수록되어 있다(『태조실록』 권8, 태조 4년 12월 癸卯; 『龍飛御天歌』 권7, 제53장).

그렇지만 태조 이성계의 노력에도 불구하고 조선의 관할은 아직 두만강 유역까지 완전하게 미치지 못하였다. 두만강 유역이 조선의 관할지역으로 된 것은 주지하다시피 6진을 설치하면서부터였다. 비록 6진 설치 이전 두만강을 경계로 하였다는 인식을 가지고 있었지만, 이러한 인식은 엄밀히 말하면 두만강까지 완벽한 관할로서의 조선이 아닌, 영역으로서의 조선에 해당하는 지역으로 인식하고 있었던 것으로 생각된다.[3]

조선은 두만강 유역 內外에 대해서 멀리는 고려시대 尹瓘의 여진정벌과 9城 축조, 가깝게는 이성계 및 先代의 출생지이기도 했기 때문에 원래 祖宗의 옛 땅이라는 '祖宗舊地' 의식을 가지고 있었다. 또한 이 지역에 거주하던 여진인들이 이성계에게 從軍한 이래, 조선에 복속되어 있다고 생각한 것도 이러한 인식 형성에 기여하였을 것이다. 이에 따라 明 永樂帝가 두만강 유역 및 동북면의 11처 여진을 초무하자 명에 대한 외교적 노력으로 이것을 막아내었고, 두만강 유역의 여진 세력이 혼란해지자 6진을 설치하여 두만강까지 조선의 관할을 확대해 나갔다. 그리고 6진을 방어하기 위해 두만강 내외에 여진 '藩籬'를 구축하면서 이 지역을 실질적인 조선의 영역으로 만들어 갔다.

---

3 현재 '管轄'은 일정한 권한을 가지고 통제 또는 지배하는 범위로, '領域'은 한 나라의 주권이 미치는 범위로 領土, 領海, 領空으로 구성된다고 정의되고 있다. 그러나 이러한 현재의 '영역' 개념은 전근대 동아시아의 '영역'의 개념과 차이가 있다고 할 수 있다. 중국에서는 '영역'보다는 '疆域'이라는 용어를 보다 많이 쓰고 있는데, '강역'은 기본적으로 주권이 미치는 현대적 영토라고 하면서도 역사적으로는 완전한 주권이 미치지도 정식 행정구역이 설치되지도 않았지만 屬國, 藩國 등까지도 그 범위로 보고 있다(葛劍雄, 『中國歷代疆域的變遷』, 商務印書館, 1997, 7~8쪽). 본고에서 사용한 '영역'의 개념은 현재 중국학계에서 쓰는 역사적 '강역'의 의미와 가깝다고 할 수 있는데, 한국에서는 아직 이러한 역사적 '영역'과 '강역'의 개념에 대한 논의가 충분히 이루어지지 않았기 때문에 우선 '영역'이라는 용어를 공통으로 사용하였다.

이렇게 보면 동북면에서 두만강 유역까지 조선의 실질적인 행정체제에 편입시킨 관할지역과 조선의 영토 및 영향력 하에 있다고 인식되어지는 영역 지역이 서로 다른 양상으로 존재하였다고도 볼 수 있다. 어쩌면 두만강 유역에는 조선의 邊將과 首領이 파견되어 행정체제로 편입된 '관할로서의 조선'과 왕의 영토이지만 비록 행정관원이 파견되지 않았더라도 조선의 法令과 王命이 미치는 '영역으로서의 조선'이 서로 다르게 존재한 것은 아니었을까?

이러한 문제의식은 필자의 독창적인 것은 아니고, 이미 동북면 및 6진 개척과 관련된 선학들의 연구에서 조금씩은 언급되기도 했던 부분이다.[4] 특히 Kenneth Robinson은 '複數의 朝鮮'이라는 표현을 쓰고 '王領 朝鮮'과 '管轄 朝鮮'이 있었다고 하면서 '왕령 조선'은 조선왕조가 왕의 영토라 주장하는 범위이고, '관할 조선'은 왕의 지배가 미친다고 주장하는 범위에 있었다고 하기도 하였다.[5] 그러나 이들 연구들은 대체로 개설적인

---

4 조선의 동북면 및 6진 개척에 관해서는 다음과 같은 연구들이 대표적이라 할 수 있다. 송병기, 「동북, 서북계의 수복」, 『한국사』9(조선)-양반관료국가의 성립, 국사편찬위원회, 1973; 김구진, 「尹瓘 9城의 範圍과 朝鮮 6鎭의 開拓 -女眞 勢力 關係를 中心으로-」, 『史叢』21·22, 1977; 李景植, 「朝鮮初期의 北方開拓과 農業開發」, 『역사교육』52, 1992; 이재철, 『세종시대의 국토방위』, 세종대왕기념사업회, 1995; 김병록, 「조선초기 金宗瑞의 六鎭開拓에 關한 考察」, 성균관대학교 석사학위논문, 1996; 國防軍史硏究所, 『國土開拓史』, 정문사, 1999; 姜性文, 「朝鮮初期 六鎭開拓의 國防史的 意義」, 『軍史』42, 2001; 오종록, 「세종시대 북방영토개척」, 『세종문화사대계』3, 세종기념사업회, 2001; 방동인, 「조선초기의 북방 영토개척-압록강 방면을 중심으로」, 『관동사학』5·6, 1994; 방동인, 「4군 6진의 개척」, 『한국사』22(조선왕조의 성립과 대외관계), 국사편찬위원회, 1995; 방동인, 『韓國의 國境劃定硏究』, 일조각, 1997.

5 Kenneth Robinson은 "15~16세기 '朝鮮'은 하나가 아니었으며, 두만강의 남북 兩岸에 거주하는 女眞人에 대한 交流體制를 검토하는 것에 의해, 複數의 '조선'이 보여진다"라고 하고 있다(ケネス·R·ロビンソン, 「朝鮮王朝-受職女眞人の關係と'朝鮮'」, 『歷史評論』592, 1999, 29~30쪽). 본고에서 사용한 '두 개의 조선'이라는 용

언급에 지나지 않고, 이와 관련된 구체적이고 실증적인 두 개의 '朝鮮'에 대한 모습을 그려내지 못하고 있다. 따라서 본고에서는 선행연구 성과를 바탕으로 '영역으로의 조선'과 '관할로서의 조선'의 모습을 확인해 볼 수 있는 사례들을 찾아보고자 하였다. 이를 통해 전근대시기 영역과 영토인식을 고찰하는데 조금이나마 도움이 될 수 있기를 기대해본다.

## 2. 두만강 유역으로의 管轄 및 領域 확대

조선 건국 후 태조 이성계는 두만강 이남 조선의 동북면에 거주하고 있는 여진족에 대한 同化政策을 실시하여 조선의 編戶가 되도록 하였는데, 그 과정을 보면 다음과 같다.

우선 1393년(태조 2)에는 李之蘭을 東北面 都安撫使로 삼아 甲州와 孔州에 城을 쌓았고, 1397년(태조 6)에는 鄭道傳을 東北面 都宣撫巡察使로, 다시 이지란을 都兵馬使로 삼아 城堡를 수축하여, 端川으로부터 孔州의 경계가 모두 察理使의 통치 안에 예속되도록 하였다.[6] 다음 해인 1398년(태조 7)에는 州·府·郡·縣의 명칭을 나누어 정하고, 安邊 이북 靑州 이남은 永興道로, 端州 이북은 孔州, 이남은 吉州道라 칭하여 동북면 都巡問察理使로 하여금 통치하게 하였다. 그리고 洪原과 靑州, 端州, 吉州, 鏡城, 慶源 등에 속한 각 站의 명칭을 새로이 하였으며, 慶源府에 城을 쌓는 등 東北面 一帶를 다른 道와 다를 바 없게 하였다고 한다.[7]

---

어는 이러한 논지를 차용한 것이며, '두 개의 조선'이라는 것은 조선이라는 국가가 다원적이라는 의미가 아니라 조선이 인식한 '영역 지역'과 실제의 '관할 지역'이 상이하다는 뜻이다.

6 『태조실록』 권4, 태조 2년 8월 乙酉; 권12, 태조 6년 12월 庚子.

7 『태조실록』 권13, 태조 7년 2월 庚辰; 癸巳; 3월 丁卯.

이를 통해 보면 조선 건국 직후인 1393년(태조 2)부터 1398년(태조 7)
까지 조선은 동북면 일대에 성보를 축조하고, 道와 州·府·郡·縣의 명칭
을 정하는 한편 그 경계를 나누었는데, 조선의 官員으로 하여금 이를 통
치하게 한 것을 알 수 있다. 이와 관련하여 압록강과 두만강을 경계로 삼
았다는 인식이 보여지는데, 다음 〈記事 1〉의 내용을 살펴보자.

〈記事 1〉
… 의주에서 閭延에 이르기까지 沿江 천 리에 邑을 세우고 수령을 두
어서 압록강으로 경계를 삼았다. … 동북면 一道는 … 임금이 즉위한 뒤
에 적당히 萬戶와 千戶의 벼슬을 주고, 李豆蘭을 시켜서 여진을 招安하여
被髮하는 풍속을 모두 冠帶를 띠게 하고, 禽獸와 같은 행동을 고쳐 예의
의 교화를 익히게 하여 우리나라 사람과 서로 혼인을 하도록 하고, 服役
과 納賦를 編戶와 다름이 없게 하였다. 또 추장에게 부림을 받는 것을 부
끄럽게 여겨 모두 국민이 되기를 원하였으므로, 孔州에서 북쪽으로 甲山
에 이르기까지 邑을 설치하고 鎭을 두어 백성의 일을 다스리고 군사를 훈
련하며, 또 학교를 세워서 경서를 가르치게 하니, 文武의 정치가 이에서
모두 잘되게 되었고, 천 리의 땅이 다 조선의 版籍으로 들어오게 되어 두
만강으로 경계를 삼았다.[8]

이를 보면, 의주에서 閭延에 이르기까지 邑을 세우고 수령을 두어서
압록강으로 경계를 삼은 것을 알 수 있다. 두만강으로 경계를 삼았다는
것 또한 孔州에서 북쪽으로 甲山에 이르기까지 邑을 설치하고 鎭을 두

---

8 " … 自義州至閭延沿江千里, 建邑置守, 以鴨綠江爲界 … 東北一道 … 上卽位, 量
授萬戶千戶之職, 使李豆蘭招安女眞, 被髮之俗, 盡襲冠帶, 改禽獸之行, 習禮義之
敎, 與國人相婚, 服役納賦, 無異於編戶, 且恥役於酋長, 皆願爲國民, 自孔州迤北,
至于甲山, 設邑置鎭, 以治民事, 以練士卒, 且建學校, 以訓經書, 文武之政, 於是畢
擧, 延袤千里, 皆入版籍, 以豆滿江爲界"(『태조실록』 권8, 태조 4월 12월 癸卯).

어 백성을 다스리고, 군사 훈련과 학교를 세운 것을 그 근거로 삼고 있
다. 결국 위의 〈기사 1〉에서 압록강과 두만강을 경계로 삼았다는 것은
兩江지역까지 국가의 행정체제에 편입하여 통제 아래 두었다는 것을 의
미하고 있다.

조금 더 자세히 살펴보면, 조선의 동북면은 처음에 李豆蘭(李之蘭)을
보내어 여진을 초안하여 풍속을 교화하고 조선인들과 혼인을 하도록 하
였으며, 服役과 納賦를 편호와 다름이 없게 하였던 것을 알 수 있다. 그
러다가 여진인들이 조선 國民이 되기를 원하면서 읍과 진을 설치하고 관
원을 파견하여 백성의 일을 다스리게 하면서 두만강이 조선의 완전한
'版籍'에 들어오게 되었던 것이다. 여기서 '판적'이란 일반적으로 土地와
戶籍을 기록한 대장을 뜻하며, 토지와 호적이 국가에 들어왔다는 것은
조선의 판도, 즉 관할지역에 속한 것을 의미한다고 할 수 있다. 결국 두
만강 유역은 조선인과 여진인이 혼거하는 지역으로 조선의 영역에 속했
다가 읍과 진이 만들어지고 관원이 파견되어 조선의 직접적인 관할로 바
뀌게 된 것이다.

그렇다면 조선 건국 직후였던 태조대에 조선의 영역이라고 주장되어
지는 지역은 어디까지였을까? 이것을 추정해볼 수 있는 것이 다음의 〈記
事 2〉이다.

〈記事 2〉
… 江外는 풍속이 다르나, 具州에 이르기까지 風聞으로 듣고 義를 사
모해서, 혹은 친히 來朝하기도 하고, 혹은 자제들을 보내서 볼모로 侍衛
하기도 하고, 혹은 벼슬 받기를 원하고, 혹은 內地로 옮겨 오고, 혹은 토
산물을 바치는 자들이 길에 잇닿았으며 … 강 근처에 사는 자들이 우리나
라 사람과 爭訟하는 일이 있으면, 관청에서 그 曲直을 辨明하여 혹 가두
기도 하고, 혹은 매를 치기까지 해도 邊將을 원망하는 자가 없고, 사냥할

때에는 모두 우리 三軍에게 예속되기를 자원해서, 짐승을 잡으면 관청에 바치고, 법률을 어기면 벌을 받는 것이 우리나라 사람과 다름이 없었다.[9]

〈기사 2〉는 〈기사 1〉과 연관된 부분으로, 앞서 살펴 본 〈기사 1〉의 두만강까지 조선의 관할로 삼아 경계로 삼았다는 부분 바로 뒤에 연이어 나오는 부분이다. 그런데 여기서 말하는 것은 江外, 즉 두만강 밖 여진인들이 사는 지역에 대한 것이다. 두만강 바깥부터 具州까지 거주하는 여진인들은 조선에 來朝하여 토산물을 進獻하였고, 侍衛하기도 하였으며, 受職을 청하거나 강 안쪽의 內地로 옮겨 오기도 하였음을 알 수 있다. 또한 강 근처에 사는 자들은 조선의 三軍에 자원하거나 조선의 관청에 와서 爭訟하였고, 邊將의 판결에 원망하는 자가 없었으며, 조선의 법률을 따른 것으로 되어 있다.

결국 두만강 밖에서 조선과 가까이 거주하는 여진인들은 조선 왕이 반포한 法令을 준수한 것이 되며, 멀리 具州[10]에 있는 여진인들까지 조선에 복속하여 내조하고 관직을 받은 것이 된다. 그런데 이 지역은 조선의 읍과 진이 설치되거나 관원이 파견되지는 않은 곳으로 조선의 실질적인 통제 아래 있지는 않은 곳이었다. 그렇지만 〈기사 2〉를 보면, 조선왕의 法令과 王命이 미치는 곳임을 알 수 있다. 이렇게 보면 조선의 지배력이 행정적 관할지역을 넘어 영역지역으로 확대되고 있었음을 알 수 있다.

그러나 조선이 영역이라고 인식한 지역은 조선의 행정체제에 편입된

---

9 " … 江外殊俗, 至於具州, 聞風慕義, 或親來朝, 或遺子弟, 或委質隨侍, 或請受爵命, 或徙內地, 或進土物者, 接踵於道 … 近江而居者, 有與國人爭訟, 則官辨其曲直, 或囚之或笞之, 莫敢有怨於邊將, 蒐狩之時, 皆願屬三軍, 射獸則納官, 犯律則受罰, 與國人無異(『태조실록』 권8, 태조 4년 12월 癸卯).

10 具州는 寧古塔이 있는 곳으로 일컬어지는데, 영고탑은 흑룡강성 영안시와 해림시를 걸친 목단강 중류 지역에 해당한다(김석주·김남신, 「寧古塔에 對한 歷史地理的 考察」, 『문화역사지리』 22-3, 2010, 98쪽).

관할지역과는 확연히 달랐기 때문에 그 범위 또한 변화를 보인다. 또한 행정체제에 편입된 관할지역 역시 축소와 확대를 반복하기는 마찬가지였다. 우선 明 永樂帝의 여진 초무와 관련한 동북면 11처 여진 추장의 귀속 문제는, 조선의 적극적인 외교적 노력으로 인하여 이들의 조선 관할을 승인받았다.[11] 처음 명에서 초무하고자 했던 11처 지역의 여진 추장은 溪關·參散·禿魯兀·洪肯·哈蘭·大伸·都夫失里·海童·阿沙·斡合·阿都歌에 있는 사람들이었다.[12] 이 지명들을 보다 구체적으로 살펴보면, 溪關은 訓春江 서쪽·두만강 동쪽의 縣城이고, 參散은 北青, 禿魯兀은 端川, 洪肯은 洪原, 哈蘭은 咸興, 大伸과 都夫失里는 吉州 三海洋의 泰神과 的曷發, 海童은 實眼春에서 서북으로 3일 노정의 海通, 阿沙는 利城, 斡合은 立巖, 阿都歌는 三姓(移蘭豆漫)에서 동으로 4일 노정에 있음을 알 수 있다.[13]

이렇게 보면 11처 지명 중 9개 지역은 조선의 동북면에 해당되지만 3개 지역은 두만강 바깥 지역이다. 이 때문에 地名만 두고 살펴보면 조선의 영역인식은 태조대보다 훨씬 확대된 것으로 보인다. 그렇지만 사실 明에서는 조선과 地面을 다투려는 것이 아니라 여진 추장들을 초무하고자 했던 것이다. 즉 阿都歌 千戶 崔咬納은 아도가 지방에 있지 않고 조선 동북면에 있었는데, 明에서도 이것을 알고 있었다고 생각된다. 삼성(이란두만, 지금의 흑룡강성 이란[依蘭] 일대)지역에 거주하던 斡朵里의 추장 童猛哥帖木兒가 삼성 지방에 거주하지 않고 두만강 유역에 거주한

---

11 박원호, 「永樂年間 明과 朝鮮間의 女眞問題」, 『아세아연구』 85, 1990, 참고.

12 『태종실록』 권7, 태조 4년 4월 甲戌.

13 신정훈은 11處의 위치를 『新增東國輿地勝覽』과 『龍飛御天歌』를 상고하여 자세히 밝혀 놓았으며, 조선에서 명에 보낸 주본에 '10處'라고 표현된 것은 吉州 三海洋의 大伸과 都夫失里를 하나로 파악한 것에서 나온 것이라 하였다(신정훈, 「麗末鮮初 對女眞政策과 東北面의 領域擴大」, 연세대학교 석사학위논문, 2003, 48~49쪽).

것과 마찬가지였던 것이다.[14] 그런데 조선에서는 11처 여진 추장의 조선 귀속을 주장하면서 公嶮鎭 이남은 조선의 관할이었다는 주장을 하였고 이를 승인받았다.[15] 물론 여진인들이 명에 입조하게 되면 조선의 동북면 뿐만 아니라 두만강 이북 지역에 조선의 영향력이 감소하고 명의 영향력 이 증대하는 것은 자명하였기 때문에 공험진 이남은 조선 관할이라는 적 극적인 주장을 하였던 것으로 보인다. 그리고 이것은 11처 여진 추장의 귀속 문제가 일단락 된 다음 11처 여진 추장의 귀속이라는 문제의 본질 보다는 그 地名에 주목함으로써 조선의 영역 의식과 범위를 더욱 확대시 킨 측면이 있다.[16]

한편 조선 태조대 두만강까지 편입된 조선의 관할지역은 태종대에 들 어서면 상당히 후퇴하여 축소되었다. 즉 명의 여진 초무의 결과 두만강 유역에 있던 동맹가첩목아를 비롯한 여진인들은 명에 입조하여 명의 衛 所를 개설받았는데, 이들 여진인들은 두만강 내외에 거주하면서 조선의 영향력을 받던 사람들이었다. 특히 동맹가첩목아는 알타리의 추장으로

---

14 元·明交替期 혼란한 상황 속에서 여진족들의 남하가 시작되었는데, 三姓지방에 거 주하던 여진족이었던 斡朶里, 兀良哈, 兀狄哈 등은 부족간의 투쟁을 반복하다가 두만강·압록강 유역까지 남하하였던 것이다(김구진, 「麗末鮮初 豆滿江 流域의 女 眞 分布」, 『백산학보』 15, 1973 참고).

15 조선에서는 명의 초무에 대해 조선의 동북지방은 公嶮鎭부터 모두 본국에 소속되 어 있었는데, 이것이 여진인들에 점거되었다가 高麗 恭愍王이 환속시키고 관리를 정하여 관할하여 다스렸고, 明의 太祖가 鐵嶺衛를 설치하고자 할 때 조선에서 상 주하여 공험진 이북은 遼東에 환속하고, 공험진 이남에서 철령까지는 조선에 환속 시켰다고 주장하였다(『태종실록』 권7, 태종 4년 5월 己未). 그러나 실제로 조선의 관할지역은 두만강 밖에 있다고 생각한 공험진까지 이르지는 못하였고 당시에 조 선이 관할이라고 주장하였던 공험진 이남은 조선이 인식하였던 영역지역이라고 생 각된다.

16 예를 들면 『龍飛御天歌』에 三姓(移蘭豆漫)과 阿都歌지역을 강조한 것 등이 해당 된다. 또한 조선후기까지 함경도 및 북방관련 지도에 先春嶺과 公嶮鎭의 위치가 두만강 밖에 지속적으로 표시되는 것도 이러한 영향으로 보인다.

조선은 '藩籬', 즉 울타리라 여기며 상당히 우대하였지만, 명의 입조 권유를 이기지 못하였으므로 결과적으로 조선을 배반한 것이 되고 말았다. 조선은 두만강 유역 여진인들의 배반에 대해 무역소를 폐지하는 것으로 대응하였는데, 이에 자극받은 여진인들은 조선을 침입하기 시작하였다. 결국 병마사 韓興寶가 慶源에서 전사함으로써 1410년(태종 10) 조선의 제1차 여진정벌이 이루어졌지만, 여진의 침입은 더욱 격화되어 慶源鎭을 폐지하게 되었던 것이다.[17] 이로써 鏡城 이북 富寧(본래는 경성군 石幕上平)이 군사·행정지역의 최전방이 되면서 조선의 관할지역은 축소되었던 것이다. 따라서 건국 초기 조선의 '영역지역'과 '관할지역'은 이처럼 유동적이고, 서로 같은 양상으로 나타난 것이 아니었으며, 다원적이고 중층적이었다.

## 3. 6鎭 설치와 두만강 유역에 대한 '藩籬' 인식

조선 태종대 후퇴된 관할지역은 세종대의 6진 설치로 다시 두만강 유역까지 확대된다. 세종이 4군 6진을 설치한 이유는 斡木河(會寧지역)는 본래 조선의 국경 안의 땅으로 祖宗이 대대로 지켜 오던 곳이라는 인식을 가지고 있었기 때문이었다. 세종은 알타리의 首長 동맹가첩목아가 그곳에 살면서 우리나라의 藩籬가 되기를 청하였다가 올적합에 의해 패망하자, 그 땅이 다른 여진인들에게 점거될 것을 우려하여 鎭을 설치한 것이었다.[18] 그리고 다음의 세종의 언급들을 보면 두만강 유역에 대한 세종

---

17 慶源(孔州)에 있던 德陵·安陵 마저 咸州로 옮기고(『태종실록』권20, 태종 10년 10월 辛酉), 慶源鎭을 완전히 파한 것은 1411년(태종 11)이었다(『태종실록』권21, 태종 11년 3월 庚寅).

18 『세종실록』권62, 세종 15년 11월 戊戌; 庚子; 12월 壬戌; 권63, 세종 16년 1월 丙午.

의 인식을 살펴볼 수 있다.

〈記事 3〉
① 斡木河는 본래 우리나라의 境內이다.
② 나는 그곳의 허술[虛]한 기회를 타서 寧北鎭을 알목하에 옮기고, 慶源府를 蘇多老에 옮겨서 옛 영토를 회복하여 祖宗의 뜻을 잇고자한다.
③ 두만강이 우리의 강역을 빙 둘러 싸서 흐른다.[19]

이를 보면, 우선 세종은 동맹가첩목아가 거주하던 알목하는 원래 조선의 땅이라는 인식을 가졌음을 알 수 있다(〈기사 3〉의 ①). 그리고 옛 영토를 회복하는 것은 祖宗의 뜻을 계승하는 것임을 밝히고 있으며(〈기사 3〉의 ②), 두만강이 조선의 疆域을 둘러싸고 있다(〈기사 3〉의 ③)고 하고 있다. 이것은 비록 태종대 축소되었지만 태조대 두만강까지 확대된 관할지역에 관련된 인식을 바탕으로 한 것으로 보인다.[20] 태조대 두만강까지 확대된 조선의 관할은 태종대 부령까지 축소되었지만, 두만강 유역은 조선의 영역이라는 인식을 지속적으로 가지고 있었던 것이다. 그리고 이러한 영역인식은 다시 鎭을 설치하고 徙民을 실시하여 조선의 행정체제에 편입하는, 즉 관할지역으로 편입하는 배경이 되고 있는 것이다.

또한 주목할 것은 두만강 유역 여진에 대한 세종의 '藩籬'인식이다. 번

---

19 ① 斡木河, 本是我國境內, ② 予欲乘其虛移寧北鎭於斡木河, 移慶源府於蘇多老, 以復舊疆, 以繼祖宗之志, ③ 豆滿江迴抱我疆(『세종실록』 권62, 세종 15년 11월 戊戌, ①②③ 모두 같음).

20 세종은 이후에도 "우리나라는 북쪽으로 두만강을 境界로 하였는데, 하늘이 만들고 땅이 이루어 놓은 것이며, 雄藩이 護衛하여 封域을 限界"하였다는 말을 하고 있다 ("且我國家北界豆滿江, 天造地設, 雄藩衛而限封域", 『세종실록』 권62, 세종 15년 11월 庚子).

리란 일반적으로 '국가의 울타리'로 볼 수 있는데, 藩國, 藩邦, 藩屏, 藩蔽, 藩翰, 藩服, 藩臣, 藩鎭, 外藩 등의 용어로 쓰이면서, 중국에서는 제후국이나 절도사 등 지방군사조직에 쓰이기도 한 용어이다. 조선에서는 함경도·평안도·경상도·전라도 등 주로 변경 방어와 관련된 지역 전체 또는 城邑, 鎭·堡 등의 일부를 일컫기도 하고, 군사조직인 船軍을 지칭하기도 한다. 이러한 것이 대외관계에서도 확대되어 일본과의 관계에서는 주로 對馬島, 여진과의 관계에서는 두만강 유역 내외의 여진인들을 번리라 인식하였던 것으로 보인다.[21] 조선 초기의 여진 번리는 변방 부근에 거주하는 여진인들 중에서 조선에 내조하여 관직을 받고, 경제적으로 복속하거나 조선의 영향을 받았던 관계를 지칭한다.

　그러면 두만강 유역에 거주하는 여진인들에 대한 '번리'인식은 어떠하였는지 6진을 설치하면서 나타난 세종의 언급들을 살펴보자.

　　〈記事 4〉
　　① 만약 祖宗이 藩籬를 설치하였다면 자손 된 자가 좇아서 이것을 보충하여야 한다는 것뿐이다.[22]

---

21　세조가 "野人과 倭人들은 모두 우리의 藩籬이고 臣民이다(野人倭人, 俱爲我藩籬, 俱爲我臣民)"라고 말하고 있는 것은 이러한 인식을 잘 대변해 준다(『세조실록』 권8, 세조 3년 7월 庚寅). '藩'과 관련된 개념은 중국의 조공책봉체제가 대외적으로 확대되고 그 내적 개념 또한 외적으로 확대되면서 '藩'의 인식도 함께 확대되었다고 생각된다. 예를 들면 唐代 '藩鎭'은 절도사를 일컫는 명칭이었지만, 이러한 '藩'의 개념이 조공책봉을 전제로 한 중화적 세계 인식으로 확대되면서 책봉을 받은 국가를 '藩籬', '藩臣', '藩國' 등으로 지칭하기 시작한 것이다. 그러나 한편으로 '藩'이라는 의미는 내적 개념으로도 지속적으로 함께 쓰이고 있기 때문에 내적 개념과 외적 개념을 구별할 필요는 있을 것이다(한성주, 「조선전기 두만강 유역 '女眞 藩籬·藩胡'의 형성과 성격」, 『한국사학보』 41, 2010 및 『조선전기 女眞에 대한 授職政策 연구』, 강원대학교 박사학위논문, 2011 참고).
22　"如祖宗設藩籬, 爲子孫者, 從而補之耳"(『세종실록』 권62, 세종 15년 11월 戊戌).

② 태조 때에 猛哥站木兒가 순종하여 와서 우리나라의 藩籬가 되기를 청하였다가, 태조께서 사방에 있는 오랑캐를 지키려는 생각에서 우선 허락하셨더니, 이 자가 스스로 멸망하게 되자 藩籬가 텅 비어 아무것도 없게 되었다.[23]

③ 童倉(동맹가첩목아의 아들)의 部落은 대대로 본국 境內에 살아서 우리의 藩籬가 되었으므로, 太宗께서 예전에 말씀하시기를, '그 무리들은 어루만져 편하게 하지 않을 수 없고, 대비해 방비하지 않을 수도 없다'고 하셨다.[24]

④ 너희 무리는 여러 代에 걸쳐 北門에 거주하였고, 우리의 藩屛이 되었다.[25]

두만강 유역 여진에 대한 세종의 '번리' 인식은 조선 건국 전후의 여진관계로부터 영향을 받은 것은 분명하지만[26] 6진을 설치하면서 세종의 번리 인식은 보다 더 구체화되는 측면이 있다. 우선 세종은 祖宗이 藩籬를 설치하였다면 자손 된 자가 좇아서 이것을 보충하여야 한다(〈기사 4〉의 ①〉)고 하면서 6진 설치의 당위성과 명분을 제시하고 있고, 동맹가첩목아가 斡木河에 거주한 것은 太祖 때에 순종하여 와서 우리나라의 번

---

23 "太祖之世, 以猛哥帖木兒効順來歸, 請爲藩籬, 太祖軫守在四夷之慮, 姑庸許之, 玆者自底滅亡, 藩籬一空"(『세종실록』 권62, 세종 15년 11월 庚子).

24 "童倉部落, 世居本國之境, 爲我藩籬, 故太宗嘗曰, 此輩不可不撫綏, 亦不可不備禦也"(『세종실록』 권84, 세종 21년 1월 丙午).

25 "惟爾輩世居北門, 爲我藩屛"(『세종실록』 권90, 세종 22년 7월 辛酉).

26 『朝鮮王朝實錄』에 여진에 대해 '藩籬'라는 용어가 나타나는 것은 태종대부터이지만, 『高麗史』 및 『高麗史節要』를 보면 고려의 북방에 거주하면서 고려에 내조하던 여진인들에 대해 번리라 표현했던 것을 많이 찾을 수 있다. 또한 童猛哥站木兒의 明 入朝 문제가 발생했을 때 조선 태종은 "명 사신이 오는 것은 오로지 동맹가첩목아를 招安하려는 것이고, 이 사람은 조선의 藩籬이기 때문에 이것을 도모하라(『태종실록』 권9, 태종 5년 3월 己酉)"고 한 것을 보면 조선초기에 형성된 번리 인식을 확인할 수 있다.

리가 되기를 청한 것이고, 태조가 사방에 있는 오랑캐를 지키려는 것에서 우선 허락한 것(〈기사 4〉의 ②)이라고 하고 있다. 또한 童倉(동맹가첩목아의 아들)의 部落은 대대로 본국 境內에 살아서 우리의 번리가 되었다(〈기사 4〉의 ③)라고 표현하고 있으며, 吾都里의 馬佐化·馬仇音波·童也吾他·哥時波와 吾郎介의 仇赤 등이 내조하였을 때는 '너희 무리는 여러 代에 걸쳐 北門에 거주하였고, 우리의 藩屛이 되었다(〈기사 4〉의 ④)'고 하여 두만강 유역의 여진 번리가 그 연원이 오래되었음을 강조하고 있는 것이다.

따라서 세종은 이 지역이 원래 조선의 영역인데, 태조 때부터 여진인들이 청하고 순종하여 거주하게 되었고, 그에 따라 여진인들이 조선의 번리가 되었음을 누차 강조하고 있는 것이다. 이에 조선에서 원래 祖宗의 땅, 즉 조선의 '영역지역'에 鎭을 설치하여 '관할지역'으로 삼는 것은 여진의 땅을 뺏거나 잘못된 것이 아니라 당연한 것임을 천명하고 있는 것이다. 이러한 인식을 바탕으로 세종은 1434년(세종 16) 寧北鎭(뒤에 鍾城鎭으로 이동), 會寧을 시작으로 순차적으로 慶源, 慶興, 穩城, 富寧鎭(1449년, 세종 31)을 설치하면서 6진 설치를 완료하였다.

조선에서는 두만강 유역의 '번리'에 대해 조선에 귀순하고 순종하여 온 사람들(效順, 歸附) 또는 대대로 본국 境內에 살아온 자들로서, '먼 지역 또는 深處에 거주하는 兀狄哈의 소식을 전하거나 사변을 탐지하여 연속적으로 보고'[27]하기도 하고, '보고 들은 것과 聲息을 달려와서 고하며'[28], '深處의 올적합이 감히 접근하지 못하게 하면서, 賊變이 있으면 같은 마음으로 막아 온'[29] 역할을 하였다고 보았다. 그렇다면 조선에서 인

---

27 『세종실록』 권64, 세종 16년 5월 乙巳; 권84, 세종 21년 3월 壬戌.
28 『세종실록』 권86, 세종 21년 9월 己酉; 권95, 세종 24년 1월 戊子.
29 『세종실록』 권74, 세종 18년 9월 壬戌; 권95, 세종 24년 1월 戊子.

식한 두만강 유역의 여진 '번리'의 대상과 거주지는 어디까지였을까? 조
선의 영토라고 주장되어지는 '영역지역'의 범위를 추정할 수 있기 때문
에 여진 '번리'의 범위를 살펴 볼 필요가 있다.

우선 조선의 두만강 유역에 설치된 5진 城底를 주목해볼 필요가 있다.
소위 '城底野人'에 대해서는 5진 지역의 상황을 본 明使 馬鑑마저도 "야
인 가운데 城底에 사는 자들은 곧 貴國의 藩籬이므로 존휼하고 무육해
서 도망하여 옮기지 말도록 하는 것이 좋으니, 宣慰使에게 말하여 전하
께 계달하라"[30]고 말할 정도였다. 조선에서는 '성저야인'을 올적합의 침
입에서 구원하기 위해 城子와 木柵을 嚴設해 주기도 하고, 土城을 쌓아
주기도 하면서 이들을 聲援하고 救援하였고, 침략당하여 長城(行城)이나
城을 넘어오는 자가 있으면 몰아내지 않고 城內에 전부 모아 보전·방호
하여 주기도 하였다.[31] 그리고 5진의 성저야인이 失農하여 흉년을 만나
면 編氓처럼 여기고 구제하기도 하였는데,[32] "관청 곡식을 빌어서 생활
을 하는 것이 유래가 오래되었고, 납부하기를 독촉하지 않더라도 먼저
갚는 것이 例였다"[33]는 것을 보면 5진의 여진 번리들에게도 還穀을 시행
했던 것을 알 수 있다.

文宗은 "올량합은 그 수가 많은데 東良北에서 夜春에 이르기까지 5진
을 둘러싸고 거주하면서 藩籬가 된 지 오래되었다"[34]고 하고 있어 두만강
안쪽의 성저야인뿐만 아니라 두만강 밖에 거주하는 여진인들도 조선의

---

30 "又馬鑑密謂通事咸仲良曰, 野人之居城底者, 乃貴國藩籬, 存撫勿令逃移可也, 說
　　與宣慰使, 達殿下"(『세조실록』권21, 세조 6년 8월 丙辰).
31 한성주, 앞의 논문, 2010, 참고.
32 『연산군일기』권46, 연산군 8년 10월 戊午;『중종실록』권91, 중종 34년 7월 乙亥.
33 『연산군일기』권46, 연산군 8년 10월 戊午.
34 "兀良哈, 其數衆多, 自東良北, 至夜春, 環居五鎭, 久爲藩籬"(『문종실록』권4, 문종
　　즉위년 11월 戊午).

번리로 인식하고 있음을 알 수 있다. 특히 端宗代 두만강 유역에 거주한
여진인들을 조사한 기록[35]을 보면, 이들이 두만강을 중심으로 5진 주변
및 두만강 밖에서 주변을 둘러싸고 거주하는 것을 파악할 수 있는데, 이
것은 앞의 문종의 언급과 일치한다. 이 조사에서는 5진 주변의 여진인
부락을 언급하면서, 江內와 江外를 구분하고 있는데, 江外로 표시된 부
락들은 會寧鎭 북쪽 10里 江外 沙吾耳·서쪽 35里 江外 下多家舍, 鐘城
鎭 서쪽 20里 江外 愁州, 穩城鎭 서쪽 10里 江外 多穩·서쪽 25里 江外
時建·서쪽 35里 江外 甫靑浦, 慶源鎭 동쪽 28里 江外 汝甫島·40里 江外
下訓春·60여 里 上訓春, 慶興鎭 동쪽 30里 江外 何多山·동쪽 一日程 江
外 草串·동쪽 二日程 江外 餘山·동쪽 四日程 江外 於知未·북쪽 30里
江外 會伊春 등이 있었다.[36]

---

35 『단종실록』권13, 단종 3년 3월 己巳. 이 기록에 주목한 연구로는 김구진, 「麗末鮮
   初 豆滿江 流域의 女眞 分布」『백산학보』15, 1973; ケネスR·ロビンソン, 「一
   四五五年三月の人名記錄にみる朝鮮王朝の受職野人」『年報 朝鮮學』6, 1997;
   남의현, 「明代 兀良哈·女眞의 成長과 遼東都司의 危機」『만주연구』3, 2005; 한
   성주, 「두만강지역 여진인 동향 보고서의 분석-『端宗實錄』기사를 중심으로-」, 『사
   학연구』86, 2007 등이 있다.
36 이외에 江內外 구분이 안 되어 있지만, 江外로 추정되는 지명이 여러 개가 있다.

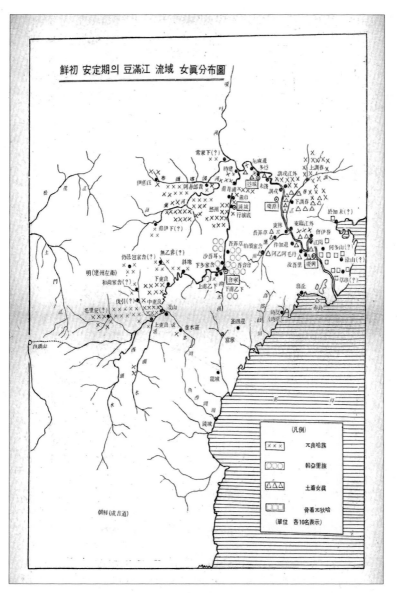

* 김구진, 「麗末鮮初 豆滿江 流域의 女眞 分布」, 『백산학보』 15, 1973의 〈鮮初 安定期의 豆滿江
  流域 女眞分布圖〉인데, 端宗代 두만강 유역에 거주한 여진인들을 조사한 기록(『조선 단종실록』
  권13, 단종 3년 3월 己巳)을 바탕으로 작성된 것이다.

두만강 유역의 여진 '번리'는 '藩胡'로 지칭되기도 하였는데, 『制勝方略』에도 5진 주변 및 두만강 유역의 '藩胡' 부락의 명칭 및 위치가 표시되어 있다.[37] 여진 '번호' 부락들은 5진을 중심으로 대·중·소부락들이 두만강 내외, 즉 北岸과 南岸의 평야지대에 널리 퍼져 있던 것으로 나타나고 있는데, 회령진에서 종성진까지의 두만강 중류 일대, 즉 지금의 海蘭河 평야 일대에 집중되어 있었다.[38] 즉 경원진에 속한 造山堡의 不京島 부락·海中 厚羅島 부락, 安遠堡의 中島 부락, 訓戎鎭의 麻田島 부락·中島 부락·下島 부락, 경원진의 老耳島 부락 등이 섬에 있던 부락이고, 경원진 訓春江 此邊 所乙下 상단·중단·하단 부락, 온성진 深處 新 加訖羅 上端·下端 부락, 회령진 소속 高嶺鎭 深處 門巖 北邊 遮可洞 부락 등은 두만강 건너편에 있던 부락들이다.[39]

이렇듯 조선에서 인식한 여진 '번리' 지역은 5진을 바탕으로 두만강 유역 內外를 둘러싸고 있었다. 마침내 조선에서는 이들 여진 '번리'에 대해 "입술이 없으면 이가 시린[脣亡齒寒]"[40]관계라 일컫기도 하고, "編氓과 다름없다"[41]는 인식까지 생기게 되었다. 그러나 번리라고 해도 '조선의 변경을 침입하는 등의 나쁜 짓이 극에 달하면 반드시 죽인다는 뜻을 알게'하여 번리로 하여금 조선에서 강하게 대응할 수 있음을 알게 하였

---

37 세종대왕기념사업회, 『국역 제승방략』, 1999, 참고.

38 김구진·이현숙, 「『제승방략(制勝方略)』의 북방(北方) 방어(防禦) 체제」, 『국역 제승방략』, 세종대왕기념사업회, 1999, 48쪽.

39 『制勝方略』에는 江內와 江外 구분은 없으나, 각 부락마다 거리가 쓰여 있기 때문에 부락의 대략적인 위치를 파악해 보면 강외 부락들은 더 늘어날 것이다.

40 『성종실록』권148, 성종 13년 11월 乙巳; 권182, 성종 16년 8월 癸巳; 권211, 성종 19년 1월 甲辰;『연산군일기』권46, 연산군 8년 10월 戊午;『선조실록』권127, 선조 33년 7월 己巳; 권169, 선조 36년 12월 辛亥.

41 『연산군일기』권46, 연산군 8년 10월 丁巳; 戊午;『명종실록』권9, 명종 4년 10월 癸丑; 권16, 명종 9년 1월 己巳.

다.[42] 이런 방법으로도 번리의 침입이 그치지 않으면 대규모의 병력을 동
원하여 배반한 번리를 철저히 응징하고 다른 번리들의 이탈을 방지하였
다. 그 대표적인 사건이 1459년(세조 5) 올량합 추장 浪孛兒罕을 비롯한
그 일족 17인을 조선에서 참수한 것과 1583년(선조 16) '尼蕩介의 반란'
을 征討한 것을 들 수 있다. 이를 통해 보면 조선이 인식한 두만강 유역
내외의 여진 '번리'는 조선에 복속된 지역으로 조선의 관원이 파견되지
않을지라도 조선의 법령과 왕명이 미치는 지역임을 알 수 있다. 그것은
조선의 울타리였으며, 조선의 영토라 주장되어지는 '영역지역'이었다고
할 수 있다.

## 4. 女眞을 둘러싼 明과의 '隣境'과 '編民' 문제

1459년(세조 5) 조선에서는 올량합 추장 浪孛兒罕(浪卜兒罕)을 비롯한
그 일족 17인을 참수하였는데, 낭발아한은 明 官職인 毛憐衛都指揮使
및 조선 관직인 都萬戶 및 正憲大夫 知中樞院事의 관직을 二重으로 수
여받고 있던 인물이었다.[43] 특히 낭발아한의 아들 浪伊升哥는 조선에 上

42 『연산군일기』 권46, 연산군 8년 10월 丁巳.
43 『세종실록』, 권94, 세종 23년 10월 丙寅; 『세조실록』 권80, 세조 20년 1월 辛卯;
  권94, 세조 23년 10월 丙寅; 권103, 세조 26년 1월 壬戌; 『단종실록』 권12, 단종
  2년 12월 丙申; 『明英宗實錄』 卷138, 正統 11年 2月 壬寅. 毛憐衛는 주로 兀良哈
  族으로 구성되었으며, 두만강 하류인 土門에서부터 중·상류인 阿赤郎貴·東良北
  일대에 산재하고 있었고, 1410년(태종 10) 조선의 정벌로 인해 그 세력이 쇠퇴하여
  일부는 압록강 유역으로 옮겨가기도 하고, 일부는 그대로 두만강 유역에 남아 있었
  다(김구진, 「初期 毛憐 兀良哈 硏究」, 『白山學報』 17, 1974, 164~180쪽; 建文, 「論
  明代對東疆地區的管轄問題」, 『北方文物』, 北方文物雜誌社, 1995, 第2其; 王冬芳,
  「關于明代中朝邊界形成的研究」, 『中國邊疆史地研究』, 中國社會科學院中國邊疆
  史地研究中心, 1997, 第3其, 참조).

京하여 護軍으로서 近侍하고 있었다.[44] 낭발아한의 정확한 거주지는 會寧鎭에서 120여 里 떨어진 下東良이었는데, 조선에서는 그에 대해 族類가 强盛하고 酋長은 1等級으로 분류할 정도로 강한 세력을 가진 大酋長이었다.[45] 즉 두만강 밖 東良北 일대에 거주하였는데, 동량북은 앞선 문종의 말처럼 조선의 '藩籬'지역이었다. 또한 6진 지역을 개척하고 돌아온 金宗瑞 역시 낭발아한이 거주하던 동량북 일대를 5진의 '藩籬'라고 생각하고 있었다.[46]

조선에서 낭발아한을 처벌하자 명은 이것을 외교문제화 삼았는데, 조선에 勅書와 明使를 보내어 낭발아한을 죽인 사유를 물어왔다.[47] 그 내용은 '낭발아한을 무슨 까닭으로 유인하여 16인을 살해했는지, 實情을 숨겨 엄폐하지 말고 是非를 명백하게 보여 여진인들로 하여금 心腹하게 하라'[48]는 것이었다.

그러나 당시 明使 張寧과 세조의 대화는 두만강 유역에 대한 상반된 인식을 보여준다. 장녕이 문제 삼은 것은 '낭발아한이 明의 大官임에도 불구하고 조선이 명에 奏聞하지 않고 마음대로 誅殺한 것'과 '주살한 이

---

44 『세조실록』 권16, 세조 5년 6월 辛酉; 권17, 세조 5년 8월 壬子. 조선이 浪孛兒罕
　一族을 처벌한 이유에 대해서는 몇 가지 이유가 있었다. 우선 낭발아한은 세조가
　압록강 유역의 建州三衛의 來朝를 우대하자 불만을 가졌는데, 자신이 내조하려 할
　때 入朝者의 數를 줄이자 邊將에게 무례하였던 점, 申叔舟가 여진인들의 화해를
　위해 파견되어 '女眞 和解事'의 일을 추진할 때 참여하지 않은 점 등이 있다. 그러
　나 무엇보다 낭발아한과 浪伊升哥가 조선을 배반하고 明에 入朝하려던 정황이 들
　어난 것이 주요 원인이었다(한성주,『조선 전기 수직여진인 연구』, 2011, 경인문화
　사, 참조).
45 『단종실록』 권13, 단종 3년 3월 己巳.
46 "右贊成金宗瑞啓, 臣聞東良住浪卜兒罕等將欲使居他處, 臣謂東良, 五鎭之藩籬"
　(『세종실록』 권124, 세종 31년 5월 甲辰).
47 『세조실록』 권19, 세조 6년 3월 己卯.
48 위와 같음.

후에도 그 사실을 즉시 주문하지 아니한 것' 등이었는데, 이에 대해 세조
는 다음과 같이 대답한 것이다.

〈記事 5〉

① 浪孛兒罕 등은 우리나라 地面에 世居하였으니, 곧 (우리의) 編氓이
고, 또 반란한 事迹이 명백한 門庭의 도적이므로, 일이 급하여 奏聞
할 겨를이 없었다. 낭발아한은 이미 우리나라의 백성이 되었으므로
邊將이 사람을 시켜 소환하면 오지 않을 수가 없는 것이다.

② 저 사람들이 만약 邊境을 소요시키고 반란의 일이 있으면, 祖宗 이
래 수시로 變에 대응한 前例가 명백히 있다. 또 일찍이 기회를 보다
가 處置하라는 聖旨도 있었다. 이로 인해 전일 낭발아한 등이 반란
을 꾀하다가 사건이 발각되었으므로, 조사하여 심문하고 律에 의하
여 論罪한 뒤에 별도로 情由를 奏達하지 않았다. 낭발아한의 아들
阿比車가 同類를 선동 유인하여 境上에 와서 도둑질한 연후에야 사
람을 보내어 奏達하였다.[49]

우선 세조는 낭발아한 등이 대대로 조선의 地面, 즉 영토 안에 거주한
사람이기 때문에 조선의 편맹이고 조선의 백성이라 주장하였다(〈기사
5〉의 ①). 그렇기 때문에 변장을 시켜 소환하면 당연히 오도록 되어 있
다고 하고 있는 것이다. 따라서 명의 관직을 받은 자라도 명에 알리지 않
고도 처벌할 수 있다는 논리이다. 결국 세조의 주장에 따르면 두만강 밖
에 있는 '번리'지역은 조선의 관리가 파견되지도, 조선의 행정구역으로

---

49 ① "浪孛兒罕等世居我國地面, 卽是編氓, 且叛亂事迹明白, 門庭之寇, 事急未暇奏
聞, 孛兒罕旣爲我國之民, 邊將使人句喚, 則不得不來", ② "彼人如有擾邊犯順之
事, 自祖宗以來, 隨時應變, 明有前例, 且相機處置, 曾有聖旨, 因此前日浪孛兒罕
等謀欲叛亂, 事覺案問, 依律論罪之後, 別無奏達情由, 孛兒罕子阿比車扇引同類,
前來境上作賊然後, 差人奏達"(①, ② 모두 위와 같음).

편입되지도 않았지만 조선의 지면, 즉 영토이고, 거주하는 여진인들은 모두 조선의 백성이 된다. 또한 조선의 관리인 변장이 부르면 꼭 와야만 하는, 즉 조선의 왕명과 법령을 준수해야 하는 '영역지역'이다. 확대해보면 동량북 '번리'지역이 이와 같다면 두만강 유역의 다른 '번리'지역도 이렇게 인식하였음을 유추할 수 있다.

그렇지만 한편으로 이 지역에 대해 邊境, 境上이라는 인식이 함께 나타난다. 〈기사 5〉의 ②는 낭발아한의 주살 사실을 명에 바로 알리지 않은 것에 관한 대답이지만, 세조는 이 지역이 邊境이라는 인식을 하고 있는 것이다. 또한 낭발아한의 아들 중 살아남은 阿比車는 회령에 침입하는 등 지속적으로 변경의 우환거리가 되고 있었는데, 이렇게 보면 위의 境上은 사실 회령을 비롯한 두만강 유역의 5진 지역을 말하는 것이다. 따라서 낭발아한 일족에 대한 처벌과 그 아들 아비거의 침입은 邊境, 境上에서 일어난 일, 즉 경계 또는 국경에서 일어난 일이 되는 셈이다. 또한 이것은 한편으로는 조선의 '관할지역'을 위협한 것이 된다.

따라서 두만강은 조선과 여진을 나누는 경계가 되어 두만강 남안은 조선의 '관할지역'이 되지만, 두만강 북안의 여진 '번리'지역까지 조선의 왕명과 법령이 미치기 때문에 조선의 地面이며, 조선의 '영역지역'이라 인식하고 있음을 볼 수 있다.

明使 장녕이 明에 정황을 밝히는 回奏를 건의하면서 더 이상의 논쟁은 일어나지 않았지만, 조선의 回奏[50]를 받은 明에서는 다시 또 칙서를 보내 왔다.[51] 이에 대해 조선은 다시 회주하였는데,[52] 이것을 보면 명과 조선의 상반된 인식을 재확인할 수 있다.

---

50 『세조실록』 권19, 세조 6년 3월 丁亥.
51 『세조실록』 권20, 세조 6년 6월 甲寅;『明英宗實錄』卷314, 天順 4年 4月 甲戌.
52 『세조실록』 권20, 세조 6년 6월 甲子.

〈記事 6〉

① [조선의 回奏 내용 중]

낭발아한은 본래 會寧 地面에 거주하면서 우리나라 人民과 대대로
서로 혼인하여 백성과 다름이 없었습니다. 또한 亦升哥(伊升哥)는
신의 先父 莊憲王때부터 와서 都城에 살면서 娶妻하고 從仕하였습
니다. 父子가 通謀하여 은혜를 저버리고 亂을 선동한 죄는 용서할
수가 없었으므로, 낭발아한·역승가·고난·가령합·아아가독·목자·목
답가·저비가·목동가 등 9인은 法에 의거하여 죄를 처치하였습니다.[53]

② [조선의 회주에 明의 勅書 내용 중]

지금 王의 回奏를 보건대, 浪孛兒罕을 죽인 實情은 대개 그가 通謀
하여 반란을 선동하였기 때문에 法에 의하여 죄를 주었고, 조금도
誘引한 적이 없었던 緣由 등을 자세히 기록하였다. 다만 왕의 법에
의하여 죄를 주는 것은 王國에서만 행할 수 있는 것이지, 隣境에서
는 행할 수가 없다. 지금 王國의 法으로써 隣境의 사람을 죄주었으
니, 그러한 邊釁이 일어나지 않을 수 있겠는가?[54]

③ [명의 칙서에 대한 조선의 回奏 내용 중]

신이 참조해 보건대 本國 後門 境上의 野人 등은 本國의 人民들과
서로 婚姻하여 糶糴[還穀]·賑貸에 이르기까지 編氓과 다름이 없습
니다. 다만 罪過를 犯하면 邊將이 그 輕重에 따라 例로 처단을 가
하는데, 浪孛兒罕이 會寧 地面에 世居하고, 鏡城 民家의 딸 已沙哥
를 娶하여 後妻로 삼았습니다. 그 아들 亦升哥(伊升哥) 역시 臣의
先父 莊憲王때부터 國都에 와서 거주하여 娶妻하고 從仕하니, 더
욱 다른 境上의 野人들과 비할 바가 아닙니다. 만약 隣境의 사람이

---

53 "孛兒罕本居會寧地面, 與我國人民世相婚嫁, 無異氓, 亦升哥自臣先父臣莊憲王諱
時, 來住都城, 娶妻從仕, 父子通謀背恩扇亂, 罪不容赦, 將孛兒罕, 亦升哥, 古難,
哥另哈, 阿兒哥禿, 木者, 木答哥, 這比哥, 木董哥等九人依法置罪"(『세조실록』 권
19, 세조 6년 3월 丁亥).

54 "今得王回奏殺死浪孛兒罕實情, 蓋因其通謀扇亂依法置罪, 委無誘引緣由等具悉,
且王之依法置罪, 止可行於王國, 不可行於隣境, 今以王國之法罪隣境之人, 欲其不
生邊釁得乎"(『세조실록』 권20, 세조 6년 6월 甲寅).

라면 臣이 어찌 감히 잡아와서 심문하겠으며, 비록 잡아와서 심문
하고자 하더라도 또한 어찌 능히 잡아올 수 있었겠습니까?[55]

〈기사 6〉의 ①은 조선의 첫 번째 회주로, 세조와 明使 장녕과의 대화
직후 보내진 것이다. 장녕의 물음에 대한 세조의 대답(〈기사 5〉의 ①,
②)보다 더욱 구체화된 것을 알 수 있다. 조선에서는 낭발아한이 회령 지
면에 거주한 점, 조선의 백성과 혼인한 점, 그 아들 낭이승가 또한 도성
에 살면서 혼인을 하고 벼슬에 나간 점 등을 들어 이들이 조선 백성과
다름이 없는 이유를 보다 구체적으로 말하고 있다. 조선의 '영역지역'에
거주했고 조선의 백성과 다르지 않았기 때문에 조선의 法에 의해 처치하
여도 무방하였음을 강조한 것이다.

이에 대해 명은 다시 칙서를 보냈는데, 바로 〈기사 6〉의 ②이다.[56] 위
와 같은 조선의 설명에도 불구하고, '王의 法에 의하여 罪를 주는 것은
王國에서만 행할 수 있지, 隣境에서는 행할 수 없는데 왕국의 법으로 인
경의 사람을 죄 주었다'고 표현하고 있다. 이것은 낭발아한이 조선의 編
氓, 곧 조선의 백성이 아니라 隣境의 사람, 즉 조선의 경내 또는 경계에
가까이 인접해 있는 사람이라는 것이다. 따라서 결론적으로는 조선이 자
신의 영토라고 주장하는 '영역지역'을 인정하지 않은 셈이 된다. 아마도
명에서는 조선의 설명보다는 낭발아한이 명의 관직을 받았던 점, 그 거
주지가 조선의 두만강 北岸인 점, 조선의 邑·鎭이 설치되지 않아 행정체

---

55 "臣竊照本國後門境上野人等, 與本國人民互相婚嫁, 以至糶糴賑貸, 無異編氓, 但
犯罪過, 邊將隨其輕重, 例加科斷, 浪孛兒罕世居會寧地面, 娶到鏡城民家女已沙哥
爲後妻, 伊子亦升哥, 自先父臣莊憲王諱時, 來住國都, 娶妻從仕, 尤非他境上之比,
若是隣境之人, 臣安敢拿問, 雖欲拿問, 亦安能拿致?"(『세조실록』 권20, 세조 6년
6월 甲子).

56 두 번째 勅書는 明使를 파견하지 않고 조선의 謝恩使가 돌아가는 편에 보냈다(『세
조실록』 권20, 세조 6년 6월 甲寅; 『明英宗實錄』 卷314, 天順 4年 4月 甲戌).

제로 편입되지 않았고 관리나 변장이 파견되지 않은 점 등을 알고 있었기 때문에 왕의 법은 왕국, 즉 왕의 '관할지역'에서 행하는 것이라는 주장을 한 것이다.[57]

명의 두 번째 칙서에 대해 조선에서 다시 회주한 것이 〈기사 6〉의 ③이다. 조선에서는 명의 주장인 낭발아한이 조선의 백성이 아니라 '隣境之人'이라는 점을 인정하지 않고 있다. 오히려 전보다 더 구체적으로 조선인들과 혼인한 것뿐만 아니라 還穀과 賑貸에 이르기까지 편맹과 다름이 없다고 하고 있고, 또한 죄를 범하면 변장이 경중에 따라 처단하는 것이 상례였음을 들면서 조선의 주장을 굽히지 않았다. 결국 낭발아한의 거주 지역은 두만강 밖이지만 조선의 '영역지역'으로 조선의 왕명과 법령이 미치는 곳이라는 것이다. 또한 인경의 사람이라면 조선이 잡아와서 심문할 수 없었을 것이라며 조선의 주장을 더욱 강조하고 있다.

그러나 한편으로는 勅旨를 받들어 여진인들과 講和하겠다고 하여 명과 더 이상의 논쟁은 피하였지만, 또 다른 한편으로는 申叔舟를 咸吉道都體察使로 삼아 동량북에 있는 毛憐衛에 대한 정벌을 준비하고 있었다. 또한 明에 여진 정벌 사실을 알리는 奏本을 보내면서 다시 한번 조선의 입장을 알리기 위해 노력한 것을 볼 수 있다. 이 주본에서 조선은 洪武帝의 鐵嶺衛 설치 문제를 언급하면서 '公嶮鎭 이북은 요동에 붙이고 이남에서 鐵嶺까지 조선에 붙인다'고 한 점과 11처 여진인 초유 문제에 있어 명에서 조선의 준청을 받아들인 점을 먼저 거론하였다. 그리고 이 지역의 여진인들이 公嶮鎭 이남에서 會寧鎭 지방에 살면서 조선 人

---

57 명에서는 또한 명 조정에 보고하지 않고 죄를 준 점은 잘못이며 여진인들과 화해하도록 하였다(위와 같음). 한편 明의 勅書에서는 낭발아한에게 明이 衛所官職을 주었기 때문에 그 지역이 중국의 '영역지역'이거나 '관할지역'이라는 인식을 찾아볼 수는 없다.

民들과 서로 혼인을 하였고, 심지어 糴糶·賑貸에 이르기까지 編氓과 다름이 없었다고 거듭 주장하였다.[58]

모련위 정벌은 1460년(세조 6) 8월에 단행되었는데, 賊 430여 級을 죽이고, 9백여 區의 가옥과 재산을 불태웠으며, 죽이거나 획득한 牛馬가 1천여 마리에 이르는 등 상당한 전과를 올렸다.[59] 그런데 정벌의 과정 중 특이하게도 많은 여진인이 모련위 정벌에 조선을 도와 從軍한 모습을 볼 수 있는데, 이들은 대부분 두만강 유역에 거주하는 조선의 '번리'들이었다고 생각된다.[60]

한편 세조대 모련위 정벌에도 불구하고 여진 침입이 지속되자 세조는 韓明澮를 도체찰사로 임명하여 다시 여진 정벌을 추진하기도 하였다. 한명회는 함길도에서 5鎭을 순찰하여 兵馬를 點閱하고 1461년(세조 7) 9월 10일에 거사할 계획을 구체적으로 정하기도 하였지만 두만강 내외에 거주하는 여러 酋長들이 와서 귀순을 청하면서 여진 정벌 계획은 중단되었다.[61] 한명회는 귀순한 여진 추장들에게 다음과 같이 말함으로써 두만강

---

58 조선의 모련위 정벌에 대해서 주목할 만한 명의 반응은 보이지 않는다(『세조실록』 권21, 6년 8월 壬戌). 征討의 일을 보고한 이후도 마찬가지이다(『세조실록』 권21, 세조 6년 9월 甲午).

59 특히 신숙주는 북정을 단행하기 전 會寧에 온 올량합 90여 명을 먼저 斬首하고, 군사를 4路로 나누어 毛憐衛 올량합의 근거지인 上·中·下東良 일대에 대한 討伐을 감행하였다(『세조실록』 권21, 세조 6년 9월 丁丑; 甲申).

60 이에 대해서 李仁榮과 姜性文은 朝鮮이 北征에 있어 '以夷制夷策'을 구사하였다고 하고 있으며, 특히 이인영은 조선이 '以蠻夷攻蠻夷策'에 성공하였다고 평가하면서 북정에 從軍한 兀良哈·斡朶里·兀狄哈에 대한 授職 論功한 數가 100여 명을 넘었다고 하고 있다(李仁榮, 앞의 논문, 1954, 103쪽; 124쪽; 姜性文, 앞의 논문, 1989, 53쪽). 한성주는 『세조실록』을 바탕으로 모련위 정벌에 종군한 여진인 총 138명의 명단을 확인할 수 있다고 하면서, 실제 '女眞 從軍者'는 이보다 더 많았을 것으로 추정하였다(한성주, 앞의 책, 경인문화사, 2011, 참조).

61 『세조실록』 권25, 세조 7년 9월 壬寅.

유역 내외가 조선의 '영역지역'임을 재차 천명하고 있다.

〈記事 7〉

우리나라 경계는, 先春嶺 이남으로부터 모두 우리의 옛 땅인데, 國家에
서 너희들 무리가 돌아갈 곳이 없음을 가엾이 여겨 (우리) 百姓과 같이 보
고 그 땅에 살게 하였는데도 너희가 스스로 마음을 고치지 아니하고 스스
로 불안하게 만드니, 어찌 능히 우리 土地에서 의거하겠느냐? 마땅히 풀
을 깎고 날짐승을 잡아 없애고 그 가운데에 마을을 개척하여 역시 五鎭과
같게 할 것이다.[62]

한명회의 언급을 보면 조선의 경계가 선춘령 이남부터이고 모두 조선
의 옛 땅이므로, 이곳에 거주하는 여진인들을 조선의 백성과 같이 보았
다고 하고 있다. 또한 여진인들이 조선에 복속하지 않으므로 이들을 정
벌하여 5진처럼 마을을 개척하고 조선이 직접 통치할 것이라 위협하고
있음을 알 수 있다. 그것이 가능한 것은 여진 '번리'들이 거주하는 두만
강 밖이 관원이 파견되지는 않았지만 '우리 土地[吾土地]'이기 때문이다.
이것은 한명회 또한 조선 초기부터 유래한 두만강 유역과 공험진 이남이
조선의 '영역지역'이라는 인식을 가지고 있었음을 보여준다. 또한 마을
을 개척하여 조선의 행정력이 미치는 5진은 조선의 직접적인 '관할지역'
이고, 두만강 이북 여진 '번리'들이 거주하는 지역은 조선의 관원이 파견
되어 있지 않지만 조선의 왕명과 법령이 미치는 '영역지역'에 속하기 때
문에 얼마든지 그것은 '영역지역'에서 직접적인 '관할지역'로 변경할 수
있는 곳임을 말하고 있는 것이다.

---

62 "我國疆界, 自先春嶺迤南皆我故地, 國家憐汝輩無歸, 等視百姓, 使居其地, 汝不自
新, 自作不靖, 安能據吾土地耶, 當草薙禽獼, 開府于其中, 亦如五鎭矣"(위와 같음).

## 5. 맺음말

두만강 유역을 조선의 영역이라고 인식한 것은, 멀리는 고려 때 윤관의 여진정벌과 9성의 축조부터 가깝게는 조선을 건국한 이성계의 세력 기반이 두만강 유역과 동북면 일대였고, 이성계에 종군한 사람들 중에는 그 지역에 거주하던 여진인들이 있었다는 것을 기반으로 하고 있다. 그리고 이를 바탕으로 명과의 철령위 문제에서 공험진 이남을 조선의 관할로 인정받은 점, 11처 여진 귀속을 인정받은 것 등도 이러한 인식을 형성하는데 중요하게 작용한 것으로 보인다.

또한 6진 설치 및 방어와 관련하여 두만강 유역의 南岸과 北岸을 둘러싼 지역을 조선의 울타리인 '번리'로 인식하였는데, 조선에서 인식한 '번리'지역은 조선이 인식한 '영역지역'과 대체로 일치하는 경향을 보인다. 마침내 이들 여진 번리에 대해 '編氓과 다름없다'는 인식이 고착화되는 경향을 보이며, '입술이 없으면 이가 시린[脣亡齒寒]'관계로 일컫게 되었다. 그러나 그들을 編氓·編戶와 같이 여기는 것까지는 좋았지만 가혹한 형벌을 준다던지, 마구 침학·탐학하여 오래전부터 인심을 잃어왔다던지, 심처야인이 침탈할 때 구원하지 않는다던지, 번호에 대한 대우가 전과 달리 나빠졌다는 등의 사례들[63]이 빈번하게 생기면서 급기야 1583년(선조 16) 회령 지방에서 니탕개가 반란을 일으키게 되었던 것이다.

조선 선조대 니탕개의 반란 이후 藩籬·藩胡들의 반란이 자주 일어나는데, 조선에서는 그 원인을 조선의 邊將과 首領들이 이와 같이 번리·번호들을 잘 撫御하지 못하는 것에서 찾고 있는 점은 조선과 여진 '번리'와의 관계를 잘 대변해준다.[64] 여진 '번리'는 조선의 울타리로서 조선의

---

63 『선조실록』 권17, 선조 16년 2월 丁酉; 권55, 선조 27년 9월 己丑; 辛卯.
64 위와 같음.

'영역지역'으로 변장과 수령이 파견되어 있지는 않지만 변장과 수령이 어루만지고 통어해서 잘 돌보아야 하는 지역, 곧 조선왕의 法令과 王命이 미치는 지역이었다. 그리고 이러한 '영역지역'은 조선의 영향력이 지속되는 한 언제든지 鎭을 설치하여 직접적인 '관할지역'으로 만들 수 있는 곳이었다.

이렇듯 두만강 유역을 조선의 영역이라 인식하고 영향력 하에 둠으로써 어쩌면 두만강 유역에는 두 개의 조선이 존재하는 양상이 되었을지도 모른다. 조선의 변장과 수령이 파견되어 조선의 '관할'로 인정되어지는 범위와 비록 관원이 파견되지 않았더라도 조선의 法令과 王命이 미치는 조선의 '영역'이라 주장되어지는 범위가 서로 다른 양상으로 존재한 것이다.

# 제2장 조선 전기 두만강 유역
## '女眞 藩籬·藩胡'의 형성과 성격

## 1. 머리말

조선을 건국한 이성계의 정치·군사적 세력 기반은 동북면이었다. 고려말 동북면은 여진인과 고려유민이 혼재되어 있던 상황이었으며, 이성계의 사병은 이들을 기반으로 하였다.[1] 고려말 이성계가 동정·서벌할 때 여진족의 대소 추장들은 항상 활과 칼을 차고 종군하였고, 조선 건국 후 이성계는 자신을 따라 종군하였던 여진인들에게 만호와 천호의 벼슬을 나누어 주었다.[2]

또한 태조 이성계는 두만강 이남 조선의 동북면에 거주하고 있는 여진족에 대한 동화정책을 실시하여 조선의 편호가 되도록 하였는데, 1393년(태조 2)에는 이지란을 동북면 도안무사로 삼아 갑주와 공주에 성을 쌓았다.[3] 1397년(태조 6)에는 정도전을 동북면 도선무안찰사로, 이지란을 도병마사로 삼아 성보를 수축하여, 단천에서 공주의 경계가 모두 찰리사

1 유창규, 「李成桂의 軍事的 基盤-東北面을 중심으로-」, 『진단학보』 58, 1984; 최재진, 「고려말 동북면의 통치와 이성계 세력;쌍성총관부 수복이후를 중심으로」, 『사학지』 26, 1993; 송기중, 「朝鮮朝 建國을 後援한 勢力의 地域的 基盤」, 『진단학보』, 78, 1994; 김선호, 「14세기말 몽·려관계와 동북아 정세변화」, 『강원사학』 12, 1996, 참고.
2 조선 건국 후 女眞 從軍者에 대한 포상은 여진추장을 중심으로 女眞 21명, 兀良哈 1명, 兀狄哈 5명, 총 27명에 대하여 이루어졌다(한성주, 「조선초기 受職女眞人 연구-세종대를 중심으로-」, 『조선시대사학보』 36, 2006, 71~73쪽).
3 『태조실록』 권4, 태조 2년 8월 乙酉.

의 통치 안에 예속되도록 하였다.[4] 그리고 다음 해인 1398년(태조 7)에는
주·부·군·현의 명칭을 나누어 정하고, 안변 이북 청주 이남을 영흥도로,
단천 이북은 공주, 이남은 함길도라 칭하여 동북면 도순문찰리사로 하여
금 통치하게 하였다.[5] 그리고 홍원과 청주, 단천, 길주, 금성, 경원 등에
속한 각 참의 명칭을 새로이 하였으며, 경원부에 성을 쌓는 등 동북면 일
대를 다른 도와 다를 바 없게 하였다고 한다.[6]

　이와 더불어 즉위 한달 후에는 두만강 내외에 거주하는 여진인들의 내
조를 받아들이기 시작하여, 올량합, 오도리, 올적합 등이 내조하기 시작
하였다.[7] 여진의 내조는 조공 형식으로 이루어졌는데, 여진 각 부족의 대
소 추장이 내조하여 방물을 바치면 조선은 그에 대한 회사물과 상사물을
주었고, 그 세력의 강약에 따라 조선의 관직을 주었다.

　이처럼 여말선초 동북면 및 두만강 유역의 여진인들은 조선과 밀접한
관련을 맺고 있었고, 조선에서는 건국 후에는 이들을 대우하면서 동북면
을 조선의 행정구역으로 재편하려 하였다. 따라서 동북면 내륙 깊숙이
거주하던 여진인들은 점차 조선에 동화되어 편호가 되어 갔으며, 두만강
유역에 거주하던 여진인들은 조선에 내조하면서 조선과의 관계를 이어
갔다.

　그런데 이들 두만강 유역에 거주하던 여진인들에 대해 조선에서는 藩
籬라고 부른 점을 주목할 필요가 있다. 번리란 일반적으로 '국가의 울타
리'로 볼 수 있는데, 藩國, 藩邦, 藩屛, 藩蔽, 藩翰, 藩服, 藩臣, 藩鎭, 外
藩 등의 용어로 쓰이면서, 중국에서는 제후국이나 절도사 등 지방군사조

---

4 『태조실록』 권12, 태조 6년 12월 庚子; 壬寅.
5 『태조실록』 권13, 태조 7년 2월 庚辰.
6 『태조실록』 권13, 태조 7년 2월 庚辰; 癸巳.
7 『태조실록』 권1, 태조 1년 8월 庚子.

직에 쓰이기도 한 용어이다. 『朝鮮王朝實錄』을 검토해 보면 함경도·평
안도·경상도·전라도 등 주로 변경 방어와 관련된 지역 전체 또는 城邑,
鎭·堡 등의 일부를 일컫기도 하고, 군사조직인 船軍을 지칭하기도 한다.
이러한 것이 대외관계에서도 확대되어 일본과의 관계에서는 주로 對馬
島, 여진과의 관계에서는 두만강 유역 내외의 여진인들을 번리라 인식하
였던 것으로 보인다.[8]

조선의 여진 번리인식이 극명하게 나타나는 시기는 바로 4군 6진을 설
치하기 시작한 세종 때이며, 4郡 6鎭의 설치 후에는 방어상의 이유 때문
에 여진 번리인식이 더욱 확대되고 구체화되어 갔을 것이다.[9] 즉 6진의

---

8 藩籬의 개념을 명확히 규정하기에는 아직 필자의 연구가 부족함이 많다. 다만 중국
  의 조공책봉체제가 대외적으로 확대되면서 그 내적 개념 또한 외적으로 확대되면
  서 '藩'의 개념도 함께 확대되었다고 생각된다. 예를 들면 唐代 '藩鎭'은 절도사를
  일컫는 명칭이었지만, 이러한 '藩'의 개념이 조공책봉을 전제로 한 중화적 세계 인
  식으로 확대되면서 책봉을 받은 국가를 '藩籬', '藩臣', '藩國' 등으로 지칭하기 시
  작한 것이다. 그러나 한편으로 '藩'이라는 의미는 내적 개념으로도 지속적으로 함
  께 쓰이고 있기 때문에 내적 개념과 외적 개념을 구별할 필요는 있을 것이다. 즉
  조선이 明의 '번리'라 칭하면서도 두만강 유역의 여진을 조선의 '번리'라 칭하였던
  외적 개념과 국내에서 변경 방어와 관련된 지역 전체 또는 일부, 군사조직 등을 일
  컬었던 내적 개념이 그것이라 할 수 있겠다.
9 두만강 유역의 6진 개척 및 국토 확장 등에 대한 대표적인 연구는 다음과 같다. 송
  병기, 「동북, 서북계의 수복」, 『한국사』 9(조선)-양반관료국가의 성립, 국사편찬위
  원회, 1973; 방동인, 「조선초기의 북방 영토개척-압록강 방면을 중심으로」, 『관동사
  학』 5·6, 1994; 방동인, 「4군 6진의 개척」, 『한국사』 22(조선 왕조의 성립과 대외
  관계), 국사편찬위원회, 1995; 방동인, 『韓國의 國境劃定研究』, 일조각, 1997; 金九
  鎭, 「尹瓘 9城의 範圍와 朝鮮 6鎭의 開拓 -女眞 勢力 關係를 中心으로-」, 『史叢』
  21·22, 1997; 이경식, 「朝鮮初期의 北方開拓과 農業開發」, 『역사교육』 52, 1992;
  김병록, 「조선초기 金宗瑞의 六鎭開拓에 關한 考察」, 성균관대학교 석사학위논문,
  1996; 國防軍史研究所, 『國土開拓史』, 정문사, 1999; 姜性文, 「朝鮮初期 六鎭開拓
  의 國防史的 意義」, 『軍史』 42, 2001; 오종록, 「세종시대 북방영토개척」, 『세종문
  화사대계』 3, 세종기념사업회, 2001.

방어를 위해서는 豆滿江 內外에 있는 여진인들을 藩籬化시켜 조선의 울
타리가 되게 함으로써 변경의 안정화를 꾀할 필요가 있었다. 그리고 조
선 중·후기가 되면 이 지역에 여진인들의 중심 부락들이 형성되면서 '藩
胡 部落'이란 명칭이 나타나기 시작하는데, 이 번호 부락은 두만강 유역
에 설치된 5진 城底를 비롯한 두만강 유역 내외에 분포하여 1차적으로
邊境에서의 정보를 조선에 보고하고 다른 여진족의 침입을 직·간접적으
로 막아주는 역할을 하였던 것으로 보여진다.

　지금까지 조선의 번리 인식에 주목한 것으로는 조선의 對馬島 敬差官
파견과 관련하여 대마도를 조선이 藩屛으로서 인식하였다는 연구[10]와
야인·대마도에 대한 번리·번병인식의 형성과 경차관 파견의 상관관계를
밝힌 연구[11] 등이 선구적이라 할 수 있다. 그러나 본고에서는 이들 선행
연구들과는 달리 여진에 대한 조선의 번리 인식에 한정하면서, 우선 선
초 여진 번리 인식과 두만강 유역에 5진이 설치되는 상황과 그 관련성을
살펴보고, 5진 설치 후 조선에서 여진 번리를 구축하기 위해 어떤 정책
을 구사하였는지, 그리고 그것이 여진 번리의 구체화로서 번호 부락 형
성에 어떤 영향을 주었으며, 번호 부락의 규모는 어떠하였는지 살펴보려
고 한다. 이를 통해 14~17세기 두만강 유역 여진 번리와 번호가 조선시
대 여진관계에서 어떤 의미가 있는지 살펴봄으로써 전근대 변경 인식에
대한 개념을 다시 한번 파악해 보고자 한다.

---

10 한문종, 「朝鮮前期의 對馬島 敬差官」, 『전북사학』 15, 1992.

11 정다함, 「朝鮮初期 野人과 對馬島에 대한 藩籬·藩屛認識의 형성과 敬差官의 파견」,
　　『동방학지』 141, 2008.

## 2. 鮮初 女眞 藩籬 인식과 5鎭의 설치

조선을 건국하는데 있어 여진 세력이 이성계의 사병에 종군하여 참여한 것은 사실이지만, 건국 후 여진과의 관계는 복잡다단했던 측면이 있다. 왜냐하면 여진 세력이 통일된 세력을 형성하지 못하고 적게는 수십 명에서 많게는 수백 명까지 종족별·부족별로 수렵 및 농경 생활을 영위하였기 때문이었다. 그리고 조선과 같은 신흥국이었던 명에서 보면 몽고 세력을 축출하는 것뿐만 아니라 요동 및 만주 지역의 여진족을 안정화시켜 몽고 세력 및 조선과 연합하는 것을 미연에 방지할 필요가 있었기 때문에 여진 초무를 지속적으로 시행하려 한 점에 있어서도 조선·명·여진 관계가 양면적인 관계가 아닌 다면적이고 복합적인 측면을 초래하였다고 할 수 있다.

명은 成祖 때부터 요동에 거주하는 여진을 본격적으로 초무하기 시작하였는데, 명 성조의 여진 초무는 두 가지 방향에서 전개되었다.[12] 하나는 흑룡강 부근의 여진을 초무하여 몽골 세력을 견제하는 것과 다른 하나는 두만강 부근의 여진을 초무하여 조선을 견제하는 것이었다. 두 가지 모두 여진이 거주하는 지역에 위소를 설치하는 것으로 나타났는데, 전자는 흑룡강 하류의 옛 원대 동정원수부 자리에 노아간도사를 설치하여 여진제부를 통할하도록 함으로써, 후자는 건주위, 올자위 등의 여진 위소를 설치함으로써 일단락되었다.[13]

---

12 박원호, 「永樂年間 明과 朝鮮間의 女眞問題」, 『아세아연구』 85, 1991, 238쪽; 박원호, 「15세기 동아시아 정세」, 『한국사 22-조선왕조의 성립과 대외관계』, 국사편찬위원회, 1995, 262쪽.
13 여진위소의 설치는 여진의 대소추장을 그대로 위소관직에 임명함으로써 나타났는데, 이것은 최근 중국의 연구자들이 말하듯 명의 행정구역으로 편입된 것이 아니라 관직을 수여하는 일종의 수직행위에 지나지 않았다. 이렇게 보면 명의 위소설치는

이 과정에서 명은 조선의 동북면 11처 지면에 거주하는 여진인들을 초무하려 하였고, 조선에서는 치열한 외교전을 펼쳐 이들의 종속을 인정받았다.[14] 그러나 명은 두만강 유역에 거주하는 吾都里의 首長 童猛哥帖木兒 및 올량합 등을 초무하려는 의도를 굽히지 않았다. 조선에서는 외교적 노력이 실패하자, 동맹가첩목아를 회유하여 명의 의도를 저지하고자 하였다. 즉 대호군 李愉를 동맹가첩목아에게 보내어 宣諭하게 하고 물품을 하사하였으며,[15] 의정부의 知印 金尙琦를 보내어 동맹가첩목아에게 慶源等處管軍萬戶의 印信을 내려주고, 올량합 만호 甫里·波乙所 및 관하인 100여 명에게 물품을 나누어 주기도 하였다.[16] 그리고 다시 상호군 申商, 대호군 李愉를 연달아 보내어 명의 초무를 막으려 노력하였다.[17]

태종이 동맹가첩목아의 명 입조를 막으려 한 이유는 바로 동맹가첩목아를 동북면의 藩籬라고 생각한 것에 있었다. 즉 태종은 동맹가첩목아가 거주하던 "斡木河는 우리나라의 藩籬"[18]라고 하였고, "명 사신이 오는 것은 오로지 동맹가첩목아를 초안하려는 것이고, 이 사람은 조선의 번리이기 때문에 이것을 도모하라"[19]고 하고 있다. 또 "이 사람은 우리 영토 안에 살고 있어 우리의 번리가 되었으니 마땅히 후하게 대우해야 한다"[20]고 하는 등 동맹가첩목아에게 조선의 관직과 물품을 지급함으로써

---

조선의 여진에 대한 수직정책과 크게 다르지 않았으며, 여진은 조선과 명 어느 쪽에도 완전히 복속되어 있지 않았다고 할 수 있다(한성주, 「朝鮮初期 朝·明 二重受職女眞人의 兩屬問題」, 『조선시대사학보』 40, 2007(a), 참고).

14 박원호, 앞의 논문, 1991, 참고.
15 『태종실록』 권9, 태종 5년 1월 甲辰.
16 『태종실록』 권9, 태종 5년 2월 己丑.
17 『태종실록』 권9, 태종 5년 3월 己酉; 권10, 태종 5년 7월 丙辰.
18 『세종실록』 권62, 세종 15년 10월 戊寅.
19 『태종실록』 권9, 태종 5년 3월 己酉.
20 『세종실록』 권45, 세종 11년 9월 丁卯.

명의 초무를 막아보려 하였던 것이다. 그러나 태종은 이들 번리에 대해 "그 무리들은 어루만져 편하게 하지 않을 수 없고, 대비해 방비하지 않을 수 없다"[21]고 말함으로써 경계를 늦추지는 않았던 것 같다.

한편 북방 여진을 변방의 울타리인 번리로 서술한 것은 먼저 『高麗史』나 『高麗史節要』에서 찾아볼 수 있다. 『고려사』 및 『고려사절요』를 보면 고려의 북방에 거주하면서 고려에 내조하던 여진인들에 대해 번리라 표현했던 것을 많이 찾을 수 있다. 이들 記事들을 살펴보면 고려 및 조선 초기의 여진 번리 인식은 변방 부근에 거주하는 여진인들 중에서 고려나 조선에 내조하여 관직을 받고, 경제적으로 복속하거나 영향을 받으면서 밀착된 관계를 맺고 있던 대상을 지칭하는 경우가 많다. 따라서 당시 여진 번리는 광의의 의미로서 중국에서 말하여지는 藩國, 藩邦, 藩屛, 藩蔽, 藩翰, 藩服, 藩臣, 藩鎭, 外藩의 의미가 변경의 이민족에게까지 확대된 것으로 변경의 안정과 밀접한 관련이 있고, 무마하고 후대하는 한편 관계가 악화되었을 때는 침입을 방비해야 하는 대상이라고 할 수 있다.

동맹가첩목아 및 두만강 일대의 여진인들을 번리로 인식하였던 것은 세종대에도 이어져서 올적합의 침입으로 동맹가첩목아가 패망하게 되자 6진을 설치하는 계기가 되었다고 할 수 있다.

斡木河는 본래 우리 나라의 영토 안에 있던 땅이다. 혹시 凡察(동맹가첩목아의 이복동생) 등이 딴 곳으로 옮겨 가고, 또 强敵이 있어서 알목하에 와서 살게 되면, 다만 우리 나라의 邊境을 잃어버릴 뿐 아니라, 또 하나의 강적이 생기게 된다. 그러므로, 나는 그곳의 허술한 기회를 타서 寧北鎭을 알목하에 옮기고, 慶源府를 蘇多老에 옮겨서 옛 영토를 회복하여서 祖宗의 뜻을 잇고자 하는데 어떤가. … 내가 옮겨서 배치하려고 하는

---

것은 큰 일을 좋아하거나 공을 세우기를 즐겨 하기 때문은 아니다. 만약 조종이 藩籬를 설치하였다면 자손 된 자가 좇아서 이것을 보충하여야 한다는 것뿐이다.[22]

세종은 동맹가첩목아가 거주하던 알목하는 조종이 번리를 설치한 것이고, 다른 강적이 알목하에 들어오면 변경을 잃어버리는 것이므로, 조종의 뜻을 좇아 이것을 보충하고자 한다고 말하고 있는 것이다. 따라서 세종이 6진을 설치한 것은 이 지역이 원래 우리나라의 영토인데, 동맹가첩목아가 와서 살게 되면서 조선의 번리가 된 것이고, 이 번리가 패망하여 없어졌기 때문에 다른 强敵이 살게 되는 것이 우려되므로 鎭을 설치한 것이다.

그리고 6진을 설치하는 논의 과정을 보면 세종의 번리 인식은 보다 더 구체화되는 측면이 있다.[23] 즉 동맹가첩목아는 "太祖 때에 순종하여 와서 우리나라의 번리가 되기를 청한 것이고, 태조가 사방에 있는 오랑캐를 지키려는 것에서 우선 허락한 것",[24] "童倉(동맹가첩목아의 아들)의 部落은 대대로 본국 境內에 살아서 우리의 번리가 되었다"[25]라고 표현하고 있으며, 吾都里의 馬佐化·馬仇音波·童也吾他·哥哥時波와 吾郞介의 仇赤 등이 내조하였을 때는 "너희 무리는 여러 代에 걸쳐 北門에 거주하

22 『세종실록』 권62, 세종 15년 11월 戊戌.
23 이와 관련하여 정다함은 조선이 野人 및 對馬島에 敬差官을 지속적으로 파견하던 연원은 이들에 대한 고려와 조선이 거둔 군사적 승리와 그 주역으로서의 太祖 李成桂라는 물리적이고 구체적인 역사적 경험에 기반하였고, 이러한 역사적 경험을 조선이 스스로를 중심으로 하는 유교적 명분질서로 분식시킴으로써 야인과 대마도를 조선의 신하로 설정하여 번리나 번병으로 파악하는 인식을 보편화시킨 것에서 기원한 것이라고 지적하고 있다(정다함, 앞의 논문, 2008, 참고).
24 『세종실록』 권62, 세종 15년 11월 庚子.
25 『세종실록』 권84, 세종 21년 1월 丙午.

였고, 우리의 藩屛이 되었다"[26]고 하여 두만강 유역의 여진 번리가 그 연원이 오래되었음을 강조하고 있다. 그리고 이 지역은 원래 조선의 영역인데, 태조 때부터 여진인들이 청하고 순종하여 거주하게 되었고, 그에 따라 여진인들이 번리가 되었음을 누차 강조하고 있는 것이다. 따라서 조선에서 원래 조종의 땅에 진을 설치하는 것은 여진의 땅을 뺏거나 잘못된 것이 아니라 당연한 것임을 천명하고 있는 것이다.

또 번리는 조선에 귀순하여 순종하여 온 사람들(效順, 歸附) 또는 대대로 본국 경내에 살아온 자들로서, '먼 지역 또는 깊은 곳에 거주하는 올적합의 소식을 전하거나 사변을 탐지하여 연속적으로 보고'[27]하기도 하고, '보고 들은 것과 聲息을 달려와서 고하며',[28] '깊은 곳의 올적합이 감히 접근하지 못하게 하면서, 賊變이 있으면 같은 마음으로 막아 온'[29] 역할을 하였다고 보고 있다. 이에 세종은 "너희들은 우리 조종이 생긴 이래로 우리와 가까운 지경에 살면서 성심으로 힘을 바쳐 왔고, 우리나라에서도 역시 너희들을 무휼하여 서로가 '입술과 이(脣齒)'와 같이 여겨온지 여러 해"[30]가 되었다고 하고 있다. 그리고 여진인들에 대해서도 "두 가지 의심을 가지지 않고 생업을 즐기며 편히 살아 영원히 번리가 되면 彼我가 어찌 큰 이익이 아니겠는가"[31]라고 하여 여진인들이 조선의 번리가 되는 것은 서로에게 유익한 것이라고 강조하고 있었다.

그러나 한편으로는 의정부 찬성 申槩가 상언한 것처럼 서북면의 建州衛 李滿住가 귀부하고 忽剌溫 兀狄哈의 聲息과 事變을 보고한다고 해서

---

26 『세종실록』 권90, 세종 22년 7월 辛酉.
27 『세종실록』 권64, 세종 16년 5월 乙巳; 권84, 세종 21년 3월 壬戌.
28 『세종실록』 권86, 세종 21년 9월 己酉; 권95, 세종 24년 1월 戊子.
29 『세종실록』 권74, 세종 18년 9월 壬戌; 권95, 세종 24년 1월 戊子.
30 『세종실록』 권95, 세종 24년 1월 戊子.
31 『세종실록』 권95, 세종 24년 1월 戊子.

번리가 되었다고 하여도 "邊境에 처들어와서 함부로 사람을 죽이고 노
략하는 것이 여러 번에 이르러 그치지 않으면 번리라 이를 수 없고"[32] 마
침내는 군사력을 동원하여 정벌하는 대상이 되었던 것이다.

## 3. 5鎭 설치 후 女眞 藩籬에 대한 정책

동북면에 설치한 6鎭은 1434년(세종 16) 寧北鎭(뒤에 鍾城鎭으로 이
동), 會寧을 시작으로 순차적으로 慶源, 慶興, 穩城, 富寧鎭(1449년, 세종
31)을 설치하면서 완료되었다. 6진 중 두만강 유역에 있는 것이 종성, 회
령, 경원, 경흥, 온성이며, 이들 5진에 새로 성을 쌓았는데 이것이 바로
巨鎭이라 할 수 있다. 5진 사이의 모든 요해처에는 작은 진과 보를 두어
두만강을 둘러쌓았는데, 선으로 연결되어 있진 않았지만 이를 두고 長城
또는 行城이라 불렀다.[33]

세종은 영북진과 회령진을 설치하고, 오도리를 중심으로 한 여진인들
을 그 주변에 그대로 머물게 하여 藩籬化시키려 하였다. 그러나 동맹가
첩목아의 遺種인 凡察(동맹가첩목아의 이복 동생)과 童倉은 건주위 이
만주가 거주하는 婆猪江 유역으로 이동하려 하였고, 조선에서는 이들을
붙잡아 두려한 것을 볼 수 있는데, 조선에서 이들에 대해서 취한 정책들
은 다음과 같다.

첫째, 외교적으로 이들의 이동을 막으려고 明에 奏聞하여 실질적인 성
과를 이끌어냈다. 즉 1438년(세종 20)과 1439년(세종 21)에 두 차례에 걸

---

32 『세종실록』 권74, 세종 18년 9월 壬戌.
33 송병기, 「世宗朝 兩界行城 築造에 對하여」, 『사학연구』18, 1964, 189쪽; 유재춘,
   「朝鮮前期 行城築造에 관하여」, 『강원사학』13, 1998, 153쪽.

쳐 "동창과 범찰은 옮길 필요가 없고 그대로 그곳에 거주하라"는 勅諭를 이끌어 내었다.[34] 사실 이와 관련해서는 파저강 유역의 이만주에 대한 조선의 정벌로 인해 명을 중심으로 조선과 여진 간에 치열한 외교전이 펼쳐졌다고도 할 수 있다. 즉 동창과 범찰은 이만주가 거주하는 파저강으로 이동하길 원하여 명에 이주를 허가해줄 것을 요청하여 허락을 두 번이나 받았으나, 조선에서의 반대로 번번히 좌절된 것이며, 1438년과 1439년의 칙유는 여진인들의 이주 요청과 명의 승인, 그리고 이에 대한 조선의 반대와 명의 조선 요청 승인이라는 치열한 외교전이 숨어 있었다. 조선에서 이들의 이주를 반대한 이유는 조선의 파저강 정벌로 인해 이만주와의 원한이 풀리지 않은 상황에서 이들이 모여 살게 되면 조선의 변방이 혼란해질 것이고, 동창·범찰이 사는 지역은 太宗皇帝(明 成祖) 때 조선의 소유로 승인한 동북면 11처 지역에 속한다는 것이었다.[35]

둘째, 이들 여진인에 대한 懷柔策이다. 세종은 "우리나라에서 범찰 등이 청구하는 것이 있으면 모두 들어주었고, 조회하러 오는 자가 있으면 舍館을 제공하고 양식을 주어 우대하였다"고 하고 있으며,[36] 또한 "혹 차

---

34 『세종실록』 권81, 세종 20년 5월 丙申; 권85, 세종 21년 5월 庚申.
35 『세종실록』 권80, 세종 20년 1월 丙午(童倉과 凡察로서는 동맹가첩목아가 明의 建州左衛를 개설받았으므로, 명의 허락을 받으면 이주가 쉬울 것으로 생각했을 수 있지만 여진을 둘러싼 조선과 명의 관계는 그렇게 간단한 문제만은 아니었다고 보여진다. 왜냐하면 당시 명은 북방 몽고 세력의 팽창이라는 현실 때문에 더 이상 遼東 지역, 특히 두만강 유역의 여진에 대한 영향력을 발휘할 수 없는 상황이었다. 黑龍江 유역에 설치된 奴兒干都司가 유명무실해지고, 여진 세력의 명 침입이 대규모로 자주 이루어지고 있음이 이를 잘 대변해주고 있다. 따라서 명으로서는 조선과 여진의 분쟁이 확대되지 않고 안정적으로 유지되어 더 이상 혼란한 상황이 벌어지지 않는 것을 바라고 있었다고 보여지며, 동창과 범찰의 이주를 둘러싼 조선과 여진의 외교전은 이러한 당시 동북아시아 정세가 투영되어 있다고 할 수 있다. 당시 동북아시아의 정세와 노아간도사에 대해서는 남의현, 「明 前期 奴兒干都司의 設置와 衰退」『동북아역사논총』 16, 2007의 연구를 참고).

례를 뛰어넘어 관직을 제수하고 여러 물품을 하사하였으며, 심지어 농사
짓는 것, 사냥하는 것, 짐승기르는 것까지도 그들이 편리한 대로 허가하
여 여러 모로 撫恤하였음"[37]을 말하고 있다. 즉 세종은 범찰 등의 물품
청구에 있어 그 경제적 욕구를 들어주고, 來朝를 허가하였으며, 조선의
官職을 제수하는 등의 회유책을 구사하였음을 알 수 있다. 특히 동창에
대한 관직 수여는 조선에서도 많은 논란이 있었는데, 동창이 이미 指揮
라는 명의 관직을 가지고 있었기 때문이었다.[38] 결국 동창에 대해 관직을
수여함으로써 조선의 수직정책은 보다 적극적으로 전개되어 두만강·압
록강 유역 등 먼 지방에 거주하는 여진인 뿐만 아니라 명의 관직을 가진
여진인에게까지 확대되는 계기가 되었으며, 명 관직을 가진 여진인에 대
한 조선의 관직 수여는 명과 또 다른 갈등을 초래하기도 하였다.[39]

셋째, 무력을 동반한 强硬策이다. 조선에서는 회유와 함께 무력을 동
원하기도 하였는데, 兵馬를 동원하여 도망간 여진인들을 잡아오기도 하
고,[40] 군대의 위엄을 보이고 정벌하려는 듯한 聲息을 냄으로써 이탈하는
것을 방지하려 하였다.[41] 그렇지만 이런 노력에도 범찰과 동창 등이 管

---

36 『세종실록』 권90, 세종 22년 7월 辛酉.
37 위와 같음.
38 한성주, 앞의 논문, 2007(a), 참고.
39 위와 같음(童倉에 대한 投職으로 시작된 明 관직자에 대한 조선의 관직 수여는 世
宗代에는 크게 문제가 되진 않았지만, 建州衛로 도망했던 동창 등이 世祖代 來朝
하여 다시 조선의 관직을 제수받자 명은 勅使를 조선에 파견하여 이를 詰責함으로
써 외교적 갈등이 초래되기도 하였다. 이 역시 동북아시아의 정세, 즉 명의 요동 지
역에서의 영향력 상실이라는 측면에서 파악해야 하고, 또 그에 따른 압록강 유역의
여진 세력을 두만강 유역과는 다르게 명이 더 민감하게 반응하고 있었음을 알 수
있다).
40 『세종실록』 권89, 세종 22년 4월 丙申; 6월 庚寅.
41 『세종실록』 권74, 세종 18년 9월 壬戌; 권80, 세종 20년 1월 甲辰; 3월 己丑; 권88
권, 세종 22년 2월 癸未; 권90권, 세종 22년 7월 己酉; 권91, 세종 22년 10월 丁丑;
권99, 세종 25년 1월 丙子; 권102, 세종 25년 10월 丁亥.

下 3백여 호를 거느리고 조선을 배반하고 파저강으로 도망하게 되었
다.[42] 범찰과 동창 등을 따라가지 않고 남아 있는 무리는 약 1백여 호 정
도였는데,[43] 조선에서는 이들 중 옛 質子의 예로서 우두머리로서 세력이
있는 사람들의 子弟를 서울로 오게 하여 관직을 제수하고 侍衛를 시키
면서 아내를 얻게 하여 머물러 두게 하였으며, 이러한 명령에 따르지 않
으면 강제로라도 올려 보내도록 하여 관철시키려 하였다.[44] 이에 따라 오
도리 유종 중 童於虛里의 아들 所老加茂, 吾沙介의 아들과 加時波의 아
들 1인, 亡乃의 아들 伊童時可, 也吾他의 長子 阿何里와 아들 毛多吾赤,
李貴也의 아들 也吾乃, 愁音佛伊의 아들, 高旱化의 아들 吾同古, 童於虛
取의 아들 松古老風, 崔寶老의 누이동생이 낳은 아들 沙乙下 등을 연속
하여 上京하도록 하였다.[45]

결국 조선에서는 김종서가 "저 알타리들을 어떻게 하든지 북문에 그대
로 머물러 있게 하여 우리나라의 번리로 삼아야 한다"[46]고 말한 바와 같
이 명을 통한 외교적 방법, 여진에 대한 회유책, 그리고 무력을 동반한 강
경책 등으로 두만강 유역의 여진인들을 번리화시키려 했음을 알 수 있다.

한편 회령 부근에 거주하던 범찰과 동창은 조선을 배반하고 파저강으
로 이주(1440년, 세종 22)하였지만 두만강 유역 5진 부근에는 많은 여진
인들이 남아 있었다. 다음 〈표 1〉은 1455년(단종 3) 5진 부근의 여진인의
종족, 부락수, 가구수, 장정수를 기록한 것인데, 비슷한 시기 5진 부근의
여진 세력을 살펴볼 수 있다.

42 『세종실록』 권89, 세종 22년 6월 丙申.
43 『세종실록』 권90, 세종 22년 7월 己酉.
44 『세종실록』 권92, 세종 23년 1월 丙辰; 권95, 세종 24년 2월 丁巳.
45 『세종실록』 권92, 세종 23년 1월 丙辰.
46 「세종실록」 권95, 세종 24년 2월 丁巳.

〈표 1〉 5진 부근의 여진 종족·부락·가구 및 장정수[47]

(단위 : 개, 명)

| 구분 \ 5진 | 회 령 | 종 성 | 온 성 | 경 원 | 경 흥 | 합 계 |
|---|---|---|---|---|---|---|
| 종 족 | 알타리 올량합 | 올량합 | 올량합 여진 | 올량합 여진 | 골간올적합 여진 | |
| 부 락 | 21 | 9 | 5 | 10 | 8 | 53 |
| 가 구 | 389(10) | 95 | 42 | 214 | 60 | 800(10) |
| 장 정 | 829 | 489 | 78 | 445 | 141 | 1,982 |

* (  )안의 수는 楊里人의 가구수와 장정수 임.

이 표를 보면 회령에는 21부락 389가구, 종성에는 9부락 95가구, 온성
에는 5부락 42가구, 경원에는 10부락 214가구, 경흥에는 8부락 60가구가
있었고, 5진 주변에는 총 53부락 800가구가 산재해 있었음을 알 수 있다.
이들 부락들은 5진을 중심으로 두만강 내외에 산재한 것으로 나타나는
데, 역시 오도리(알타리) 동맹가첩목아의 유종들이 남아있던 회령이 가
장 중심이었고, 올량합은 회령, 종성, 온성, 경원 등에 고루 분포하고 있
음을 알 수 있다. 그리고 骨看兀狄哈은 경흥지역에 주로 살고 있었음을
볼 수 있다. 5진 전체로 보면, 통상 1가구당 5명씩의 세대구성원이었다고
가정할 때 총 800가구이므로 4,000명 이상의 여진인이 5진 주변에 있었
다고 추측할 수 있고, 그 중 壯丁으로 파악된 숫자는 1,982명이다.

이들의 거주 지역은 5진 城底 및 두만강 내외로[48] 이들 모두를 조선의
번리로 볼 수 있을지는 의문이지만 최소한 이들 중 일부 또는 전부를 조

---

47 『단종실록』 권13, 단종 3년 3월 己巳를 참고로 작성함(한성주, 「두만강지역 여진인
　동향 보고서의 분석-『端宗實錄』 기사를 중심으로-」, 『사학연구』86, 2007(b), 54쪽
　에 게재된 표를 수정하여 재인용함).
48 이들의 居住 지역에 대해서는 한성주, 앞의 논문, 2007(b), 79쪽 〈별표 1『端宗實
　錄』 3년 3월 己巳條에 나타난 女眞人名〉 참고.

선에서는 번리로 인식하였을 것이다. 특히 5진 성저에 거주하던 여진인
들은 점차 5진의 '城底野人'으로 통칭되어 갔고, '성저야인'들의 조선에
대한 정치·경제적 의존성 내지는 예속성이 더 높아졌을 것이라 추측해
보면, 이들에 대해 번리라 생각하는 조선의 인식은 고착화 되고 보편화
되었으리라 생각해 볼 수 있다.

　더구나 세종대 이후에 오도리뿐만 아니라 올량합, 올적합 등을 5진을
둘러싼 번리라 인식하고 이들을 안정화시키기 위해 지속적으로 노력한
흔적들을 찾아볼 수 있다. 즉, 문종은 "올량합은 그 수가 많아서 東良北
에서 夜春에 이르기까지 5진을 둘러싸고 있으면서 오래도록 藩籬가 되
어 안심하고 생활하여 왔는데, 만약 들떠서 움직이고 인심이 조용하지
못하면 往來하는 邊患은 이루 말할 수 없을 것이니, 모름지기 온갖 계책
으로써 曉諭하여 동요하지 말도록 하는 것이 上策"[49]이라 하였고, 세조
는 "野人과 倭人들은 모두 우리의 藩籬이고 모두 우리의 臣民이니, 王된
자는 똑같이 대우하고 차별을 없이 하여 혹은 武力을 사용하기도 하고,
혹은 聲息을 사용하기도 하는데, 작은 폐단 때문에 그들의 來附하는 마
음을 거절하여 물리칠 수 없다"[50]고까지 하였다.

　그리고 당시 5진 지역의 상황을 본 明使 馬鑑은 "야인 가운데 城底에
사는 자들은 곧 貴國의 藩籬이므로 존휼하고 무육해서 도망하여 옮기지
말도록 하는 것이 좋으니, 宣慰使에게 말하여 전하께 계달하라"[51]고 말
하기도 하였으며, 조선에 入朝한 여진인들도 "城底에 살면서 나라의 干
城이 된 지 오래되었으며 무릇 賊變이 있으면 마음을 다하여 와서 報告
하였다"[52]고 자칭하게 되었다.[53] 이러한 상황과 인식은 조선으로 하여금

---

49 『문종실록』 권4, 문종 즉위년 11월 戊午.

50 『세조실록』 권8, 세조 3년 7월 庚寅.

51 『세조실록』 권21, 세조 6년 8월 丙辰.

"城底野人들은 대대로 우리 땅에 살고 우리의 藩籬가 되었으므로 국가에서 항상 불러서 무마하고, 굶주리면 먹을 것을 주고 朝廷에 오면 이들을 입히고 먹였으며, 또 爵秩을 주고 祿俸 또한 넉넉히 주기에 이르렀다"[54]는 인식을 형성하는 바탕이 되었다.

한편 조선에서는 이들 여진 번리를 안정적으로 유지하고 확보하기 위해 번리를 공고히 하려 노력하였음을 볼 수 있다. 구체적인 사례들을 열거하면, 심처야인의 침입에 대비해서 장성 밖 여진 번리가 사는 곳에 城子와 木柵을 嚴設해 주기도 하고, 土城을 쌓아주기도 하였다.[55] 또한 深處의 兀狄哈이 여진 번리들을 침탈하거나 싸울 때 조선에서는 올적합의 원한을 사지 않는 범위 내에서 鎭將은 城 위에다 군사를 배치하고 示威하여 威武를 보임으로써 번리들을 聲援하고 救援하였고,[56] 침략당하여

---

52 『성종실록』 권36, 성종 4년 11월 甲辰.

53 위의 두 사례에 대해 정다함은 야인들이 조선측과 접촉하는 과정에서 스스로 조선의 藩籬 혹은 藩屛으로 자칭하는 양상으로, 마감의 경우는 明도 조선의 城底에 거주하는 야인들에 대해 조선의 번리임을 인정하는 사례로 파악하고 있다. 그리고 명도 조선이 전통적으로 영향력을 행사해왔던 야인 부족들을 번리·번병으로 거느리는 것을 인정하고 있음을 보여준다고 하면서, 이러한 점에서 15세기 조선은 제국지향적 움직임을 보여준다고 하고 있다. 또한 이에 대해서 조선을 중심으로 그 주변부에 야인과 대마도가 위치하는 작은 명분질서의 동심원은, 명이 중심에 위치하는 보다 큰 동아시아질서의 동심원과도, 또한 일본 막부가 중심이 되는 또 다른 작은 명분질서의 동심원과도 함께 공유하는 중층적 성격의 것이라고 규정하고 있다(정다함, 앞의 논문, 2008, 255~256쪽).

54 『연산군일기』 권46, 연산군 8년 10월 丁巳.

55 『성종실록』 권48, 성종 5년 10월 庚寅; 壬寅; 권211, 성종 19년 1월 甲辰.

56 『세조실록』 권15, 세조 5년 1월 甲午; 『중종실록』 권34, 중종 13년 7월 己亥; 8월 庚午; 『명종실록』 권9, 명종 4년 10월 癸丑(세조는 한편으로는 以蠻夷攻蠻夷(以夷制夷)의 방편으로 겉으로는 올량합을 옹호하는 형상을 보이고, 안으로는 올적합이 와서 올량합을 치는 것을 금하지 말아 올량합 등이 형세상 반드시 조선에게 단단히 의지하게 하도록 하여 번리를 더욱 공고히 하려 하기도 하였다[『세조실록』 권19, 세조 6년 2월 辛未]).

長城(行城)이나 城을 넘어오는 자가 있으면 몰아내지 않고 城內에 전부 모아 보전·방호하여 주기도 하였다.[57] 경우에 따라서는 군사를 출동시켜 심처야인을 요격하기도 하여 다방면으로 구원해서 침략을 당하지 않고 편안히 생업에 종사하여 번리를 공고히 하려 하였다.[58] 따라서 번리가 禍를 당하는 것을 모르는 척 보아 넘길 수도 없고 聲援할 형편이 되면 信義를 잃어서는 안 되며, 그렇게 구원하지 않는 것은 조선의 국위가 손상되는 것으로, 번리들이 信服하지 않을 것으로, 번리에 대한 도리가 아니라고 인식하였다.[59] 그럼에도 불구하고 약탈당하여 재산을 잃은 자들은 변장이 存撫·賑恤·慰撫를 더하여 굶주리거나 얼어죽지 않도록 魚鹽과 糧布를 헤아려서 주고, 극진히 구휼하여 생업에 종사하게 하여 流移하지 않게 함으로써 번리를 공고히 하려 노력하였다.[60]

또한 5진의 성 아래에 사는 야인이 失農하여 흉년을 만나면 編氓처럼 여기고 구제하기도 하였는데,[61] "관청 곡식을 빌어서 생활을 하는 것이 유래가 오래되었고, 납부하기를 독촉하지 않더라도 먼저 갚는 것이 例였다"[62]는 것을 보면 5진의 여진 번리들에게도 일종의 還穀을 시행했던 것은 아닌가 추측된다. 그 결과 번리인 城底野人들은 조선이 심처야인들로부터 보호해주는 은혜에 감동하여 생업을 즐기며 편안히 살면서 심처야인들과는 원수처럼 지내게 되었다.[63]

---

57 『중종실록』 권34, 중종 13년 7월 己亥.
58 『명종실록』 권16, 명종 9년 1월 己巳;『선조실록』 권127, 선조 33년 7월 己巳; 권169, 선조 36년 12월 癸卯.
59 『세조실록』 권15, 세조 5년 1월 甲午;『중종실록』 권34, 중종 13년 8월 庚午;『선조실록』 권127, 선조 33년 7월 己巳.
60 『성종실록』 권36, 성종 4년 11월 丙申; 권48, 성종 5년 10월 壬寅.
61 『연산군일기』 권46, 연산군 8년 10월 戊午;『중종실록』 권91, 중종 34년 7월 乙亥.
62 『연산군일기』 권46, 연산군 8년 10월 戊午.
63 『명종실록』 권9, 명종 4년 10월 癸丑.

그러나 두만강 유역 주변의 여진 번리들은 그들의 경제적 욕구가 충족
되지 않으면 조선을 배반하여 도망하거나 침입하기도 하였다. 이에 조선
에서는 번리라고 해도 조선의 변경을 침입하는 등의 나쁜 짓이 극에 달
하면 반드시 죽인다는 뜻을 알게 하고, 반란을 일으킨 자들이나 피납된
조선인들을 잡아오거나 인도하여 오는 경우는 크게 포상하고 권장하도
록 하였는데, 상으로 주는 관직을 뛰어 제수하고, 이례적으로 서울에 올
라오게 하여 물건을 하사하여 주는 것을 遠近의 여진인들에게 알리게 해
서 그들로 하여금 功을 세우게 하였다.[64] 이런 방법으로도 번리의 침입이
그치지 않으면 대규모의 병력을 동원하여 배반한 번리를 철저히 응징하
고 다른 번리들의 이탈을 방지하였다.[65]

이에 "함경도에는 彼人(야인, 여진인)들이 와 살아서 藩籬가 되고 있
는데, 만일 四面에 일이 있으면 저들이 護衛하기 때문에 節度使가 쉽게
變에 대응할 수가 있으나, 평안도에는 야인들로 호위하는 번리가 없기
때문에 혹 변이 있게 되면 절도사가 직접 달려가서 방어하는 조처를 취
해야 한다"[66]고 하는 평가까지 생기게 되었던 것이다.

---

64 『연산군일기』권46, 연산군 8년 10월 丁巳.
65 대표적인 사례로는 1459년(세조 5) 올량합 추장 浪孛兒罕을 비롯한 그 일족 17인
   을 조선에서 참수한 것을 들 수 있는데, 세조가 낭발아한 일족을 처벌함으로써 "國
   家의 威嚴을 近境 여진인들에게 明示하여서 그들을 조선의 명령에 服從시키려는
   의도(이인영, 「申叔舟의 北征」, 『韓國滿洲關係史의 硏究』, 을유문화사, 1954, 97
   쪽)"였고, 이로 인해 여진의 보복 침입이 격화되자, 다음해인 1460년(세조 6년) 毛
   憐衛에 대한 정벌을 단행하였다(세조대 모련위 정벌에 대해서는 한성주, 「조선 세
   조대 毛憐衛 征伐과 여진인의 從軍에 대하여」, 『강원사학』 22·23, 2008, 참고)
66 『중종실록』권79, 중종 30년 6월 癸丑.

## 4. 5鎭에서의 女眞 藩胡의 발전과 中心 部落의 형성

조선의 두만강 유역 여진의 번리화 정책은 여진 사회의 農耕化와 맞
아떨어지면서 그나마 기름진 두만강 하구 지역에 "여진인들이 모여들어
번리가 되기를 자처하기도 하였고, 5진에 아주 가까이 살면서 內地에 거
주하고자 하는 자가 서로 잇닿게"[67]되었다. 한편 조선 초기에 두만강 연
안의 여진인들 중에는 이미 初期農耕段階에 들어가 있으면서 半農半牧
의 生活을 영위하는 자들이 출현했던 것으로 보인다. 여진족들은 명의
遼東 거주민 및 조선의 두만강과 압록강 유역에 거주하던 변방민을 약탈
하였는데, 이들 被虜人은 奴隷로 사역당하면서 농경에 종사한 것으로 보
여진다.[68] 노예로서 사역당하던 피로인들은 고역을 견디지 못해 도망쳐
오기도 하였는데, 성종대 이후로 이들 도망노비가 없어진 이유를 16세기
에 들어가면서 여진 사회가 자체내에서 계급 분화가 일어나 여진족 노비
가 생성된 점과 여진인들도 농경 기술을 터득하여 더 이상 외래 농경 노
예가 필요 없게 된 것에서 찾기도 한다.[69]

즉 조선 중기가 되면 여진 사회에서도 농경이 발달하면서 定着 마을
이 광범위하게 늘어나고, '中心 部落'도 생겨나기 시작했는데, 두만강 북
쪽의 평야 지대에 널리 퍼져 살면서 농경 생활을 하던 여진족 부락을 藩
胡라고 한다.[70] 두만강 유역에서 이러한 '중심 부락'을 형성한 것은 역시

67 『성종실록』 권65, 성종 7년 3월 庚午.

68 김구진, 「여진과의 관계」, 『한국사 22-조선왕조의 성립과 대외관계』, 국사편찬위원
   회, 1995, 366~367쪽.

69 위와 같음(김구진은 조선이 여진으로부터 도망 온 중국인들을 明에 송환하였는데,
   그 숫자가 태조대부터 성종대까지 268회에 걸쳐 37,908인에 이르는 것으로 파악하
   고 있고, 성종대 이후로는 이들 도망노비가 없어졌다고 하고 있다).

70 김구진·이현숙, 「『제승방략(制勝方略)』의 북방(北方) 방어(防禦) 체제」, 『국역 제
   승방략』, 세종대왕기념사업회, 1999, 48쪽.

5진 부근이었는데,『조선왕조실록』을 검토해 보면, 이 '중심 부락'들은 5진을 중심으로 대·중·소부락들이 두만강 내외, 즉 北岸과 南岸의 평야 지대에 널리 퍼져 있던 것으로 나타나고 있다. '藩胡 部落'이 회령진에서 종성진까지의 두만강 중류 일대, 즉 지금의 海蘭河 평야 일대에 집중되어 있었고, 16세기 말 이 지역 여진의 농경 수준은 '原始 농경' 단계에서 '集約 농경' 단계로 이행하고 있었다고 평가하기도 한다.[71]

여진의 입장에서 보면 조선의 5진에 의지하여 비옥한 두만강 유역 일대에 거주하면서 농경 생활을 영위하는 것과 생필품을 무역하거나 공급받는 것은 큰 이점이었을 것이다. 농경 생활을 영위하면서 정착하게 된 여진인들은 深處 여진인 및 다른 여진인들의 情勢를 보고하면서 조선의 官職을 받고, 이를 통해 농경에서 얻지 못하는 소금이나 면포, 종이 등의 생필품을 받을 수 있다는 이점이 있으므로 조선에 의지하는 것이 보다 안정적이었음에 틀림없다. 그러므로 조선에서는 "저들이 스스로 우리나라를 의지하여 삶을 누린다고 생각하기 때문에 우리나라의 울타리가 되는 것이다"[72]라고 생각하게 되었다. 그리고 한편으로는 심처의 여진인들이 자신들을 침탈하여 올 경우 조선이 구원해주기도 하는 등의 일정 부분 조선의 도움을 받을 수 있으므로 이러한 사회·경제적 요인들로 번리화된 여진 부락은 확대·증가해 나갔을 것으로 보여 진다.

번리들은 점차 부락을 형성하게 되고, 조선 명종대부터는 '藩胡'라는 명칭이 나타나기 시작하는데, 이것은 앞에서 말한 여진 번리가 '중심 부락'을 형성하였음을 가리키고 있다.[73] 藩胡란 조선에 복속하여 내지의 사

---

71 위와 같음.
72 『중종실록』권81, 중종 31년 4월 壬寅.
73 『朝鮮王朝實錄』에서 '藩胡'란 명칭이 처음으로 나타나는 기사는『명종실록』권25, 명종 14년 9월 甲午이다.

나운 올적합의 침입을 막아주는 울타리 역할을 하던 近境 오랑캐를 뜻하는데,[74] 이것은 藩籬의 뜻과 대체로 같다. 따라서 두만강 유역 5진 주변에 거주하는 번리는 점차 '번호' 또는 '번호 부락'으로 표현되었다. 물론 '번리'라는 명칭도 함께 쓰였다. 『制勝方略』에도 경흥·경원·온성·종성·회령의 5진 및 그에 속한 진·보에 붙어 있는 여진인들을 '번호'라고 표현하고 있고, 이들의 부락을 '번호 부락'이라 하고 있음을 볼 수 있다.[75] 따라서 번리는 보다 개념적인 반면, '번호' 또는 '번호 부락'은 5진 주변에 형성된 중심부락을 지칭한 것으로 생각된다.

『제승방략』은 세종이 6진을 개척하고, 金宗瑞에게 6진을 방어할 방략을 세우도록 지시한데에서 만들어지기 시작하여, 李鎰이 1588년(선조 21)에 증보하고 개수하여 편찬한 것이다. 이일은 임진왜란 때 상주 전투의 패배로 더 잘 알려진 인물이지만, 원래는 회령부사였던 1583년(선조 16) 번호 尼湯介가 침략하자 온성부사 申砬과 함께 高嶺鎭에서 이들을 격파하여 藩胡의 반란을 진압하였고, 1587년(선조 20) 골간올적합의 침입이 있자 北兵使로서 時錢部落을 정벌한 당대의 명장이었다.[76]

『제승방략』을 보면 5진을 중심으로 두만강의 북안과 남안에 있는 '번호 부락'은 총 289개이고, 이들은 두만강을 둘러싸고 있었다.[77]

〈표 2〉는 『제승방략』에 나타난 '번호 부락'의 수와 호수를 나타낸 것인데, 이를 보면 경흥진 4개 鎭堡 부근에 20개 부락 238호, 경원진 5개 진보 부근에 50개 부락 1,393호, 온성진 5개 진보 부근에 37개 부락 1,614호, 종성진 4개 진보 부근에 99개 부락 3,342호, 회령진 3개 진보 부근 83

---

74 김구진·이현숙, 앞의 논문, 1999, 48쪽.
75 세종대왕기념사업회, 『국역 제승방략』, 1999, 참고.
76 김구진·이현숙, 앞의 논문, 1999, 101쪽.
77 김구진·이현숙은 번호 부락의 수를 286개로 파악(김구진·이현숙, 앞의 논문, 1999, 44쪽; 49쪽)하고 있지만, 원문을 면밀히 대조한 결과 289개이다.

부락 1,936호가 있었음을 볼 수 있다. 총 21개 진보 289개 부락에 8,523호의 '번호 부락'이 있었고, 이를 한 호당 5명씩의 가족 구성원이 있었다고 가정하면, 당시 5진을 중심으로 두만강 일대에는 42,000명 이상의 여진인이 거주하고 있었다고 할 수 있다.[78]

경흥진보다는 오히려 경흥진에 속한 무이보 부근에 100호 이상이 거주하고 있는 점이 특이한데, 아마도 여진의 시전 부락 발달과 관련이 있는 듯 하며, 경원진에 1,131호, 온성진에 1,150호, 종성진에 2,893호, 회령진에 1,086호가 집중되어 있어 역시 번호 부락이 5진을 중심으로 발전하고 있었음을 알 수 있다. 부락별로 보면 50~100호의 비교적 큰 규모의 부락이 57곳, 100여 호가 넘는 대형부락이 5곳이며, 가장 큰 부락은 종성진의 번호 安取羅耳 부락으로 170호, 그 다음이 종성진 尙家麻坡 부락이 157호, 온성진의 舊加訖羅 부락이 150호였다(〈별표 1〉 『제승방략』에 나타난 '藩胡 部落'의 일람표 참고).

---

78 1599년(선조 32)에 咸鏡監司 尹承勳이 北兵使 吳應台를 대동하고 六鎭에 도착하여 연회를 베풀어 주었는데, 연회에 참석한 藩胡의 수가 무려 7천여 명이나 되었다는 기록이 있다(『선조실록』 권114, 선조 32년 6월 丙午). 이러한 연회에 참석하는 자들은 여진인들 중 酋長 또는 有力者들이라고 보는 것이 보통이므로, 당시 번호의 규모를 짐작할 수 있다.

〈표 2〉『제승방략』에 나타난 '藩胡 部落' 수와 호(戶) 수[79]

(단위 : 개)

| 5鎭 | 鎭/堡 | 번호 부락 수 | 호(戶) 수 | 계(부락) |
|---|---|---|---|---|
| 慶興鎭 | 造山堡 | 5 | 27 | 238<br>(20) |
| | 慶興鎭 | 5 | 58 | |
| | 撫夷堡 | 7 | 131 | |
| | 阿吾地堡 | 3 | 22 | |
| 慶源鎭 | 阿山堡 | 4 | 50 | 1,393<br>(50) |
| | 乾元堡 | 2 | 19 | |
| | 安原堡 | 3 | 63 | |
| | 慶源鎭 | 38 | 1,131 | |
| | 訓戎鎭 | 3 | 130 | |
| 穩城鎭 | 黃柘坡堡 | 1 | 11 | 1,614<br>(37) |
| | 美錢鎭 | 4 | 160 | |
| | 穩城鎭 | 19 | 1,150 | |
| | 柔遠鎭 | 9 | 189 | |
| | 永建堡 | 4 | 104 | |
| 鐘城鎭 | 潼關鎭 | 11 | 359 | 3,342<br>(99) |
| | 鐘城鎭 | 77 | 2,893 | |
| | 防垣堡 | 8 | 90 | |
| | 細川堡 | 3 | ? | |
| 會寧鎭 | 高嶺鎭 | 14 | 238 | 1,936<br>(83) |
| | 會寧鎭 | 43 | 1,086 | |
| | 雲頭城 | 26 | 612 | |
| 계 | 21 | 289 | 8,523 | |

\* 5진의 소속 진보는 29인데, 여기서의 진보의 수 21은 번호 부락이 있었던 곳이다.

---

**79** 세종대왕기념사업회,『국역 제승방략』, 1999의 뒷면에 실린 原文을 대조하여 작성함.

〈그림 1〉 여진 부락 및 가구수와 번호 부락 및 호수 비교

(단위 : 개)

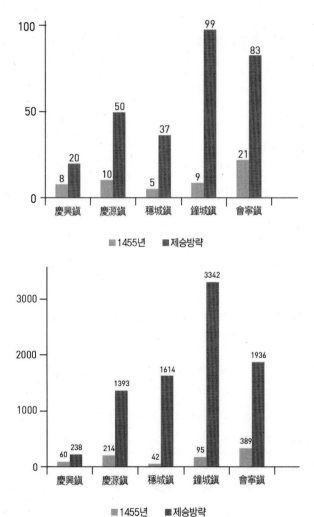

여진부락 및 번호 부락(위)과 가구수 및 호수(아래)

위의 〈그림 1〉은 1455년(단종 3)에 조사된 여진 부락 및 가구수와 『제승방략』에 나타난 번호 부락 및 호수를 비교한 것이다. 이를 보면 1455년에는 오도리족을 중심으로 한 회령진이 가장 번성하였고, 그 다음이 경원진, 종성진, 경흥진, 온성진이었음 알 수 있다. 그런데 『제승방략』을 보면 종성진, 회령진, 온성진, 경원진, 경흥진 순으로 바뀌었음을 알 수 있다. 1455년(단종 3)의 조사에서 보면, 종성진 일대의 주된 종족은 올량합이었음을 알 수 있는데, 경흥을 제외한 전 지역에 두루 있었음을 알 수 있다. 즉 올량합은 두만강 유역에서의 여진 최대 종족이었으며, 조선과의 관계도 밀접한 편이었다. 경흥진은 골간올적합이 중심이었는데, 〈그림 1〉을 보면 다른 진에 비하여 그 성장 속도가 조금 미약한 편임을 알 수 있다. 따라서 두만강 일대는 점차 올량합을 중심으로 한 '번호 부락'들이 집중화되고 성장하여 왔음을 알 수 있다.

'번호 부락'들의 집중화와 발전 속도는 놀라울만한데, 『제승방략』이 1588년(선조 21)에 증보된 것을 감안하더라도 130여 년 만에 5진 부근의 총 부락 수는 53개에서 289개로 5배 이상 증가하였고, 총 가구수(호수) 또한 800개에서 8,523개로 10배 이상의 비약적 발전을 하였다. 특히 종성진과 온성진의 발전은 다른 지역을 압도하는데, 종성진의 경우 부락수는 10배 이상, 가구수(호수)는 35배 이상 늘어났고, 온성진의 경우 부락수는 7배 이상, 가구수(호수)는 38배 이상 늘어났다.

여진 세력은 두만강 일대의 '번호 부락'만이 집중화되고 발전한 것만은 아니었다. 농경이 보편화되기 시작하면서 요동 일대의 여진 세력들도 역시 발전해 갔다. 이른바 kol(골, 골짜기)에서 golo(고로, 고을)로, 그리고 gurun(구룬, 나라, 國)으로 발전하기 시작하는데, 두만강 일대의 '번호 부락'들도 바로 golo(고로)라 볼 수 있고, gurun(구룬, 나라, 國)으로 발전할 수 있었을 만큼 성장하였다.[80] 이 과정에서 선조대가 되면 藩胡들의 반란이 자주 일어나게 되는데, 번호 니탕개의 반란 등이 대표적이라 할 수 있고, 조선은 이에 대해 '번호 부락'을 征討하는 것으로 대응하면서 이들의 이탈을 막는데 주력하기 시작하였다.

그리고 두만강 유역의 '번호 부락'들을 포함한 여진 세력, 즉 golo(고로)들을 흡수 통일해 나간 것이 바로 건주위의 누르하치[奴兒哈赤]였고, '번호 부락'의 규모로 볼 때 누르하치에게 있어 번호 부락의 흡수는 gurun(구룬, 나라, 國), 즉 後金을 수립하는데 있어 필수불가결한 요소가 되었을지도 모른다. 따라서 조선으로서는 누르하치의 두만강 유역 번호 침탈이 계속해서 문제가 되었던 것이다.[81]

한편 『宣祖修正實錄』에는 번호와 관련되어 다음과 같이 기록되어 있는데, 주목할 만 하다.

> 북도의 오랑캐로서 江外 邊堡 가까이 살며 무역을 하고 納貢하는(공물을 바치는) 자들을 '藩胡'라고 하고, 백두산 북쪽에 사는 여러 오랑캐로서 아직 親附하지 않은 자들을 '深處胡'라고 하는데, 그들 또한 때때로 변방에 찾아와 정성을 바치기도 하였다. 그러나 심처호가 변방에 들어오려고 할 때면 번호가 즉시 보고하고 이들을 막거나 구원을 하는 역할을 하였다. 따라서 조종조 때부터 번호를 후하게 대해준 것은 이 때문이었다. 그런데 변방의 방어가 차츰 소홀해져 번호가 차츰 강성해지는데도 이들을 제대로 무마하지 못하게 되자 도리어 반란의 계제가 되었다. 그리하여 이때에 와서 번호가 앞장서서 난을 일으켰는데, 이로부터 혹은 심처호를 이끌고 와서 침범하기도 하며 반복해서 자신들의 이익만을 추구하였으므로 북쪽 변방이 불안해지기 시작하였다.[82]

---

80 김구진, 『13C~17C 여진 사회의 연구』, 고려대학교 박사학위논문, 1988, 229~330 쪽; 김구진·이현숙, 앞의 논문, 1999, 48~49쪽.

81 藩胡의 반란과 그에 대한 조선의 征討, 누르하치[奴兒哈赤]의 번호 침탈 등의 문제에 대해서는 서병국, 『宣祖時代 女眞交涉史硏究』, 교문사, 1970, 참고.

즉 '번호'란 邊堡 가까이 살며 무역하고 공물을 바치는 자들로 조선 초기의 '번리'와 같은 개념이라 할 수 있다. 또 '심처호'가 변방에 들어오려고 하면 '번호'가 즉시 보고하고 이들을 막거나 구원하는 역할을 하였다. 조선에서 말하는 '심처호'란 번호들보다 더 북쪽 내륙, 즉『조선왕조실록』에서는 '內地' 또는 '深處'에 거주하는 것으로 표현되는 사나운 올적합을 말한다. 사실 조선초기부터 올적합과 오도리·올량합은 서로 반목하여 사이가 좋지 않았고, 서로를 침탈하기도 하였다. 또한 심처호들은 오도리·올량합보다 조선이나 명과의 접촉이 많을 수는 없었기 때문에 농경 기술의 발전 속도가 느릴 수밖에는 없었을 것이다.

한편 조선에서는 번호들을 후대하였으나, 점차 '번호'가 강성해지면서 반란을 일으키게 되었다. 바로 니탕개의 반란은 경원진에 사는 여진인들이 鎭將을 비난하는 소문을 퍼뜨리면서 민심을 선동한 것이었는데 여기에 니탕개가 합세하면서 경원진을 점령하고, 경원부 내의 모든 진보를 점령한 당대의 일대 사건이었다. 니탕개의 반란 이후 종성·회령·온성의 일부 번호까지 도발하기 시작하였고, 1587년(선조 20)에는 녹둔도가 번호의 침략을 받아 큰 피해를 입었다. 이러한 번호들의 반란은 조선의 북쪽 방어를 담당하는 일종의 1차 방어축이 도리어 조선을 위협하는 것과 같았다. 따라서 조선에서는 반란한 여진 '번호 부락'들을 征討하면서 다른 번호의 이탈을 막는데 주력하게 되었던 것이다.


## 5. 맺음말

이상에서 조선에서는 초기부터 두만강 유역에 있던 여진인들을 藩籬

---

82 『선조수정실록』권17, 선조 16년 2월 갑신.

로 인식하였고, 그것이 6진의 설치와 밀접한 관련이 있었음을 알 수 있었다. 또 6진 설치 이후에도 이 지역의 방어를 위해 여진 번리를 구축하려한 모습들을 살펴보았다. 그리고 그것이 조선 중기가 되면 여진이 농경 사회로 발전하는 것과 궤를 같이 하면서 두만강 유역의 여진 번리가 '藩胡 部落'으로 지칭되기 시작한 것을 살펴보았다. 또 '번호 부락'이 얼마나 집중화되고 발전되었는지도 파악해 보았다. 이를 통해 약 130여 년 동안 두만강 유역 여진의 부락 수는 53개에서 289개로 5배 이상, 총 가구 수는 800개에서 8,523개로 10배 이상 비약적으로 발전하였음을 알 수 있었다.

이것은 조선에서 5진 지역의 방어를 위해 여진인들을 안정화시키고 이들을 조선의 울타리인 번리로 고착화시켜 갔고, 여진인들은 농경과 생필품을 얻기 위해 5진 주변에 모여들었기 때문이었다. 번리는 점차 '번호 부락'으로 구체화되면서 급속한 발전을 이루었는데, 이들 '번호 부락'은 5진을 중심으로 두만강 내외, 즉 남쪽과 북쪽에 두루 분포하면서 두만강을 에워싸는 형태였다. 이렇게 보면 조선의 여진 번리화 정책은 일정 정도 성공한 셈이다. 즉 여진 번리를 구축함으로써 심처야인들의 공격을 막으면서 새로 설치한 6진을 조선의 영토로 완전하게 편입시킬 수 있었다.

그런데 이렇게 발전한 '번호 부락'들에 비해 점차 변장과 수령들이 이들에 대한 撫御를 제대로 하지 못하는 등의 상황이 발생하면서 번호의 배반이 일어나기 시작하였다. 특히 임진왜란의 발발은 조선에 있어서는 여진 번호들의 이탈을 가속화시켰고, 누르하치의 성장은 두만강 유역 번호의 向背에 있어 더욱 중요한 요소로 등장하게 되었다. 누르하치의 성장은 여진의 통일과 편입을 전제로 한 것이기 때문에, 번호를 둘러싼 조선과 누르하치 간에 여러 문제를 야기할 수 밖에는 없는 것이었다. 즉 당시 두만강 유역에 있던 번호 부락의 규모상 조선에서는 번호의 이탈을 방지하는 것이 북방 문제의 현안이었고, 누르하치에게 있어서도 번호를 편입시키는 것이 소위 '國家'로 성장하기 위해서 필수불가결한 사항이었을 것이다.

두만강 유역은 조선의 입장에서 보면 邊境이었고, 조선을 1차적으로 지켜주는 藩籬가 있는 지역이었다. 그러나 한편으로는 朝鮮人과 女眞人이 정치·사회·경제·문화적으로 상호 영향을 주며 접촉하던 空間이었다. 14~17세기 이 지역은 엄격한 의미에서의 영토적인, 관할적인, 영역적인 구분과 경계가 線적인 개념, 즉 두만강을 경계로 한다기보다는 '두만강 유역 일대'라는 공간적인 개념에 더 가까웠던 것은 아니었을까? 그리고 이러한 공간적 개념이 유지될 수 있었던 것은 바로 변경이라는 특수한 공간과 이 지역을 조선이 번리로 인식하고 있었던 것에 기인하는 것은 아닐까? 그러나 이러한 문제를 해결하기 위해서는 중국(명)과 조선과의 관계, 조선과 여진과의 관계를 중첩적으로 검토할 필요가 있을 것이다.

앞으로 15~17세기 두만강 유역에서 조선이 구축한 여진 번리·번호에 대한 지속적 관심과 연구는 국가와 국가, 민족과 민족과의 관계라는 통일적·단선론적 시각에서 벗어나 변경이라는 지역적 공간에서의 영역 문제, 그리고 정치·사회·경제·문화적 관계를 밝히는데 일조할 수 있을 것이라 생각한다.

〈별표 1〉『제승방략』에 나타난 '藩胡 部落'의 일람표

| 5鎭 | 鎭/堡 (부락/호수) | 部落名 | 距離/位置 | 酋長 | 戶數 |
|---|---|---|---|---|---|
| 慶興鎭 | 造山堡 (5부락/27호) | 豆里山 | 동쪽 15리 | 劉京 | 5호 |
| | | 不京島 | 〃 | 豆亇右 | 5호 |
| | | 草串 | 동쪽 2식 | 豊陽阿 | 6호 |
| | | 海中 厚羅島 | 동쪽 육로 2식 수로 1식 | 於明阿 | 7호 |
| | | 者古羅 | 동쪽 3식 | 亐乙只乃 | 4호 |
| | 慶興鎭 (5부락/58호) | 城底 上端 | 북쪽 5리 | 厚通阿 | 14호 |
| | | 〃 中端 | 〃 | 鋤應去之 | 13호 |
| | | 〃 下端 | | 鋤亐叱巨 | 3호 |
| | | 仇信浦 | 동쪽 15리 | 豆汝大 | 3호 |
| | | 烏呼巖 | 동쪽 1식 20리 | 沙乙只 | 25호 |
| | 撫夷堡 (7부락/131호) | 回春溫 | 동쪽 5리 | 阿末舍 | 3호 |
| | | 沙五里 上端 | 서쪽 10리 | 阿里大 | 12호 |
| | | 〃 下端 | 〃 | 伐伊汝應於 | 16호 |
| | | 童遷 | 북쪽 15리 | 楅堂阿 | 2호 |
| | | 時錢 上端 | 〃 | 阿氷阿 | 28호 |
| | | 〃 中端 | | 混道 | 48호 |
| | | 〃 下端 | | 厚通阿 | 22호 |
| | 阿吾地堡 (3부락/22호) | 白顔 上端 | 북쪽 15리 | 汝處 | 8호 |
| | | 〃 中端 | 〃 | 鋤吾郎介 | 10호 |
| | | 〃 下端 | | 阿叱只舍 | 4호 |
| 慶源鎭 | 阿山堡 (4부락/50호) | 大下田洞 | 북쪽 5리 | 正鋤 | 7호 |
| | | 小下田洞 | 북쪽 8리 | 伐郎阿 | 21호 |
| | | 雪駕山 | 동쪽 14리 | 方未阿 | 14호 |
| | | 蘆田洞 | 동쪽 80리 | 羅松羅 | 8호 |
| | 乾元堡 (2부락/19호) | 卓豆 | 동쪽 5리 | 未雙阿 | 15호 |
| | | 尙家巖 | 동쪽 4리 | 朴巳 | 4호 |
| | 安原堡 (3부락/63호) | 厚春江 | 동쪽 15리 | 億仇乃 | 38호 |
| | | 中島 | 동쪽 17리 | 於里世 | 14호 |
| | | 訓戎 下端 | 〃 | 尼亇退 | 11호 |
| | 慶源鎭 | 老耳島 上端 | 동쪽 15리 | 雄古里 | 7호 |

| | | | | | |
|---|---|---|---|---|---|
| | | 〃 中端 | 동쪽 14리 | 鋤應主 | 20호 |
| | | 〃 下端 | 동쪽 13리 | 阿乙多介 | 7호 |
| | | 〃 次下端 | 동쪽 15리 | 尼亇車 多好里 | 25호 |
| | | 金得灘 上端 | 〃 | 吾羅赤 | 23호 |
| | | 〃 下端 | 동쪽 17리 | 劉厚 | 7호 |
| | | 汝邑包 | 동쪽 19리 | 仇令阿 | 20여 호 |
| | | 所乙下 上端 | 동쪽 1식 5리 | 無虛禮 | 23호 |
| | | 〃 下端 | 동쪽 1식 11리 | 小阿明阿 | 30호 |
| | | 訓春江 此邊 所乙下 上端 | 동쪽 29리 | 赤古羅 | 20여 호 |
| | | 訓春江 此邊 所乙下 中端 | 〃 | 者老 | 19호 |
| | | 訓春江 此邊 所乙下 下端 | 〃 | 所豆 | 30호 |
| | | 伊下所 | 동쪽 1식 14리 | 億耳 | 70여 호 |
| | | 汝太 上端 | 동쪽 1식 9리 | 項金 | 60여 호 |
| | | 〃 中端 | 동쪽 1식 29리 | 仰只舍 | 40여 호 |
| | | 〃 下端 | 동쪽 1식 20리 | 也乙十介 | 60여 호 |
| (38부락 /1,131호) | | 新設 雪里 | 동쪽 2식 19리 | (無) | 20호 |
| | | 坡也(~易水) | 동쪽 2식 24리 | 將之羅耳 | 100여 호 |
| | | 南羅耳 | 동쪽 1식 14리 | 眞巨右 | 100여 호 |
| | | 也只 上端 | 동쪽 1식 19리 | 汝京阿 | 20여 호 |
| | | 〃 中端 | 동쪽 1식 2리 | 古屯好 | 20여 호 |
| | | 〃 次中端 | 동쪽 1식 4리 | 三下乃 | 15호 |
| | | 〃 下端 | 동쪽 1식 | 阿逆大·阿明阿·鋤應主 | 70여 호 |
| | | 鋤應仇乃 | 동쪽 2식 4리 | 豊孫 | 40여 호 |
| | | 夫羅其 上端 | 동쪽 35리 | 豆土 | 30여 호 |
| | | 〃 次上端 | 동쪽 2식 6리 | 沙麻大 | 10여 호 |
| | | 〃 次上端 | 동쪽 3식 8리 | 陽雙阿 | 30여 호 |
| | | 〃 次上端 | 동쪽 2식 10리 | 如處 | 70여 호 |
| | | 〃 中端 | 동쪽 3식 4리 | 伊青阿 | 30여 호 |
| | | 〃 下端 | 동쪽 2식 24리 | (無) | 15호 |
| | | 毛老里 | 동쪽 3식 25리 | 夫青阿·大秋 | 40여 호 |
| | | 黃古羅耳 | 동쪽 4식 15리 | 常陽介 | 30여 호 |

| | | | | | |
|---|---|---|---|---|---|
| | | 厚乙溫 | 동쪽 5식 5리 | 加最大 | 30여 호 |
| | | 於鋤隱 | ? | ? | ? |
| | | 所老耳吾堡 | ? | ? | ? |
| | | 所乙毛介 | ? | ? | ? |
| | | 汝包 | ? | ? | ? |
| | | 尼舍 | 동쪽 1일 | ? | ? |
| | 訓戎鎭<br>(3부락/130호) | 麻田島 | 북쪽 4리 | 陽郞介·阿羅 | 14호 |
| | | 中島 | 동쪽 7리 | 安豆里·麻沙介 | 66호 |
| | | 下島 | 동쪽 9리 | 於土 | 50호 |
| | 黃柘坡堡<br>(1부락/11호) | 立巖 | 동쪽 3리 | 亐虛乃 | 11호 |
| | 美錢鎭<br>(4부락/160호) | 城底 | 서쪽 6리 | 南弄古 | 30호 |
| | | 〃　中里 | 북쪽 4리 | 禾下乃·好將介 | 81호 |
| | | 同里愁下 | 동쪽 6리 | 赤亡介 | 17호 |
| | | 三安 | 북쪽 1식 | 麻將介·古乙非 | 32호 |
| 穩城鎭 | 穩城鎭<br>(19부락<br>/1,150호) | 浦項 | 동쪽 9리 | 南處介 | 130호 |
| | | 射場 | 서쪽 7리 | 良只車·也弄介 | 134호 |
| | | 舊 加訖羅 | 서쪽 1식 | 古尙阿 | 150호 |
| | | 新 加訖羅 | 서쪽 1식 5리 | 尼古太 | 32호 |
| | | 家洪 | 서쪽 1식 15리 | 麻皮 | 83호 |
| | | 雲川 | 서쪽 1식 25리 | 萬之介 | 62호 |
| | | 鋤鐘介 | 서쪽 1식 | (無) | 9호 |
| | | 沙獨介 | 서쪽 1식 7리 | (無) | 29호 |
| | | 完義 | 서쪽 2식 5리 | 汝赤 | 22호 |
| | | 河錢 | 서쪽 4식 | 它比介乃 | 73호 |
| | | 仇里 | 서쪽 2식 15리 | 尼應仇太 | 35호 |
| | | 加隱里 | 〃 | 將軍 尼于獨介 | 18호 |
| | | 伐水 | 〃 | 它郞介 | 33호 |
| | | 河沙 上端 | 서쪽 3식 15리 | 羌九里 | 50호 |
| | | 〃　下端 | 서쪽 3식 | 阿乙送阿 | 35호 |
| | | 三水 | 서쪽 4식 10리 | 虛金 | 54호 |
| | | 下田洞 | 북쪽 1식 | 舍會 | 35호 |
| | | 深處<br>新 加訖羅 上端 | 서쪽 5식 20리 | 其速介·陽只車 | 86호 |

| | | 深處<br>新 加訖羅 下端 | " | 伐郞介·其所乃 | 80호 |
|---|---|---|---|---|---|
| | 柔遠鎭<br>(9부락/<br>189호 이상) | 龜巖峯 上端 | 동북쪽 3리 | 九大 | 23호 |
| | | " 中端 | " | 厚土乃 | 28호 |
| | | 新設<br>龜巖峯 下端 | 동북쪽 4리 | 諸夢介 | 4호 |
| | | 國祀堂 | 동북쪽 25리 | 夫鋤退 | 35호 |
| | | 尼亇退 | 남쪽 10리 | 於老 | 28명<br>(此邊 14호) |
| | | 他乙之 | 서쪽 20리 | 都乙只舍 | 15호 |
| | | 包大 上端 | 서북쪽 2식 | 尼加里 | 30호 |
| | | " 下端 | " | 吹汝乃 | 25호 |
| | | 古乙方古介 | 서쪽 4리 | 者乙豆 | 15호 |
| | 永建堡<br>(4부락/104호) | 甫靑浦 上端 | 서쪽 16리 | 下方介 | 30호 |
| | | " 中端 | 서쪽 20리 | 伐永介 | 32호 |
| | | " 下端 | 서쪽 25리 | 沙非土 | 7호 |
| | | 鶺巖洞 | 서쪽 1식 10리 | 好非介 | 35호 |
| 鐘城鎭 | 潼關鎭<br>(11부락<br>/359호) | 他乃灘 | 남쪽 9리 | 尼亇退 | 8호 |
| | | 東良浦灘 | 서쪽 6리 | 他尼哈 | 13호 |
| | | 望德灘 | 서쪽 5라 | 將羅兀 | 7호 |
| | | 望胡亭 | 북쪽 7리 | 若多好 | 27호 |
| | | 者屎洞口 | 서쪽 35리 | 卓時 | 71호 |
| | | 亏加伊洞口 | 북쪽 25리 | 家古車 | 7호 |
| | | 和連 | 북쪽 40리 | 士福 | 37호 |
| | | 新設 也時山 | 서쪽 1식 2리 | 尼介 | 30호 |
| | | 巖所 非乃洞口 | 북쪽 45리 | 甫羅 | 62호 |
| | | 新崎 | 서쪽 29리 | 太奉介 | 41호 |
| | | 欲同耳洞口 | 서쪽 30리 | 所大 | 56호 |
| | 鐘城鎭<br>(77부락<br>/ 2,893호<br>이상) | 嘯巖 | 동쪽 10리 | 加音巨 | 16호 |
| | | 吾弄耳 | 서쪽 25리 | 於赤乃 | 19명 |
| | | 伊郞介灘 | 서쪽 10리 | 麻金 | 8호 |
| | | 毛乙洞 | 서쪽 5리 | 下良介 | 51호 |
| | | 夢巳洞 | 서쪽 10리 | 伐耳處 | 30호 |
| | | 竹基洞口 | 서쪽 5리 | 加雙介 | 15호 |

| | | 尼加大灘 | 서쪽 21리 | 小都尼哈 | 7호 |
|---|---|---|---|---|---|
| | | 尼加大灘 時伐 | 〃 | 項金 | 20호 |
| | | 三峯 | 남쪽 19리 | 大陽介 | 33호 |
| | | 阿只洞 | 서쪽 20리 | (無) | 石洞 등 12호 |
| | | 甫都古 | 서쪽 40리 | (無) | 時送介 등 15호 |
| | | 阿都古里 | 서쪽 23리 | 鋤應主 | 10호 |
| | | 耆叱邊 | 남쪽 25리 | 加羅 | 17호 |
| | | 好昌介 下洞 | 서쪽 23리 | 時非乃 | 5호 |
| | | 〃 上洞 | 서쪽 27리 | 伊非乃 | 19호 |
| | | 門巖 | 서쪽 30리 | 古萬進 | 9호 |
| | | 伐叱順 上 | 남쪽 1식 10리 | 阿速其 | 30호 |
| | | 〃 下端 | 서쪽 37리 | 古亡介 | 47호 |
| | | 〃 西羅只 | 서쪽 45리 | 童金 | 40호 |
| | | 亏伊耳 | 서쪽 4식 | 鋤應鋤耳 | 30호 |
| | | 阿亇只遷 上端 | 서쪽 3식 | 加吾 | 50호 |
| | | 〃 下端 | 〃 | 五非 | 65호 |
| | | 他加主洞 | 서쪽 50리 | 故 於之乃 | 30호 |
| | | 留厚里洞 | 서쪽 3식 15리 | 羅之哈 | 50호 |
| | | 何亂 上端 | 서쪽 4식 | 萬石 | 45호 |
| | | 〃 下端 | 서쪽 3식 | 尼只舍 | 30호 |
| | | 遮日水洞 | 서쪽 1식 10리 | 阿葵 | 50호 |
| | | 遮日水洞 夢古金 上端 | 서쪽 1식 20리 | (無) | 多弄介 등 20호 |
| | | 遮日水洞 夢古金 下端 | 서쪽 1식 15리 | 加大 | 70호 |
| | | 虐沙耳 | 서쪽 23리 | (無) | 孝同 등 12호 |
| | | 尙家麻坡 | 서쪽 2식 10리 | 分加里 | 157호 |
| | | 豊家 上端 | 서쪽 2식 20리 | 玉孫 | 30호 |
| | | 〃 次上端 | 서쪽 2식 15리 | 都之里 | 50호 |
| | | 〃 中端 | 서쪽 2식 5리 | 厚叱北 | 30호 |
| | | 〃 次中端 | 〃 | 西皮 | 20호 |
| | | 新設 豊家 下端 | 서쪽 2식 | 亏主巖所 | 90호 |

| | | 豊家洞口 | 서쪽 1식 25리 | 鋤應鋤耳 | 40호 |
|---|---|---|---|---|---|
| | | 豊家表洞 | 서쪽 2식 10리 | 者夢介 | 25호 |
| | | 〃 洪叱耳 | 〃 | 於右乙乃 | 30호 |
| | | 豊家 上洞 | 서쪽 2식 20리 | (無) | 阿羅里 등<br>50호 |
| | | 〃 下洞 | 서쪽 2식 | (無) | 禾鋤 등<br>20호 |
| | | 豊家洞 多伊 | 서쪽 2식 25리 | 無萬 | 15호 |
| | | 豊家水洞 | 서쪽 2식 15리 | (無) | 安老 등<br>10호 |
| | | 豊家吳加善 | 〃 | (無) | 强加尙 등<br>30호 |
| | | 昏之遷 | 서쪽 3식 | (無) | 知曾哈 등<br>55호 |
| | | 東良介 | 서쪽 3식 25리 | 伊羅大 | 100호 |
| | | 連己洞 | 서쪽 2식 25리 | 所乙只 | 35호 |
| | | 三通山 | 서쪽 5식 | 多羅哈 | 50호 |
| | | 赤加 | 서쪽 2식 20리 | 小者 | 30호 |
| | | 安取羅耳 | 서쪽 5식 | 能仇舍 | 170호 |
| | | 亡家毛老 | 서쪽 2식 20리 | 伐加世 | 25호 |
| | | 甫好老 | 서쪽 3식 20리 | 末應仇乃 | 30호 |
| | | 阿堂只 | 서쪽 2식 | (無) | 包多時 등<br>30호 |
| | | 伊郎介灘 上端 | 서쪽 3식 | (無) | 吾尼應介<br>등 25호 |
| | | 〃 下端 | 서쪽 2식 10리 | 車乙只車 | 20호 |
| | | 也隱者 | 서쪽 3식 | (無) | 介叱同 등<br>20호 |
| | | 詰巾 | 서쪽 3식 20리 | (無) | 沙取 등<br>50호 |
| | | 雪里 此邊 | 서쪽 2식 10리 | (無) | 羅古大 등<br>90호 |
| | | 吳郎加善 | 서쪽 1식 10리 | (無) | 沙亇 등<br>10호 |
| | | 多界夢古金 | 서쪽 2식 10리 | 明武 | 20호 |
| | | 虐山三岐伊 | 서쪽 20리 | 陽金 | 15호 |

| | | 竹連洞 下 新設 | 서쪽 2식 20리 | 項金 | 15호 |
|---|---|---|---|---|---|
| | | 仇之洞 家界 | 서쪽 1식 5리 | 舍叱可乃 | 20호 |
| | | 江見洞 | 서쪽 2식 | 漢必 | 21호 |
| | | 林所好老 | 서쪽 3식 | 述同介 | 22호 |
| | | 新加界 | 〃 | 虛伐伊 | 32호 |
| | | 者羅里 | 서쪽 5식 | (無) | 所夫舍 등 60호 |
| | | 阿多下 | 서쪽 2식 10리 | 稱只舍 | 90호 |
| | | 甫加退 | 서쪽 5식 | 阿好尙 | 90여 호 |
| | | 鋤錢 上端 | 서쪽 40리 | 所甫哈 | 20호 |
| | | 〃 中端 | 서쪽 50리 | 沙下乃 | 90호 |
| | | 小甫加退 | 서쪽 3식 15리 | 鋤應鋤耳 | 40호 |
| | | 〃 下端 | 서쪽 55리 | (無) | 都從介 등 10호 |
| | | 甫加退 西好老 | 서쪽 3식 15리 | 鋤應鋤耳 | 40호 |
| | | 割取遷 | 서쪽 3식 | 沙耳 | 25호 |
| | | 南京土城 | 서쪽 3식 | 故 沙耳 | 60여 호 |
| | | 虛處武 | 서쪽 3식 10리 | 加甫羅 | 50호 |
| | 防垣堡 (8부락/90호) | 蛤灘 上端 | 남쪽 23리 | 照古尼 | 12호 |
| | | 〃 下端 | 남쪽 1식 3리 | 好乙非哈 | 8호 |
| | | 瑟串灘 | 서쪽 23리 | 伐叱只乃 | 4호 |
| | | 蒜山灘 | 서쪽 26리 | 多弄介 | 16호 |
| | | 於弄介灘 | 서쪽 13리 | 於虛尼 | 11호 |
| | | 多將介灘 | 서쪽 9리 | 沙都哈 | 19호 |
| | | 遮日上端 | 서쪽 50리 | 項金 | 20호 |
| | | 賊路 遮日水洞 | 서쪽 50리 | ? | ? |
| | 細川堡 (3부락) | 浦項洞口 | 서쪽 27리 | ? | ? |
| | | 也堂只灘 | 서쪽 34리 | ? | ? |
| | | 蛤灘 | 서쪽 33리 | ? | ? |
| 會寧鎭 | 高嶺鎭 (14부락 /238호) | 伐叱崇 | 북쪽 2식여 리 | 雙古里 | 63호 |
| | | 古羅耳洞口 | 서쪽 7리 | 甫乃 | 35호 |
| | | 古羅耳洞口 由入 防墻 | 북쪽 25리 | 堂水 | 9호 |
| | | 加乙子洞 | 북쪽 8리 | 他下乃 | 25호 |

| | | | | | |
|---|---|---|---|---|---|
| | | 毛都會灘 | 북쪽 7리 | 陽只車 | 8호 |
| | | 咸毛乃洞 | 북쪽 16리 | 阿弄介 | 7호 |
| | | 城底 上端 | 서남쪽 2리 | 時玻 | 6호 |
| | | 〃 中端 | 〃 | 同屎乃 | 8호 |
| | | 〃 下端 | 〃 | 石同 | 5호 |
| | | 南暑洞 | 남쪽 7리 | 所都舍 | 35호 |
| | | 鶯所 | 〃 | 甫乙加乃 | 17호 |
| | | 浦巷洞口 | 북쪽 7리 | 阿夫里 | 7호 |
| | | 新設 朱近地巨之 | 서쪽 6리 | 土未應介 | 8호 |
| | | 深處 門巖<br>北邊 遮可洞 | 북쪽 2식여 리 | 弘多尙 | 5호 |
| | 會寧鎭<br>(43부락/<br>1,086호) | 上門 | 서쪽 10리 | 所大 | 15호 |
| | | 塔洞洞口 | 서쪽 14리 | 汝處 | 5호 |
| | | 同里 | 〃 | 項金 | 17호 |
| | | 亐知灘 | 〃 | 阿多會 | 4호 |
| | | 古煙臺 | 서쪽 20리 | 沙郞介 | 11호 |
| | | 烏地巖 | 서쪽 14리 | 阿弄介 | 4호 |
| | | 也地灘 | 서쪽 5리 | 他下 | 13호 |
| | | 者羅灘 | 서쪽 7리 | 五未 | 5호 |
| | | 榛田仇未 | 〃 | 小郞介 | 4호 |
| | | 吾弄草烟臺 | 서쪽 10리 | 孫右時 | 3호 |
| | | 沙吾耳 上端 | 〃 | 阿子車 | 6호 |
| | | 〃 下端 | 서쪽 20리 | 稱多里 | ? |
| | | 甑山 牛賊洞 | 서쪽 15리 | 故 要郞介 | 15호 |
| | | 麻田仇未 | 〃 | 栗甫里 | 3호 |
| | | 大 檜叱介 | 서쪽 25리 | 古里尙 | 4호 |
| | | 小 〃 | 서쪽 20리 | 鋤里 | 20여 호 |
| | | 沙吾耳 上里 | 〃 | 沙下里 | 4호 |
| | | 益加 | 서쪽 20여 리 | 加伊千 | 10여 호 |
| | | 厚亂 | 서쪽 2식 20리 | 加伊何 | 60여 호 |
| | | 甫如老 | 서쪽 3식 | 伐伊大 | 80호 |
| | | 門巖 | 서쪽 3식 7리 | 阿里尙 | 80여 호 |
| | | 奎子破 | 서쪽 1일 반 | 將夢介 | 40여 호 |
| | | 豊家 | 서쪽 2일 | 針鋤應巨 | 20여 호 |

| | | 也子家 | 서북쪽 3일 | 豆乙浩 | 15호 |
|---|---|---|---|---|---|
| | | 杜門遷 | 서쪽 2일 반 | 阿乙大 | 18호 |
| | | 水連 伊判非羅 | 서쪽 2일 | 他可乃 | 20여 호 |
| | | 多乙軒 | 서북쪽 3일 | 孝阿 | 100여 호 |
| | | 何伊通 | 서쪽 3일 반 | 都尼應介 | 40여 호 |
| | | 尙家下 | 서쪽 3일 | 者邑沙來 | 30여 호 |
| | | 阿赤郞耳 | 〃 | 將沙 | 100여 호 |
| | | 伊應巨 亏知介 | 서쪽 4일 | 伐巨金 | 60여 호 |
| | | 伐引山底 | 서쪽 3일 반 | 多耳(반역) | 40여 호 |
| | | 甫伊下 | 서쪽 2일 반 | 右延無故 | 20여 호 |
| | | 伊亂 上端 | 서쪽 2일 | 羅將介(반역) | 40여 호 |
| | | 〃 下端 | 〃 | 毛屎乃 | 20여 호 |
| | | 者吡大 | 서쪽 3일 | 每沙來 | 40여 호 |
| | | 伊羅遷 | 서쪽 1일 반 | 阿乙所·舍故 | 17호 |
| | | 厚時里洞 | 서쪽 1식 | 未落之 | 13호 |
| | | 舍地 上端 | 서쪽 3식 20리 | 臥郞介 | 20여 호 |
| | | 〃 中端 | 서쪽 3식 | 將沙 | 20여 호 |
| | | 〃 次中端 | 서쪽 3식 10리 | 鋤應鋤耳 | 10여 호 |
| | | 〃 下端 | 서쪽 3식 | 禾未乃 | 20여 호 |
| | | 舍地 中下多 | 〃 | 阿羅只 | 20여 호 |
| 雲頭城 (26부락/612호) | | 城底 浦項 | 북쪽 7리 | 都之里 | 20호 |
| | | 馬羅洞口 | 서쪽 13리 | 亏羅時 | 20호 |
| | | 金夫洞 | 북쪽 20리 | 多羅只 | 11호 |
| | | 琵琶串 | 서쪽 17리 | 沙乙豆 | 10호 |
| | | 沙灘 | 서북쪽 16리 | 別山 | 15호 |
| | | 中下多 | 서쪽 15리 | 愁同介 | 15호 |
| | | 亏乙北 | 북쪽 10리 | 禾所 | 8호 |
| | | 韓末城洞 | 북쪽 11리 | 所大 | 16호 |
| | | 所乙只大灘 | 〃 | 夫良介 | 14호 |
| | | 三岐伊洞 | 북쪽 27리 | 夫叔耳 | 11호 |
| | | 明看灘 | 서쪽 16리 | 水者 | 7호 |
| | | 雲頭城 | 서쪽 15리 | 陽古乃 | 21호 |
| | | 南羅亂下洞 | 서쪽 16리 | 者邑沙 | 13호 |
| | | 南羅亂下洞 洞口 | 〃 | 加會憂 | 9호 |

| | | 脫奉介灘 | 〃 | 阿乙沙 | 11호 |
|---|---|---|---|---|---|
| | | 學沙 | 〃 | 阿乙子里 | 18호 |
| | | 達下洞 | 서쪽 20리 | 豆稷介 | 60호 |
| | | 亏破 | 서쪽 25리 | 豆汝應巨 | 60호 |
| | | 上甫乙下 | 서쪽 30리 | 阿甫里 | 8호 |
| | | 會地洞口 | 서쪽 35리 | 多速介 | 45호 |
| | | 東良洞 | 서남쪽 45리 | 無虛 | 56호 |
| | | 吾乙昏 | 서남쪽 5리 | 小乙加乃 | 37호 |
| | | 車古介底 | 서쪽 80리 | 如處 | 37호 |
| | | 未落大洞 | 서쪽 90리 | 大也 | 40호 |
| | | 甫伊下洞 | 서쪽 95리 | 永壽 | 45호 |
| | | 厚時里洞 | 서쪽 30리 | 臥主 | 5호 |

\* 이 일람표와 관련해서는 서병국, 『宣祖時代 女直交涉史硏究』, 교문사, 1970, 309~316쪽에 게재되어 소개되었지만, 필자 역시 『制勝方略』의 원문을 대조검토하여 새롭게 재작성한 것임을 밝혀둔다.

# 제3장 조선 변경정책의 허와 실
## -두만강 유역 女眞 藩胡의 성장과 발전-

## 1. 머리말

조선 건국 후 북방에 거주하던 여진에 대한 정책은 시간적으로도, 공간적으로도 그 양상을 달리하였다. 두만강 유역 출신이었던 이성계와 여진인들과의 밀접한 관계 때문에 태조대에는 여진에 대한 포상과 초무, 동북면 경략을 통해 여진과의 원만한 관계가 유지되었다. 그러나 태종대 이후, 明의 적극적인 여진 초무로 조선과 여진과의 관계는 악화되었으며, 1410년(태종 10) 조선에서는 처음으로 두만강 유역의 여진인들에 대한 정벌을 단행하기에 이르렀다. 이에 따른 여진의 보복 침입으로 경원부를 남쪽의 鏡城으로 옮기게 되었고, 경원진을 철폐하면서 조선의 행정·군사 방어선은 남쪽으로 후퇴하게 되었다.

세종대가 되면, 이만주의 건주위가 압록강 유역으로, 동맹가첩목아의 건주좌위가 두만강 유역으로 이동하면서 조선과 여진과의 관계가 공간적으로 확대되었다. 조선은 두만강 유역을 고려 윤관의 여진 정벌과 이성계의 출생지라는 이유 등으로 祖宗舊地라는 인식 위에 적극적인 여진 초무정책을 해왔다. 압록강 유역은 명과 가까운 접경지역이라서 국초부터 명의 견제를 받아 여진 초무에 대해서 적극적이진 않았다.

그러나 세종대에 공간적으로 확대된 여진과의 관계는 조선의 여진정책에 많은 변화를 주게 된다. 즉 이만주의 건주위에 대해 두 차례의 정벌을 실시한 후 압록강 유역에 4군을 설치하게 되고, 동맹가첩목아의 건주

좌위가 일시 몰락의 위기에 처하게 되자 두만강 유역에 6진을 설치하게
된 것이다. 6진의 설치는 태종대에 남쪽으로 후퇴되었던 행정·군사 방어
선의 북상이었고, 이제 북방 여진인들의 침입을 방어하면서 4군 6진을
공고히 하는 것이 중요한 과제로 인식되었다.

　4군 지역은 압록강 중·상류 지역으로 토지도 척박하고 험준하여 조선
인과 여진인들이 거주하기 적합하지 않았지만, 6진 중 두만강 중·하류의
5진 지역은 많은 여진인들이 거주하고 있었다. 명과의 지리적 거리뿐만
아니라 압록강·두만강 유역에 대한 인식과 정책의 차이점, 여진인들의
거주 양상 등은 4군과 6진에 대한 방어상의 차이점을 가져올 수밖에 없
었다. 이러한 차이점들을 여진 정책에 대해 한정해서 보면, 압록강 유역
의 4군 지역과는 달리 두만강 유역의 5진 지역에는 조선의 울타리라고
할 수 있는 여진 藩籬가 구축되었고, 여진 번리는 조선의 1차 방어선의
역할을 하고 있었다. 여진 번리는 명종대부터 藩胡라고도 불렸는데, 두
만강 유역에 존재하였던 여진 번리·번호에 대한 규명은 조선의 북방정
책과 대여진정책을 살펴보는데 있어 중요한 문제이다.

　조선의 번리 및 번호에 대해서는 선조시대 여진과의 교섭을 중심으로
번호 문제가 포괄적이고 개관적으로 연구되었다.[1] 또한 대마도 경차관
파견과 관련해 조선이 대마도를 번병으로 인식하였다는 연구가 선구적
이며, 야인·대마도에 대한 번리·번병 인식의 형성과 경차관 파견의 상관
관계를 규명하거나, 두만강 유역 여진 번리·번호의 형성과 성격을 고찰
하거나, 조선 전기 5진 번호의 성장과 동향을 살펴본 연구 등이 있다.[2]

---

1　서병국,『宣祖時代 女眞交涉史 研究』, 교문사, 1970.
2　한문종,「朝鮮前期의 對馬島 敬差官」,『전북사학』15, 1992; 정다함,「朝鮮初期
　　野人과 對馬島에 대한 藩籬·藩屛認識의 형성과 敬差官의 파견」,『동방학지』141,
　　2008; 한성주,「조선 전기 두만강 유역 '女眞 藩籬·藩胡'의 형성과 성격」,『한국사
　　학보』41, 2010; 김순남,「조선 전기 5진 藩胡 동향의 추이」,『역사와 실학』46,

그러나 이들 연구들은 조선의 번리·번호에 대한 인식과 정책, 번호들의 동향 등에 집중되어 있다. 선조대 '니탕개의 난'으로 대표되는 번호 반란의 성격을 이해하기 위해서는 두만강 유역에서 여진의 성장을 불러온 조선의 번리·번호정책의 한계와 양면성이 지적되어야 할 것이다. 이에 본고에서는 선행 연구 성과들을 바탕으로 '국가의 울타리'라 할 수 있는 藩(蕃)의 개념과 조선의 여진 번리 구축의 성격을 밝혀보고, 여진 번호의 성장·발전을 통해 조선시대 두만강 유역 여진정책의 양면성을 고찰해보고자 하였다.

## 2. 藩(蕃)의 개념과 여진 藩籬 구축의 성격

조선 전기 여진 번리·번호에 대해 살펴보기 전에 먼저 藩(蕃)의 개념에 대해서 이해할 필요가 있다. 藩은 일찍부터 天子의 藩屛이란 의미로 사용되어 蕃이란 글자와 구별되지 않았으며, 사서의 쓰임에서도 두 글자는 혼용되고 있다.[3] 『조선왕조실록』 등에서도 주로 藩籬·藩胡로 나타나지만, 蕃胡의 쓰임도 볼 수 있다. 여러 사서에서 藩과 蕃이 혼용되고 있는 것을 보면 중국의 세계질서에 참가하는 이웃나라에 대해 '藩'이란 용어를 썼고, 그 질서 밖에 있는 이민족에 대해 '蕃'이란 글자를 주로 써왔다[4]는 구분에는 보다 자세하고 세밀한 논의가 필요하다.

번은 漢代부터 사용되었고, 魏晉시기를 거치면서 본격적으로 사용되

---

2011.

3 추명엽, 「고려전기 '번(蕃)' 인식과 '동·서번'의 형성」, 『역사와 현실』 43, 2002, 16쪽; 21쪽(이에 대해 추명엽은 藩과 蕃은 字意에서 본래 혼용될 수 있었기 때문이라고 하고 있다). 본고에서도 藩과 蕃을 혼용하되, 사서에 표기된 그대로 사용하였다.

4 전해종, 『歷史와 文化-韓國과 中國·日本』, 일조각, 1976, 14쪽.

다가 唐代에 일반화되었다.[5] 당대 藩鎭은 절도사를 일컫는 명칭이었지만, 번의 개념이 조공책봉을 전제로 한 중화적 세계인식으로 확대되면서 책봉을 받은 국가를 '藩籬', '藩臣', '藩國' 등으로 지칭하기 시작하였다.[6] 즉 번은 중국이 천자국으로서 異域, 封臣, 諸侯와 정치외교적인 관계를 맺는 상황과 밀접한 관련을 갖고 있는 용어이다. 번은 관념적 측면으로는 천자국으로 자신을 규정하는 것으로, 제도적 측면으로는 조공책봉관계의 성립으로, 의례적 측면으로는 사신 왕래 및 연회 의례로서의 賓禮로 나타난다.[7]

번의 용례는 크게 세 가지로 구분되어진다. 첫째, 국가의 울타리 및 제후를 나타내는 藩國, 藩籬, 藩邦, 藩屛, 藩輔, 藩府, 藩臣, 藩垣, 藩職, 藩戚, 藩蔽, 藩翰, 藩候, 外藩, 藩服 등이 있고, 둘째, 절도사 등 지방군사조직에 쓰이는 藩鎭 등이 있으며, 셋째, 이민족인 오랑캐를 나타내는 蕃界, 蕃國, 蕃民, 蕃舶, 蕃社, 蕃神, 蕃夷, 蕃人, 蕃情, 蕃酋 등이 있다. 『조선왕조실록』에서의 번의 용례는 함경도·평안도·경상도·전라도 등 주로 변경 방어와 관련된 지역 전체 또는 城邑, 鎭·堡 등의 일부를 일컫기도 하고, 군사조직인 船軍 등을 지칭하기도 하였으며, 일본과의 관계에서는 주로 對馬島, 여진과의 관계에서는 두만강 유역의 여진인들에 대해 쓰이고 있다.[8] 또한 중국이 조선을 外蕃, 藩國 등이라 하였고, 조선도 중국에 대해 스스로 稱藩하였다. 이처럼 조선에서 번의 용례와 의미는 내적 개념과 외적 개념이 함께 쓰여 왔음을 알 수 있다.

조선뿐만 아니라 藩의 개념을 받아들인 한국의 고대 국가들 역시 중

---

5 추명엽, 앞의 논문, 2002, 16쪽.
6 한성주, 앞의 논문, 2010, 165쪽.
7 추명엽, 앞의 논문, 2002, 16~17쪽.
8 한성주, 앞의 논문, 2010, 165쪽.

국과의 관계에서 번으로 지칭되기도 하고, 스스로 번을 칭하기도 하였
다. 조선 이전 고려의 '번' 인식은 조선 전기의 여진 정책을 이해하는 하
나의 키워드가 될 수 있다. 조선 전기의 여진 정책은 고려시대의 정책을
계승 발전시킨 부분들이 많기 때문이다. 고려시대 번에 대해서는 '고려
의 덕화가 미쳐서 이미 고려적 질서 안에 있게 된 자이거나 그 덕화를
미치게 하여 장차 고려적 질서 안으로 이끌어 들여야 할 자이거나 여진
인은 모두 번으로 지칭하였다'[9]는 지적이 있어 왔다. 또한 고려시대 번
인식과 관련하여 고려 전기에는 여진인들을 藩人 등으로 불렀고, 번이
방위를 가리키는 북·동·서와 연칭되어 사용된 사례들이 지적되었다. 즉
고려시대에는 北藩, 東藩, 西藩 등의 용례가 사용되었는데, 이들 번은 고
려에 귀부하여 복속한 정치사회와 관련된 개념이며, 여진의 고려 來朝·
來獻과 긴밀한 관계가 있다는 것이다.[10]

또한 고려가 거란의 침입을 격퇴하고 북방 제종족의 내조·내헌이 급
증하면서 여진인들과 고려의 정치·군사적 우위에 기초한 조공관계가 형
성되었는데, 그것을 팔관회 의례에서 동·서번의 조하와 공물 진입으로
정례화하였다.[11] 그리고 동·서번의 조공에 대한 반대급부로서 관직을 주
는 賜爵이 이루어졌으며, 그러한 의례의 준용은 고려와 동·서번이 의례
적인 측면에서 천자·봉신 관계의 형식으로 나아갔음을 보여주는 한편
동·서번은 고려의 독자적인 천하의 일부로서 그 실체를 형성하였다.[12]

이러한 고려시대 여진에 대한 번의 인식과 관련된 선행 연구들은 조선
시대 번리·번호에 대한 개념, 조선의 여진정책을 이해하는데에 시사하는

---

9 김남규, 「高麗前期의 女眞觀-女眞懷柔政策과 관련하여」, 『가라문화』 12, 1995, 141쪽.
10 추명엽, 앞의 논문, 2002, 21~22쪽.
11 추명엽, 위의 논문, 2002, 23~24쪽; 34~35쪽.
12 추명엽, 위의 논문, 2002, 36쪽.

바가 크다. 우선 조선 전기의 번리로 지칭된 대상은 두만강 유역의 야인
과 대마도의 왜인으로 특정할 수 있다. 앞선 고려시대 번의 개념을 인용
하면, 조선의 번 역시 '조선의 덕화가 미쳐서 조선을 중심으로 한 질서
안에 있게 된 자이거나 그 덕화를 미치게 하여 장차 조선을 중심으로 한
질서 안으로 이끌어 들여야 할 자'에 해당되는 사람들이다.

그렇기 때문에 조선은 이들에 대한 여러 가지 통교체제를 정비하여 조
선과의 평화적 통교 방식에 순응하도록 하여 왔다. 그리고 조선의 통교
체제는 이들을 조선에 내조·내헌시켜 조공관계를 형성하는 것이었다. 즉
조선의 왕경에 東平館과 北平館을 두고 야인과 왜인의 내조를 받아들였
으며, 조선의 冬至와 正朝의 望闕禮와 賀禮에 왜인과 여진인들이 참여
하게 하였고, 조선 조정에서 조회하는 날 일본인들은 동쪽, 여진인은 서
쪽으로 반열을 나누어 예를 행하게 한 것이다.[13]

한편 조선의 번리·번호의 형성과 관련하여 다음의 기사를 살펴볼 필
요가 있다.

〈記事 1〉
胡人은 우리나라 6鎭城 밖 가까이에 와서 거주하는 자들로 城底野人이
라고 하는데, 해마다 運을 나누어 來朝하므로 軍職을 수여하니, 그로 인
해 藩籬가 되었다. 이런 까닭에 오랑캐 부락의 정상과 산처의 險夷를 우
리나라에서 모르는 것이 없었다.[14]

〈기사 1〉은 6진 설치 후의 것이지만, 번리가 형성된 이유가 6진의 城

---

13 『세종실록』 권34, 세종 8년 11월 甲辰; 12월 戊子.
14 『명종실록』 권26, 명종15년 12월 癸丑(胡人來居我國六鎭城外旁近處者, 謂之城底
　　野人, 每歲分運來朝, 授以軍職, 倚爲藩籬, 是故夷落情狀、山川險夷, 我國靡不知
　　之, 今深處亐知介出來, 焚蕩殺掠云).

底野人들이 해마다 來朝하였고 軍職을 수여하였기 때문이라고 하는 것에 주목할 필요가 있다.

내조의 朝는 제후가 천자를 알현하는 행위, 신하가 임금을 뵙는 행위를 뜻하며, 朝에는 지방의 산물을 바치는 貢이 동반되기 때문에 조와 공을 합쳐 朝貢이라 표현해 왔다. 고대 중국에서는 책봉을 받은 제후가 천자에게 조공하는 것이 일반적이었지만, 조공책봉관계가 대외적으로 확장된 다음에는 그 선후가 명확하지는 않았다. 이민족으로서 먼저 중국에 조공하면 중국에서는 賞賜로서 조공에 대한 회사뿐만 아니라 그 지위를 인정하는 책봉을 단행하기도 하였던 것이다. 조선은 조공질서를 근간으로 중국의 천자에게 조공하는 사대의 예를 여진과 일본·유구에게 그대로 적용하여, 조선을 중심으로 하는 상하관계를 수립하려고 하였다.[15] 이러한 상하관계를 바탕으로 야인들과 대마도 왜인들은 조선에 事大를 하는 것이고, 조선은 대국으로서 이들을 字小한다는 인식을 가지게 되었던 것이다.[16]

조선에서 번리라 지칭되던 여진인들과 일본인들은 내조 후 조공에 대한 반대급부로서 회사뿐만 아니라 조선의 관직을 받는 賜爵을 받았다. 조선이 내조한 왜인과 야인들에게 관직을 주는 授職정책은 이민족의 首長을 인정하는 책봉과 같은 성격의 것이다. 최근의 연구 성과들을 보면 여진들의 내조와 조선의 수직이 이루어진 시기가 대체로 일치하고 있음을 알 수 있어 내조와 수직의 상관관계를 살펴볼 수 있다.[17]

---

15 김구진, 「여진과의 관계」, 『한국사』 22, 국사편찬위원회, 1995, 350쪽.

16 한성주, 「朝鮮前期 '字小'에 대한 고찰-對馬島 倭人 및 女眞 勢力을 중심으로」, 『한일관계사연구』 33, 2009, 232쪽.

17 여진인들의 내조와 조선의 수직정책에 대해서는 박정민, 『朝鮮時代 女眞人 來朝 연구』, 전북대학교 대학원 박사학위논문, 2014; 한성주, 『조선 전기 수직여진인 연구』, 경인문화사, 2011 등을 참고하였다.

세종대 여진인의 내조는 총 486회가 이루어졌는데, 11월부터 2월 사이의 내조가 전체의 약 69%를 차지한다.[18] 또한 세조대에는 262회의 여진인 내조가 이루어졌는데, 11월에서 2월에 집중되어 전체의 약 65%를 차지하고 있어 여진인 내조가 동지와 정조에 참석하기 위해 이루어졌음을 알 수 있다.[19] 그런데 이들 여진 내조자들은 건주삼위와 먼 지역의 홀라온 올적합을 제외하면 대부분은 두만강 유역에 거주하는 여진인들, 즉 조선에서 부르는 번리로 판단된다. 왜냐하면 '해마다 誠款을 바치고 우리의 번리가 되었다', '본국의 藩衛가 되어 誠款을 바치고자 한다', '북도의 오랑캐로서 江外 邊堡 가까이 살며 무역을 하고 納貢하는 자들이 번호가 되었다'[20]라는 기록으로 보아 해마다 내조를 통해 조공을 바쳐오거나, 내조가 아니더라도 변경에서 공물을 바쳐온 사람들을 번리·번호라고 생각하였던 것이다.

또한 『세종실록』에 나타나는 受職女眞人은 135명이고, 『세조실록』에는 426명인데,[21] 여진인들의 내조가 가장 집중된 시기에 여진인에 대한 관직 수여 역시 집중되어 있었다. 그리고 1455년(단종 3)에 실시된 5진 지역의 여진 종족에 대한 조사에서는 총 247명의 여진인이 조선의 관직을 가지고 있었으며(회령 111명, 종성 23명, 온성 11명, 경원 47명, 경흥

---

18 박정민, 「조선 세종대 여진인 통교체제의 정비」, 『한국사연구』 163, 2013, 193~194쪽; 박정민, 『朝鮮時代 女眞人 來朝 연구』, 전북대학교 대학원 박사학위논문, 2014, 68쪽.

19 박정민, 「조선 세조대 여진인 來朝와 귀속문제」, 『전북사학』 41, 2012, 89쪽.

20 『성종실록』 권48, 성종 5년 10월 丁酉; 壬寅; 권154, 성종 14년 5월 辛丑; 『선조수정실록』 권17, 선조 16년 2월 甲申.

21 한성주, 『조선 전기 수직여진인 연구』, 경인문화사, 2011, 39쪽; 251쪽. 『세종실록』과 『세조실록』에 나타난 수직여진인에 대한 파악은 처음 관직이 나타나는 기사를 기준으로 하였지만, 조선에서는 조선의 관직을 수여 받은 여진인들이 내조할 경우 관직을 올려주는 승직을 시행하고 있었다.

55명), 이들의 관직은 대부분 만호직과 오위직을 중심으로 한 軍職이었다.[22] 1455년에 조사된 여진인들의 관직은 거의 세종대에 수여된 것으로 보아야 한다. 왜냐하면 성저야인은 세종대 6진의 설치로 나타났으며, 이들이 조선에 상경하여 내조함으로써 조선은 주로 군직을 수여하면서 조선의 번리를 형성한 것이기 때문이다. 앞서 〈기사 1〉의 성저야인들이 해마다 운을 나누어 내조하므로 군직을 수여하여 번리가 되었다는 것과 일맥상통한다.

세종과 세조대 이후에도 北道의 藩胡가 서울로 上京하여 직첩을 받아 왔으며, 그들에게 조선의 관직을 주는 것은 그 공로로 인한 것이었다.[23] 여기서 번호의 공로란 조선에 성실하게 복속하여 변방의 사정을 보고하고 진상품을 바치거나 동지 및 정조에 참여하여 내조하는 것 등의 일이었다. 결국 조선에서는 이들의 내조를 의례화하여 동지와 정조에 참여시키는 조공관계를 형성시켰고, 조공에 따른 回賜와 賜爵을 실시하면서 조선을 중심으로 한 '藩'을 형성해 갔다고 볼 수 있다.

조선과 번리 사이의 조공관계는 의례적으로 보면, 조선이 중국 명에 준용하였던 방식이었다. 조선이 중국 명에 대해 천자·봉신 관계의 형식을 취한 것과 같이 의례적으로는 두만강 유역의 야인들과 대마도 왜인들도 조선에 대해 같은 형식을 취하게 한 것이다. 야인과 왜인에 대한 의례화는 세종대에 통교체제의 정비, 내조 및 접대 규정, 수직제도 등이 집중적으로 정비되면서 확립되어 갔다. 이것은 일본과는 대마도를 중심으로 한 계해약조, 여진과는 4군 6진의 설치가 계기가 되었던 것으로 보이며, 세조대에도 지속되었다. 이를 잘 대변해주는 것이 '야인과 왜인들은 모두 우리의 번리이고, 모두 우리의 臣民'이라는 세조의 언급이다.[24] 다만

---

22 한성주, 위의 책, 2011, 81~85쪽.
23 『선조실록』 권142, 선조 34년 10월 壬辰.

의례의 준용과 의례화는 시기에 따라 변화될 수 있지만, 번리를 중심으로 생성된 야인과 왜인에 대한 상하관계의 관념은 어느 정도는 유지되어 왔던 것으로 생각된다.

따라서 조선은 명을 중심으로 한 동아시아의 국제질서 속에서도 조선이 중심이 된 독자적인 천하관과 세계질서를 구축해 갔으며, 그 중심에는 두만강 유역 야인과 대마도 왜인에 대한 번리라는 개념이 자리 잡고 있다. 그렇기 때문에 조선이 인식한 번의 개념과 두만강 유역 야인 및 대마도 왜인에 대한 번 인식에 대해 보다 많은 연구가 이루어져야 할 필요가 있다.

『조선왕조실록』에서 처음으로 여진인들을 번리라고 지칭한 것은 태종대로, 명의 두만강 유역 여진 초무와 관련하여 조선에서 동맹가첩목아를 동북면의 번리라고 지칭한 것에서부터 시작된다.[25] 태종의 인식을 계승한 세종은 동맹가첩목아의 죽음 이후 두만강 유역에 鎭을 설치하면서 이러한 인식을 더욱 구체화하였고, 그에 더해 祖宗舊地라는 당위성을 강조하면서 6진 설치의 정당성을 천명하였다. 그러나 두만강 유역 여진인들의 주거지를 빼앗고 두만강 밖으로 모두 몰아내는 것은 현실적으로 불가능에 가까운 것이었고, 만약 이들을 江外로 몰아낼 경우 조선과 여진과의 관계가 악화될 것은 분명한 것이었다. 또한 6진을 비롯한 동북면의 방어에도 많은 어려움이 있기 때문에 여진인들을 그대로 5진성 아래 머물게 하여 城底野人으로 삼았고, 성저야인들을 중심으로 두만강 유역의 여진인들을 조선의 질서 안에 편입시켜 조선을 방어하는 울타리인 번리로 형성하여 온 것이다. 결국 '6진은 번호가 담장을 둘러쌓고 있지 않으면 지키기 어려운 곳이어서 우리나라에 納款을 하고 백 년 동안 編戶가

---

24 『세조실록』 권8, 세조 3년 7월 庚寅.
25 『태종실록』 권9, 태종 5년 3월 己酉.

된 자들을 撫御한 것'이라는 말은 이러한 상황을 잘 대변해 주고 있다.[26]

조선에서 두만강 유역의 여진 번리를 구축하는데 가장 큰 공헌을 한 사람은 6진 설치의 주역이었던 김종서라고 할 수 있다. 김종서는 6진을 설치하는 것뿐만 아니라 안정화하는데 노력하였는데, 세종은 김종서의 공이 작지 않음을 들면서 '새 백성들을 위무해서 모으고 여러 종족을 불러 항복받아서, 동북 한 지방이 조용하고 사변이 없게 되었으니, 이것이 그의 큰 공이다'라고 하고 있다.[27] 김종서는 새로 설치한 6진의 안정을 위해 '저 알타리들을 어떻게 하든지 북문에 그대로 머물러 있게 하여 우리나라의 번리로 삼아야 한다'[28]고 하였고, 이것은 조선의 두만강 유역 여진 번리 구축으로 이어졌다. 조선은 건주좌위의 凡察과 童倉(童山) 등이 이만주의 건주위로 이동하고자 하는 것을 명에 주청하여 좌절시키면서 명과의 외교적 교섭을 도모하는 한편 여진인들에게 내조와 수직, 물품 등을 제공하여 정치·경제적 욕구를 들어주기도 하였으며, 무력을 동반한 위엄을 보임으로써 여진인들의 이탈을 방지하는 등의 여러 방법으로 번리를 구축하여 갔다.[29]

따라서 두만강 유역의 여진인들에 대한 번리 인식은 4군 6진이 설치되는 세종대에 극명하게 나타나기 시작하는 것을 확인할 수 있고, 이후 여진 번리에 대해 오랑캐를 뜻하는 胡를 덧붙여 藩胡라고 지칭하였다. 번호라는 명칭은 두만강 유역의 5진이 안정화된 이후 명종대에서부터 나타나며, 번호 중 조선을 배반한 자들을 叛胡라고 부르게 되었다. 반호는 조선을 중심으로 한 질서 안에 있다가 이탈한 자들로 볼 수 있다. 결국

---

26 『선조실록』 권17, 선조 16년 2월 癸巳.
27 『세종실록』 권88, 세종 22년 1월 壬戌.
28 『세종실록』 권95, 세종 24년 2월 丁巳.
29 한성주, 앞의 논문, 2010, 171~174쪽.

조선의 두만강 유역 여진 번리 구축은 조선을 중심으로 한 천하인식의
발현이자 세계관의 구현이었다고 할 수 있다.


## 3. 藩胡의 성장과 여진 정책의 양면성


두만강 유역에 형성된 조선의 여진 번리는 두만강에서 멀리 떨어진 여
진인들의 소식과 정세, 그리고 사변을 탐지하여 미리 조선에 보고하고,
다른 여진인들의 침입을 막으면서 적변이 있을 경우 조선을 도와 함께
막는 조선의 1차적인 방어망을 형성하였다. 번리에 대해 조선은 '입술이
없으면 이가 시린[脣亡齒寒]', '백성[編氓]', '사변을 護衛'한다고 생각하
였다.[30] 그러나 한편으로는 두만강 유역에서 번리가 번성하는 것에 위기
의식이 없었던 것은 아니었다. 다음 〈기사 2〉를 살펴보자.


〈記事 2〉
　　우리 東國은 북쪽으로는 靺鞨과 연접하고 동쪽으로 島夷와 인접하여
방비하는 대책을 소홀히 할 수가 없다. 지금 倭奴로서 三浦에 雜處하는
자는 그 무리가 날로 번성해지니, 모두 刷還시키고자 하면 반드시 釁隙이
생길 것이요, 이 때문에 떠나지 않게 하면 자라나서 장차 도모하기가 어렵
겠으니, 마땅히 어떻게 처리하는 것이 좋겠는가? 野人들은 五鎭 가까이
빼곡하며, 內地에 거주하고자 하는 자가 서로 이어지는데, 과연 영구히 北

---

30 『조선왕조실록』에 이와 같이 표현된 것은 많지만, 대표적인 사례들은 다음과 같다.
　　『성종실록』 권148, 성종 13년 11월 乙巳; 권182, 성종 16년 8월 癸巳; 권211, 성종
　　19년 1월 甲辰; 권215, 성종 19년 4월 戊戌;『연산군일기』 권46, 연산군 8년 10월
　　丁巳; 戊午;『중종실록』 권79, 중종 30년 6월 癸丑;『명종실록』 권9, 명종 4년 10
　　월 癸丑; 권16, 명종 9년 1월 己巳;『선조실록』 권127, 선조 33년 7월 己巳; 권169,
　　선조 36년 12월 辛亥.

門의 藩籬가 되어 끝까지 근심 없이 보전되겠는가?[31]

〈기사 2〉는 1476년(성종 7) 성종이 文科 重試의 策文으로 발표한 것이다. 즉 남방과 북방 방비에 대한 대책을 묻고 있는데, 남방은 삼포에 거주하는 왜인들에 대한 것, 북방은 두만강 유역 여진 번리에 대한 것이다. 특히 두만강 유역은 6진 설치 후 여진 번리가 5진을 조밀하게 둘러싸고 있는 상황에서 번리를 영구히 도모할 방법에 대해 묻고 있다. 이것은 인구가 번성하고 있는 삼포 왜인과 여진 번리에 대한 우려 때문에 나타난 것이다. 결국 삼포 왜인과 여진 번리의 성장에 대해 심각성이 제기될 만큼 그 세력이 커진 것을 의미한다. 조선의 보호를 받는 삼포 왜인이나 여진 번리가 조선의 통제를 받는 것은 당연한 것이지만, 조선의 정책과 보호 속에서 성장한 이들이 조선의 통제와 제어를 따르지 않고, 오히려 조선의 변경에서 침입과 분쟁을 일으킬 수도 있다는 우려가 제기된 것이다.

이러한 우려가 있었기 때문에 압록강 유역에 이주하여 새롭게 조선의 번리가 되겠다는 여진인들의 요청은 번번이 거절되었다. 1483년(성종 14) 야인 金劉里介가 압록강 유역 皇城에 이주하여 조선의 번리가 되겠다고 요청하자, 조선은 황성이 오랫동안 비워둔 땅이라는 것과 함께 중국 靉陽堡와 가까운 지역이라서 중국에서 견책할 것이기 때문에 조선에서 마음대로 처리할 수 없다는 이유로 반대하였다.[32] 그렇지만 대신들의 논의들을 살펴보면, 삼포에서 왜인들의 인구가 늘어 강성하게 된 점을 들면서 향후 여진인들이 성장하고 번성하게 될 경우를 우려하고 있었다.

---

31 『성종실록』 권65, 성종 7년 3월 庚午(吾東國北連靺鞨, 東隣島夷, 備禦之策不可疎虞, 今倭奴之雜處三浦者, 其徒日繁, 欲盡刷還, 則必生釁隙, 因仍不去, 則蔓將難圖, 將何處而可乎, 野人之密近五鎭, 欲居內地者相屬, 果永爲北門藩籬而終保其無虞乎).

32 『성종실록』 권154, 성종 14년 5월 辛丑.

그리고 마침내 압록강 유역에 번리를 구축하는 것은 '腹心之疾' 또는 '腹心之患', 즉 고치기 어려운 병 또는 떨쳐 버릴 수 없는 근심으로 일컬어지고 있다.

〈記事 3〉
　　김단다무를 姑息之計에 따라 賊境에 살도록 허락하는 것이 비록 가까운 근심은 아니지만, 이 사람이 安居하게 되면 族類들이 어지럽게 來往하여 樂土인 것을 살펴 알고, 또한 와서 살기를 원할 것이고 그 형세를 막기가 어려우며, 이로 인하여 번성하게 퍼져서 마치 薺浦와 釜山의 倭와 같은 朝廷의 腹心之患이 될 것이니, 비록 智者라 하여도 그 후를 잘 대처할 수 없을 것입니다.[33]

〈기사 3〉은 1487년(성종 18)에 회령의 城底 斡朶里 中樞 金丹多茂가 압록강 유역 惠山鎭에 거주하면서 번리가 되기를 청했을 때와 관련된 것이다. 역시 여진인들을 압록강 유역에 거주하게 하면 조선의 방어 상황과 농민들의 거주 상황을 알게 되어 그들의 침입을 받게 될 것이라는 우려도 제기되었다. 그렇지만 무엇보다 삼포의 왜인 증가에 대해 복심지환이라 표현할 정도로 그 심각성이 컸음을 알 수 있고, 삼포와 비유하여 압록강 유역에 새로운 여진 번리가 형성되어 번성하게 되었을 경우를 염려하고 있음을 볼 수 있다.

이후 1490년(성종 21) 童約沙가 滿浦鎭 건너편에 거주하자, 그를 쫓아내기 위해 군사적 위협을 가하는 한편 建州右衛 酋長 羅下에게 여진어와 몽고어로 된 글을 보내 동약사를 빨리 쇄환하도록 하였다.[34] 이에 동

---

33 『성종실록』 권209, 성종 18년 11월 壬子(金丹多茂從姑息之計, 許居賊境, 雖無近患, 然此人安居, 族類紛然來往, 審知樂土, 亦願來居, 其勢難拒之, 因以滋蔓如薺浦、釜山之倭, 朝廷腹心之患, 雖智者不能善其後矣).

약사는 조선의 군사적 위협과 압박에 집을 불태우고 떠나게 되었다.[35]

1496년(연산군 2)에도 童阿亡介가 황성에 이주하여 번리가 될 것을 청하였지만 역시 三浦의 倭戶가 번성한 뒤에 제어하기 어려운 것처럼 그 자손이 번성하게 되면 복심지환을 기르게 되어 도모하기 어렵게 된다는 점이 거론되었다.[36] 당시 韓致亨은 야인은 人面獸心이라 다 믿을 수 없고, 강하면 좀도둑이 되고 약하면 복종하는 것이 천성이라고 하면서, 여진인들이 만일 생업이 안정되어 배 이상으로 번성하면 국가의 복심지환이라고 하였다. 尹孝孫 역시 薺浦 倭戶가 번성한 뒤 제어하기 어려운 것을 거울삼아야 한다고 하였다. 그는 여진인들이 번성하게 되어 조선의 지리에 익숙해지고 방어시설의 허실을 엿보게 될 것이고, 만일 변장이 무마하고 제어함이 제대로 되지 못하면 원근에서 여진 세력이 조선의 관문을 두드리게 될 것이라 우려하였다.

결국 압록강 유역의 번리 형성은 삼포와 같은 복심지환이라는 것이지만, 〈기사 2〉의 책문처럼 두만강 유역의 번성한 번리에 대해서도 이러한 우려가 있었던 것을 확인할 수 있다. 복심지환이란 표현처럼 이민족이 번성하게 되면 국가의 큰 걱정거리가 될 수 있다는 것인데, 실제로 이러한 우려가 남방에서는 삼포왜란 등으로 현실화되었고, 북방에서는 이미 번리가 번성한 두만강 유역에서였다. 바로 두만강 유역의 여진 번리가 번성하고 성장하게 되면서 조선을 중심으로 한 질서에서 이탈하기 시작한 것이다.

두만강 유역의 여진 번리는 조선의 번리구축정책뿐만 아니라 여진 사회의 농경화와 사회경제적 발전으로 정착 마을과 중심부락들이 생겨나

---

34 『성종실록』 권238, 성종 21년 3월 庚午; 권241, 성종 21년 6월 戊子.
35 『성종실록』 권242, 성종 21년 7월 辛未; 권245, 성종 21년 윤9월 庚辰.
36 『연산군일기』 권19, 연산군 2년 11월 乙巳.

게 되었는데, 조선에서는 이들을 藩胡라고 하였다.[37] 번호 부락들의 추장
들은 조선에 내조하고 수직을 받음으로써 경제적·정치적 혜택을 비롯하
여 생필품을 제공받았고, 심처야인의 침입에 대비해 조선으로부터 城
子·木柵·土城을 설치 받았다. 또한 심처 올적합 등 적의 침입이 있을 경
우에 조선의 후원을 받았고, 흉년이나 재해를 입었을 경우에도 조선의
구제를 받았다.[38]

두만강 유역의 여진 번리는 조선의 번리구축정책을 통한 보호 속에서
5진이 설치된 지 130여 년 만에 번호 부락 수는 5배 이상, 가구 수는 10
배 이상의 비약적 발전을 하게 되었다.[39] 1588년(선조 21)에 증보된『제
승방략』에 나타난 5진 부근의 번호 부락 수는 289개, 호수는 8,523개로,
1호에 5명의 세대구성원이 있다고 한다면 최소 42,000명 이상의 여진인
들이 두만강 유역 번호 부락에 거주한 것을 알 수 있다.[40] 또한 건주위의
매호가 평균 14인이었다는 연구[41]도 있어 최대 약 12만 명의 여진인들이
두만강 유역에 있었을 가능성이 있다. 이렇듯 비약적인 발전을 한 두만
강 유역의 여진 번리와 번호는 이른바 kol(골, 골짜기)에서 golo(고로, 고
을)로, 그리고 gurun(구룬, 나라, 國)으로 발전하기 시작하는데, 두만강일
대의 '번호 부락'들도 바로 golo(고로)라 볼 수 있고, gurun(구룬, 나라,
國)으로 발전할 수 있었을 만큼 성장하였다.[42]

두만강 유역에서 여진 부락의 집중화는 결국 조선과의 여러 가지 폐단

37 김구진·이현숙, 「『제승방략(制勝方略)』의 북방(北方) 방어(防禦) 체제」, 『국역 제
   승방략』, 세종대왕사업회, 1999, 48쪽.
38 한성주, 위의 논문, 2010, 176~178쪽.
39 한성주, 앞의 논문, 2010, 184쪽.
40 한성주, 앞의 논문, 2010, 182쪽.
41 남의현, 『明代遼東支配政策研究』, 강원대학교출판부, 2008, 217쪽.
42 김구진, 『13C~17C 여진 사회의 연구』, 고려대학교박사학위논문, 1988, 229~330쪽;
   김구진·이현숙, 앞의 논문, 1999, 48~49쪽.

을 발생시켰다. 번호는 5진을 둘러싸고 있었고, 5진의 성 밑에는 여진인들이 거주하고 있었기 때문에 조선인과의 교류가 많았다. 그 과정에서 번호들이 심처야인과 결탁하고 조선인들을 奇貨로 삼아 몰래 불러들이기도 하고, 사로잡아 가기도 하고, 귀화한 여진인들까지 불러들여 숨기는 일이 발생하기 시작하였다.[43] 조선인들이 기화로 표현된 것은 여진 사회의 농경화와 관련되어 선진 기술과 노동력 확보 차원에서 그만큼 중요한 자원이었던 것을 말해준다.

한편 조선인들과 귀화한 여진인들이 두만강 밖 여진 사회로 들어가는 것은 노동력과 군사력의 감소를 야기하는 것뿐만 아니라 방어상의 허점을 적에게 알리고 적의 침입을 앞장서 인도할 수도 있는 심각한 일이었다. 원래 번리나 번호가 심처호[44]의 침입을 받으면, 조선의 변장이 심처호의 원한을 사지 않는 범위 내에서 번호를 구원하는 것이 원칙이었다. 그러나 심처호인과 번호들이 싸울 때 조선의 변장이 남의 일처럼 보아 구원하지 않아서 번호의 세력이 점점 약해지고, 약해진 번호가 의지할 곳이 없어지자 결국 심처야인들과 혼인을 맺기도 하고, 조선의 사정을 염탐하여 심처호인들에게 투항하기도 하였던 것이다.[45]

조선인 韓世忠은 두만강을 건너 여진의 땅으로 넘어가 적의 침입을 인도하였던 대표적인 인물이었다. 한세충은 5진 사람은 아니지만, 함경도 三水郡 사람으로 胡地를 樂土라고 하며 건너가 여진인들의 길잡이가 되었고, 여러 차례 평안도와 함경도의 침입을 주도하였다.[46] 특히 그가

---

43 『연산군일기』 권46, 연산군 8년 10월 丁巳.
44 백두산 북쪽에 사는 여러 오랑캐로서 아직 親附하지 않은 자들을 '深處胡'라 하고 있다, 심처호는 때때로 변방에 찾아와 정성을 바치기도 하였다(『선조수정실록』 권17, 선조 16년 2월 甲申).
45 『명종실록』 권16, 명종 9년 1월 己巳.
46 『연산군일기』 권33, 연산군 5년 4월 壬辰; 5월 庚申; 辛未; 6월 乙未; 권34, 연산군

문제가 된 것은 건주위에 몰래 가서 배 만드는 일을 가르쳐줘서 여진인들이 변경에 침입하는 것이 겨울뿐만 아니라 여름에도 지속되었기 때문이었다.[47] 원래 여진인들이 타던 작은 배를 者皮船 또는 皮船이라고 하는데, 말 그대로 가죽 등을 이용하여 만든 배로 3~4명 정도 탈 수 있었다. 자피선을 이용한 여진의 침입은 세종대부터 나오고 있지만, 보통 여진의 침입은 강에 얼음이 언 겨울에 집중되었다. 자피선을 이용하여 강을 건너서 봄과 여름에 침입하는 것이 증가한 시기가 성종대부터였고 연산군대에도 많았다.[48] 연산군대 자피선에 돛대까지 갖춘 것이 발견되었고,[49] 이러한 자피선을 이용한 침입이 증가하면서 한세충이 여진인들에게 배를 만드는 기술을 전수한 것으로 판단되었던 것으로 보인다.

한세충은 조선이 건주위에 강력히 쇄환을 요구하여 조선으로 강제로 돌려보내진 뒤 참수되었지만,[50] 그가 여진인들의 땅을 낙토라고 하고서 두만강을 넘어 들어간 것에 주목할 필요가 있다. 한세충이 여진인들의 땅에 들어간 것은 조선의 徭賦, 즉 徭役과 貢賦가 고달팠기 때문이었다.[51] 함경도에는 새로 설치한 6진뿐만 아니라 두만강 유역의 5진 사이의 모든 요해처에 작은 진과 보로 두만강을 둘러쌓고 行城이라 하였는데,[52] 함경도민들은 수시로 이러한 관방시설 축조에 동원되었다. 또한 5진 지

5년 7월 己巳; 辛未.

47 『연산군일기』 권42, 연산군 8년 2월 丁卯.

48 김순남, 「조선 燕山君代 여진의 동향과 대책」, 『한국사연구』 144, 2009, 142쪽.

49 『연산군일기』 권23, 연산군 3년 5월 己巳.

50 쇄환된 한세충은 寸斬되었으며, 시체에 나라를 저버리고 되[虜]에게 넘어가서 길을 인도하여 賊이 된 사연을 적어서 원래 살던 三水郡 및 兩界에 傳屍되었다(『연산군일기』 권42, 연산군 8년 1월 壬午; 권43, 연산군 8년 3월 庚辰; 권57, 연산군 11년 1월 壬辰; 3월 戊申).

51 『연산군일기』 권33, 연산군 5년 4월 壬辰.

52 유재춘, 「朝鮮前期 行城築造에 관하여」, 『강원사학』 13, 1998, 153쪽.

역에 주민을 채우는 徙民의 1차적 대상도 함경도 백성들이었다.

그리고 함경도에는 貂鼠皮가 공물로 분정되었는데 평안도에 비해 배이상 많았다.[53] 그런데 공납으로 정해진 질 좋은 초서피를 구하기 위해 조선인들은 여진인과의 교역을 통해 초서피를 구할 수밖에 없었고, 여진인들은 초서피의 대가로 우마나 농기구가 아니면 바꾸려고 하지 않았다.[54] 처음 조선에서는 여진인들과 무역에서 철의 무역을 금지하였고 단지 水鐵[무쇠][55]만 通商하게 하였는데,[56] 농기구의 유출이 심각해지자 鍮器·鐵器 및 水鐵, 農器를 야인들과 서로 교역하는 것을 금지하였다.[57] 그러나 이러한 금지에도 초서피의 공납을 맞추지 못하면 수령까지 重罪를 받았기 때문에 그 폐해를 알더라도 금지하지 못하는 형편이었다.[58]

더구나 초서피를 매개로 한 교역의 활성화가 이루어지고, 오히려 변장이 초서피 교역을 주도하여 이익을 추구하게 되면서, 여진인들을 침해하였고 번호들이 원망을 품는 일이 많아졌다.[59] 즉 수령과 변장이 여진인들로부터 초피를 뇌물로 받거나 요구하는 경우를 넘어서 進上을 빙자하여 그들을 침해하고 毛物을 징수하였으며, 사적으로 사들이고 있었다.[60] 이러한 경향은 후대로 갈수록 심각해져서 함경도의 변장 대부분이 소를 가지고 毛物를 바꾸고 있는 실정이었고, 장사꾼들이 소를 가지고 오는 사

---

53 김순남, 「16세기 조선과 野人 사이의 모피 교역의 전개」, 『한국사연구』 152, 2011, 85쪽.
54 『성종실록』 권228, 성종 20년 5월 丁亥; 『중종실록』 권6, 중종 3년 8월 辛巳.
55 水鐵은 鑄鐵, 生鐵, 또는 무쇠라고도 하는데, 철광을 탄소와 함께 녹인 합금으로, 빛이 검고 주로 주물이나 솥, 화로 따위를 만드는 데 쓰인다. 비록 단단하기는 하나 아직 연마가 덜 된 쇠를 뜻한다.
56 『태종실록』 권11, 태종 6년 5월 己亥.
57 『세조실록』 권31, 세조 9년 8월 甲午.
58 『중종실록』 권6, 중종 3년 8월 辛巳.
59 김순남, 앞의 논문, 2011, 88~90쪽.
60 위와 같음.

람이 많아서 農牛가 다 없어져 논을 갈 때 사람이 소가 하는 일을 대신한다고 할 정도였다.[61]

이 과정에서 변장으로부터 제 값을 받지 못하고 모물을 침탈당한 여진인들의 원망과 호소가 이어졌음에도 불구하고,[62] 폐단은 고쳐지지 않았고 마침내 변방에서 번호들의 반란을 야기하는 중요한 원인이 되었다.

〈記事 4〉

상이 이르기를, "①지금 함경도 병사의 장계를 보건대, 潼關僉使 都瑞麟이 野人들을 침학하고 毛物을 매매하여 저 사람들로 하여금 원망이 생기게 하였으니 이는 중하게 다스리는 것이 가하다. 鍾城府使 李承碩, 判官 潘舜英 등은 ②야인들로서 안접하려는 자들을 함부로 철거하게 하여 邊釁을 열었으니 매우 그른 것이다."하였다. 繼孟이 아뢰기를, "신이 지금 이 말을 들어보건대 경악을 금치 못합니다. 邊將들이 이와 같이 도리를 잃은 일을 저 개돼지 같은 야인들의 마음으로 어찌 변장들의 소위로 알겠습니까? ③반드시 조정에서 쫓아낸 것이라고 할 것입니다. ④대저 근래에 변장들이 생계를 경영하고 이익을 추구하느라 모물을 징수하여 이익을 탐한다는 원망을 초래하고 변방의 흔단을 이끌게 되었으니, 이는 매우 큰 폐단입니다. 그러므로 초피를 무역하는 일을 하지 말도록 신이 일찍이 누차 아뢰었던 것입니다. 요사이 풍속이 날로 더욱 사치스러워 초피에 이르기까지 다투어 극품으로 쓰기 때문에 이와 같이 된 것입니다."하였다.[63]

---

61 『명종실록』 권29, 명종 18년 8월 癸丑.
62 『중종실록』 권57, 중종 21년 11월 戊申; 권58, 중종 22년 3월 丙戌.
63 『중종실록』 권44, 중종 17년 4월 己丑(上曰, 今觀咸鏡道兵使狀啓, 則潼關僉使都瑞麟侵虐野人, 貿買毛物, 至使彼人生怨, 此可重治也, 鍾城府使李承碩, 判官潘舜英等野人之安接者, 擅自撤去, 以開邊釁, 甚爲非也, 繼孟曰, "臣今聞此言, 不勝驚愕, 邊將失道如此, 彼野人以犬豕之心, 豈知邊將之所爲, 必謂朝廷使之驅逐也, 大抵, 近來邊將, 營生求利, 徵毛物, 以招貪黷之譏, 階邊圉之釁, 此甚巨弊也, 故勿貿貂皮事, 臣曾累啓, 近間, 風俗日益奢侈, 至如貂皮, 爭用極品, 故如此耳).

〈기사 4〉는 1522년(중종 17)의 기록인데, 초서피 등의 모물을 중심으로 조선의 변장들이 여진인들을 침학하고 모물을 매매하고 있던 상황이 심각하였음을 보여주고 있다. 밑줄 ①과 ④에서 보듯, 동관첨사 도서인이 야인들을 침학하고 모물을 매매하고 있는데, 이것은 도서인뿐만 아니라 변장들이 생계를 경영하고 이익을 추구하는 당대에 만연한 모습이었다. 변장들의 이러한 행위는 여진인들에게 원망을 초래하는 것이었고, 특진관 李繼孟의 말처럼 탐오하다는 비판을 받았으며, 마침내 변방의 흔단을 초래하는 큰 폐단이었다. 그리고 변방의 흔단이란 바로 여진인들의 조선적 질서로부터의 이탈과 변경의 침입이었다.

조선 변장들의 만연한 번호 침학과 모물 매매는 선조대까지 지속되고 있었으며, 심지어는 임진왜란 중에도 계속되었다. 1594년(선조 27) 두만강 유역 번호 중 가장 많이 귀순하였던 穩城의 번호가 반란한 것 역시 변장과 수령들이 지나치게 탐포하고 침학하여 여진인들의 인심을 잃었기 때문이었다.[64] 특히 전 부사 田鳳은 瞿麥을 번호에게 나누어 주며 1斗마다 黑貂 1슈을 징수하였는데, 품질 좋은 貂皮를 제때에 납입하지 않으면 번호들을 잡아다가 엄하게 형장을 가하여, 여러 해 동안 귀순한 번호들을 모두 하루아침에 반란하게 만들었다.[65]

조선의 1차적인 방어망이라 할 수 있는 번리가 안정화되지 못하는 것은 5진의 방어와도 직결된 문제일 수밖에 없었기 때문에 조선의 변장들은 심처의 여진인들로부터 번리를 보호할 의무가 있었다. 특히 변장들이 여진 번리를 즉시 구원하지 않아서 사람과 가축이 많이 빼앗기고 사로잡히는 것은 스스로 번리를 철폐하는 것과 같은 것으로 여겨졌다.[66] 그렇기

---

64 『선조실록』 권55, 선조 27년 9월 辛卯.
65 위와 같음.
66 『성종실록』 권276, 성종 24년 4월 壬寅.

때문에 조선의 변장은 存撫·賑恤·慰撫를 통해 번리들을 信服시키고 안정화시켜야 하는 것이 매우 중요한 임무 중에 하나였다.[67] '야인으로 하여금 우리의 存撫하는 마음을 알게 해서 지성으로 나오고 도망해 흩어지는데 이르지 않게 한다면 번리가 자연히 굳어져 백 년 동안 아무런 근심이 없을 것'[68]이라는 말처럼 조선의 변장들이 번리를 안정화시켜 조선에 복속시키는 방법이야말로 새로 설치한 6진을 안정시키고, 북방을 방어하는 최상의 방책으로 여겨졌다.

그런데 여진인들을 존무·진휼·위무하여 번리와 번호을 구축하고, 그들을 조선의 백성과 똑같이 대하는 것까지는 좋았지만, 조그만 죄를 지어도 변장이 刑戮을 시행하면서 번호들이 떠나 성 밑이 텅 비기도 하였다.[69] 즉 〈기사 4〉의 밑줄 ②와 ③처럼, 변장들이 여진인들을 제대로 존무·진휼·위무하지 않아서 5진에 인접하거나 인접하려는 여진인들이 떠나버리는 일 역시 변방의 흔단을 여는 것과 같은 것이었다. 따라서 특진관 이계맹은 변장들의 여진인 침학과 모물 매매, 번호들의 철거 상황에 경악을 금치 못한다고 하고 있고, 여진인들은 도리를 잃은 변장들이 아니라 바로 조선 조정의 책임으로 여길 것이라 말하고 있는 것이다.

결국 번호들의 성장과 번호 관리의 난맥상은 번호들의 반란을 야기하게 되었고, 이것은 조선의 1차 방어선이 오히려 조선을 위협하는 상황이 되었다. 이에 예전에는 변장들이 번호들을 잘 撫御해서 배반하는 일이

---

67 『성종실록』 권11, 성종 2년 8월 辛酉; 권20, 성종 3년 7월 癸卯; 권21, 성종 3년 8월 丁丑 등의 기사를 보면, 변장과 鎭將들로 하여금 번리들을 撫綏, 撫摩, 存撫, 구호하게 하고 그들로 하여금 땅에 안착하여 생활을 즐기도록 하여서 번리를 튼튼하게 하라고 하고 있다. 이러한 기사는 『성종실록』뿐만 아니라 『선조실록』까지 매우 많다.

68 『성종실록』 권215, 성종 19년 4월 戊戌.

69 『명종실록』 권9, 명종 4년 10월 癸丑.

없었는데, 지금은 애휼하지 않아 번리가 견고하지 못하다는 인식을 가지게 되었다.[70]

두만강 유역에서 번호들의 반란이 발생하면서, 앞서 압록강에서 번리가 형성되어 번성할 경우 조선의 근심이 될 것으로 우려한 상황이 현실화되었다. 즉 두만강 유역의 번호들이 조선의 복심지환이 된 것이다. 1583년(선조 16)에 발생한 尼蕩介의 亂은 여진의 여러 부족이 鎭將의 대우에 불만을 품고 慶源府 및 여러 각 堡를 점령한 사건이었다. 亂이라는 표현에서 볼 수 있듯 조선을 중심으로 한 질서 안에 있다가 이탈하고 배반한 번호들의 반란이었다. 다음 〈기사 5〉는 니탕개의 난이 발생하였을 때 선조의 인식을 알 수 있는 것이다.

〈記事 5〉
혹자는 藩胡는 결코 背叛할 세력은 아니고 심처 오랑캐에 지나지 않을 뿐이라고 한다. 지금의 賊勢를 보면 그것이 번호의 배반임이 틀림없다. 전하기를 '우리 族類가 아니면 그 마음이 반드시 다르다'하였다. ①六藩을 胡人들로써 藩籬를 만든 것이 비록 먼 앞날을 생각한 것이라고 일컫지만 팔꿈치와 겨드랑이에 근심[매우 가까운 곳에 생긴 근심(肘腋之患)]을 양성한 것으로 오늘날 이러한 변란이 있는 것은 말할 것도 없다. 어찌 특별히 時運이 불행하고 邊將들이 방어를 잘못해서만이겠는가? ②옛날 晉나라 武帝가 內地에 雜胡들을 옮겼다가 결국 천하가 어지럽혀지는 환란[雲擾之患]을 불렀고, 國初에 倭奴들을 남쪽 변방에 살도록 허락하였다가 마침내 경오년 변란[庚午之變]을 초래하였다. 지난 일을 거울삼고 되돌아보아 교훈을 삼는 것은 당연하다.[71]

---

70 『명종실록』 권16, 명종 9년 6월 丙戌.
71 『선조실록』 권17, 선조 16년 2월 癸巳(或以爲藩胡決無背叛之勢, 不過深處虜耳, 今見賊勢, 其藩胡之叛無疑矣, 傳曰非我族類, 其心必異, 六藩以胡人作爲藩籬, 雖曰其慮遠矣, 養成肘腋之患, 今日之有此變固也, 豈特時運之不幸, 邊將之失禦而已

〈기사 5〉를 보면 선조는 여진인들의 침입을 번호들의 배반으로 확실시하고 있다. 또한 이것은 우리 족류가 아니면 그 마음이 반드시 다른 것에 기인한다고 하고 있다. 그리고 밑줄 ①과 같이 육진에 여진 번리를 형성한 것이 원대한 계획이었지만 매우 가까운 곳에 근심[肘腋之患]을 기른 것이기 때문에 여진인들의 침입을 불러일으킨 것으로 단정하고 있다. 『선조수정실록』에는 이 내용이 간략하지만 주액지환이 肘腋之變으로 바뀌어 있다.[72] 이것은 이후 두만강 유역에 여진 번리와 번호를 구축한 것이 변란을 초래한 것으로 평가한 듯하다.

더구나 번호들의 반란이 시운이 불행하고 변장들이 방어를 잘못해서만 빚어진 일은 아니며, 조선이 여진인들로 울타리인 번리와 번호를 삼은 정책이 잘못된 것을 비유적으로 비판하고 있다. 즉 밑줄 ②와 같이 진나라 무제가 흉노 등 胡族을 내지에 거주하게 하여 결국 천하가 어지럽혀지는 환란[雲擾之患]을 겪고 5호16국시대의 단초를 열었던 점과 조선에서 왜인들을 삼포에 거주하게 하여 1510년(중종 5) 삼포왜란[庚午之變]이 일어난 점을 되돌아보고 교훈으로 삼아야 한다는 것이다.

그러나 선조의 이러한 비판과는 달리 번호들의 반란에 대한 선조의 대응 방식은 이전과 큰 차이점이 없었다. 선조는 현실적으로 번호가 6진을 둘러싸고 막아주지 않으면 방어하기 어려운 실정임을 잘 알고 있었다.[73] 따라서 성 밑에서 번리를 자처하면서 조선을 배반한 여진인들을 무력으로 응징하고 소탕하지 않으면 다른 번호들이 조선의 위엄을 우습게 알고 배반할 것이라고 생각하였으며, 征討 후 조선에 순응하고 온순한 여진인

---

乎, 昔晋武不徙內地雜胡, 終致雲擾之患, 國初許居南徼倭奴, 竟貽庚午之變, 前鑑已昭, 今日一揆也).

72 『선조수정실록』 권17, 선조 16년 2월 甲申.

73 『선조실록』 권17, 선조 16년 2월 癸巳; 『선조수정실록』 권17, 선조 16년 2월 甲申.

들을 골라서 다시 번리로 삼고 은혜와 위엄으로 무마시키는 것이 좋은 방책이라 천명하였다.[74] 이에 따라 북병사 李濟臣, 온성부사 申砬, 부령 부사 張義賢을 중심으로 한 조선의 정토군이 배반한 여진 부락을 토벌하였다.[75] 선조의 이러한 방식은 여진인들의 침입이 격화되었을 경우 여진 정벌을 시행하고, 정벌 후 여진인들을 위엄과 은혜로 복속시키는 기존의 방식을 답습한 것에 지나지 않는다.

조선은 번호들의 반란에 대해 응징적 차원의 征討로 대응하였지만, 번호들의 반란은 오히려 더 심각해져 갔다. 심처 올적합의 번호 침입에 대해 조선에서의 구원도 별다른 것이 없고, 번호에 대한 위무와 은혜를 베풀어야 할 변장은 오히려 번호를 침해하는 상황이 벌어지고 있었다. 더구나 번호들은 이제 서울에 내조하러 왕래할 때 각 고을 각역의 대우가 예전만 못하다는 이유로 상경하는 것을 좋아하지 않았다.[76] 여진인들이 상경하는 것을 좋아하지 않았다는 것은 조선에 내조하여 얻는 이익이 그만큼 감소하였다는 의미라고 생각한다. 그래서인지는 몰라도『조선왕조실록』에는 성종대 344건이었던 여진인들의 내조가 연산군대 13건, 중종대 15건, 명종대 2건, 선조대 4건 밖에 보이지 않는다.[77]『조선왕조실록』에 나타나는 여진인 내조 기록이 상당 부분 누락되었을지라도 두만강 유역 번호의 내조가 의례적으로는 지속되었지만 그 횟수가 이전 시기보다

---

74 위와 같음.
75『선조실록』권17, 선조 16년 2월 辛亥;『선조수정실록』권17, 선조 16년 2월 甲申.
76『중종실록』권85, 중종 32년 8월 己未.
77 박정민,『朝鮮時代 女眞人 來朝 연구』, 전북대학교 대학원 박사학위논문, 2014, '별표-조선시대 여진인 내조자 목록' 및 151~153쪽. 박정민은 실질적인 여진인들의 내조는 계속되었지만『조선왕조실록』에는 여진인 내조에 대한 기록이 감소하였다고 주장하였다. 여진인 내조 기록의 감소 배경으로는『실록』편찬자들이 여진인의 내조 자체를 중요하지 않은 上例로 여겼을 개연성과 여진인들이 내조 필요성을 느끼지 못했을 가능성이 있으며, 당시 지배층의 의식 변화에 따른 것이라고 하였다.

감소하였고, 이것이 내조 기록의 감소로 이어졌을 가능성이 크다. 더구
나 임진왜란의 발생으로 번호들의 내조가 중단될 수밖에 없었으며, 결국
번호 중에는 조선을 배반하여 오랫동안 내조하러 오지 않고 변장이 베푸
는 연향에도 참여하지 않은 경우가 발생하였다.[78] 이제 번호들은 조선과
의 관계에서 더 이상 이득이 없거나 조선이 자신들을 구호하지 않으면서
오히려 변장으로부터 침탈 받는 상황이 되자, 조선의 번호로서의 역할을
스스로 멈추고, 조선의 6진과 변경을 침입하기 시작하였다.

  조선에서는 번호 중에서 조선을 배반하거나 변경을 침입한 자들을 叛
자를 덧붙여 叛胡라 부르게 되었는데, 반호는 조선에 복속된 번리와 번
호였다가 조선 중심의 국제질서에서 이탈한 자들이라 할 수 있다. 조선
이 두만강 유역에 6진을 쌓고 번리를 구축한 이래 번호라 불리는 여진
사회는 조선의 비호와 정책 아래서 비약적 발전을 거듭하였다. 그 규모
는 이제 하나의 고을을 떠나 통일된 국가로 성장할 정도로 발전하였다.
번호들은 그러한 발전을 바탕으로 조선이 구축한 조선 중심의 질서에서
점차 이탈하고 있었다. 결국 이와 같은 상황을 초래한 것은 〈기사 5〉의
밑줄 ①과 같이 두만강 유역에 번리를 양성한 조선의 정책에서 기인한
것이었고, 조선의 번리구축정책은 조선의 방어선 형성과 여진의 성장이
라는 양면성을 가질 수밖에 없는 것이었다.


## 4. 맺음말

  조선의 두만강 유역 여진 번리·번호 구축은 전근대 국가 간의 경계 가
운데 수백 리의 넓고 빈 땅을 남겨 두어 서로간의 분쟁을 방지하는 것과

---

78 『선조실록』 권167, 선조 36년 10월 戊申.

는 다른 것이었다. 왜냐하면 6진의 땅에는 이미 많은 여진인들이 거주하고 있었고, 여진인들과의 분쟁을 최소화하면서 국토를 회복하고 방어하는 일이 우선적으로 고려되었기 때문에 여진 번리·번호 구축은 6진 개척의 원대한 계책으로 받아들여졌다. 결국 조선의 번호 정책은 조선의 방어 공간을 형성시키는 한편 조선인과 여진인과의 평화와 공존의 공간을 형성하는 것이었다고 할 수 있다. 두만강 유역에 형성된 조선인과 여진인들의 평화 공존의 공간은 서로간의 상호 교류를 통해 영향을 주며 접촉하고 있었으며, 6진 설치 후 안정화되면서 150여 년 동안 어느 정도 성공을 거두었다.

그러나 서로 다른 민족과 민족간의 평화와 공존의 공간은 어느 한쪽의 일방적인 정책으로 유지될 수 있는 것만은 아니었다. 조선이 여진 번리와 번호를 백성과 같이 대우하였다고 하지만 기본적으로는 오랑캐, 禽獸, 夷狄이라고 인식하였기 때문에 조선의 방어를 위해 이들을 활용한다는 것 자체가 양면성을 가진 정책적 한계성을 지니고 있었다. 즉 조선은 두만강 유역의 여진 번리와 번호들을 조선의 백성과 같다고 하면서도 '우리 族類가 아니면 그 마음이 반드시 다르다', '얼굴은 사람이지만 마음은 짐승이다'는 등 이중적인 인식을 가지고 있었던 것이다. 더구나 국가 권력을 동반한 강제성을 띤 변경의 형성은 성내의 조선인과 성저의 여진인이라는 이원화된 민족의 공간을 만들어냈고, 성저 여진인들을 비롯한 두만강 유역의 여진 번리와 번호들을 교화와 통제의 대상으로 여기고 있었다. 이와 같이 조선이 여진인에 대해 이중적 인식을 가지는 한 민족을 초월하는 평화와 공존의 공간을 형성하는 것은 조선의 일방적 정책에 지나지 않았다.

결국 여진 번호의 안정화와 발전은 조선의 변경 정책에 기인한 것이었고, 이것은 가장 가까운 이민족의 성장을 도운 셈이다. 그리고 급성장한 여진 번호들은 보다 많은 이익을 위해 자신들을 이민족으로 대우하는 조선을 침입하면서 조선을 중심으로 한 질서와 통제에서 이탈하려 하고 있었다.

# 제2편
# 藩胡의 침입과 조선의 대응

# 제1장 임진왜란 전후 女眞 藩胡의 朝鮮 침구 양상과 조선의 대응 분석

## 1. 머리말

조선 세종대 두만강 유역에 6진을 설치한 이후 성 안에는 조선인들이, 성 밖에는 여진인들이 거주하게 되었다. 조선에서는 성 밖의 여진인을 城底野人으로 불렀으며, 조선의 藩籬 및 藩胡로도 지칭하였다.[1] 특히 조선은 6진 방어를 위해 여진 번리구축정책을 실시하여 豆滿江 유역 내외에 여진 번리가 형성되었다. 현실적으로 6진 지역의 여진인들을 모두 강 밖으로 쫓아버릴 수 없는 상황에서 조선의 번리구축은 조선과 여진 사이에 평화 공존의 변경지대를 만드는 것이었다고 할 수 있다. 따라서 6진을 중심으로 한 두만강 유역은 조선인들과 여진인들이 상호 영향을 주고받았던 변경지대라고 할 수 있다.

두만강 유역의 여진 번리는 점차 번호로 불렸는데, 번호들은 조선의 경제적 우대뿐만 아니라 농경화를 통해 부락의 집중화가 진행되었으며

---

1 두만강 유역 女眞 藩籬 및 藩胡의 인식과 형성, 성장에 관해서는 정다함, 「朝鮮初期 野人과 對馬島에 대한 藩籬·藩屛認識의 형성과 敬差官의 파견」, 『동방학지』 141, 2008; 한성주, 「조선 전기 두만강 유역 '女眞 藩籬·藩胡'의 형성과 성격」, 『한국사학보』 41, 2010; 김순남, 「조선 전기 5진 藩胡 동향의 추이」, 『역사와 실학』 46, 2011; 남의현, 「16~17세기 豆滿江 邊境地帶 女眞의 성장과 국제질서의 변화-瓦爾客 등 女眞族 통합과정을 중심으로-」, 『명청사연구』 41, 2014; 한성주, 「조선 변경정책의 허와 실-두만강 유역 女眞 藩胡의 성장과 발전-」, 『명청사연구』 42, 2014 참고.

사회·경제적 성장을 거듭하고 있었다. 그러나 번호들은 조선으로부터 받는 경제적 우대와 이익이 점차 감소하고, 조선 邊將의 가혹한 침탈이 계속되자 조선을 배반하여 침입하기 시작하였다. 조선 명종대부터 일어난 두만강 유역 여진 번호들의 조선 侵寇와 배반 양상은 선조대가 되면 더욱 심각해져 壬辰倭亂 직전 최대의 외침이라고 불리는 소위 '尼蕩介의 亂(1583년, 선조 16)'이 일어났다. 그러나 '난'이란 이름에서 알 수 있듯이 조선의 입장에서 보면, 이것은 會寧 부근의 번호가 일으킨 '반란'이었다. 니탕개는 여진 기병 2만여 명을 규합하여 두만강 유역에 있던 5鎭을 횡행하였으며, 이후 크고 작은 번호들의 반란이 지속되었다. 한편 임진왜란의 발발로 5진을 둘러싸고 있던 조선의 군사력이 약화되자 번호들의 이탈도 가속화되었다.

여진 번호의 조선 침략은 주로 임진왜란 전과 후로 구분할 수 있는데, 특히 임진왜란 전 조선의 국방 상황과 관련하여 주목을 받아 왔다. 그러나 대부분은 韓國軍制史 및 對外征伐과 관련해서 통사적이고 개론적으로 다루어져 왔다. 이와 관련한 연구로는 임진왜란 후의 번호 침입과 조선의 征討 과정, 그리고 부잔타이[布占泰]와 누르하치[努爾哈赤]의 번호 침탈과 철거에 이르는 과정을 살핀 것이 있다.[2] 또한 '니탕개의 난'의 배경 및 과정에 대해서 살펴본 것이 있고,[3] '니탕개의 난'에 대한 조선의 대응 및 전후 방어체제에 대한 것도 있다.[4] 한편 임진왜란 직전 동북방 여진의 침입과 관련하여 조선의 국방 인식과 대응에 관해 재검토한 것도 있다.[5] 그리고 조선 전기 5진 번호의 동향 및 추이와 관련해서 5진 번호

2 서병국, 『宣祖時代 女眞交涉史 硏究』, 교문사, 1970.

3 송우혜, 「조선 선조조의 니탕개란 연구」, 『역사비평』 72, 2005.

4 윤호량, 「宣祖 16년(1583) '尼蕩介의 亂'과 조선의 군사전략」, 고려대학교 석사학위논문, 2009.

5 민덕기, 「임진왜란 직전 조선의 국방 인식과 대응에 대한 재검토-동북방 여진에 대

의 반란을 살펴본 것,[6] 선조대 對女眞 방어전략의 변화 과정을 임진왜란 이후인 부잔타이의 번호 침입과 조선과의 件退 전투를 중심으로 논증한 것,[7] 임진왜란 이후 누르하치의 두만강 유역 진출과 이에 따른 조선의 번호 상실 과정을 고찰한 것[8] 등이 있다.

본고에서는 번호의 조선 침입과 배반, 그리고 조선의 대응이라는 측면에서 보다 구체적이고 종합적인 분석을 시도하고자 한다. 이를 위해 번호의 조선 침입 양상을 구체적으로 파악하여 시기별 특징을 분석해 보고, 이와 관련된 조선의 대응 양상을 고찰해보고자 하였다. 다만 누르하치의 번호 침입 및 철거와 관련해서는 번호의 소멸과 관련이 있기 때문에 본고에서는 거론하지 않고, 추후 별도의 논고로 다루어 볼 것이다.


## 2. 1583년 '尼湯介의 난' 침구 양상

조선에서 두만강 유역에 여진 번리를 구축하였다고 해서 조선인과 여진인들 사이에 마찰이 없었던 것은 아니었다. 예컨대, 번리로 불리던 여진인들은 그들의 경제적 목적이 충족되지 않으면 조선의 인구와 재물을 노략하기도 하였고, 심지어 먼 지역의 여진인들을 불러들여 조선 침입을 이끌거나 방조하기도 하였다. 조선인들 역시 여진인들 땅에서 나오는 貂皮나 眞珠 등을 재화로 여겨 이를 매개로 여진인들을 侵虐하기도 하였

---

한 대응을 중심으로-」,『역사와 담론』57, 2010.

6 김순남, 앞의 논문, 2011.

7 장정수, 「선조대 對女眞 방어전략의 변화 과정과 의미」,『조선시대사학보』67, 2013.

8 박정민, 「누르하치의 두만강 유역 진출과 조선의 藩胡 상실」,『인문과학연구』43, 강원대학교 인문과학연구소, 2014.

다. 그러나 두만강 유역에서의 이러한 마찰은 일회성·일시적이거나 소규
모인 것이었고, 장기적·지속적이거나 대규모로 진행된 것은 아니었다.
여진인들이 두만강 유역에서 장기적이고 평화적인 삶을 영위하기 위해
서는 조선의 영향력을 무시할 수 없었고, 조선에서 제시한 통교와 교섭
의 방식을 따를 필요가 있었다.

한편 여진 번리는 사회경제적 성장과 함께 부락의 집중화가 시작되었
는데, 16세기가 되면 '藩胡 部落'이 나타나기 시작한다.[9] 여진인들의 부
락이 집중화되어 '번호 부락'이 형성된 만큼 이제 번호들의 조선 침입은
그 양상이 달라지기 시작한다. 1552년(명종 7) 7월에 骨看(骨幹)兀狄哈이
者皮船 2백여 척을 타고 慶興鎭의 西水羅堡를 침입하였는데, 조선인 80
여 명이 사로잡혀 갔다.[10]

1554년(명종 9) 1월, 조선은 골간올적합의 서수라보 침입에 대한 보복
으로 草串을 정토하였다.[11] 초관은 바로 경흥진의 造山堡에서 동쪽으로
2息 떨어져 있는 '번호 부락'이었다.[12] 조선에서 초관을 정벌한 이유는

---

9 『制勝方略』에는 두만강 유역 5진 부근(강 내외)에 총 289개의 번호 부락(8,523戶)
　이 있었던 것으로 나타난다(한성주, 『조선 전기 수직여진인 연구』, 경인문화사,
　2011, 198쪽).

10 이 외에도 조선인 5명이 죽었으며, 말 13마리와 소 14마리가 약탈당했다(『制勝方略』
　卷之1, 列鎭防禦 西水羅堡 故事). 이때 사로잡힌 백성이 150명이고(『명종실록』권
　15, 명종 8년 12월 辛巳), 여진인 3백여 명이 1백여 일 동안 약탈(『鶴峯逸稿』권3,
　北征日錄 경진 1월 17일 정사)하였다는 기록도 있지만, 『制勝方略』의 내용이 가장
　구체적이고 상세하다. 이하 인용되는 『실록』은 모두 『조선왕조실록』이다.

11 『명종실록』권16, 명종 9년 1월 戊午. 골간올적합의 서수라보 침입은 조선에서 두
　만강 이북 伊應巨島에 子母鎭을 설치하면서 여진인들을 쫓아버린 것에서 기인한
　것이었다(한성주, 「조선 명종대 豆滿江 以北지역에 대한 '鎭' 설치 시도」, 『한일관
　계사연구』42, 2012, 참고). 결국 조선의 이응거도 자모진 설치 → 여진의 서수라
　보 함락 → 조선의 초관 정토 → 여진의 조산보 침입이라는 인과 관계를 가지고
　있었다.

12 『制勝方略』卷之1, 列鎭防禦 藩胡部落.

서수라보 사건의 책임이 바로 초관의 번호들에게 있다는 것이었다. 결국 서수라보 사건은 두만강 유역 번호가 조선을 대규모로 침입하여 城을 함락시킨 시발점이 된다. 그런데 『제승방략』을 보면, 조산보의 초관 부락에 추장 豐陽阿 등 6호가 살고 있고, 서수라보에는 土兵 24명과 南方赴防軍士 18명이 있었다.[13] 즉 초관 부락만으로 서수라보를 함락하기에는 무리이므로, 최소한 경흥진 부근 또는 멀고 가까운 곳에 사는 여진인들의 협력을 받았을 것이다.[14]

조선의 초관 정토 후 4개월 뒤, 여진인들은 초관 정토에 대한 보복으로 조산보를 몇 겹으로 포위하였고, 城이 함락될 뻔하였다.[15] 또한 1555년(명종 10) 穩城鎭의 城底胡가 深處胡 抗沙衛(航沙衛)를 꾀어 長城門 안으로 들어왔는데, 穩城判官 張弼武가 반격하자 적이 左右翼을 만들어 진격하였지만, 결국 張弼武 등이 25급을 참수한 일도 있었다.[16] 이처럼 명종대 번호들의 공격은 성이 함락될 만큼 대규모 인원이 동원되었고, 遠近의 여진인들이 서로 연합하고 있었다.

이후 번호가 대규모 반란을 일으킨 것은 28년이 지난 1583년(선조 16)이었다.[17] 같은 해 1월 경원진의 阿山堡 번호 추장인 迂乙知(亐乙只乃, 于乙其乃)가 '前 萬戶 崔夢麟이 번호를 침학한다'고 소문을 내고 근방에

---

13 『制勝方略』卷之1, 列鎭防禦 西水羅堡; 造山堡 藩胡部落. 『制勝方略』이 李鎰에 의해 증보된 것은 1588년(선조 21)으로 서수라보 함락이 된 1552년과는 36년의 차이가 있지만, 큰 폭의 변화가 없었다는 것을 전제로 한다.

14 여진인들이 대규모 침입할 때는 遠近의 여진인들을 불러 모아 연합하는 것이 특징이었고, 번호들도 마찬가지였다.

15 『명종실록』권16, 명종 9년 6월 甲戌; 『制勝方略』卷之1, 列鎭防禦 造山堡 故事.

16 『燃藜室記述』별집 卷之18, 邊圉典故 北邊; 『國朝人物考』권32, 武弁 張弼武.

17 1579년(선조 12)에 번호가 사람과 재물을 약탈하였지만, 이것은 穩城鎭 소속 柔遠鎭에 사는 사람이 땔감을 채취하기 위해 강을 넘어갔다가 호인들에게 포로로 잡힌 일이었다(『鶴峯逸稿』권3, 北征日錄 기묘 12월 15일 병술).

箭通을 보내어 난을 일으켰다. 앞서 명종대와 마찬가지로 근방의 여진인
들 또는 遠近의 여진인들을 불러 모아서 연합하는 방식이었다. 迂乙知를
정탐하러 간 土兵과 通事가 번호에게 붙잡히고 아산보마저 포위당해 함
락될 뻔하였다. 마침내 安遠堡 및 경원부(경원진)가 함락되었으며, 이 사
건으로 경원부사 金璲와 판관 梁士毅는 효시되었다.[18] 소위 '尼湯介의
亂'의 시작이며, 그 원인은 조선 변장의 가혹한 번호 침학이었다.

그러나 1583년(선조 16) 1월 번호들에 의한 아산보의 포위, 경원진·안
원보 함락에 있어 니탕개가 주도적인 인물이었다는 점에 있어서는 보다
면밀한 분석이 필요하다.[19] 〈표 1〉은 이와 관련된 『선조실록』과 『大東野
乘』의 '癸未記事'의 내용을 비교한 것이다.

〈표 1〉 1583년(선조 16) 1월 『선조실록』과 '계미기사'의 내용 비교

| 구분 | 〈사료 1〉 | 〈사료 2〉 |
|---|---|---|
| 내용 | 北道兵使 李濟臣의 서장에 '慶源府의 藩胡 尼湯介 등이 도적이 되어 경원과 阿山堡를 포위하고 있다고 하였다(北道兵使李濟臣書狀, 慶源府藩胡尼湯介等作賊, 圍慶源及阿山堡). | 北兵使 이제신이 馳啓하기를, '慶源 藩胡가 난을 일으켜 경원과 阿山堡를 포위하고 있다'고 하였다(北兵使李濟臣馳啓, 慶源藩胡作亂, 圍慶源及阿山堡). |
| 출처 | 『선조실록』 권17, 선조 16년 2월 庚寅(7일) | 『大東野乘』 卷之25, 癸未記事 2월 7일 |

〈사료 1〉(『선조실록』)과 〈사료 2〉('계미기사')의 가장 큰 차이점은 作
賊과 作亂, 그리고 그 주요 인물인 니탕개의 유무이다. 즉 〈사료 1〉에는
작적의 주체가 '慶源府藩胡尼湯介', 〈사료 2〉에는 작난의 주체가 '慶源

---

18 『선조수정실록』 권17, 선조 16년 2월 甲申; 『制勝方略』 卷之1, 列鎭防禦 阿山堡
   故事.

19 박정민도 처음에는 우을지가 주동이었으나 이후 율보리와 니탕개가 참전하면서
   '니탕개의 난'으로 명명되었다고 하고 있다(박정민, 「임진왜란과 여진인 '來朝'의
   종언」, 『만주연구』 18, 2014, 13쪽).

藩胡'인 것이다. 〈사료 1〉과 같이 니탕개가 주도 인물로 서술된 것으로는 『亂中雜錄』·『象村集』 등이 있고, '함경도의 번호 니탕개' 또는 '北虜 니탕개', '6진의 번호 니탕개' 등으로 표현되고 있다.[20] 〈사료 2〉와 같이 단지 번호의 침입으로만 되어 있는 것으로는 『선조수정실록』·『제승방략』·『國朝寶鑑』·『林下筆記』 등이 있다.[21]

니탕개는 會寧酋[22], 즉 회령의 번호 추장이므로 '경원의 번호'가 아니라 '회령의 번호'이다. 주지하다시피 선조대는 임진왜란을 맞아 많은 기록과 사료들이 불타 없어졌기 때문에 『선조실록』 역시 임진왜란 이전의 기록이 소략한 편이다. 1583년(선조 16) 번호들의 반란 중 니탕개는 '尼胡'로 불릴 정도로 가장 사납고 강성[23]하였기 때문에 『선조실록』을 편찬하는 과정에서 〈사료 1〉에 니탕개의 이름이 기입되었을 가능성이 크다.

따라서 〈사료 1〉처럼 1583년 1월에 발생한 아산보 번호 추장 우을지(우을지내)의 반란과 경원부(경원진) 함락에 니탕개가 주도적 인물이었는지, 과연 이때부터 '니탕개의 난'이 시작된 것인지, 사료의 내용들이 정확한 것인지 의문이 든다. 1583년 1년 동안에만 번호가 조선을 침입한 것이 무려 21회나 되는데, 침입의 주요 인물과 관련해서는 구분이 필요하다.

---

20 『亂中雜錄』 第1, 계미 만력 11년, 선조 16년 春二月; 『象村集』 권25, 墓誌銘 10수 淸江先生墓誌銘·說 26수 備虜說.

21 『선조수정실록』 권17, 선조 16년 2월 甲申; 『制勝方略』 卷之1, 列鎭防禦 阿山堡故事; 『國朝寶鑑』 卷之28, 선조조5 계미 16년 2월; 『林下筆記』 卷之10, 典謨編 備邊.

22 니탕개는 처음엔 변방의 장수를 섬기며 스스로 조선의 교화를 사모한다고 하면서 삼년상까지 치렀기 때문에 조선에서는 長城門 밖에 孝子門을 세워 정표해 주기도 하였다(『선조실록』 권17, 선조 16년 5월 戊戌; 『선조수정실록』 권17, 선조 16년 5월 壬午).

23 『선조실록』 권17, 선조 16년 5월 戊戌. 니탕개는 尼胡, 栗甫里는 栗胡로 불리기도 하였다(『선조실록』 권18, 선조 17년 1월 壬辰; 권187, 선조 38년 5월 己亥).

이와 관련하여 〈표 2〉는『선조수정실록』과『제승방략』중 경원부(경원진)가 함락되는 전후와 관련된 내용을 발췌한 것이다. 〈사료 3〉 및 〈사료 4〉의 ①~③까지는 시간의 흐름으로 나열한 것이고, 사실상 같은 내용이다. 다만 〈사료 4〉의 ②와 관련된 내용은 〈사료 3〉에는 없다. 〈사료 3·4〉의 ①~②부분은 경원부(경원진) 함락 전후와 관련이 있지만, ③의 내용은 관련이 없다. 즉 ②와 ③의 사이에는 1583년 2월부터 4월까지의 내용이 생략되어 있다. 생략된 내용은 적호 1만여 기가 訓戎鎭을 포위한 것, 乾元堡도 포위당한 것, 내지인 古乾元站까지 침략 당한 것이다 (〈별표〉 '두만강 유역 번호의 조선 침구' 참고).

〈표 2〉 1583년(선조 16) 1월 慶源府 함락 전후 관련 기사 분석

| 구분 | 〈사료 3〉 | 〈사료 4〉 |
|---|---|---|
| 내용 | ① 적병 1만여 騎가 府城을 포위하자 서문을 지키던 군사가 먼저 도망하니 적이 성 안으로 난입하였는데 김수가 군사를 이끌고 군기고와 창고를 지키며 힘을 다해 적에게 활을 쏘아대자 적이 들어오지 못하였다. 사의는 숨어 있으면서 감히 나오지 못하였는데, 적이 그의 첩을 납치하고는 군졸을 풀어 크게 노략질을 해 갔다. | ① 그 뒤에 이틀째 되는 날 賊胡 등이 싸움에 이긴 여세를 틈타서 1만여 騎의 무리를 거느리고 와서 本府를 포위하였다. 본부의 부사와 관관이 각각 스스로 부서를 나누고 城을 지켰는데, 西門將 前 만호 李鳳壽가 적을 望보다가 도망하였으므로, 적들이 西門을 거쳐서 성을 함락하였다. |
| | ② (〈사료 4〉의 내용 없음) | ② 다음날이 되자 적들이 다시 本鎭을 포위하였는데, 이때에 적호가 창고의 곡식을 싣고 가려고 생각하여 남녀가 모두 牛馬를 가지고 와서 東門에서 西門에 이르기까지 세 겹으로 포위하였다. |
| | ③ 이에 鍾城의 오랑캐 栗甫里와 會寧의 오랑캐 尼湯介 등도 箭通을 받고 호응하여 일시에 모두 배반하였는데, 니탕개가 더욱 난폭하였다. 병마사 李濟臣이 연달아 장계를 올려 급한 상황을 보고하였다. | ③ 이로부터 鐘城鎭의 栗甫里와 會寧鎭의 尼蕩介가 모두 병사를 기르는 巨酋로서, 亏知介 종족에게 箭通을 보내니, 우지개가 같은 소리로써 內應하여 일시에 모두 배반하였다. |
| 출처 | 『선조수정실록』 권17, 선조 16년 2월 甲申 | 『制勝方略』 卷之1, 列鎭防禦 慶源鎭 故事 |

그리고 무엇보다 1583년 2월 16일 북병사 이제신이 온성부사 申砬, 부령부사 張義賢, 첨사 申尙節과 군관 金遇秋 등을 보내어 叛胡, 즉 배반한 번호들을 토벌했는데, 토벌한 부락들은 경원진·훈융진·안원보·건원보 소속으로 본진이 모두 경원진이다.[24] 이것은 번호들이 조선을 배신하고 침략하여 경원부를 함락시킨 것에 대한 응징이었다. 그리고 조선의 정벌 이후인 5월이 되어서야 ③의 내용이 전개된다. 결국 1월에는 迂乙知(亐乙只乃)가 중심이 된 경원진 번호들의 반란으로 볼 수 있고, 2월에 조선의 보복 정토가 있음 다음, 율보리와 니탕개의 종성·회령 번호들이 반란으로 이어진 것으로 볼 수 있다.[25] 따라서 1583년 번호들의 조선 배반과 침구는 다음과 같은 구분이 이루어질 수 있다.

〈표 3〉 1583년(선조 16) 번호들의 조선 배반과 침구 구분[26]

| 시기 | 1월~2월 | 3월~가을 |
|---|---|---|
| 중심인물 | 迂乙知(亐乙只乃) | 栗甫里·尼蕩介 |
| 중심지 | 경원진 일대 | 온성진·종성진·회령진 일대 |
| 침입지역<br>(횟수) | 아산보(1), 경원진(3), 안원보(1), 훈융진(1), 건원보(1), 고건원참(1) | 영건보(1), 종성진(6), 훈융진(1), 동관진(2), 방원보(2), 회령진(1), |
| 총 침입횟수 | 8회 | 13회 |
| 주요사건 | 경원진·안원보 함락<br>조선의 번호 부락 정토(2월) | 종성진·동관진·방원보 포위 |

24 『선조실록』 권17, 16년 2월 신해; 계축; 『선조수정실록』 권17, 16년 2월 갑신; 『大東野乘』 卷之25, 癸未記事 2월 28일; 30일.
25 두만강 유역의 여진인들은 각 부족별로 산재해서 생활하였지만, 서로간의 혼인 등을 통해 긴밀한 관계를 가지고 있었다, 우을지의 반란에 대한 조선의 경원진 일대 정토는 다른 여진인들에게 영향을 주었음에 틀림없고, 이 과정에서 율보리·니탕개의 반란으로 확대되었다고 생각한다.
26 〈별표〉 '두만강 유역 번호의 조선 침구'를 참고로 작성.

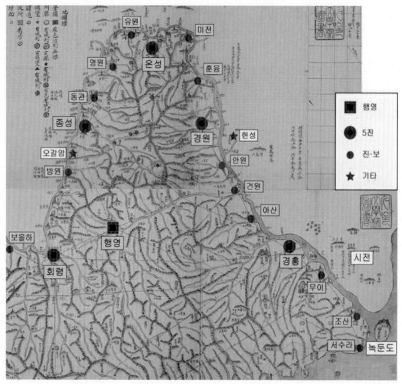

* 「동여도」를 통해 본 선조대 주요 진·보의 위치, 박정민, 『조선시대 여진인 내조 연구』, 전북대학교 박사학위논문 158쪽 〈그림 6〉에서 재수록.

  북병사 이제신이 실시한 경원진 일대 번호 부락 정토 후인 1583년 3월, 零賊[27] 10여 명이 온성진의 永建堡 巨乙只大洞에 침입하더니, 5월부터 巨酋 栗甫里와 尼湯介가 군사들을 모아 종성진 일대를 침입하기 시작하였다. 그 규모는 최대 1~3만 명이었으며, 회령·종성·온성 등지의 藩胡들이 경원의 여진인들과 통모하여 배반한 것이고, 深處의 亏知介에게도 전통을 보내 내응을 이끌어 낸 것이다.[28]

---

27 零賊은 잔적이라 볼 수 있는데, 소규모 침입 또는 잔당 정도로 생각된다.
28 『선조실록』 권17, 선조 16년 5월 丁亥; 『선조수정실록』 권17, 선조 16년 2월 甲申;

처음에 조선군은 두만강 여울을 지키며 대항했는데, 군관 權德禮가 피살되고 패전하면서 종성진이 포위당했다가 마침내 신립의 구원을 받았다.[29] 이후 종성진이 번호들로부터 집중적인 포위를 당하였고, 점차 潼關鎭·防垣堡 등 종성진 일대로 확대되었다.[30] 종성진이 3회, 동관진이 2회, 방원보가 2회에 걸쳐 포위를 당하였고, 결과적으로는 영건보·종성진·훈융진·동관진·방원보·회령진 일대가 총 13회에 걸쳐 침입을 받았다.『선조실록』과 『제승방략』에 '싸우다가 죽은 사람과 적에게 노략질당한 사람 및 가축이 이루 다 헤아릴 수 없었고, 종성·회령 근처의 번호들이 사람과 물건을 닥치는 대로 훔쳐가기를 하루도 거르는 날이 없을 지경'이라는 표현으로 보아 번호들의 침입이 극심하였음을 알 수 있다.[31]

그런데 1583년 3월~가을까지 율보리·니탕개가 중심이 된 번호들의 침입은 이전과는 다른 모습을 볼 수 있다. 율보리가 군사 2만여 기를 거느리고 산꼭대기 혹은 산골짜기를 거치기도 하면서 군사를 三運으로 나누어 진격하였고, 깃발을 한번 흔들며 角弓의 하나인 長弓을 쏘고 북을 둥둥 울리기도 하였으며, 퇴각할 때 3개 屯으로 나누어서 1~2둔이 차례로 강을 건너면서 최후의 1둔은 날랜 騎兵을 배치하기도 하였다.[32] 또한 니탕개와 율보리가 防垣堡를 포위하고 공격할 때는 군사를 나누어 5곳에 주둔시키고 각각 5색의 깃발과 번기로 군사들을 지휘하며 방패와 긴 사다리 및 성을 공격하는 기계, 즉 공성전을 위한 도구들도 가지고 있었다.

『制勝方略』 卷之1, 列鎭防禦 慶源鎭 故事.

29 『선조실록』 권17, 선조 16년 5월 丁亥;『制勝方略』 卷之1, 列鎭防禦 鍾城鎭 故事.

30 1583년 5월 16일 율보리가 3만여 기로 동관진을 포위하였는데, 하루 전에는 訓戎鎭(慶源鎭)의 城上烟臺(城上烽燧)가 침입받기도 하였고, 1583년 여름에는 니탕개가 회령진의 塔洞 園頭를 침입하기도 하였다(『선조실록』 권17, 선조 16년 5월 丁未;『制勝方略』 卷之1, 列鎭防禦 會寧鎭 故事).

31 『선조실록』 권17, 선조 16년 5월 丁未;『制勝方略』 卷之1, 列鎭防禦 鍾城鎭 故事.

32 『선조실록』 권17, 선조 16년 5월 戊戌;『制勝方略』 卷之1, 列鎭防禦 鍾城鎭 故事.

퇴각할 때는 정병을 후방에 배치하고 복병을 많이 설치하여 조선군의 추격을 막는 모습도 보이고 있다.[33] 이런 전술·전략적 군사 행동의 모습은 니탕개와 율보리 이전 일반적인 두만강 유역 여진인들의 침입 모습에서는 볼 수 없었던 것이다.

그러나 율보리·니탕개를 중심으로 한 번호들의 조선 침입으로 비록 여러 차례 城堡가 포위되긴 했지만 조선군의 방어로 함락된 성은 없었다. 또한 니탕개와 원수였던 번호들은 조선을 돕는 경우도 있었다. 결국 반년 동안 반란을 일으켜 여러 번 침입하였으나 좌절만 당하고 실제로 소득이 없었으므로 번호들 스스로가 몹시 후회하면서 다시 조선에 納款하였다.[34] 한편 조선이 경원의 亐乙只乃를 유혹하여 건원보 앞에서 목을 베고, 율보리와 니탕개가 심처로 도망해 들어가면서 번호들의 반란이 잠시 잦아들었다.[35]

## 3. 임진왜란 전후 藩胡들의 침입 양상

율보리·니탕개를 중심으로 한 번호들의 대규모 침구는 잦아들었지만, 다음해인 1584년(선조 17) 봄부터 잔적[零賊]이 출몰하였고, 심처로 도망갔던 율보리[栗賊]가 침범한다는 소식도 들려왔다.[36] 또한 그해 여름, 조선의 내지인 경성진 吾村堡 부근에 영적 30여 명이 침입했는데,[37] 이후

---

33 『制勝方略』 卷之1, 列鎮防禦 防垣堡 故事.
34 『선조수정실록』 권17, 선조 16년 5월 壬午.
35 『선조실록』 권17, 선조 16년 7월 己丑;『선조수정실록』 권17, 선조 16년 5월 壬午.
36 『大東野乘』 卷之24, 癸甲日錄 만력 12년 甲申 3월 丙午.
37 『制勝方略』 卷之2, 列鎮防禦 吾村堡 故事. 이때의 영적은 니탕개의 잔당 정도로 생각된다.

임진왜란까지 2~3회의 대규모 침입을 제외하고는 영적이라 표현되는 소
규모 침입이 주를 이루게 된다.[38]

1585년(선조 18) 여름부터 겨울까지 회령진 豊山堡 亐乙代守護, 부령
진 茂山堡 木賊洞, 경원진 乾元堡 水貞烽燧 등이 영적들에게 침입을 받
았고, 회령진 吾弄草烟臺 부근에서 매복하였던 적호 10여 기가 침입을
하자, 부사 李鎰 등이 적들이 매복하였던 부락을 습격하였다.[39] 1586년
(선조 19)에는 회령진과 부령진의 무산보가, 1587년(선조 20)에는 경성진
및 경성진의 森森坡堡 上利坡·蛇洞, 朱乙溫堡, 甫老知堡 黃細烟臺, 길
주진의 斜下北堡, 갑산부의 혜산진 및 혜산진의 雲寵堡 등이 침입을 받
았다.[40] 이들 대부분은 영적 또는 적호 10~40여 명에 의한 소규모 침입이
었지만 경성진 보로지보의 황세연대와 갑산부 혜산진의 운총보는 적호
1백여 기가 침입하였고, 혜산진은 적호 1천여 기에 의해 포위되기도 하
였다.

이렇게 적호 1백~1천여 기가 침입하는 경우를 제외하고는 대부분
8~40여 명 정도의 소규모 침입이었으며, 인원이 적기 때문에 5진 지역의
방어망을 피해 함경북도 내지인 경성진·부령진·길주진 지역까지 피해를

---

38 1585년(선조 18) 여름 종성진에 적들이 대거 침범하였다던가, 율보리가 1천여 기를
   거느리고 침범하였다는 기록은 藩胡 投乙只가 조선에 여진인들의 침입 정보를 알
   려준 것에 대한 보복과 관련이 있다(『制勝方略』卷之1, 列鎭防禦 鍾城鎭 故事; 潼
   關鎭 故事).
39 『制勝方略』卷之1, 列鎭防禦 豊山堡·乾元堡·會寧鎭 故事; 卷之2, 列鎭防禦 茂山
   堡 故事;『北關誌』, 故事(『壯襄公全書』, 北關誌 故事).
40 『制勝方略』卷之1, 列鎭防禦 行營 故事; 卷之2, 列鎭防禦 茂山堡·森森坡堡·斜下
   北堡·朱乙溫堡·甫老知堡 故事;『선조실록』권21, 선조 20년 5월 辛卯; 8월 癸未;
   9월 庚戌. 혜산진을 비롯한 마천령산맥의 아래쪽은 溫下衛의 세력 또는 후에 서술
   되는 老土와의 관련성도 고려해보아야 하지만, 기본적으로는 번호의 대규모 침입
   이후 영적이라 불리는 소규모 침입의 경향이 있었다고 생각된다.

끼치고 있는 것이 특징이다. 이들은 상대적으로 방어가 허술한 무산보 지방을 거쳐 함경북도 내지로 깊숙이 들어와 동해안 부근까지 침입하고 있었다. 따라서 무산보 방어에 대한 중요성이 점차 커질 수밖에 없었으며, 임진왜란 이후에는 이와 관련된 논의를 촉발시키게 된다.

번호들이 소규모 부대로 6진 이외의 경성진, 길주진, 갑산부 등 함경북도 내지까지 침입한 양상이 하나 있었다면, 다른 하나는 鹿屯島를 중심으로 한 경흥진 일대 침입이라고 할 수 있다. 녹둔도는 경흥진 造山堡 소속으로, 주민들이 3월 초하루가 되면 섬에 들어갔다가 10월 초하루에는 조산보로 돌아오는 것[入疊]으로 농사를 짓다가 명종대 이응거도의 자모진 설치로 여진인들과 틈이 생긴 이후 농사를 금지했었다.[41] 그러다가 약 30여 년이 지난 1583년(선조 16) 감사 鄭彦信이 녹둔도에 군량미를 저축하려고 경흥부사 元豪에게 땅을 개간하여 屯田을 설치하도록 하였다.[42] 정언신은 1583년 1월 경원부가 번호들에게 함락당한 후 파견되었기 때문에 그가 녹둔도에 군량미를 저축하려던 것은 번호들의 반란과 관련한 대비책이었던 것으로 보인다.[43]

1587년(선조 20) 9월, 경흥부사 李景祿과 조산보 만호 李舜臣이 군사들을 거느리고 농민들과 함께 추수를 할 때 여진인들의 침입을 받게 된다.[44] 楸島의 번호인 亇尼應介·沙送阿 등이 여러 오랑캐들을 불러 모았

---

41 『鶴峯逸稿』 권3, 北征日錄 庚辰(1580, 선조 13) 1월 18일 戊午. 여진인들과의 틈이란 이응거도 자모진 설치에 따른 여진인들의 서수라보 함락, 조선의 초관 정토, 여진의 조산보 침입(1554년) 등을 말한다.

42 그러나 경흥부의 힘이 모자라 경작하는 땅은 매우 적었다(『制勝方略』 卷之1, 列鎭防禦 鹿屯島 故事). 정언신도 여진인들로부터 녹둔도가 침입을 받자, 녹둔도에 논밭을 일군 일은 전부 자신에게서 발의된 것이라고 하면서 죄를 청하고 있다(『선조실록』 권21, 선조 20년 10월 己未).

43 정언신이 巡察使로 拜辭한 것이 2월(『선조실록』 권17, 선조 16년 2월 戊戌), 함경 감사의 직책이 보이는 것이 4월(『선조실록』 권17, 선조 16년 4월 己巳)이다.

다가 농민들이 들판에 흩어져서 일할 때 갑자기 쳐들어 왔다.[45] 이순신과 이경록이 군사를 이끌고 적의 후미를 공격하여 농민 50여 명을 빼앗아 돌아왔으나, 적에게 사로잡힌 것이 160여 명, 살해된 자도 10여 명이었다.[46]

  번호들의 녹둔도 침입은 무엇보다 경흥진을 중심으로 한 두만강 하류 지역에 대한 번호들의 침입이 시작되었다는 것에 특징이 있다. 명종대 이후 30여 년이 지나고, 선조대인 1583년 번호들의 침입이 시작된 이래 경흥진 일대의 두만강 하류에는 번호들의 침입이 없었던 상황에서 이제 번호들의 침입이 함경도 6진 지역 전체로 확대된 것이다. 결국 임진왜란 전인 1588년(선조 21)에 갑산부의 혜산진이 침입을 받아 첨사 李遲가 전사하기도 하고, 경흥진의 무이보 및 서수라보의 卵島가 침입 받기도 한 것을 보면,[47] 임진왜란 전에 이미 번호의 침입이 6진 지역 전체뿐만 아니라 함경도 내지 지역으로까지 확대되었고, 두만강 중류와 하류 양쪽이 모두 번호의 침입을 받고 있는 심각한 상황이었음을 알 수 있다.

---

44 『선조실록』 권21, 선조 20년 10월 己未; 乙丑; 『制勝方略』 卷之1, 列鎭防禦 鹿屯島 故事; 撫夷堡, 故事.

45 북병사 李鎰이 보낸 치계의 대개는 녹둔도가 함락되었다는 일이었다(『선조실록』 권21, 선조 20년 12월 庚辰). 그러나 여러 장수와 관리들이 죽을 각오로 싸워 목책이 함락되는 것을 면할 수 있었다고도 되어 있다(『制勝方略』 卷之1, 列鎭防禦 鹿屯島 故事).

46 녹둔도에서 사로잡혀 간 사람이 106명으로 기록된 것(『선조실록』 권21, 선조 20년 10월 乙丑)도 있지만, 160여 명이 보다 구체적이다(『선조실록 권21, 선조 20년 11월 丙午; 『制勝方略』 卷之1, 列鎭防禦 鹿屯島 故事). 번호들의 녹둔도 침입에 대해 조선은 그해 11월과 1588년(선조 21) 1월 두 차례에 걸쳐 보복 정토를 단행하였다.

47 『선조실록』 권22, 선조 21년 2월 己巳; 6월 丙寅.

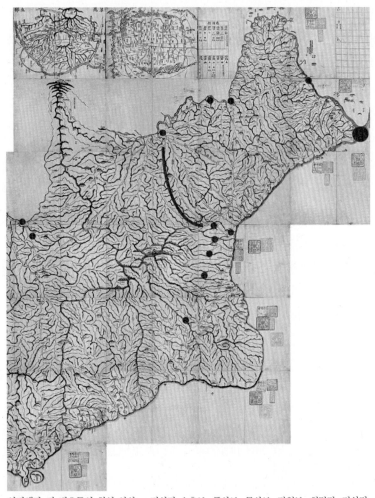

임진왜란 전 번호들의 침입 양상 – 경성진 오촌보, 풍산보, 무산보, 건원보, 회령진, 경성진, 삼삼파보, 주을온보, 보로지보, 혜산진, 운총보, 녹둔도

한편 임진왜란 전후인 1589년(선조 22)~1598년(선조 31)까지는 번호들의 침입 기록이 정확하지 않다. 1589년(선조 22)에 함경북도에서 영적의 침입이 세 차례나 보고되고 군민 중에서 포로로 된 자가 20여 명에 이르

렀으며, 심지어 堡將까지도 구타를 당하였다는 기록이 있지만, 정확한 장소가 언급되어 있지 않다.[48] 또한 1590년(선조 23)~1592년(선조 25)까지는 번호의 침입 기록을 찾아볼 수 없다. 그렇지만 번호의 침입이 없었던 것은 아니었다.

〈사료 5〉

① 왜적이 북도에 가득 차 있을 때 藩胡 등은 犬羊 같은 마음으로 원한을 품어온 지 오래였다가 기회를 타서 발동하여 殺掠을 자행하고 官舍를 분탕하였으니, 이것은 괴이할 것이 없습니다.[49]

② 육진의 번호들이 국가가 일이 많은 때를 타서 세력을 믿고 사납게 침범하며, 도적질이 잇따르니 극히 마음이 아픕니다.[50]

③ 夫汝只 부락은 가장 강성하여 여러 적의 근거가 되어 壬辰 이후에 성을 함락하거나 성을 포위함에 있어 앞장서지 않음이 없습니다.[51]

④ 경원 지경 夫仇里와 온성 지경 明自仇未至에 賊胡가 들어와 사람을 죽이고 재물을 약탈하였는데, 伏兵將 金國鼎이 화살에 맞아 죽었습니다. 六鎭의 江上과 江下에 적호들의 침략이 잇따르고 있는데도 大小 將吏들은 심상하게 여겨 방비하는 일들이 날로 해이되고 있으니, 앞으로의 변이 지극히 우려됩니다.[52]

⑤ 왜변이 생긴 이래로 국가에서 계책을 마련하여 북방을 돌아볼 겨를이 없자, 병사와 백성들은 흩어져 列鎭이 텅 비었고 모든 것이 탕갈되어 아무것도 믿을 것이 없게 되었다. 사나운 오랑캐는 기회를 노리고 번호들은 반기를 들었으니, 오늘날의 형편은 참으로 위태롭다.[53]

⑥ 임진년의 난리를 겪은 뒤로는 오랑캐가 육진의 兵勢가 외롭고 약한

---

48 『선조실록』 권23, 선조 22년 6월 己亥.
49 『선조실록』 권39, 선조 26년 6월 乙巳.
50 『선조실록』 권56, 선조 27년 10월 乙卯.
51 『선조실록』 권59, 선조 28년 1월 戊子.
52 『선조실록』 권78, 선조 29년 8월 庚子.
53 『선조실록』 권111, 선조 32년 4월 壬子.

것을 보고는 문득 輕侮하는 생각을 일으켜 老土가 맨 먼저 배반하
고 阿堂介가 이어서 일어나 會寧 등의 번호를 搶奪하여 마지않습
니다.[54]

〈사료 5〉 ①의 '왜적이 북도에 가득 차 있을 때'라는 것은 바로 1592
년 가토 기요마사[加藤淸正]의 부대가 함경도까지 침략하여 臨海君과
順和君을 포로로 잡았던 상황을 말한다. 이때 가토 기요마사는 ⑥의 노
토 부락까지 들어가 공격하였지만 실패하였는데, 이후 강 건너편의 雜胡
가 이때를 틈타 노략질하였고 邊堡의 土民들이 그들과 결탁하였다는 기
록도 있다.[55] 아무튼 번호들은 원한을 품어오다가 임진왜란을 맞아 살육
과 약탈을 자행하고 관사를 분탕하였다고 하고 있다. ②도 임진왜란으로
조선이 위기가 닥쳤을 때 육진의 번호들이 심하게 침입하였음을 말하고
있다. 한편 建州衛에 갔던 申忠一은 그곳에서 임해군의 여종 福只와 吾
村의 갑사 朴彦守를 만났는데, 모두 임진년에 호인들에게 포로가 되어
전매되어 왔음을 말하였다.[56]

특히 관사까지 불탔다는 것은 번호들에 의해 6진 지역의 城堡가 상당
한 타격을 받았다는 것을 의미한다. 이와 관련하여 ③을 보면, 부여지 부
락이 가장 강성하고 적들의 근거지가 되어서 임진 이후에 성을 함락하거
나 포위하는데 항상 앞장서고 있었음을 알 수 있다. 또한 ④는 6진의 두
만강 내외에 적호들의 침입이 끊임없이 계속되고 있고, 이러한 침입이
일상화되어 변장과 관리들이 심상하게 여겨 방비를 하지 않고 있다는 내
용이다. 따라서 임진왜란 내내 번호의 침략이 계속되고 있었음을 알 수
있다. 그리고 ⑤와 ⑥의 내용을 보면, 6진 번호들의 반란과 이탈이 가속

54 『선조실록』 권169, 선조 36년 12월 辛亥.
55 『선조수정실록』 권26, 선조 25년 7월 戊午.
56 『선조실록』 권71, 선조 29년 1월 丁酉.

화되었음도 알 수 있다.

　기록상으로는 1593년(선조 26)부터 '北虜가 지경을 침범하였다'는 기사가 나타나고, 1594년(선조 27)에는 '北虜의 침입이 심하다'는 기사가 있는 것처럼 번호의 침입이 10여 회 이상 있었으며, 조선의 城堡가 포위를 당하거나 함락되었다.[57] 즉 동년 3월 회령진 소속 고령진의 鎭浦烟臺가, 4월에는 갑산부 삼수군의 自作堡·仇非島·加乙波知 등이 침입을 받았고, 마침내 삼수군 甘坡堡가 함락되었다.[58] 9월에는 전 온성부사 田鳳의 탐학 때문에 6진의 번호들 중 가장 잘 귀순한다는 온성진의 번호마저 반란을 일으켰다.[59] 특히 叛酋 伊羅大와 그 심복인 巨酋 易水 등이 영건보·미전보 등을 두 차례나 포위하고, 심처의 우지개에게 請兵하여 동관진을 연속으로 침범하였다.[60] 역수의 계속된 침입은 임진왜란 중이었음에도 불구하고 조선의 '역수 부락' 정토로 이어지게 된다.

　1595년(선조 28)에는 夫汝只 부락에 대한 내용(〈사료 5〉의 ③)과 1596년(선조 29)에 온성진에 1천여 명이 침입하였다는 기록이 있다.[61] 또한 온성진과 경원진이 침입을 받아 伏兵將 金國鼎이 화살에 맞아 죽었으며 '6진의 江上과 江下에 적호들의 침입이 계속되고 있다(〈사료 5〉의 ④)'는 기록이 있다. 이후 다시 정유재란 기간인 1597년(선조 30)~1598년(선조 31)에 번호의 침입 기록이 없지만, '북방이 평소부터 胡人의 노략질하는 우환이 없는 해가 없었다'[62]는 기록으로 보아 이것 역시 번호의 침입

---

57 『선조실록』 권38, 선조 26년 5월 壬申; 권54, 선조 27년 8월 癸亥.
58 『선조실록』 권50, 선조 27년 4월 壬子; 권120, 선조 32년 12월 戊寅.
59 『선조실록』 권54, 선조 27년 8월 癸亥; 권55, 선조 27년 9월 辛卯.
60 『선조실록』 권55, 선조 27년 9월 癸卯; 권56, 선조 27년 10월 乙卯; 권59, 선조 28년 1월 戊子; 『燃藜室記述』 別集 卷之18, 邊圉典故 北邊.
61 『선조실록』 권72, 선조 29년 2월 丙寅; 권78, 선조 29년 8월 庚子.
62 『선조실록』 권115, 선조 32년 7월 辛未.

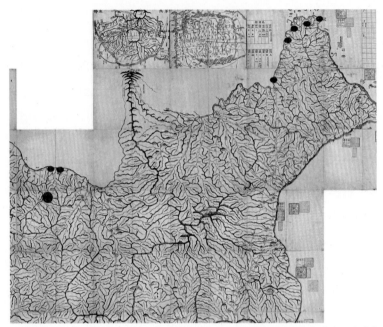

임진왜란 시기 번호들의 침입 양상 - 고령진, 삼수군 자작보, 구비도, 가을파지, 감파보, 온성진 영건보, 미전보, 동관진

이 없었던 것은 아니라고 생각한다.

임진왜란이 끝난 뒤인 1599년(선조 32)부터는 〈사료 5〉⑥의 내용처럼 老土의 배반이 시작된다.[63] 노토가 회령의 번호 明看老 등과 조선이 거

---

63 노토는 회령진 소속 甫乙下鎭 지경 안에 거주하던 번호였다(『壯襄公全書』, 再莅北 兵使因事挈處時 原情). '水上都酋長'이라고 되어 있고, 豊山堡 車踰嶺에서 60~ 70리에 명가노 부락이, 70~80리에 노토 부락이 있었다. 노토는 兀阿赤의 소식을 회령에 보고하고 있고, 스스로 '조상 대대로 조선을 받들어 오면서 2백여 년 동안 무사히 살아왔다'고 하고 있으며 조선으로부터 정2품 正憲大夫의 관직을 받았다(『 선조실록』 권103, 선조 31년 8월 甲寅; 권120, 선조 32년 12월 己亥; 권152, 선조 35년 7월 乙丑). 한편 『北路紀略』을 보면 노토 부락이 茂山 지경 장백산 뒤라고 하고 있으며 白山 부락 또는 亇乙亐 부락으로 불리기도 하였다(『北路紀略』卷之3,

주를 금지한 요해처인 政丞破吾達과 紅濱 사이에 집을 지어 조선의 국
경을 침범하였고, 북병사 李鎰이 명망 있는 土兵 姜億弼 등을 보내어 타
이르고 훼철케 하려다가 오히려 습격을 받는 사건이 발생하였다.[64] 정승
파오달은 무산보 부근으로 그 서쪽에 홍빈과 虛水羅가 있고 도적이 들
어오는 要路여서 함경남·북도로 쳐들어오는 도적들이 모두 이곳을 경유
하였다.[65] 따라서 조선에서는 허수라 하단 부락 경내에서 5리 거리에 있
는 洞口에 禁標를 세워 여진인들의 출입을 금지하였고 점점 늘어나지
못하게 하였다.[66]

---

故實 邊胡 老土部落).

64 『선조실록』에는 이일이 강억필 등 30여 명을 보내어 그들을 유인하려다가 모두
   죽은 것으로 되어 있다(『선조실록』 권110, 선조 32년 3월 丁未). 『壯襄公全書』에
   는 이때 북병사가 14명을 차송하였고, 그들이 거느린 炊子가 7명이어서, 모두 21명
   중 15~16명이 살해당한 것으로 되어 있다(『壯襄公全書』, 再莅北兵使因事挐處時
   原情).

65 『연산군일기』 권37, 연산군 6년 5월 戊辰; 권40, 연산군 7년 윤7월 甲申; 권41, 연
   산군 7년 12월 乙丑. 적호가 정승파오달에서 동쪽으로 침입하면 양영만동보로, 동
   남쪽으로는 무산보로, 홍빈으로 올라가 동남쪽으로는 옥련보로, 또 남쪽으로 침입
   하면 어유간진에 이를 수 있는데, 이것은 두만강 중류에서 함경도 동해안까지 횡단
   할 수 있는 요로였다(『制勝方略』 卷之2, 列鎭防禦 茂山堡).

66 여진인들이 이곳에 몰래 배반할 음모를 꾸미고 들어와서 정승파오달을 함부로 경
   작하고, 반역하는 오랑캐들을 유인하고 불러 모아서 소굴을 만들어 마음대로 횡행
   하면서 도적질을 하였기 때문에 나라의 법령이 시행되지 않으므로 그 죄를 물어야
   지 편안히 머물러 살게 해서는 안된다고 하고 있다(『制勝方略』 卷之2, 列鎭防禦
   茂山堡).

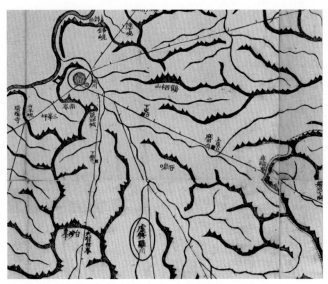

대동여지도에 보이는 무산보(위쪽)와 허수라천(아래쪽)

그런데 노토와 명간로 등이 조선이 금지한 정승파오달 부근에 들어온 것은 임진왜란 중이었을 가능성이 크다. 전란이 끝난 후 그 심각성 때문에 조선에서 그들을 몰아내려 했지만 실패하게 되면서 '만약에 각 부락의 번호들이 기회를 틈타 선동하게 된다면 明川과 吉州의 사이가 먼저 그 칼날을 받게 되어 6진은 아예 단절될 것', '만일 이 길을 수비하지 못한다면 6진의 형세는 매우 고립되어 위태로워질 것' 등의 위기의식을 가지게 되었다.[67] 그리고 그러한 위기의식이 다음과 같이 현실화되었다.

〈사료 6〉

① 吉州牧의 都目耳堡 매복소 근처에 賊胡가 밤을 틈타 침범하는 바람에 토병 李莫千 등이 칼을 맞고 죽었습니다. 山戎이 점점 남으로 침

---

67 『선조실록』 권111, 선조 32년 4월 戊辰; 庚午.

범해 내려와 차례로 시험 삼아 山堡를 공격함으로써 우리로 하여금 분주히 대응하기를 틈이 없게 합니다. 마침내 힘이 분산되고 병력이 절반씩 나뉜 뒤에 대거 衝突하면 주도적인 형세가 저절로 판명될 것인데 방어할 계책이 도무지 없습니다.[68]

② 북도의 邊將 등이 방비를 근실히 하지 않아 胡賊들이 세력을 믿고 침략하여 軍民들이 많이 살해되고 포로로 잡혔으며, 성을 포위하고 나라를 욕되게 하는 變이 한두 번이 아니었다.[69]

③ 老胡의 흉역행위가 있은 이후부터 변방의 방비가 더욱 급한 상황이니, 지금의 사세로 보아 일대 거사를 하지 않으면 징계할 수가 없는데 변방의 백성들이 쉴 날이 없게 될 것입니다.[70]

④ 근래에 北胡가 제멋대로 날뛰며 누차 변방을 경동시켜 우리의 邊民을 노략하고 우리의 城堡를 함몰하니, 이대로 계속 그치지 않으면 훗날의 걱정을 말로 다하지 못할 것입니다. … 현재 本道는 약탈을 당한 나머지 遺民들은 조잔하고 병력은 단약하며 기계는 허술하니, 우리의 형세로서는 진실로 일거에 섬멸할 수 없습니다.[71]

⑤ 賊胡가 세력을 믿고 침략하는 환란이 근래 더욱 극심하여 內地에까지 잠입해서 人畜을 약탈하는 등 점점 만연해져 갑니다. 邊臣의 토벌 요청은 실로 부득이한 데에서 나온 것입니다.[72]

명간노·노토 등이 북병사가 보낸 강억필 등을 습격한 후 얼마 지나지 않아 吉州牧의 都目耳堡 매복소 근처가 침입을 받았다(〈사료 6〉 ①). 그런데 이것은 山戎이 점점 남으로 침범해 내려와 차례로 시험 삼아 山堡를 공격한 것이고, 길주목 도목이보 근처뿐만 아니라 여러 곳의 산보를 공격한 것이었다. 도목이보 사건 이후 여진인들의 침입을 받은 장소가

---

68 『선조실록』 권112, 선조 32년 윤4월 庚寅.
69 『선조실록』 권113, 선조 32년 5월 甲寅.
70 『선조실록』 권115, 선조 32년 7월 甲寅.
71 『선조실록』 권115, 선조 32년 7월 己巳.
72 『선조실록』 권116, 선조 32년 8월 辛巳.

정확히 나타나는 것은 그해 8월 경성진의 甫老知堡에 적호가 침입한 것
이었다. 〈사료 6〉의 ②~⑤는 바로 그 사이에 나타나는 기록들이다. 즉
②에서는 胡賊들이 침입하여 군민들을 살해하거나 포로로 잡아가거나
성을 포위한 것이 한두 번이 아니었음을 말하고 있다. ③에서 그들의 침
입이 계속되어서 변방의 방비가 급한 상황임을 알 수 있다.

또 ④를 보면, 北胡가 여러 차례 변방을 경동시켜 백성을 노략하고 조
선의 성보를 함몰시켰고, 함경도는 그들로부터 약탈을 당한 나머지 백성
들이 조잔하고 병력은 단약하며 기계는 허술한 상황이라고 하고 있다.
선조 역시 "어리석은 小醜가 城堡를 공격하고 邊民을 노략질한 것이 한
두 번이 아니다"[73]라고 하고 있는데, 그가 말한 소추는 노토 등이었다.
이들은 조선의 방비를 소루하다고 여기고는 수백 명씩 떼 지어 길을 나
눠 출몰하고 있었고, '搶掠無常', 즉 노략질이 늘 변하였으며 일정하지
않을 정도였다.[74] 이에 ⑤처럼 적호의 침입이 더욱 극심해져서 내지까지
잠입하여 인축을 약탈하는 등 점점 만연해져 가는 상황이었다.

결국 ③, ④, ⑤의 내용과 같이 노토 부락의 정토가 논의된 결과, 다음
해 3월 보름에 토벌이 예정되었다.[75] 그러나 조선의 정토가 있기 전인
1600년(선조 33)에 부령 땅 遮洞이 침입을 받아 편장·비장 5~6인이 전사
하였고, 연이어 회령과 종성의 번호들이 한꺼번에 모두 반란을 일으키는
등 침입이 계속되었다.[76] 조선의 노토 부락 정토 후에도 경성진 보화보

---

73 『선조실록』 권115, 선조 32년 7월 甲戌.
74 『선조실록』 권115, 선조 32년 7월 丙子; 8월 庚辰; 『月沙先生文集』 卷之30, 箚上
諫北征箚 己亥秋.
75 『선조실록』 권120, 선조 32년 12월 癸卯. 실제 정벌이 이루어진 일자는 4월 14일이
다(『선조실록』 권125, 선조 33년 5월 庚戌).
76 『선조실록』 권124, 선조 33년 4월 辛巳; 庚辰; 『선조수정실록』 권34, 선조 33년 4
월 甲戌.

근처가 적호의 침입을 받았는데, 특히 노토는 조선의 정토로 막대한 피해를 입자 누르하치[奴兒哈赤]에게 귀부한 뒤 조선의 번호 부락을 공략하기 시작하였다.[77]

이때부터 노토의 번호 부락 공격이 이루어졌는데, 노토가 회령진의 보을하보에 침입하여 번호 馬赤哈(馬赤介)를 공격할 때 첨사 具滉이 이것을 구원하려다가 싸움에서 패하고 살해당하기도 하였다.[78] 구황이 번호를 구원한 것은 평시 북방을 제압하는 규례와 변방에 유래하는 약속에 따른 것으로 오랑캐가 건너편에 있어 그곳에서 저들끼리 싸울 경우에는 邊將이 엄히 경계하며 성을 지키고, 강을 건너와 조선의 지경을 침범하는 경우에는 군을 정비하여 소탕하도록 되어 있었다.[79] 또 적이 번호를 공격하면 조선이 구제하는 것이 전부터 유래되는 준례였다.[80]

그런데 첨사 구황의 죽음을 부른 노토의 번호 공략에는 누르하치의 마적합 공벌이 배경이 되고 있었다. 노토는 이미 누르하치와 부잔타이[布古泰]에게 귀순하여 복종한 바 있고,[81] 조선으로부터 정벌을 당하자 누르하치의 胡兵을 끌어들여 다른 번호들을 공격하게 한 것이다. 이때 누르하치는 그 부하에게 절대 조선을 침범하지 못하게 하고 마적합만을 공벌한다는 것으로서 서신을 보냈으나, 구황이 누르하치의 호병이 조선의 경내를 침범한 것을 방어하다가 패전한 것이다.[82]

---

77 『선조실록』권126, 선조 33년 6월 癸巳; 권127, 선조 33년 7월 甲辰; 乙卯; 戊午; 己巳;『眉叟記言』卷之38, 原集 東序記言 梧里李相國遺事.

78 『선조실록』권127, 선조 33년 7월 乙卯; 戊午; 己巳;『眉叟記言』卷之38, 原集 東序記言 梧里李相國遺事.

79 『선조실록』권127, 선조 33년 7월 戊午.

80 『선조실록』권127, 선조 33년 7월 己巳.

81 박정민, 「누루하치의 두만강 유역 진출과 조선의 藩胡 상실」,『인문과학연구』43, 강원대학교 인문과학연구소, 2014, 43쪽.

82 『선조실록』권127, 선조 33년 7월 戊午.

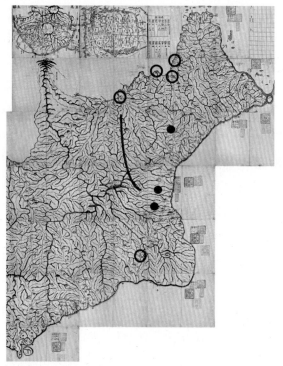

임진왜란 후 번호들의 침입 양상-길주, 무산, 보로지보, 부령, 보화보,
보을하보, 고령진, 회령

　회령진 보을하보의 사건은 번호들이 조선을 침입하는 것뿐만 아니라 이
제 번호까지 침탈하는 상황으로 바뀐 것을 보여준다. 단순한 보복을 넘어
번호가 번호를 침탈하는 것은 누르하치의 성장과 여진 통합과 관련된 직
접적인 영향이었다. 이미 두만강 유역의 여진인들은 누르하치 또는 부잔
타이 등에게 귀부하고 있었고, 노토 등은 이들과 연계하여 귀부하지 않는
여진인들, 특히 조선의 번호를 공략하여 복속시키는 상황이었던 것이다.
그리고 노토의 그러한 행위는 두만강 유역의 다른 여진인들에게도 영향을
주고 있었다.

〈사료 7〉
穩城 지경 深處의 水乙虛·交老 두 부락의 오랑캐가 要路에 살면서 전부터 순종하기도 하고 배반하기도 하여 본디 別種이라 불러왔다. 지난해 8월에 <u>이 오랑캐 등이 種城 지경의 叛胡 阿堂介의 腹心이 되어 忽賊과 체결하고 그들의 嚮導로서 밤을 타서 藩胡를 습격하고 성을 포위하는데 이르렀다.</u> … 번호가 군사로 示威해 줄 것을 요청한 것과 李應獬가 공격의 계책을 조목 별로 개진한 것을 비단 불가불 해야 할 형세이다.[83]

〈사료 7〉의 밑줄을 보면, 온성 지경의 수을허·교로 두 부락의 오랑캐 등이 종성의 반호 아당개의 심복이 되었고, 홀적과 약속을 맺어서 길을 인도하여 번호를 습격하여 성을 포위한 것을 알 수 있다. 여기서 말하는 홀적은 『선조실록』에서는 주로 忽剌溫으로 표시되지만, 부잔타이의 군사를 일컫고 있으며, 배반한 번호들이 이제 누르하치 및 부잔타이 등과 연계되어 있음을 알 수 있다. 또한 위의 내용을 보면 반호의 침입을 받는 번호들은 조선에게 군사적 지원을 요청하고 있었는데 이것은 앞서 살펴본 변방의 규례와 약속에 따른 것이었으며, 조선은 군사들로 시위를 하거나 적극적인 정벌을 할 수밖에 없는 상황이었다. 이에 다음해인 1601년(선조 34) 1월, 수을허·교로 두 부락에 대한 정토를 실시하게 된다.

한편 노토의 번호 침입은 주로 회령부 경내의 번호 부락에 집중되어 계속되었다. 1602년(선조 35) 고령진의 篤所 部落 및 회령부 경계 두만강 건너 15리쯤에 있는 沙伊耳洞 번호의 往主 部落을 포위 공격하였으며, 회령부 경내의 번호 부락을 몇 달 사이에 2~3번이나 공격하고 있었다.[84] 그리하여 다음해인 1603년(선조 36)까지 조선에 붙은 번호와 노토 부락이 서로 약탈하면서 잇따라 보복하는 실정이었다.[85] 그러나 이러한 상황

---

83 『선조실록』 권134, 선조 34년 2월 甲申.
84 『선조실록』 권152, 선조 35년 7월 己巳.

은 부잔타이와 누르하치가 직접 번호를 공략하고 철폐를 시도하면서 새로운 양상을 맞이하게 된다.

## 4. 藩胡 침입에 대한 조선의 대응

1583년(선조 16) 1월 迁乙知(亐乙只乃, 于乙其乃)의 반란이 시작되자, 선조는 파직 중에 있는 武臣들과 勇士 80여 명을 파견하였다.[86] 이것은 武才가 있는 전직 관료와 중앙군인 京軍을 파견한 것을 말한다. 선조는 경원부와 안원보의 성이 함락되었을 때 경원부사 金璥와 판관 梁士毅가 성을 지키지 못하였다는 이유를 들어 바로 陣前에서 목을 베어 군율을 진작시키게 하였다.[87] 이것은 방어를 독려하기 위한 것이었다. 그동안 신립의 용전과 구원 이외에는 이렇다 할 방어 사례가 없었으나 선조의 극단적인 처방 후에 변장들의 적극적인 방어 모습이 나타났다. 즉 적호 1만여 기가 훈융진을 포위했을 때는 첨사 申尙節과 조전장 종성판관 元熹가 역전하다가 신립의 구원을 받으면서 70여 급을 죽이고, 강 건너까지 추격하여 적이 경유하는 安豆里 部落을 습격하였고 오랑캐의 막사를 모두 불태웠다.[88]

한편 선조는 6진 중 하나이며 巨鎮인 경원진이 함락 당하자, 胡人들로 6진의 울타리를 삼은 것이 비록 원대한 생각에서이지만 결과적으로는 肘腋之患, 즉 가까운 곳에 근심을 기른 것이라서 이런 변란이 생긴 것은 당연하다고 인식하였다.[89] 그렇지만 선조는 6진이 번호들에게 의지하지

---

85 『선조실록』 권164, 선조 36년 7월 乙卯.
86 『선조실록』 권17, 선조 16년 2월 庚寅; 癸巳.
87 『선조실록』 권17, 선조 16년 2월 壬辰.
88 『선조실록』 권17, 선조 16년 2월 癸卯;『制勝方略』卷之1, 列鎮防禦 訓戎鎮 故事.

않으면 지키기 어렵다는 사실과 번호들이 조선에 납관하여 오랫동안 조
선의 편호가 된 자들로 생각하였다. 그렇기 때문에 선조는 반호들이 배
은망덕하고 天討를 재촉하는 것이라 하면서 정토를 주장하였다.

선조의 정토 주장은 1552년(명종 7) 조선의 초관 정토와 같은 대응이
다. 서수라보가 함락되자 초관의 여진인들에게 책임을 물어 정토를 시행
한 것과 같은 방법으로, 조선은 그 이전부터 여진인들의 침입이 심각하
여 상당한 피해를 끼치면 정벌을 행하여 왔다. 그리고 정벌과 회유라는
강온양면의 정책으로 번호들의 이탈을 막았으며, 번호들을 조선의 영향
력 아래 묶어두려 하였다. 그러나 이전까지 조선의 여진 정벌은 국가 주
도로 시행된 반면, 1583년 소위 '니탕개의 난' 이후에는 변장이 주도가
된 정토가 시행되었다.

즉 선조는 정토를 주장하였을 때, 兩司가 북병사 李濟臣의 책임을 물
어 잡아들여 국문할 것을 청하자 윤허하였고, 대신 방어사 金禹瑞를 북
병사로 삼았다(2월 24일).[90] 그러나 북병사 이제신은 그보다 앞선 2월 16
일, 將士를 징발하여 세 길로 나누어 쳐들어가 적호의 부락을 소탕하였
는데, 당시 조선이 토벌한 부락은 金得灘, 安豆里者, 中島, 麻田塢, 尙加
巖, 于乙其車, 汝邑浦, 多通介洞, 卓豆 등이었으며, 적호 215명을 사살하
였다.[91]

---

89 『선조실록』 권17, 선조 16년 2월 癸巳(이하 같음).
90 『선조실록』 권17, 선조 16년 2월 丁未.
91 『선조실록』 권17, 16년 2월 辛亥; 癸丑; 『선조수정실록』 권17, 선조 16년 2월 甲
申; 『大東野乘』 卷之25, 癸未記事 2월 28일; 30일. 이때 참여한 장수들은 온성부
사 申砬, 부령부사 張義賢, 첨사 申尙節과 군관 金遇秋·李宗仁·金俊民 등이었고,
처음에 적호 1백 50여 명의 수급에서 귀를 잘라 올려 보냈다가 며칠 뒤 김우추가
이미 소탕을 끝내고 적호들이 숨어 있는 卓豆 부락까지 추격하여 참살하고 65명의
수급을 올려 보냈다.

〈표 4〉 1583년(선조 16) 2월 16일 북병사 李濟臣이 토벌한 번호 부락[92]

| 번호 부락 | 소속 진보(본진) | 거리 | 추장 및 호수 |
|---|---|---|---|
| 金得灘 | 경원진 | 上端 : 동쪽 15리 | 상단 : 吾羅赤 등 23戶 |
| | | 下端 : 동쪽 17리 | 하단 : 劉厚 등 7호 |
| 安豆里者(中島) | 훈융진(경원진) | 동쪽 7리 | 安豆里, 麻沙介 등 66호 |
| 中島 | 안원보(경원진) | 동쪽 17리 | 於里世 등 14호 |
| 麻田塢(麻田島) | 훈융진(경원진) | 북쪽 4리 | 陽郎介·阿羅 등 14호 |
| 尙加巖 | 건원보(경원진) | 동쪽 4리 | 朴己 등 |
| 于乙其車 | 경원진(?) | ? | 于乙其乃의 부락으로 추정됨 |
| 汝邑浦(汝邑包) | 경원진 | 동쪽 17리 | 仇令阿 등 20여 호 |
| 多通介洞 | 건원보(경원진) | 동쪽 ? | ? |
| 卓豆 | 건원보(경원진) | 동쪽 5리 | 未雙阿 등 15호 |

1583년(선조 16) 2월 16일 북병사 李濟臣이 토벌한 번호 부락은 경원 진과 아산보·안원보·훈융진·건원보 등을 포위하거나 함락시키는데 역 할을 한 곳이며, 조선을 침입한 번호 부락을 집중적으로 토벌한 것이다. 북병사 이제신의 번호 부락 정토로 迂乙知(亏乙只乃, 于乙其乃)를 중심 으로 한 경원진 일대 번호들의 반란은 잦아들었고, 이후 번호들의 침입 이 격렬해질 때는 역시 정토를 검토하거나 실행에 옮기게 되었다.

다음 〈표 5〉는 조선의 번호 부락 정토를 시기별로 나타낸 것이다. 조 선의 번호 부락 정토 중에는 선조 및 비변사와 긴밀한 협의와 보고를 거 친 경우도 있지만, 함경도의 북병사나 절도사 등이 주도한 것이 대부분 이다. 니탕개의 난 이후인 1585년(선조 18)에는 李鎰이 적들이 매복하였 던 沙吾耳洞 부락을 습격하였고, 녹둔도가 침입을 받은 1587년(선조 20) 에도 楸島 부락을 정토하여 33급을 참수하였으며, 그 이듬해인 1588년 (선조 21)에는 時錢 부락을 정토하여 383급을 참획하였다. 시전 부락을

---

92 『선조수정실록』 권17, 선조 16년 2월 甲申에 나타난 조선이 토벌한 부락을 토대로 『制勝方略』에서 소속 진보, 거리, 추장 및 호수를 찾아 표시하였다.

정벌할 때는 백의종군한 李舜臣이 右衛의 右火烈將으로 참여하였는데,[93] 시전 부락 정토 역시 主將인 이일이 남몰래 자기 마음속으로 결정하고 있다가 기회를 타서 갑자기 발병한 것이었다.[94] 또한 그해 혜산 지경이 침입받자 남병사 신립이 古未浦 부락을 정벌하기도 하였다.

그리고 임진왜란 중인 1594년(선조 27)에는 厹水 등의 침입이 격화되자, 함경북도 병마절도사 鄭見龍이 적호 3部를 함락시키고 전후 470여

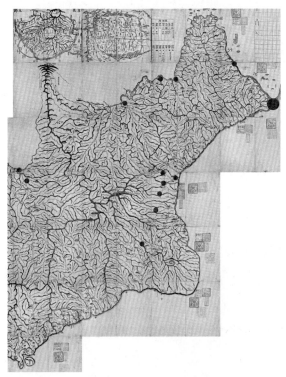

임진왜란 전 번호들의 침입 양상

---

93 『壯襄公全書』征討時錢時將官姓名;『선조실록』권21, 선조 20년 10월 辛未;『선조수정실록』권21, 선조 20년 9월 丁亥.
94 『선조실록』권116, 선조 32년 8월 庚辰.

급을 참수하였다. 이때 항복한 왜인인 '降倭' 25명을 북방으로 보내 종
군하게 했는데, 항왜도 힘을 다하여 적진을 함락하였고 전사한 자도 있
었다.[95]

장양공정토시전부호도(壯襄公征討時錢部胡圖), 부분 확대, 서울특별시 유형
문화재 제304호, 육군박물관 소장

---

95 『선조실록』 권54, 선조 27년 8월 癸亥; 권56, 선조 27년 10월 乙卯.

임진왜란이 끝난 1600년(선조 33) 노토의 국경 침범과 관련해서는 함경도 관찰사 尹承勳이 군사들을 보내 張主 部落에서 亇乙外 部落까지 1천여 집을 태우고 115명을 斬馘하였다.[96] 노토 부락 정벌 시에는 서울·황해도·평안도 포수 8백여 명이 참여하였고, 윤승훈이 '만일 포수들이 아니었다면 노토를 어떻게 분탕하였겠습니까'[97]라고 할 정도로 큰 역할을 함으로써 이후 북방 방어 및 정토에 포수가 적극적으로 참여하게 되었다. 그리고 1601년(선조 34)에는 함경북도 병마절도사 李守一이 온성 경내의 水乙虛·交老 두 부락을 정토하여 229명을 참획하였다.

<표 5> 조선의 번호 부락 정토

| 연번 | 연도<br>(왕력) | 장소 | 원인 및 경과 | 출처 |
|---|---|---|---|---|
| 1 | 1554년<br>(명종 9)<br>1월 3일 | 草串<br>부락 | ▶번호들의 西水羅堡 침입<br>▶함경북도 병사 李思曾, 59명 참획, 여자 4명과 아이 2명을 포획 | 『명종실록』 권16, 명종 9년 1월 戊午 |
| 2 | 1583년<br>(선조 16)<br>2월 9일 | 安豆里<br>부락 | ▶적호 1만여 기, 訓戎鎭 포위<br>▶申尙節·申砬 등이 습격, 오랑캐 막사를 모두 불태움 | 『선조실록』 권17, 선조 16년 2월 癸卯; 『制勝方略』 卷之1, 列鎭防禦 訓戎鎭 故事 |
| 3 | 1583년<br>(선조 16)<br>2월 16일 | 경원진 일대 번호 부락 | ▶경원진 일대 번호의 반란<br>▶북병사 李濟臣, 賊胡 부락 불태움, 1백 50여 명 사살, 김우추가 卓豆 부락까지 추격, 65명 사살 | 『선조실록』 권17, 선조 16년 2월 辛亥; 癸丑; 『선조수정실록』 권17, 선조 16년 2월 甲申 |

---

96 이와 관련하여 梨坡에 사는 童坪古는 조선에 와서 노토에 소속된 부락 7개 처가 남김없이 분탕되어 죽은 사람의 수가 거의 1만여 명에 이른다고 전하기도 하였다(『선조실록』 권126, 선조 33년 6월 乙酉). 그러나 『북로기략』에는 사망자가 5백여 명으로 기록되어 있다(『北路紀略』 卷之3, 故實 邊胡 老土部落). 한편 강성문은 이 노토 부락 정토를 조선의 13차 정벌전으로 규정하면서 1604년에 이루어졌고 노토 부락의 사망자는 105명이라고 하였지만, 이것은 단순한 연도와 통계상의 오류로 생각된다(강성문, 「朝鮮시대 女眞征伐에 관한 연구」, 『군사』 18, 1989, 63~64쪽).

97 『선조실록』 권120, 선조 32년 12월 癸卯; 권135, 선조 34년 3월 丁巳.

| | | | | |
|---|---|---|---|---|
| 4 | 1585년<br>(선조 18)<br>겨울 | 沙吾耳洞<br>부락 | ▶賊胡 沙吾耳洞 部落에 매복, 오룡초연대 아래로 와서 공격<br>▶부사 李鎰 등이 적들이 매복하였던 부락을 습격 | 『制勝方略』 卷之1, 列鎭防禦 會寧鎭 故事 |
| 5 | 1587년<br>(선조 20)<br>11월 | 楸島<br>부락 | ▶藩胡의 녹둔도 침입<br>▶북병사 李鎰이 4백여 기를 보내어 습격, 17막사를 불태우고 33급 참수 | 『선조실록』 권21, 선조 20년 11월 庚子; 『制勝方略』 卷之1, 列鎭防禦 鹿屯島 故事 |
| 6 | 1588년<br>(선조 21)<br>1월 14일 | 時錢<br>부락 | ▶藩胡의 녹둔도 침입<br>▶북병사 李鎰이 2천 7백여 명 동원, 穹廬 2백여 坐분탕, 3백 83級 참획 | 『선조실록』 권22, 선조 21년, 1월 辛亥; 『制勝方略』 卷之1, 列鎭防禦 撫夷堡 故事 |
| 7 | 1588년<br>(선조 21)<br>6월 20일 | 古未浦<br>부락 | ▶賊胡가 혜산 지경을 침입<br>▶남병사 신립, 各衛에서 20명과 말 3필을 참획, 胡女 1명 생포 | 『선조실록』 권22, 선조 21년 2월 己巳; 윤6월 癸未; 7월 壬子 |
| 8 | 1594년<br>(선조 27)<br>10월 | 多好里<br>加攄里<br>投丁乃<br>易水<br>부락 | ▶叛酋 伊羅大의 심복인 巨酋 易水 등이 영건보·미전보·동관진 침입<br>▶함경북도 병마절도사 鄭見龍이 경원 지경의 巨酋 多好里 등의 부락을 蕩滅, 군사 1,325명과 降倭 25명을 모집, 易水의 상·중·하 부락을 함락, 266명 참수, 江邊 부락의 추장 投丁乃 등도 鵲擊將 鄭時龍을 시켜 토벌, 寨柵을 부수고 움막을 태움, 60명 참수<br>▶정헌룡이 전후 470여 급 참수, 10월 사이에 賊胡 3部를 함락 | 『선조실록』 권56, 선조 27년 10월 乙卯; 권59, 선조 28년 1월 戊子; 『燃藜室記述』 別集 卷之18, 邊圉典故 北邊 |
| 9 | 1600년<br>(선조 33)<br>4월 14일 | 老土<br>부락 | ▶老土의 국경 침범과 반란<br>▶함경도 관찰사 尹承勳, 張主 部落에서 亇乙外 部落까지 1천여 집을 태움, 좌위 59馘, 중위 18괵과 생포 1명, 우위가 33괵, 兵使 관하가 5괵을 참괵 | ▶『선조실록』 권125, 선조 33년 5월 庚戌; 권126, 선조 33년 6월 乙酉 |
| 10 | 1601년<br>(선조 34)<br>1월 27일 | 水乙虛<br>交老<br>부락 | ▶온성 경내 水乙虛·交老 두 부락이 종성의 叛胡 阿堂介, 忽賊과 손을 잡고 길잡이, 藩胡 습격, 성을 포위<br>▶함경북도 병마절도사 李守一, 군사 2,519명 동원, 두 부락 정토, 229급 참획, 포로 7명, 조선 여자 1명 구출 | ▶『선조실록』 권134, 선조 34년 2월 甲申 |

　그러나 총 10여 회에 걸친 조선의 번호 정토 중 7회는 임진왜란 전,
3회만이 임진왜란 이후에 이루어졌다. 그 중 임진왜란 때는 1594년의 역
수 부락 정토가 유일하고 나머지 2회는 임진왜란이 끝난 이후이다. 결국
임진왜란으로 번호의 이탈이 가속화되었음에도 불구하고 남방의 방어 때
문에 북방에 대한 정토를 제대로 시행하지 못하였고, 정토를 하더라도 침
략에 대한 부득이한 應兵일 수밖에 없었다.[98]

　한편 1583년 이제신의 경원진 일대 번호 부락 정토 이후 3월부터의 반
란은 栗甫里·尼蕩介가 주도하였고, 지역도 온성진·종성진·회령진 일대
로 바뀌게 된다(앞의 〈표 3〉). 그러나 니탕개를 중심으로 한 번호들의 침
입은 별 소득이 없어서 번호들 스스로가 몹시 후회하면서 다시 모여 조
선에 納款하였고, 율보리와 니탕개는 심처로 도망하였다.[99] 즉 니탕개를
중심으로 한 叛胡들은 13회에 걸친 침입에도 불구하고 조선의 진보를 한
번도 함락시키지 못하였는데, 이것은 이제신의 번호 정토 이후 조선이
전열과 방어를 재정비하였기 때문이었다.

　결국 조선에서는 무과를 실시하여 군관을 충원하고, 진보에는 火砲,
弩 등을 배치하였으며, 요해처를 지키거나 복병을 두는 등 효과적인 방
어책을 점차 갖추어 나갔다. 즉 선조는 북도 방어를 위한 別試武科를 치
러 5백 명의 입격자를 뽑았고, 조선군은 두만강 여울을 지키며 대항하기
도 하였으며, 적이 침입할 것으로 예상되는 요로에 복병을 두기도 하였
다.[100] 또한 처음 번호들의 반란이 일어났을 때는 신립의 구원 활동이 두
드러지지만, 점차 다른 장수와 진보들도 제승방략 체제를 재정비해 가면

---

98 『선조실록』 권115, 선조 32년 7월 甲戌.
99 『선조수정실록』 권17, 선조 16년 5월 壬午.
100 『선조실록』 권17, 선조 16년 8월 癸酉; 丙子.『선조수정실록』 권17, 선조 16년 5월
　　壬午.

서 번호들의 침입에 대비해 갔다.

특히 성 위에 銃筒 등 화포를 배치하여 적의 침입을 막는데 큰 공헌을 하였다. 종성진에서는 사람이 없는 듯이 모두 성에 올라가 지키고만 있다가 적들이 성 아래로 몰려왔을 때 급하게 총통과 鐵丸 등을 비처럼 난사하였다.[101] 동관진에서도 화포를 많이 쏘고 참호의 가장자리를 깊이 파서 철저하게 방비하였기 때문에 적들이 성에 가까이 오지 못하였으며, 방원보에서도 적을 강한 弓弩로 어지럽게 사격하고 성 위에 勝字銃筒·木箭·鐵丸을 많이 설치하여 일제히 발사함으로써 적들이 성에 가까이 오지 못하였다.[102]

한편 모든 번호들이 배반한 것은 아니었고 번호들 중에서는 그대로 조선에 붙어 활동한 여진인들이 있었다. 니탕개와 원래 원수 사이였던 번호 孝汀은 니탕개가 성을 공격하러 가서 廬舍를 비워둔 틈에 그곳을 불태웠기 때문에 오랑캐들이 할 수 없이 군대를 철수하였다.[103] 또 번호 투을지는 조선에 적의 침입을 미리 알렸다가 율보리의 침입으로 죽임을 당하고 처자들이 모두 노략질 당하기도 하였다.[104] 임진왜란 이후에도 번호 마적합이 노토와 同姓임에도 불구하고 그에게 귀부하거나 동모하지 않고, 노토의 소식을 즉시 조선에 알려오다가 노토의 미움으로 침략을 받아서 부락이 소실되고 자신마저도 도륙을 당하였다.[105] 그리고 번호 春 등 4명은 조선군과 함께 적을 추격하기도 하는 등 직접적인 從軍의 모습도 보인다.[106] 이렇듯 조선편인 번호들은 배반한 번호들을 공격하거나,

---

101 『선조실록』 권17, 선조 16년 5월 戊戌.
102 『制勝方略』 卷之1, 列鎭防禦 潼關鎭·防垣堡 故事.
103 『선조실록』 권17, 선조 16년 5월 戊戌.
104 『制勝方略』 卷之1, 列鎭防禦 潼關鎭 故事.
105 『선조실록』 권127, 선조 33년 7월 戊午.
106 『制勝方略』 卷之1, 列鎭防禦 會寧鎭 故事.

침입을 미리 알리거나, 직접 종군하기도 하였다.

정토가 군사들을 대거 동원하여 조선을 침입한 번호의 부락을 공격하는 방법이었던 반면 침입의 주동자를 유인하여 처벌하는 방법도 종종 사용되었다. 심처로 도망한 니탕개가 수년 후에 다시 번호를 통해 납관하고 속죄하면서 변방을 지키기를 원하자 조정에서는 회령 판관에게 명령하여 항복을 받아들이는 체하고 국경에서 잡아 죽이도록 하였다.[107] 처음 난을 일으킨 우을기내 역시 오랫동안 잡지 못하다가 변장이 그의 무리를 유혹하여 그를 건원보 앞까지 끌고 오게 한 다음 목을 베었다.[108] 1587년 (선조 20) 녹둔도가 침입을 받았을 때도 북병사 이일이 경흥진에 가서 침략하기를 제창한 何吾郞阿·金金伊·金豆叱介 세 사람을 사로잡아 목 베었다.[109]

그리고 번호들의 경제적 욕구를 충족시키는 開市를 허락하면서 그들의 침입을 완화시키려고도 하였다. 원래 조선은 북쪽 오랑캐를 회유하기 위해 봄과 가을로 宴享을 베풀어 주고 運을 나누어 상경 내조시켜 그들의 경제적 욕구를 충족시켜 주었고,[110] 두만강 유역의 5鎭에서는 5일마다 1번씩 개시를 열어 무역을 허락해 주기도 하였다.[111] 특히 임진왜란 이후

---

107 니탕개가 장막에 들어가려 하다가 이상한 낌새를 채고 달아나 실패하였고, 다시는 오지 않았는데, 수년 후에 죽었다(『선조수정실록』 권17, 선조 16년 5월 壬午).

108 선조는 그의 목을 東小門 밖에 매달게 하고 그를 유인했던 胡人과 계책을 꾸며낸 兵使 및 군관 李璞 등에게 후한 상을 내렸다(『선조실록』 권17, 선조 16년 7월 己丑). 같은 날 기록된 癸甲日錄에는 건원의 權管인 金汝弻이 경원의 叛胡 巨酋의 자식 乙只를 유인해서 참했다고 되어 있다(『大東野乘』 卷之24, 癸甲日錄 만력11년 계미 7월 기축). 한편 이순신이 反虜 于乙其乃를 꾀어내어 잡아서 죄를 사면 받고 유명해졌다고 하는데(『선조수정실록』 권21, 선조 20년 9월 丁亥), 이것은 앞의 선조실록과 4년의 차이가 있다.

109 『制勝方略』 卷之1, 列鎭防禦 撫夷堡 故事.

110 『선조실록』 권121, 선조 33년 1월 辛未.

111 『선조실록』 권163, 선조 36년 6월 己丑.

번호들의 내조가 중지되면서 번호들의 반란이 일어날 수밖에 없었는데, 현지에서 그들의 納款을 받아들여 경제적 욕구를 충족시키는 한편 번호들의 반란을 방지하기 위한 開市가 적극적으로 검토되어 실행되었다.

〈사료 8〉

① 신이 회령부사로 있을 적에 管下 豊山堡에 누차 노략질하는 일이 있었는데 堡의 지경에 사는 호인 가운데 本堡에서 通市하게 해 줄 것을 원하는 자가 있었으므로, 즉시 利害를 논하여 순찰사 鄭彦信에게 申報해서 소원대로 開市하였더니, 그 뒤로 노략질하는 일이 없어졌습니다. 南道의 惠山·加乙波知 등처에도 근년부터 納款을 허락하였습니다. 이는 사세가 하도 급박해서 그렇게 한 것이기는 하지만 허락해 준 후에는 점차 警急한 일이 없어졌으니, 이야말로 전후의 명백한 증험인 것입니다.[112]

② 지난 갑오년 무렵에 崔湖가 남도병사로 있으면서 茄乙波知堡에다 開市를 하도록 허락했었는데, 지금까지 10년이 되도록 도적에 대한 환란은 한 번도 없었습니다. 그래서 남도 사람들이 모두 말하기를 '이는 진실로 최호가 개시를 한 공효이다'하고 있으니, 이러한 사실로 비추어 볼 때 무산에 개시를 하게 되면 이익은 있지만 손해는 없을 것이 분명합니다.[113]

③ 이에 조정에서는 우리나라를 향한 너의 정성을 가상하게 여겨 특별히 開市할 것을 명하여 생활할 수 있는 방도를 삼게 하였다. 따라서 너는 면모를 일신하여 잘못을 뉘우치기에 겨를이 없어야 마땅할 것인데, 달이면 달마다 회령의 번호를 공략하고 있다. 이를 본다면 전일에 화친을 요청한 것은 곧 거짓일 뿐 성심으로 한 것이 아니다.[114]

---

112 『선조실록』 권121, 선조 33년 1월 辛未.
113 『선조실록』 권163, 선조 36년 6월 己丑.
114 『선조실록』 권172, 선조 37년 3월 乙丑.

〈사료 8〉의 ①은 북병사를 지낸 이일이 무산 개시를 주장한 상소 중에 나오는 부분이다. 이일이 회령부사로 있을 때 풍산보가 누차 번호들로부터 여러 차례 침입을 당하였고, 여진인들 가운데 풍산보에서 통시를 원하는 자가 있어서 순찰사에게 보고하고 소원을 들어주면서 개시하였던 적이 있었음을 밝히고 있다. 이일이 회령부사를 지낸 것은 1585년(선조 18)으로,[115] 앞서 살펴본 것처럼 영적(잔적)들을 중심으로 한 소규모 침입이 격화되는 시기였다. 그러나 풍산보에 개시를 하자 번호들의 노략질이 그쳤다고 하고 있다.

②는 비변사가 노토의 침입에 대한 대책으로 무산 개시를 청한 내용 중 일부이다. '지난 갑오년'은 1594년(선조 27)으로 임진왜란 중이다. 이 때 남도병사 최호가 삼수군의 서쪽 10리에 있는 가을파지보[116]에 개시를 허락하여 여진인들과 무역을 실시하였고, 무역을 통해 번호들의 경제적 욕구를 충족시켜 1603년(선조 36)까지 10여 년 동안 적들의 침입이 한 번도 없었다고 하고 있다. 비변사는 이러한 예를 들며 무산에도 개시를 하면 효과를 볼 수 있다고 주장하였고 결국 선조의 허락을 받았다. 다만 비변사는 무산의 수령을 만호에서 반드시 첨사로 올리고 당상관으로서 명망이 있는 사람을 보내야만 여러 호인들을 진압할 수 있다고 주장하였다. 또한 개시의 절차는 5진의 준례대로 5일 만에 한 차례씩 하며, 農器·釜鼎·食鹽 등의 물건만 매매할 수 있게 하고, 그 나머지의 禁物에 대해서는 일체 엄중하게 금지하도록 해야 한다고 주장하였다.

③을 통해 ②의 주장이 받아들여져 무산에 개시를 하였음을 알 수 있다. 무산에 개시가 열리면서 비변사의 주장처럼 이제 첨사가 파견되었으며, 무산에 개시한 것은 노토가 조선에 와서 화친을 청하였기 때문에 무

---

115 『壯襄公全書』, 歷任年譜.
116 『新增東國輿地勝覽』 卷49, 三水郡 關防.

역을 통해 노토가 생활할 수 있게 하려는 것이었다. 그러나 조선이 무산
에 개시를 해주었음에도 불구하고 노토는 잘못을 뉘우치지 않고 계속 회
령의 번호를 공략하고 있었다. 노토는 한편으로는 조선과의 화친을 시도
하여 개시를 허락받아 무역을 통한 이익을 얻으면서도, 다른 한편으로는
번호에 대한 공략을 멈추지 않고 있었다.

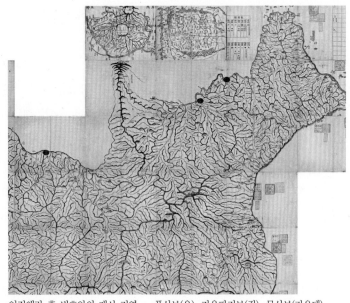

임진왜란 후 번호와의 개시 지역 - 풍산보(우), 가을파지보(좌), 무산보(가운데)

한편 선조는 임진왜란 이후 노토를 중심으로 한 번호들의 침입이 격화
되자 새로운 守城 방어책을 시도하기도 하였다. 그것은 倭城이었다. 선
조는 특별히 왜성의 形止 및 城制를 잘 아는 사람을 파견하여 순찰사의
진영으로 들여보냈고, 그 결과 함경북도의 성 중에서 방어에 긴급한 것
중 퇴락되어 있는 것을 우선 수축할 때 왜성의 형세를 참작하여 변란에

대비케 하였다.[117] 그리고 노토가 누르하치의 힘을 빌려 번호 마적합을
공략할 때 첨사 구황이 죽자, 선조는 북도의 城制를 왜성에 준거해서 개
축하라고 하였다.[118] 특히 포로가 되어서 오랫동안 일본군의 진영에 있었
던 전 좌랑 姜沆, 부장 孫文彧, 務安에 사는 武出身 丁夢鰍 등에게 군관
이라는 칭호를 주어 내려 보내 여러 진을 출입하면서 왜성의 성제를 가
르치게 하였다.[119]


## 5. 맺음말

　豆滿江 유역 藩胡들의 사회·경제적 발달에는 6鎭을 설치한 조선의 영
향이 절대적이었지만, 16세기 번호의 발전 속도는 오히려 6진 지역을 압
도하고 있었다. 6진 지역은 번호들에 의해 방어와 경제를 지탱하는 상황
이었다고 해도 과언이 아니고, 이런 상황에서 두만강 유역 번호들의 침
입은 조선의 1차 방어선이 오히려 조선을 공격하는 것과 같았다. 더구나
소위 '尼湯介의 亂'으로 촉발된 번호들의 반란을 거친 후 임진왜란으로
번호들의 이탈은 가속화되었다.

　'니탕개의 난'은 1583년 1월부터 가을까지 진행되는데, 1~2월에 집중
된 慶源鎭 일대 번호들의 반란은 迂乙知가 주도한 것이고, 3월부터는 穩
城鎭·鍾城鎭·會寧鎭의 니탕개·栗甫里가 주도한 것이다. 즉 1583년 번
호들의 반란에 대해서는 주도 인물과 침입 양상에 대한 구분이 필요하다

---

117 『선조실록』 권127, 선조 33년 7월 戊午; 권133, 선조 34년 1월 丙午.
118 『선조실록』 권127, 선조 33년 7월 乙丑.
119 위와 같음. 그러나 비변사는 백성들이 극도로 고달프다는 이유로 城制를 아는 사람
　　의 파견을 미루도록 청하고 있어 이후의 시행 여부는 파악할 수 없었다(『선조실록』
　　권133, 선조 34년 1월 丙午).

고 생각된다. 한편 임진왜란 전에는 번호들의 침입 양상이 두 가지로 나타나는데, 하나는 소규모 부대로 6진 이외의 鏡城鎭·吉州鎭·甲山府 등 함경북도 內地로의 침입이고, 다른 하나는 鹿屯島를 중심으로 한 慶興鎭 일대의 침입이라 할 수 있다. 임진왜란 전 번호의 침입은 두만강 유역 중·하류, 6진 지역 전체뿐만 아니라 함경북도 내지까지 확대된 상황이었다. 임진왜란 때는 번호의 침입이 일상화될 정도로 조선의 번호 통제는 사실상 상실되었으며, 임진왜란 후에는 누르하치[努爾哈赤], 부잔타이[布占泰] 등과 연계된 번호들이 다른 번호를 공략하는 상황으로 전개되었다. 이후 조선은 누르하치와 부잔타이의 직접적인 번호 침탈을 맞게 되면서 두만강 유역의 6진 지역은 번호를 둘러싼 조선과 여진 세력 간에 새로운 양상이 전개될 수밖에 없었다.

니탕개의 난과 관련한 번호의 조선 침입과 배반은 결국 두만강 유역의 여진이 조선으로부터 이탈하는 과정이라 할 수 있으며, 이후 누르하치에게 통합되면서 후금 및 청의 건국과도 관련된 문제이다. 또한 두만강 유역 번호 문제는 조선의 변경 내지 국경 문제와도 관련된다고 할 수 있다. 두만강 유역 번호의 성격과 조선과의 관계, 본격적인 번호의 이탈과정, 누르하치에게의 편입 및 여진의 통합과정 등 이와 관련된 연구 성과가 더 필요할 것으로 생각된다.

〈별표〉 두만강 유역 번호의 조선 침구

| 연번 | 연도(왕력) | 침입 장소 | 특이 사항 | 출처 |
|---|---|---|---|---|
| 1 | 1552년(명종 7) 7월 | 西水羅堡 (慶興鎭) | 서수라보 함락, 80여 명 피납, 사망자 5명, 말 13匹과 소 14頭 빼앗김 → 草串 정토 | ▶『制勝方略』卷之1, 列鎭防禦 西水羅堡 故事[120] |
| 2 | 1554년(명종 9) 5월[121] | 造山堡 (慶興鎭) | 조산보 포위, 밤새 격전, 전사자 3명, 21명 화살에 맞음 | ▶『명종실록』권16, 명종 9년 6월 甲戌 |
| 3 | 1555년(명종 10) | 穩城鎭 | 城底胡가 深處胡 抗沙衛 등을 꾀어 長城門 안으로 침입 | ▶『燃藜室記述』集 卷之18, 邊圉典故 北邊 |
| 4 | 1579년(선조 12) 12월 | 穩城鎭 | 번호가 사람과 재물을 약탈 | ▶『鶴峯逸稿』卷3, 北征日錄 己卯年 12月 15日 丙戌 |
| 5 | 1583년(선조 16) 1월 | 阿山堡 (慶源鎭) | 번호의 都酋長 乙只乃가 '전만호 崔夢獜이 侵暴한다'라고 하고, 오랑캐들을 불러 모아서 반란, 만호 柳重榮이 정탐하러 보낸 토병 安春과 통사 韓玉 등이 붙잡힘, 성이 포위당해 함락될 뻔함 | ▶『制勝方略』卷之1, 列鎭防禦 阿山堡 故事 |
| 6 | 1583년(선조 16) 1월[122] (26일?) | 慶源鎭 | 부사 金璲와 관관 梁士毅가 강을 건너 오랑캐를 습격해서 토병 등을 구출하려다가 번호들에게 역습당해 人馬와 兵糧과 軍物을 모두 약탈당함 | ▶『선조수정실록』권17, 선조 16년 2월 甲申 ▶『制勝方略』卷之1, 列鎭防禦 慶源鎭 故事 |
| 7 | 1583년(선조 16) 1월 (28일?) | 慶源鎭 | 2일 뒤, 賊胡 1만여 騎, 경원부 포위, 적들이 西門을 거쳐서 城을 함락, 시체가 성안을 가득 채우고, 男女老少와 소·말·닭·개와 관청에서 간직한 물건과 감옥에 갇혔던 胡人들을 모두 다 노략질 → 경원부사 김수와 관관 양사의 梟示 | ▶『선조실록』권17, 선조 16년 2월 壬辰 ▶『선조수정실록』권17, 선조 16년 2월 甲申 ▶『制勝方略』卷之1, 列鎭防禦 慶源鎭 故事 |
| 8 | 1583년(선조 16) 1월 (28일?) | 安遠堡 (慶源鎭) | 온성부사 申砬이 아산보로 助戰을 가다가 군사들의 사기를 돋아줌, 그 후에 兵使가 안원은 성이 작고 병력이 약하다고 하여 철수시켜 本府로 들어가게 하니 적호에게 함락됨, 민가에 | ▶『선조실록』권17, 선조 16년 2월 壬辰 ▶『선조수정실록』권17, 선조 16년 2월 甲申 ▶『制勝方略』卷之1, |

---

120 『명종실록』권15, 명종 8년 12월 辛巳 및 『鶴峯逸稿』卷3, 北征日錄 庚辰 1月 17

| | | | 불을 지르고 老少의 사람들을 살해하거나 사로잡아 가고 곡식과 牛畜을 모두 노략질 | 列鎭防禦 安遠堡 故事 |
|---|---|---|---|---|
| 9 | 1583년(선조 16) 1월 (29일?) | 慶源鎭 | 경원진 함락 1일 뒤, 적들이 다시 경원진을 3겹으로 포위, 온성부사 신립이 안원보에서 적변을 듣고 와서 구원함 | ▶『制勝方略』卷之1, 列鎭防禦 慶源鎭 故事 |
| 10 | 1583년(선조 16) 2월 9일 | 訓戎鎭 (慶源鎭) | 적호 1만여 기가 訓戎鎭 포위, 申尙節과 조전장 종성판관 元熹가 역전, 온성부사 신립 등이 적변을 듣고 와서 구원, 적을 추격, 70여 級을 죽임[123] → 적이 경유하는 安豆里部落을 바로 습격, 오랑캐 막사를 모두 불태움 | ▶『선조실록』권17, 선조 16년 2월 癸卯 ▶『制勝方略』卷之1, 列鎭防禦 訓戎鎭 故事 |
| 11 | 1583년(선조 16) 2월(?) | 乾元堡 (慶源鎭) | 叛賊이 와서 포위, 재차 적들에게 포위당함,[124] 부령부사 張義賢이 고군으로 혈전 끝에 적을 물리침 | ▶『선조실록』권17, 선조 16년 2월 丁酉 ▶『制勝方略』卷之1, 列鎭防禦 乾元堡 故事 |
| 12 | 1583년(선조 16) 2월(?) | 古乾元站 (慶源鎭) | 그 뒤(?) 賊胡가 또 下守護를 거쳐서 古 乾元站으로 깊숙이 들어와서 인민과 牛畜을 다수 노략질 → 2월 16일 賊胡의 부락 소탕, 부락을 거의 다 불태우고 1백 50여 명 사살, → 卓頭 部落[125] 소탕, 65명 사살 | ▶『制勝方略』卷之1, 列鎭防禦 安遠堡 故事 |
| 13 | 1583년(선조 16) 3월 | 永建堡 (穩城鎭) | 零賊 기병과 보병 합하여 10여 명이 온성진 巨乙只大洞에 살고 있던 백성 5명을 살해, 소 2마리를 노략, 길에서 행인 한 사람을 쏴서 죽임 | ▶『制勝方略』卷之1, 列鎭防禦 永建堡 故事 |
| 14 | 1583년(선조 16) 5월(?)[126] | 鍾城鎭 | 巨酋 栗甫里와 尼湯介가 군사들 모음, 2천여 騎의 오랑캐 무리가 鍾城의 강가에 모임, 먼저 정예한 기병 10여 명을 보내 中島에서 바로 三峯洞의 農幕으로 들어와서 搜探, 사람과 가축을 약탈, 조선군의 형세 정탐, 1명을 쏘아 죽이고 말을 뺏고 물러감 | ▶『선조실록』권17, 선조 16년 5월 丁亥 ▶『制勝方略』卷之1, 列鎭防禦 鍾城鎭 故事 |
| 15 | 1583년(선조 16) 5월 5일 | 鍾城鎭 | 5~6일 뒤, 오랑캐 2만여 기[127]가 침입, 우후 張義賢 등이 군사 1백 50여 | ▶『선조실록』권17, 선조 16년 5월 甲午 |

日 丁巳 등에도 기록되어 있지만 보다 구체적인 『制勝方略』의 내용을 따랐다.

| | | | 명을 거느리고 두만강 여울을 지키며 대항, 군관 權德禮가 피살되고 패전, 종성진이 포위당함, 온성부사 신립이 永建堡에서 적변을 듣고 와서 구원[128] | ▶『선조수정실록』권17, 선조 16년 5월 壬午 ▶『制勝方略』卷之1, 列鎭防禦 鍾城鎭 故事 |
|---|---|---|---|---|
| 16 | 1583년(선조 16) 5월 6일 | 鍾城鎭 | 다음날 다시 와서 포위, 오랑캐들이 성 아래로 몰려왔을 때 급히 총을 난사, 철환이 비오듯 쏟아지니, 오랑캐들이 모두 退走, 藩胡 孝汀이 會寧酋 니탕개와 원래 원수의 사이여서 그가 비워둔 틈을 타서 그들의 廬舍를 모조리 불태워서 오랑캐들이 할 수 없이 철수 | ▶『선조실록』권17, 선조 16년 5월 戊戌 ▶『선조수정실록』권17, 선조 16년 5월 壬午 ▶『制勝方略』卷之1, 列鎭防禦 鍾城鎭 故事 |
| 17 | 1583년(선조 16) 5월 13일 | 鍾城鎭 | 1천여 騎의 오랑캐 무리가 鍾城을 포위했다가 이기지 못하고 후퇴 | ▶『선조실록』권17, 선조 16년 5월 丁未 |
| 18 | 1583년(선조 16) 여름[129] | 城上烟臺 (訓戎鎭 慶源鎭) | 賊胡 1백여 기가 城上烟臺(城上烽燧)를 포위, 軍人 2명을 사살 | ▶『制勝方略』卷之1, 列鎭防禦 潼關鎭 故事 |
| 19 | 1583년(선조 16) 5월 16일 | 潼關鎭 (鍾城鎭) | 율보리가 3만여 기를 이끌고 두만강의 여울을 건너와서 동관진을 몇 겹으로 포위, 조방장 朴宣과 첨사 鄭鯤과 京軍 前府使 梁士俊과 힘을 다해 적과 싸움, 火砲를 많이 쏘고 참호의 가장자리를 더 깊이 파고 철저하게 방비, 적들이 이 때문에 능히 城 가까이 오지 못하고 후퇴 | ▶『선조실록』권17, 선조 16년 5월 丁未 ▶『선조수정실록』권17, 선조 16년 5월 壬午 ▶『制勝方略』卷之1, 列鎭防禦 潼關鎭 故事 |
| 20 | ? | 鷹谷[130] 上水口洞 (鐘城鎭) | 零賊 30여 기가 농민을 노략질하러 응곡에 쳐들어올 것을 藩胡 投乙只가 와서 보고, 羽林衛 姜晚男이 上水口洞[131]의 요로에 복병, 적들이 사람과 가축을 약탈하여 돌아올 때에 다수의 적들을 활로 쏘아서 맞히고 추격, 두만강을 건널 때에 물에 빠지거나 물에 떠내려가서 죽은 자가 절반 이상임 → 율보리가 투을지를 죽임 (1585년) | ▶『制勝方略』卷之1, 列鎭防禦 潼關鎭 故事 |
| 21 | 1583년(선조 16) | 防垣堡 | 적호 5천여 기병이 防垣堡에 침범, | ▶『선조실록』권17, |

---

121 『制勝方略』에는 가을로 되어 있다.

|  |  |  | 만호 崔浩 등이 조전장 李薦·李永琛 등과 강한 弩로 사격하여 격퇴 | 선조 16년 5월 丁未 ▶『선조수정실록』 권17, 선조 16년 5월 壬午 ▶『制勝方略』 卷之1, 列鎭防禦 防垣堡 故事 |
| :-: | :-- | :-: | :-- | :-- |
| 5월 16일 | | (鍾城鎭) | | |
| 22 | 1583년(선조 16) 5월 19일 | 潼關鎭 (鍾城鎭) | 오랑캐 무리 수 만여가 동관을 포위했다가 물러남 | ▶『선조실록』 권17, 선조 16년 5월 丁未 |
| 23 | 1583년(선조 16) 여름 | 塔洞 園頭 (會寧鎭) | 니탕개가 2만여 기를 거느리고 登臺 巖 위에 와서 군사의 위세를 떨침, 밤중에 기병과 보병 오랑캐 15여 명을 보내 亐知介灘에서부터 두만강을 건너와 몰래 탑동 원두에 잠입, 남녀 아이들 아울러 4명과 소 2마리를 노략 | ▶『制勝方略』 卷之1, 列鎭防禦 會寧鎭 故事 ▶『北關誌』, 故事 (『壯襄公全書』, 北關誌 故事) |
| 24 | 1583년(선조 16) 여름 | 舍地 能仇 太部 落 北峴 (會寧鎭) | 僉使 徐禮元이 정병 80여 명을 거느리고 깊숙이 들어가서 舍地의 能仇 太部落의 북쪽 고개[北峴]을 정탐하다가, 賊胡 3백 명이 역습하여 패배, 軍器와 여러 가지 물건을 모두 창탈당함, 군인 10여 명과 戰馬 17필을 모두 적에게 피살 또는 약탈당함 | ▶『制勝方略』 卷之1, 列鎭防禦 雲頭城 故事 |
| 25 | 1583년(선조 16) 가을 7월 | 防垣堡 (鍾城鎭) | 율보리와 이탕개가 많은 무리(2만여 기)를 이끌고 재차 방원보를 포위, 최호가 조방장 이발 등과 함께 성에 올라 힘껏 싸움, 성 위에 승자총통·木箭·鐵丸을 많이 설치하고 발사, 우후 張義賢 등이 종성부에서 와서 구원, 성문을 열고 나와 크게 공격 | ▶『선조실록』 권17, 선조 16년 8월 庚戌; 辛亥 ▶『선조수정실록』 권17, 선조 16년 5월 壬午 ▶『制勝方略』 卷之1, 列鎭防禦 防垣堡 故事 |
| 26 | 1583년(선조 16) 가을 | 中島 守護 (鍾城鎭) | 中島의 守護에서 서로 싸움, 적들이 조선군들을 사로잡아 가버림 | ▶『制勝方略』 卷之1, 列鎭防禦 鍾城鎭 故事 |
| 27 | 1584년(선조 17) 3월 29일 | ? | 零賊 출몰, 적병들이 국경 침범 | ▶『大東野乘』 卷之24, 癸甲日錄 萬曆 12년 甲申 3月 丙午 |
| 28 | 1584년(선조 17) 여름 | 吾村堡 (鏡城鎭) | 零賊 30여 명이 오촌보 아래를 지나쳐, 경성진에서 10여 리에 거주하는 營奴 巖回 등의 집을 공격, 사람 3명과 소 2마리와 말 1필을 약탈 | ▶『制勝方略』 卷之2, 列鎭防禦 吾村堡 故事 |

122 1583년(선조 16) 1월 阿山堡의 通事 韓玉 등이 붙잡힌 것을 慶興府使 金璡와 判

| 29 | 1585년(선조 18) 여름 | 鍾城鎭 | 적들이 대거 침범, 부사 李薦이 적의 소식을 미리 알고 먼저 복병을 설치, 좌우에서 적을 추격, 다수의 적을 살상 | ▶『制勝方略』卷之1, 列鎭防禦 鍾城鎭 故事 |
|----|------|------|------|------|
| 30 | 1585년(선조 18) 여름 | 鍾城鎭 | 율보리가 1천여 기를 거느리고 밤중에 몰래 두만강을 건너옴, 城底 지역에 갑자기 쳐들어와서 투을지의 집을 포위하고, 투을지의 목을 베어서 찢어 죽이고 그 처자들을 모두 노략질 | ▶『制勝方略』卷之1, 列鎭防禦 潼關鎭 故事 |
| 31 | 1585년(선조 18) 여름 | 亏乙代 守護 豊山堡 (會寧鎭) | 零賊 30여 명이 우을대 수호에 잠입, 精兵 任世汀이 화살에 맞아서 죽음, 守護將 車應護가 말을 버리고 도망, 말 2필을 빼앗김 → 만호 金大畜 등이 추격, 精兵을 보내 馬匹과 賊胡의 양식을 빼앗음 | ▶『制勝方略』卷之1, 列鎭防禦 豊山堡 故事 |
| 32 | 1585년(선조 18) 여름 | 木賊洞 茂山堡 (富寧鎭) | 零賊 8~9명이 목적동에 침입, 守護軍과 싸움, 농부 2명과 소 몇마리를 약탈 → 만호 李忠老 등이 추격, 노략당한 사람과 가축을 빼앗아서 돌아옴 | ▶『制勝方略』卷之2, 列鎭防禦 茂山堡 故事 |
| 33 | 1585년(선조 18) 겨울 | 水貞 烽燧 乾元堡 (慶源鎭) | 경원부사의 군관이 수정 봉수 아래에서 갑자기 零賊을 만나, 종과 말이 사로잡힘 | ▶『制勝方略』卷之1, 列鎭防禦 乾元堡 故事 |
| 34 | 1585년(선조 18) 겨울 | 吾弄草烟臺(會寧鎭) | 고령진의 군관 及第 林仲樑이 군수의 무명 10同을 5필의 말에 싣고서 長城門으로 들어가서 고령진을 향하여 오롱초 연대의 아래에 이르렀는데, 賊胡 10여 기가 沙吾耳洞部落에 몰래 매복하였다가, 말을 달려와서 물건들을 창탈 → 梁直將 自募 趙繼宗 등이 藩胡 春 등 4명을 거느리고 추격 → 3일 뒤, 부사 李鎰 등이 적들이 매복하였던 부락을 습격 | ▶『制勝方略』卷之1, 列鎭防禦 會寧鎭 故事 ▶『北關誌』, 故事 『壯襄公全書』, 北關誌 故事) |
| 35 | 1586년(선조 19) 2월 | 會寧鎭 | 行營에서부터 10여 리 떨어진 회령진 지경의 長城에 거주하는 私奴 福根의 집에 賊胡 10여 명이 침입, 소 4마리와 말 3필을 약탈 → 북병사 신립이 군사 1백 50여 명을 나누어 보내 | ▶『制勝方略』卷之1, 列鎭防禦 行營 故事 |

官 梁士毅가 구출하려다가 번호의 역습을 받은 것이므로 아산보의 포위 직후일 것

| | | | 적을 추격 | |
|---|---|---|---|---|
| 36 | 1586년(선조 19)<br>가을 | 茂山堡<br>(富寧鎭) | 무산보의 토병 2명이 梁永萬洞堡에<br>서 곡식을 지고 오다가, 두 堡의 경계<br>에 있는 고개 위에서 零賊들에게 사<br>로잡힘 | ▶『制勝方略』卷之2,<br>列鎭防禦 茂山堡 故事 |
| 37 | 1587년(선조 20)<br>2월 | 上利坡<br>森森坡堡<br>(鏡城鎭) | 上利坡의 農幕에 零賊 10여 명이 두<br>만강을 건너 침입, 농막을 수리하러<br>온 姜加德의 烟臺將 李承明 및 그<br>아내, 烟臺의 군사 1명과 소 1마리를<br>약탈 | ▶『制勝方略』卷之2,<br>列鎭防禦 森森坡堡<br>故事 |
| 38 | 1587년(선조 20)<br>2월 이후(?) | 蛇洞<br>森森坡堡<br>(鏡城鎭) | 蛇洞의 伏兵하는 곳에 賊胡가 침입,<br>군인 1명이 죽고 3명이 잡혀감 → 만<br>호 元瓏 등이 장백산 밖까지 추격 | ▶『制勝方略』卷之2,<br>列鎭防禦 森森坡堡<br>故事 |
| 39 | 1587년(선조 20)<br>2월 | 斜下北堡<br>(吉州鎭) | 賊胡 10여 명이 林同洞을 거쳐 들어<br>와 사하복보의 城底 5리쯤 지점에 숨<br>어 있다가, 樵夫 2명과 송아지 2마리<br>를 약탈 → 권관 李亨昌이 다음날 군<br>사 20여 명을 거느리고 李陽春代까<br>지 추격 | ▶『制勝方略』卷之2,<br>列鎭防禦 斜下北堡<br>故事 |
| 40 | 1587년(선조 20)<br>3월 | 朱乙溫堡<br>(鏡城鎭) | 賊胡 40여 명이 立巖의 체탐하는 곳<br>에 있는 시냇가에 몰래 매복, 체탐하<br>는 조선 군사들을 만나자 갑자기 도발<br>하여 서로 싸움 | ▶『制勝方略』卷之2,<br>列鎭防禦 朱乙溫堡<br>故事 |
| 41 | 1587년(선조 20)<br>5월 3일 | 鏡城鎭 | 경성 관관 金敬老가 境内의 零賊과<br>만났지만 머뭇거리며 체포하지 않음 | ▶『선조실록』 권21,<br>선조 20년 5월 辛卯 |
| 42 | 1587년(선조 20)<br>8월 26일 | 雲寵[132]<br>惠山鎭<br>(甲山府) | 賊胡 1백여 기가 雲寵 근처까지 들어<br>와 백성들과 가축을 약탈, 만호 朴壂<br>등이 추격하다가 매복하고 있던 적군<br>을 만나 패하여 戰士가 많이 죽음 | ▶『선조실록』 권21,<br>선조 20년 8월 癸未 |
| 43 | 1587년(선조 20)<br>9월 24일 | 惠山鎭<br>(甲山府) | 賊胡 1천여 기가 혜산진을 포위, 첨사<br>李遐 등이 막아 싸워 적을 물리침 | ▶『선조실록』 권21,<br>선조 20년 9월 庚戌 |
| 44 | 1587년(선조 20)<br>9월 24일 | 鹿屯島<br>(造山堡<br>慶興鎭) | 藩胡들이 목책을 포위하고 약탈, 戰<br>士 10여 명이 피살되고 160여 명[133]<br>의 인명과 15필의 말이 잡혀감 → 李<br>舜臣과 李景祿이 군사를 이끌고 적 | ▶『선조실록』 권21,<br>선조 20년 11월 庚子<br>丙午; 12월 庚辰; 권22,<br>선조 21년 1월 辛亥 |

---

으로 추정된다.

| | | | | |
|---|---|---|---|---|
| | | | 의 후미 공격, 농민 50여 명[134]을 빼앗아 돌아옴, 賊胡 3級 참살, 胡馬 1필을 빼앗아 돌아옴 → 겨울, 북병사 李鎰이 경흥진에서 何吾郎阿·金金伊·金豆叱介 등 침략을 제창한 3명의 오랑캐를 참수 → 11월, 북병사 李鎰이 4백여 기를 보내어 경흥부 楸島 藩胡部落 습격, 17막사를 불태우고 33급 참수 → 다음해 1월, 경원의 번호 중 時錢 部落을 정벌, 2천 7백여 명[135] 동원, 穹廬 2백여 坐분탕, 사람 3백 83級, 말 9필, 소 20首 참획 | ▶『制勝方略』卷之1, 列鎭防禦 鹿屯島·撫夷堡 故事<br>▶『北關誌』故事(壯襄公全書, 北關誌 故事)<br>▶『亂中雜錄』第1, 丁亥 秋9月<br>▶『燃藜室記述』卷之18, 宣祖朝故事本末 宣祖朝名臣 李舜臣; 別集 卷之18, 邊圉典故 北邊<br>▶『國朝寶鑑』卷之29, 宣祖朝6 戊子 21年 春正月 |
| 45 | 1587년(선조 20) 가을 | 黃細烟臺 甫老知堡 (鏡城鎭) | 長白山 바깥 지역에 살고 있는 賊胡 1백여 명이 침입, 황세 연대 포위, 射甲 李漢夫 등이 화포를 쏘며 방어 → 권관 李明貞 등이 추격 | ▶『制勝方略』卷之2, 列鎭防禦 甫老知堡 故事 |
| 46 | 1588년(선조 21) 2월 16일 | 惠山鎭 (甲山府) | 賊胡가 혜산 지경을 침입, 첨사 李退가 군사를 거느리고 접전하다가 화살에 맞아 죽고 군관 및 군인들이 많이 살상됨 | ▶『선조실록』권22, 선조 21년 2월 己巳 |
| 47 | 1588년(선조 21) 6월 이전(?) | 撫夷堡 (慶興鎭)[136] | 時錢 싸움에서 가장 거센 도적이 빠져 달아났다가 몇 달 전에 몰래 나타나 백성과 소를 노략질하고 관군에 대항 | ▶『선조실록』권22, 선조 21년 6월 丙寅 |
| 48 | 1588년(선조 21) 6월 14일 | 卵島 西水羅堡 (慶興鎭) | 賊胡船 20여 척이 침범 → 권관 林秀衡 등이 추격 | ▶『선조실록』권22, 선조 21년 6월 丙寅 |
| 49 | 1588년(선조 21) 6월 20일 | 古未浦[137] 三水郡 (甲山府) | ? → 남병사 신립이 고미포 賊胡 部落 정벌, 各衛에서 20명과 말 3필을 참획, 胡女 1명을 생포함 | ▶『선조실록』권22, 선조 21년 윤6월 癸未; 7월 壬子 |
| 50 | 1589년(선조 22) 6월 24일 이전 | ? | 북도에서 零賊의 變을 세 차례나 치계, 軍民 중에 포로가 된 자가 20여 명에 이름, 堡將까지도 구타당함 | ▶『선조실록』권23, 선조 22년 6월 己亥 |
| 51 | 1593년(선조 26) | ? | 북쪽의 오랑캐가 국경을 침범[北虜侵 | ▶『선조실록』권38, |

123 『선조실록』에는 40~50여 급으로 되어 있으나(『선조실록』권17, 선조 16년 2월 丙

| | 시기 | 지역 | 내용 | 출처 |
|---|---|---|---|---|
| | 5월 19일 이전 | | 境]왜적이 북도에 가득 차 있을 때 藩胡 등은 犬羊 같은 마음으로 원한을 품어온 지 오래였다가 기회를 타서 발동, 살륙과 약탈을 자행하고 관사를 분탕 | 선조 26년 5월 壬申; 권39, 선조 26년 6월 乙巳 |
| 52 | 1594년(선조 27) 3월 | 鎭浦 烟臺高嶺鎭 (會寧鎭) | 鎭浦의 烟臺에 있는 봉수군 全坤이 지난 갑오년(1594, 선조 27) 3월 胡賊에게 사로잡혀 감 | ▶『선조실록』권120, 선조 32년 12월 戊寅 |
| 53 | 1594년(선조 27) 4월 4일 이전 | 自作堡 仇非島 加乙波知 三水郡 (甲山府) | 자작보·구비도·가을파지 등처에서 變이 있었음 | ▶『선조실록』권50, 선조 27년 4월 壬子 |
| 54 | 1594년(선조 27) 4월 4일 | 甘坡 三水郡 (甲山府) | 賊胡가 성을 포위, 魚面萬戶가 달려와 구원, 적호들이 人家에 불을 질러 堡 안의 남녀 노약들이 모두 뛰쳐나와 도망, 器械는 모두 없어짐, 감파보 함락 | ▶『선조실록』권50, 선조 27년 4월 壬子 |
| 55 | 1594년(선조 27) 8월 18일 | ? | 北虜가 근자에 심하게 침범[北虜比甚憑陵] | ▶『선조실록』권54, 선조 27년 8월 癸亥 |
| 56 | 1594년(선조 27) 9월 16일 | 穩城鎭 | 육진의 藩胡들 중 穩城이 가장 잘 귀순하였는데 지금에 이 번호마저도 반란, 전 부사 田鳳이 탐포하고 침학하여 貂皮를 가혹하게 걷었기 때문 | ▶『선조실록』권55, 선조 27년 9월 辛卯 |
| 57 | 1594년(선조 27) 9월 28일 | 永建堡 美錢堡 (穩城鎭) | 강 위아래에서 사는 叛酋 伊羅大, 심복인 巨酋 易水 등이 영건보·미전보 등을 두 차례나 포위하였다가 불리하게 된 후 深處의 亐知介 등에게 請兵하여 여러 곳에 屯聚하고 수시로 출몰 | ▶『선조실록』권55, 선조 27년 9월 癸卯; 권56, 선조 27년 10월 乙卯 ▶『燃藜室記述』別集 卷之18, 邊圉典故 北邊 |
| 58 | 1594년(선조 27) 10월 11일 | 潼關鎭 (鍾城鎭) | 叛酋 伊羅大[138]의 심복인 巨酋 易水 등이 영건보·미전보 외에도 潼關을 守護하는 농민을 연속하여 약탈→경원 지경의 巨酋와 多好里 등의 부락을 蕩滅한 바 있음 → 함경북도 병마절도사 鄭見龍이 군사 1,325명과 | ▶『선조실록』권56, 선조 27년 10월 乙卯; 권59, 선조 28년 1월 戊子 ▶『燃藜室記述』別集 卷之18, 邊圉典故 北邊 |

申; 丁酉), 훈융진 침입과 관련해서는 『制勝方略』의 내용이 상세하여 그 내용을 따

| | | | | |
|---|---|---|---|---|
| | | | 降倭 25명을 모집, 길을 나누어 진격, 易水의 상·중·하 부락을 포위, 함락, 266명 참수 → 江邊 부락의 추장 投丁乃 등도 鵾擊將 鄭時龍을 시켜 토벌, 寨柵을 부수고 움막을 태움, 60명 참수 → 정헌룡이 전후 470여 급 참수[139] | |
| 59 | 1595년(선조 28) 1월 15일 | 慶源鎭 | 夫汝只 부락[140]이 가장 강성, 여러 적의 근거가 되어 임진년 이후에 성을 함락하거나 성을 포위함에 있어 언제나 선두로 나서고 있음, 정헌룡이 2월 초에 거사를 계획 | ▶『선조실록』권59, 선조 28년 1월 戊子 |
| 60 | 1596년(선조 29) 2월 29일 | 穩城鎭 | 온성 지경의 胡人 都非가 1천여 명을 거느리고 藩胡와 체결하여 賊弊를 자음 | ▶『선조실록』권72, 선조 29년 2월 丙寅 |
| 61 | 1596년(선조 29) 8월 5일(경자) | 夫仇里, 明自仇未至 (慶源鎭, 穩城鎭) | 경원 지경 夫仇里와 온성 지경 明自仇未至에 賊胡가 들어와 사람을 죽이고 재물을 약탈, 伏兵將 金國鼎이 화살에 맞아 죽음, 육진의 江上과 江下에 적호들의 침략이 잇따름 | ▶『선조실록』권78, 선조 29년 8월 庚子 |
| 62 | 1599년(선조 32) 3월 28일 | 會寧鎭 (老土部落) | 회령의 번호인 明看老 등이 禁標 내에 집을 지어 국경을 침범, 북병사 李鎰이 姜億弼 등을 들여보내어 타일러 毀撤하게 하였다가 도리어 습격을 받아 살해당함(북병사 14명 차송, 그들이 거느린 炊子 7명, 모두 21명 중 15~16명 살해 당함)[141] → 老土部落 정토, 胡賊을 분탕, 張主部落에서 亇乙外部落까지 1천여 집을 한꺼번에 태워버림, 창황중에 베어 형제가 분명치 않은 것을 제외하고 좌위 59馘, 중위 18괵과 생포 1명, 우위가 33괵, 兵使 관하가 5괵을 참괵,[142] 조선군 出身 3인과 포수 4명이 전사 | ▶『선조실록』권110, 선조 32년 8월 丁未; 권125, 선조 33년 5월 庚戌; 권126, 선조 33년 6월 乙酉 ▶『壯襄公全書』, 再莅北兵使因事拏處時 原情 |
| 63 | 1599년(선조 32) 윤4월 12일 | 都目耳堡 (吉州鎭) | 길주목의 도목이보 매복소 근처에 賊胡가 밤을 틈타 침범, 토병 李莫千 등이 칼을 맞고 죽음, 山戎이 점점 남 | ▶『선조실록』권112, 선조 32년 윤4월 庚寅 |

랐다.

| | | | 으로 침범해 내려와 차례로 시험 삼아 山堡를 공격 | |
|---|---|---|---|---|
| 64 | 1599년(선조 32) 5월 7일 | ? | 북도의 변장 등이 방비를 근실히 하지 않은 탓으로 胡賊들이 깔보고 軍民을 침략하여 대부분 살해하거나 포로로 잡는가 하면 성을 포위하고 나라를 욕되게 하는 사변이 한두 번이 아님, 그런데도 한 명의 적도 참수하지 못하였으니, 이는 군율이 엄하지 않은 소치로서 매우 통분스러운 일임(선조) | ▶『선조실록』 권113, 선조 32년 5월 甲寅 |
| 65 | 1599년(선조 32) 7월 7일 | ? | 老胡의 흉역행위가 있은 이후부터 변방의 방비가 더욱 긴급한 상황 | ▶『선조실록』 권115, 선조 32년 7월 甲寅 |
| 66 | 1599년(선조 32) 7월 22일 | ? | 근래에 北胡가 날뛰며 누차 변방을 경동시켜 邊民을 약탈하고 城堡가 함몰됨, 현재 함경북도는 약탈을 당한 나머지 遺民들은 조잔하고 병력은 단약하며 기계는 허술함 | ▶『선조실록』 권115, 선조 32년 7월 己巳 |
| 67 | 1599년(선조 32) 7월 27일 | ? | 북방이 평소부터 胡人의 노략질하는 우환이 없는 해가 없었는데, 인삼의 채취를 핑계로 변경을 횡행하면서 人畜을 약탈하는 행위가 난 후에 더욱 극심, 보잘것없는 小醜가 城堡를 공격하고 邊民을 노략질한 것이 한두 번이 아님, 小醜가 날뛰어 변방 백성들이 그 해를 입고 있음 | ▶『선조실록』 권115, 선조 32년 7월 甲戌 |
| 68 | 1599년(선조 32) 7월 29일 | ? | 적이 지금 우리의 방비를 소루하다고 여기고서 수백 명씩 떼 지어 길을 나눠 출몰 | ▶『선조실록』 권115, 선조 32년 7월 丙子 |
| 69 | 1599년(선조 32) 8월 4일 | ? | 賊胡의 搶掠이 무상하니 한번 정토하지 않으면 악행을 징계하여 고치지 않을 것 | ▶『선조실록』 권115, 선조 32년 8월 庚辰 ▶『月沙先生文集』卷之30, 箚上 諫北征箚 己亥秋 |
| 70 | 1599년(선조 32) 8월 5일 | ? | 賊胡가 기세를 부리는 환란이 근래 더욱 극심, 심지어 內地에까지 잠입하여 人畜을 약탈하는 등 점점 만연 | ▶『선조실록』 권116, 선조 32년 8월 辛巳 |

124 『制勝方略』에는 건원보가 재차 포위당했다고 되어 있다.

| | | | 해져 감 | |
|---|---|---|---|---|
| 71 | 1599년(선조 32) 8월 11일 | 甫老知堡 (鏡城鎭) | 鏡城倉 監官 朱京浩와 倉 使令 李允夫가 보로지보의 還上를 捧上하는 일로 入堡할 때 賊胡에게 납치당함, 주경호는 피살되고 이윤부는 납치됨 | ▶『선조실록』권116, 선조 32년 8월 丁亥 |
| 72 | 1600년(선조 33) 3월 25일 | 遮洞 (富寧鎭) | 賊胡가 부령 땅 遮洞을 침범, 그 무리가 골짜기를 가득 메움, 부사 李侃이 군사들을 정돈하고 교전, 이간은 몸에 10여 군데 부상을 입었고, 편장·비장 등 5~6인이 전사, 오후 3~4시경 적 패주 | ▶『선조실록』권124, 선조 33년 4월 辛巳 |
| 73 | 1600년(선조 33) 4월 7일 | 會寧鎭· 鍾城鎭 | 회령과 종성의 藩胡들이 한꺼번에 모두 반란, 邊將이 화살에 맞아 거의 목숨을 잃게 됨 | ▶『선조실록』권124, 선조 33년 4월 庚辰 |
| 74 | 1600년(선조 33) 6월 6일 | 釜里古介 寶化堡 (鏡城鎭) | 보화보 1息程 되는 길에 적호가 매복, 料米 수령자인 보의 分防 평안도 포수 奴 論京·松汀, 烽軍 李莫乃 등이 적호에게 피납 → 권관 등이 군사를 이끌고 추격, 出身 高義敬이 세 곳에 화살을 맞음 | ▶『선조실록』권127, 선조 33년 7월 甲辰 |
| 75 | 1600년(선조 33) 6월 22일 | ? | 老土가 藩胡 부락 공격, 먼저 번호를 쳐부수어 흉모를 부림, 노토는 번호 부락을 공격한 뒤에 지금 惠山에서 멀지 않은 곳에 와서 머물고 있음 | ▶『선조실록』권126, 선조 33년 6월 癸巳 |
| 76 | 1600년(선조 33) 7월 14일[143] | 甫乙下堡 (會寧鎭) | 賊胡가 보을하보를 침략, 老酋에게 귀부한 老土가 藩胡 馬赤哈(馬赤介)을 공격, 이를 구원하러 출전한 첨사 具滉이 싸움에서 패하고 살해됨 | ▶『선조실록』권127, 선조 33년 7월 乙卯; 戊午; 己巳 ▶『眉叟記言』卷之38 原集 東序記言 梧里李相國遺事 |
| 77 | 1600년(선조 33) 8월 | 穩城鎭 | 온성 경내 深處의 水乙虛·交老 두 부락의 胡가 순종과 배반 반복, 종성지방의 叛胡 阿堂介의 심복이 되어 忽賊과 손을 잡고 길잡이, 藩胡 습격, 성을 포위 → 함경북도 병마절도사 李守一이 군사 2,519명을 동원 두 부 | ▶『선조실록』권134, 선조 34년 2월 甲申 |

125 卓頭 部落은 慶源鎭 乾元堡에 있는 번호 부락이다. 당시 조선의 정토는 경원과 온

| | | | 락을 정토, 참획한 것이 229급, 사로 잡은 자가 7명, 조선 여자 1명 구출 | |
|---|---|---|---|---|
| 78 | 1602년(선조 35) 6월 29일 | 高嶺鎭 篤所部落· 沙伊耳洞 往主部落 (會寧鎭) | 水上의 賊胡 老土의 아들 阿老 및 如弄巨·王見右 등이 1백여 명을 모아 高嶺의 篤所部落 및 회령부 경계 강 건너 15리쯤에 있는 沙伊耳洞 번호의 往主部落을 함께 포위 공격, 노토·명간로 등은 이미 茂山堡에 투항하고서도 회령부 경내의 번호 부락을 몇 달 사이에 두세 번이나 공격 | ▶『선조실록』 권152, 선조 35년 7월 己巳 |
| 79 | 1603년(선조 36) 7월 1일 | ? | 阿老·古里 등이 갓笠을 쓰고 도둑질함, 藩胡와 老兎 부락이 서로 약탈하면서 잇따라 보복함 | ▶『선조실록』 권164, 선조 36년 7월 乙卯 |

\* 연번은 연대순을 나열한 것이며 정확한 횟수를 나타낸 것은 아님. 괄호( )는 本鎭을, 물음표(?)는 일자나 지역이 정확하지 않은 것을, 화살표(→)는 조선의 대응 및 정벌을 나타냄.

---

성을 침입한 乙只乃 세력 및 번호 부락에 대해 이루어졌을 것이다.

126 『制勝方略』에는 여름철로 되어 있다. 이 사건 뒤 5~6일 뒤 오랑캐 2만여 기가 종성을 포위하였으며, 종성 포위에 대해서는 『선조실록』에 5월 5일로 되어 있다.

127 『선조실록』 및 『制勝方略』에는 2만여 기, 『선조수정실록』에는 1만여 기로 되어 있다.

128 해가 질 무렵 신립이 도착하여 구원하였는데, 『制勝方略』에는 첫째 날(5월 5일)로, 『선조수정실록』에는 둘째 날로 되어 있다.

129 『制勝方略』에는 동관진 침입 하루 전이라고 하고 있어 1583년(선조 16) 5월 15일로 추정된다.

130 응곡은 종성진 지경이다(『制勝方略』 卷之1, 列鎭防禦 穩城鎭).

131 종성진에서 남쪽으로 3리에 上水口烽燧가 있는데, 상수구동은 이 일대로 추정된다 (『制勝方略』 卷之1, 列鎭防禦 鍾城鎭).

132 雲寵堡를 말하며, 갑산부에서 북쪽으로 80리, 혜산진과는 15리 떨어져 있었다(『新增東國輿地勝覽』 卷49, 甲山都護府 關防).

133 녹둔도에서 사로잡혀 간 사람이 106명으로 기록된 것(『선조실록』 권21, 선조 20년 10월 乙丑)도 있지만, 160여 명이 보다 구체적이다(『선조실록 권21, 선조 20년 11월 丙午; 『制勝方略』 卷之1, 列鎭防禦 鹿屯島 故事; 『北關誌』 故事(壯襄公全書, 北關誌 故事)).

134 『연려실기술』에는 남녀 60명으로 되어 있다.

135 『國朝寶鑑』에는 2천여 명, 『선조실록』에는 2천 5백여 명으로, 『燃藜室記述』에는 5천 명으로 되어 있다.

136 時錢 부락은 慶興鎭 撫夷堡에 있는 번호 부락이므로 경흥진 무이보 부근으로 추정

된다.

137 三水郡 古未平을 말한다(『세종실록』 권148, 지리지 평안도 강계도호부 무창군).

138 伊羅大는 鍾城鎭의 번호 부락인 東良介部落(종성진에서 3息 25里 떨어져 있음)의 酋長이고, 그곳에는 1백 戶가 살고 있었다(『制勝方略』 卷之1, 列鎭防禦 鍾城鎭, 藩胡部落).

139 『연려실기술』에는 군사 2천명을 거느리고 3백여 급을 벤 것으로 되어 있다. 『선조실록』 권59, 선조 28년 1월 戊子의 기록에는 鄭見龍이 賊胡 3部를 함락시켰는데, 소탕한 세 부락 중 加攄里는 별로 무거운 죄가 없는데 아울러 초멸을 당했다는 내용이 있다.

140 『선조실록』 권201, 선조 39년 7월 戊寅에는 '夫汝只 酋胡 楊雙阿'가 나오고, 『制勝方略』 卷之1, 列鎭防禦 慶源鎭, 藩胡部落에는 '夫羅基 次上端部落 酋長 楊雙阿'가 쓰여 있다. 따라서 부여지와 부라기는 같은 곳으로 추정된다. 『制勝方略』의 부라기 부락은 상단 부락 1개(추장 豆土 30여 호), 차상단 부락 3개(추장 沙麻大 10여 호, 추장 양쌍아 30여 호, 추장 如處 70여 호), 중단 부락 1개(추장 伊靑阿 30여 호), 하단 부락 1개(추장 無 15호)로, 총 6개 부락에 185여 호가 거주하는 것으로 나타난다. 이 중 차상단 부락의 如處와 중단 부락의 伊靑阿는 경원진 지경에 살고 있던 巨酋로 1587년(선조 20) 9월 녹둔도 침입에 있어 여러 번호들과 함께 주도적인 역할을 한 것으로 되어 있다.

141 『선조실록』에는 北兵使 李鎰이 姜億弼 등 30여 인을 보내어 그들을 유인하다가 습격을 받아 모두 죽은 것으로 되어 있다.

142 『선조실록』 권126, 선조 33년 6월 乙酉에는 梨坡에 사는 童坪古가 滿浦에 와서 노토는 겨우 환란을 면했으나 소속된 부락 7개 처가 남김없이 분탕되고, 죽은 사람이 거의 1만여 명에 이른다고 전하고 있다.

143 『眉叟記言』에는 신축년(1601, 선조 34)으로 되어 있다.

# 제2장 조선 선조대 후반 忽剌溫 부잔타이[布占泰]의 침입 양상

## 1. 머리말

임진왜란 전부터 시작된 두만강 유역 藩胡들의 반란은 두만강 유역 중·하류, 6진 지역 전체뿐만 아니라 함경북도 내지까지 확대되었다.[1] 또한 임진왜란 때는 번호의 침입과 반란이 일상화될 정도로 조선의 번호 통제는 사실상 상실되었으며, 임진왜란 후에는 누르하치[奴爾哈赤, Nurhachi], 부잔타이[布占泰, Bujantai] 등과 연계된 번호들이 다른 번호를 공략하는 상황으로 전개되었다. 두만강 유역 번호들이 누르하치, 부잔타이와 연계되어 다른 번호를 침탈하는 것은 누르하치의 성장 및 여진 통합과 관련된 직접적인 영향이었다고 할 수 있다. 즉 임진왜란 전에 시작된 번호들의 반란은 임진왜란을 기회로 격화되었다가 임진왜란 후에는 새롭게 성장하는 여진 세력인 누르하치 및 부잔타이와 연계되어 있는 양상이었다.

그러나 이러한 상황은 누르하치와 부잔타이가 직접 번호를 공략하고 철폐를 시도하면서 새로운 양상을 맞이할 수밖에 없었다. 당시 누르하치와 부잔타이는 여진 통합과 관련하여 경쟁하고 있었으며, 두만강 유역을 비롯한 조선의 번호를 차지하는 것은 서로에게 있어 매우 중요한 문제였

---

1 1583년부터 1603년까지 두만강 유역 번호들의 조선 침구는 70여 회 이상이었다. 임진왜란 전후 여진 번호의 조선 침구 양상에 대해서는 한성주, 「임진왜란 전후 女眞 藩胡의 朝鮮 침구 양상과 조선의 대응 분석」, 『동양사학연구』 132, 2015, 참고.

다고 할 수 있다. 당시 두만강 유역의 번호들은 조선의 영향을 받으면서 사회·경제적으로 발달하고 있었으며, 5진 지역에만 8,523호, 최소 42,000명 이상의 여진인이 거주하고 있어 인구수도 상당하였다.[2] 당시 두만강 일대의 번호들은 이른바 고로(golo, 마을)라 볼 수 있고, 구룬(gurun, 나라, 國)으로 발전할 수 있었을 만큼 성장하였다고 할 수 있다.[3]

따라서 누르하치와 부잔타이에게 두만강 유역 여진 번호들을 흡수하고 통합하는 것은 경제력, 노동력, 군사력의 확보 문제에 있어 중요한 부분이었고, 번호의 향배를 두고 누르하치와 부잔타이는 치열한 경쟁을 할 수밖에 없었다. 더구나 부잔타이는 이미 누르하치에게 패해 복속한 바 있었기 때문에 두만강 유역의 여진인들을 복속시켜 새로운 군사력과 노동력을 확보하여 누르하치에게 대항하려 하였다. 이에 누르하치와 부잔타이 중 직접적인 번호 침탈을 시도한 것은 부잔타이였다.

부잔타이는 해서여진에 속한 울라[烏拉, 烏喇]부의 首長이었으며, 조선에서는 이들을 忽剌溫이라고 부르고 있었다. 홀라온은 세종대부터 성종대까지 비교적 활발한 관계를 맺기도 하였는데,[4] 특히 세종대에는 홀라온의 직접 내조가 증가하면서 홀라온의 使臣을 사칭하는 소위 '僞使' 문제가 대두되기도 하였다.[5] 그러나 조선과의 거리가 멀어 일시적이고 제한적인 관계였을 뿐 그 이후에는 조선과 직접적인 관계가 거의 없었다.

한편 누르하치나 부잔타이 등은 조선의 번호를 비롯한 동해안 연안 지

2 한성주, 『조선 전기 수직여진인 연구』, 경인문화사, 2011, 198쪽.

3 김구진, 『13C~17C 女眞社會의 硏究』, 고려대학교 박사학위논문, 1988, 229~330쪽; 김구진·이현숙, 「『제승방략(制勝方略)』의 북방(北方) 방어(防禦) 체제」, 『국역 제승방략』, 세종대왕기념사업회, 1999, 48~49쪽.

4 박정민, 『조선시대 여진인 내조 연구』, 경인문화사, 2015, 226쪽.

5 한성주, 「조선 전기 女眞僞使의 발생과 처리 문제에 대한 고찰」, 『사학연구』 100, 2010, 참고.

역의 여러 여진인들을 와르카[瓦爾喀] 등으로 부르기도 하였다. 결국 부잔타이의 두만강 유역 번호 침탈과 복속 시도는 번호를 북방 울타리인 번리로 인식하던 조선과 직접적인 마찰을 일으킬 수밖에 없었다. 또한 여진의 통합을 시도하고 세력을 팽창하는 누르하치에게도 위협적일 수밖에 없었으며, 두만강 유역에 거주하는 조선의 번호를 둘러싸고 누르하치와 부잔타이 사이에 치열한 전투가 벌어지기도 하였다.

지금까지 선조대 홀라온의 번호 침탈 및 조선 침입과 관련된 연구는 거의 주목되지 못한 실정이다. 즉 선조시대 여진교섭사의 입장에서 처음 제기된 이래 최근 조금씩 이와 관련된 연구가 진행되었다.[6] 그렇지만 현재까지의 관련 연구들은 홀라온의 조선 침입과 번호 침탈에 대한 자세한 분석보다는 조선과 여진과의 교섭, 조선의 방어전략 변화, 누르하치의 여진 통합과정 등과 관련하여 진행되어 왔다.

따라서 본고에서는 선조대 부잔타이를 중심으로 한 홀라온의 번호 침탈과 조선 침입에 주목하고자 한다. 즉 누르하치의 번호 침탈과 철폐 이전의 상황을 면밀히 고찰하되 『조선왕조실록』의 기록뿐만 아니라 『滿洲實錄』·『淸實錄』 등의 사료 등을 종합하여 살펴보고자 한다. 이를 통해 임진왜란 이후 조선의 북방 상황을 보다 구체적으로 재구성해 볼 수 있으리라 기대해 본다.[7]

---

6 서병국, 『宣祖時代 女眞交涉史硏究』, 교문사, 1970; 조병학, 『入關前 後金의 몽골 및 滿洲族 統合에 관한 연구』, 중앙대학교 박사학위논문, 2002; 장정수, 「선조대 對女眞 방어전략의 변화 과정과 의미」, 『조선시대사학보』 67, 2013; 남의현, 「16~17세기 豆滿江 邊境地帶 女眞의 성장과 국제질서의 변화-瓦爾喀 등 女眞族 통합과정을 중심으로-」, 『명청사연구』 41, 2014; 박정민, 「누르하치의 두만강 유역 진출과 조선의 藩胡 상실」, 『인문과학연구』 43, 2014.

7 부잔타이에 의해 두만강 유역의 번호가 침탈되고, 조선의 潼關鎭이 함락된 후, 그의 직첩 요구가 받아들여지는 시기는 임진왜란 이후 일본의 계속된 강화교섭 요청이 이루어지던 시기와 그 궤를 같이 하고 있다. 결국 임진왜란 후 조선의 북방 상황을

## 2. 부잔타이의 두만강 유역 진출 시도

明은 여진의 거주지에 따라 建州女眞, 海西女眞, 野人女眞으로 나누
었는데, 조선에서는 해서여진 지역을 忽刺溫이라고 불렀으며, 그 지역의
여진인들을 忽刺溫 兀狄哈이라 하였다.[8] 해서여진은 16세기가 되면 하다
[哈達], 호이파[輝發], 울라[烏拉, 烏喇], 예허[여허, 葉赫]의 4部로 정립되
었다.

부잔타이[布占泰, Bujantai]는 해서여진 중 울라부의 한(칸) 만타이[滿
泰, Mantai]의 동생이었다. 명에서는 울라부를 兀喇國, 烏拉國, 烏拉部라
하였고, 여진에서는 휘룬[呼倫, hvlun], 울아(ula), 울라(ulai)라고 하였으
며, 조선에서는 兀阿, 兀阿赤, 兀胡, 忽胡, 忽賊이라 부르기도 하였다. 부
잔타이에 대해서도 조선에서는 浮者他, 夫者太, 夫者卓古, 夫者漢古, 卜
章台, 何叱耳, 阿叱耳, 夏古, 夏古伊, 何胡, 忽酋, 忽溫酋 등의 다양한 표
기로 기록하였다.[9]

1593년 여진과 몽고의 9부족 연합군이 누르하치를 공격하다가 실패하
였는데, 그때 부잔타이는 누르하치에게 사로잡혔으며, 누르하치는 친동
생 슈르가치[舒爾哈齊, Surgaci]의 딸을 부잔타이와 결혼시켰다. 부잔타
이는 4년여 동안 건주위에 포로로 잡혀 있다가 1596년 울라부로 송환되
는데, 이때 형인 만타이가 내분으로 살해되었고, 부잔타이는 누르하치의
도움으로 울아부의 한에 오르게 되었다.

---

이해하는 것은 남·북방에 대한 조선 외교정책의 상관성에 많은 시사점을 줄 수 있
  을 것이다.
8 조선에서는 여진의 종족에 따라 크게 兀良哈, 斡朶里(吾都里), 兀狄哈, 土着女眞으로
  나누었다. 홀라온에 대해서는 靺鞨, 女眞, 金과 元의 遺民, 금나라의 先祖, 平山 승려
  의 아들이라는 말이 떠돌기도 하였다(『선조실록』 권188, 선조 38년 6월 癸丑).
9 何叱耳는 高麗人의 후예로 고려때 여진을 토벌하러 갔다가 그곳 사람이 되었다는
  말이 전해지기도 하였다(『선조실록』 권187, 선조 38년 5월 壬寅).

그러나 울라로 돌아가 한이 된 부잔타이는 누르하치에게 완전히 복속하지 않았는데, 특히 자신의 세력을 확장하기 위하여 동해안 연안 지역의 여러 여진인들, 즉 소위 '東海女眞'을 비롯한 와르카[瓦爾喀] 등을 복속시키려 하였다. 이 동해여진 및 와르카 등에는 두만강 유역에 거주하던 조선의 번호들이 포함되어 있었다.

부잔타이는 먼저 조선의 번호였다가 배반한 老土를 끌어들이려 하였다. 노토는 조선으로부터 정2품 正憲大夫의 관직을 받은 會寧鎭 소속 甫乙下堡 지경 안에 거주하던 번호였다.[10] 노토는 임진왜란 전후 茂山堡 부근 政丞破吾達로 이동하였는데, 무산 지경 長白山(白頭山) 뒤에 부락을 이루었기 때문에 白山 부락 또는 ㅑ乙ㅎ 부락이라 부르기도 하였다.[11] 정승파오달은 두만강에서 함경도를 가로질러 내륙까지 들어올 수 있는 요충지였기 때문에 조선에서는 여진인들의 거주를 금지시켰던 곳이었다. 노토가 이곳에 거주하기 시작하자 조선은 이를 쫓아내려 하였고, 마침내 노토는 조선의 군관들을 습격한 후 변경을 지속적으로 침입함으로써 1600년(선조 33) 4월에는 조선의 노토 부락 征討가 있었다.[12]

노토는 조선의 정토로 막대한 피해를 입자 누르하치의 胡兵을 끌어들여 다른 번호들을 공략하기도 하였다. 1600년(선조 33) 7월 회령진 보을하보의 번호 馬赤哈(馬赤介)이 노토와 그가 끌어들인 누르하치의 군사의 침입을 받자, 이를 구원하던 조선의 첨사 具滉이 패전하여 살해당하기도 하였다.[13]

그런데 노토는 『滿洲實錄』과 『淸太祖實錄』 등에 의하면, 조선의 정

---

10 『선조실록』 권152, 선조 35년 7월 乙丑; 『壯襄公全書』, 再莅北兵使因事拏處時 原情.
11 『선조실록』 권110, 선조 32년 3월 丁未; 『北路紀略』 卷之3, 故實 邊胡 老土部落.
12 한성주, 앞의 논문, 2015, 117~120쪽.
13 한성주, 앞의 논문, 2015, 119~120쪽.

토가 있기 전후부터 이미 누르하치에게 복속되어 있었다. 누르하치는 1591년(선조 24) 군사를 보내 長白山(白頭山)의 鴨綠江路를 전부 차지하였고,[14] 와르카부[瓦爾喀部]의 안출라쿠[安楚拉庫]와 內河지방(河川部族)인 로툰[羅屯]·가시툰[喝什屯]·왕기누[旺吉努]라는 세 명의 우두머리를 예속시킨 상태였다.[15] 로툰은 『建州紀程圖記』에 보이는 老佟으로 바로 노토였으며,[16] 1595년(선조 28) 申忠一이 建州衛에 갔을 때 毛隣衛의 酋胡 노동이 戰馬 70필과 獤皮 1백여 장을 예물로 바쳤는데, 그해 12월 초승에 그가 투항하였다는 소식을 듣기도 하였다.[17]

그러나 1597년(선조 30) 부잔타이는 예허(여허)를 끌어들여 누르하치에게 복속된 두만강 유역의 여진인들, 즉 와르카의 안출라쿠와 내하 지방의 로툰·가시툰·왕기누를 복속시켰다.[18] 다음해인 1598년(선조 31) 누르하치는 이러한 부잔타이의 두만강 유역 진출에 대해 長子 추영[褚英], 막내 동생 비아라[巴雅喇] 등에게 병사 1천 명을 주어서 군사적 정벌을 감행하였다. 그 결과 누르하치의 병사들은 안출라쿠의 20여 부락을 취득하고 그 부족의 인근 부락 전부를 歸降시켰으며 1만여 人畜을 鹵獲해 왔다.[19] 누르하치는 안출라쿠 및 인근 부락을 정벌한 공으로 추영에게 타이

---

14 『淸太祖實錄』 卷2, 辛卯 春正月 戊戌朔(中華書局 影印本, 이하 같음); 『滿洲實錄』 卷2, 辛卯(中華書局 影印本, 이하 같음); 崔學根 譯, 『國譯蒙文 滿洲實錄(上)』, 보경문화사, 1992(蒙文本) 및 고려대학교 민족문화연구원 만주학센터 만주실록 역주회, 『만주실록 역주』, 소명출판, 2014(滿文本), 참고.

15 『淸太祖實錄』 卷2, 丁酉 春正月 壬辰朔; 『滿洲實錄』 卷2, 丁酉.

16 董万崙, 「明末淸初圖們江內外瓦爾喀硏究」, 『民族文化』, 2003年 第1期, 72~73쪽.

17 『선조실록』 권71, 선조 29년 1월 丁酉; 『建州紀程圖記』; 이민환 지음·중세사료강독회 옮김, 『책중일록』, 부록1 신충일의 〈建州紀程圖記〉, 서해문집, 2014, 188쪽.

18 『淸太祖實錄』 卷2, 丁酉 春正月 壬辰朔; 『滿洲實錄』 卷2, 丁酉.

19 『淸太祖實錄』 卷2, 戊戌 春正月 丁亥朔; 『滿洲實錄』 卷2, 戊戌. 『淸太祖實錄』과 『滿洲實錄』의 滿文本, 蒙文本에는 2천여 부락을 취하고 인근 부락을 전부 복속시킨 것은 동일하다. 1만여 人畜을 鹵獲해 온 내용은 『滿洲實錄』 蒙文本에만 나타난다.

지[台吉]에서 홍바투루[洪巴圖魯]를, 비아라에게 타이지에서 조릭투[卓
禮克圖]라는 爵號를 주었다.[20] 이를 통해 누르하치가 오늘날의 훈춘 일
대까지 장악한 것으로 파악하기도 한다.[21]

그리고 그 이듬해인 1599년(선조 32년) 東海 워지부[渥集部]의 후르가
로[虎爾哈路] 지역의 추장 왕거[王格]·장거[張格]가 1백 명을 이끌고 누
르하치에게 조공을 바치러 왔다.[22]

따라서 두만강 유역의 여진인들에 대한 복속을 둘러싸고 부잔타이와
누르하치가 치열한 경쟁을 벌여왔고, 부잔타이의 시도는 누르하치에 의
해 성공을 거두지 못하였음을 알 수 있다. 이때까지 누르하치와 부잔타이
의 두만강 유역 진출은 그 지역의 여진인들을 자신들에게 복속시켜 해마다
세폐를 바치고, 군사적 필요성이 있으면 군대를 동원시키는 방법이었다.

한편 부잔타이는 두만강 유역의 여진인들에 대한 복속 시도를 멈추지
않았다.

〈記事 1〉
水上의 都酋長 老土가 그의 휘하인 介落之를 보내어 進告하기를, "兀
阿赤이 老土를 들어오도록 초치하였다[兀阿赤招老土入來]. 노토가 답하
기를,「나는 祖上 이래 대대로 조선을 따르면서 2백여 년 동안 무사히 머
물며 살아왔다. 올아적이 무슨 일로 나를 부른단 말인가」하였다. 곧 성을
쌓아 험한 곳에 웅거하면서 만약 올아적이 나오면 들어가서 죽음을 무릅
쓰고 싸워 지킬 계획이다"고 하였다. 그러나 그 마음을 믿을 수 없기 때문
에 무마하는 일을 배가하여 反側하는 무리[反側之輩]로 하여금 感恩케 하
라고 이미 移文하여 檢勅했습니다. 대개 지난 계미년에는 강원도 換防軍
과 下三道에서 뽑은 정예 군사로도 보잘것없는 叛胡를 제어하지 못하였

---

20 위와 같음.
21 김선민,「훈춘, 청과 조선의 변경」,『만주연구』19, 2015, 201쪽.
22 『淸太祖實錄』卷3, 己亥 春正月 壬午朔;『滿洲實錄』卷3, 己亥.

는데, 지금 이 兀胡는 계미년의 반호와는 비교할 바가 아니니, 아무리 생
각해도 방어의 일에 대한 계책이 서지 않습니다.[23]

〈기사 1〉은 北兵使 李鎰이 會寧府使 朴宗男의 馳報를 근거로 조정에
馳啓한 것인데, 이를 보면, 1598년(선조 31) 8월 兀阿赤이 노토를 불러
들어오도록 한 것을 알 수 있다[兀阿赤招老土入來]. 여기서의 兀阿赤과
兀胡는 바로 해서여진의 울라[烏拉, 烏喇]이고, 바로 부잔타이가 다시 노
토에 대한 복속을 도모한 것이다.[24] 북병사 이일 역시 노토를 위협한 것
은 올호이며, 올호는 1583년(선조 16)에 일어난 소위 '泥湯介의 난'을 일
으킨 叛胡들과는 비교할 바가 아니라고 하고 있다. 이것을 보면 조선에
서도 울라의 부잔타이에 대한 정보를 파악하고 있었음을 알 수 있다.
부잔타이의 招致에 대해 노토는 조상 이래 대대로 조선을 받들어 2백
여 년 동안 무사히 살아왔다고 하고 있어 스스로 자신들이 조선의 번호
였음을 인정하고 있고, 성을 쌓아 험한 곳에 웅거하면서 올아적이 쳐들
어 올 경우를 대비한다고 하였다. 그렇지만 북병사 이일이 '反側하는 무
리'라고 표현한 것처럼 노토는 조선의 번호이면서도, 누르하치에게 복속
하여 누르하치의 호병을 끌어들인 바 있었다. 또한 노토는 조선에 대한
보고와는 다르게 한편으로는 부잔타이와도 어느 정도는 관계하고 있었
던 것 같다.
즉 藩酋 別山이 '兀胡가 歲後(1599년, 선조 31)에는 반드시 會寧을 침
범하려 하는데, 회령의 번호들이 그에게 투속할 것이다'고 은밀히 진고

---

23 『선조실록』 권103, 선조 31년 8월 甲寅.
24 박정민은 이 기사를 분석하면서 노토가 누르하치에게 복종하지 않은 것으로 파악
　하고 조선에 혼선을 주기 위한 것이었다고 파악하고 있다(박정민, 「임진왜란과 여
　진인 '來朝'의 종언」, 『만주연구』 18, 2014, 23쪽 각주 77번). 그러나 이 기록에서
　의 兀阿赤은 부잔타이로 보아야 한다.

한 것[25], 1600년(선조 33) 7월 누르하치의 胡兵을 끌어들여 會寧鎭 甫乙
下堡의 번호 馬赤哈(馬赤介)을 공격한 것, 1603년(선조 36) '노토와 올호
가 혼인하였다'[26]는 등의 기록이 있는 것을 보면 노토를 중심으로 한 회
령의 번호들이 부잔타이와 누르하치 사이에서 이중적인 관계를 맺었던
것 같다.

한편 부잔타이는 1603년(선조 36)부터 직접 군사를 이끌고 조선의 번
호를 침탈하기 시작하였다. 이제 두만강 유역의 여진인들에 대한 간접적
인 복속 시도가 아닌 직접적인 군사 행동을 벌인 것이다. 그런데 조선의
번호는 두만강 내외에 흩어져 살고 있었고, 조선의 6진을 비롯한 여러
鎭堡 등의 城底에도 거주하고 있었기 때문에 부잔타이의 두만강 유역
번호 침탈은 조선과의 직접적인 마찰을 불러일으킬 수밖에 없었다.

## 3. 부잔타이의 조선 침입과 藩胡 침탈

홀라온, 즉 부잔타이의 첫 번째 침입은 1603년(선조 36) 8월 14일 종성
진에 대해 이루어졌다. 처음 종성진이 침입 받을 때에 조선은 침입한 군
사가 누구인지 정확히 알지 못하였고, 忽刺溫으로 추측하고만 있었다.
이들 여진인들은 종성의 竹基洞·門巖·雙洞 세 곳의 洞口에 포진하고 나
왔다.[27] 그 군사는 烏碣嶺으로부터 金京淪灘까지 20여 리에 賊騎로 가득
하였으며 강물을 건너 성 아래로 공격해 왔다.

이때 부잔타이의 번호 침탈은 계획적인 시도였다고 보이는데, 1601년

---

25 『선조실록』 권107, 선조 31년 12월 丁卯.
26 『선조실록』 권166, 선조 36년 9월 丙辰; 『선조수정실록』 권37, 선조 36년 8월 甲申.
27 『선조실록』 권165, 선조 36년 8월 丙午; 권166, 선조 36년 9월 甲寅; 『선조수정실
　　록』 권37, 선조 36년 8월 甲申.

(선조 34)에 潼關鎭의 여진 추장 汝伐時가 '忽剌溫의 賊胡들이 深處胡人들을 꾀어 三衛로 나누어 들어와 노략질하려 한다'는 진고가 이미 있었기 때문이다.[28] 2년이라는 시간 차이가 있지만, 여벌시의 진고대로 이들은 삼위로 군사를 나누어 공격하여 왔다.

조선측에 붙었던 번호들은 이 적들이 忽剌溫이고, 이들이 침입한 이유는 그들의 장수 萬都里가 조선에 죽음을 당하였기 때문이라고 보고하였다.[29] 萬都里는 萬斗里로 1601년(선조 34년)에 호인 10명과 함께 조선에 왔는데, 조선에서는 그들이 이전에 穩城鎭을 포위한 적이 있어서 정탐하러 나온 것으로 파악하여 만두리를 浦口의 烟臺에서 체포하여 죽이고 10명의 호인을 모두 살해하였다. 만두리가 부잔타이와 어떤 직접적인 관계가 있는지는 파악할 순 없지만, 이것은 하나의 구실일 뿐이고 사실상 조선의 변경을 침입하고 두만강 유역의 번호들을 침탈하기 위한 것이었다.

홀라온의 대규모 침입으로 종성진을 보전하기 어려울 정도였지만 조선측의 방어로 城이 함락되지는 않았다. 그렇지만 이들은 府城 및 마을을 침범하고 번호의 마을을 심하게 분탕질하였으며, 초막(애막)을 크게 설치하기도 하였다. 그런데 이들은 조선이 접해왔던 일반적인 홀라온 올적합과는 다른 모습이었다.

〈記事 2〉
본부의 將士들이 모두들 '말을 달리며 전투하는 모습이 자못 紀律이 있어 옛날과는 비교가 되지 않는다'하고, 또 그 군대를 거느린 두 장수는 각각 紅旗를 세웠고 甲冑와 戰馬도 매우 정밀하고 건장하였으니, 뒷날의 걱정을 이루 다 말할 수 없습니다. … "종성에서 적과 接戰한 장사들이 모두들 '일찍이 홀라온과는 싸워봐서 이미 익숙한데, 이제 이 적을 보니

---

28 『선조실록』 권137, 선조 34년 5월 甲子.
29 『선조실록』 권187, 선조 38년 5월 戊子.

> 긴 갑옷에 큰 칼을 갖고 鐵騎로 내달으며 깃발을 신호로 進退하는 모습이
> 홀라온과 같지 않다. 이는 兀胡의 군대들이 함께 섞여온 듯하다' 합니다.
> 홀라온의 추장 阿叱耳는 浮者他의 아들이요 小羅赤은 그 사위입니다. 아
> 질이가 올호와는 혼인의 친분이 있으니, 반드시 그 군대가 서로 연합할 수
> 있습니다. 그들의 철갑이 무릎까지 내려온 것으로 보아 바로 올호의 군대
> 입니다.[30]

〈기사 2〉의 밑줄을 보면, 이들의 전투하는 모습은 기율이 있고 두 장
수가 각각 홍기를 세웠으며 깃발로 신호하고 진퇴하는 모습을 보이고 있
다. 즉 진퇴하고 合戰하는 상태가 자못 기율이 있어 예전의 雜胡와 견줄
것이 아니었는데, 호령할 때에 고동 부는 소리가 멀리 府城에 들리기까
지 하였다.[31] 또한 갑주와 전마도 정밀하고 건장하였으며, 무릎까지 내려
오는 긴 갑옷에 큰 칼을 갖고 철기로 내달리는 모습을 하고 있다.

종성을 침입한 여진인들은 이러한 전술 전략적 모습뿐만 아니라 지니
고 있는 갑옷과 무기 등에서 조선이 겪어왔던 여진인들의 모습하고는 달
랐다. 이들의 갑옷·투구·창·검과 전마가 매우 精健한 것은 전에 보지 못
하던 것이었다.[32] 따라서 이들과 접전했던 장수와 군사들이 '옛날과는 비
교가 되지 않는다, 홀라온과 같지 않고 올호의 군대들이 함께 온 것 같
다, 올호의 군대이다'라는 진술을 하고 있다. 또한 모습이 '홀온과 크게
달라 구황을 살해한 적과 비슷하다'고 하였다.[33] 결국 이들과 직접 접전
했던 조선의 군사들은 이들을 누르하치의 병사들과 비슷하다고 하면서
도 올호, 즉 부잔타이의 군대로 파악하고 있었다.

---

30 『선조수정실록』 권37, 선조 36년 8월 甲申.
31 『선조실록』 권166, 선조 36년 9월 甲寅.
32 『선조실록』 권166, 선조 36년 9월 甲寅.
33 『선조실록』 권166, 선조 36년 9월 丙辰.

처음에 조선 조정에서는 이번 침입에 대해서 종성에 소속된 번호의 進告가 없었기 때문에 번호가 배반하고 적을 끌어들였다고 인식하기도 하였다.[34] 이러한 인식에는 니탕개의 난 이후 번호들의 반란이 지속되고 있었던 것에 기인한 면이 크다. 특히 홀라온은 深處의 적으로 조선과는 8~9일 정도 떨어져 있어서 노토가 이들을 끌어들이고 돕고 있다고 생각하였다.[35] 이에 홀온과 올호가 서로 연합하고 노토가 올호에게 귀부하여 세 적이 밖에서 서로 결합하고 날마다 번호를 공격하고 있다고 판단하였다.[36]

부잔타이와 노토와의 직접적인 연계는 알 수 없지만 두만강 유역 번호들의 피해는 심각하였다. 咸鏡北道兵使 李用淳은 '이 적이 있는 곳은 멀리 15~16일정에 있어 번호들도 미처 알지 못하였고, 살육 당하여 남은 자가 거의 없어 聲息을 더욱 듣기 어렵다'고 할 정도였으며, '忽賊이 종성의 세 부락을 분탕하고 남녀와 마소를 죄다 잡아갔다', '종성 이상은 번호가 모두 없다'고 할 정도였다.[37] 홀적은 군사를 세 衛로 나누어 왔는데, 한 위의 군사는 豊界 부락에 木柵을 설치하여 머무르고 두 위는 종성에 돌입하여 번호를 분탕하고 馬牛 약 5백 두 및 남녀 1천여 구를 잡아간 것으로 나타난다.[38]

홀라온, 홀적, 올호 등으로 불리던 부잔타이의 군사들은 종성을 침입한 후 번호를 분탕하여 어느 정도 소득이 있자 돌아가려 하였다. 그러나 투항한 번호들의 조선 침입을 인도하여 다시 潼關鎭을 침입하여 포위하였다.[39] 조선측의 방어로 동관진을 함락시키지는 못하였지만, 備邊司는

---

34 『선조실록』 권165, 선조 36년 8월 丙午; 丁未.
35 『선조실록』 권165, 선조 36년 8월 丁未; 『선조수정실록』 권37, 선조 36년 8월 甲申.
36 『선조실록』 권166, 선조 36년 9월 丙辰.
37 『선조실록』 권166, 선조 36년 9월 甲寅; 丙辰.
38 『선조실록』 권166, 선조 36년 9월 乙卯; 丙辰.
39 『선조실록』 권166, 선조 36년 9월 甲寅; 丙辰.

'이 적이 번호를 분탕하면서 우리나라가 出戰할 것을 염려하여 먼저 종
성에서 시위하고 번호의 부락을 살육하였을 것'이라고 판단하였다.[40]

조선에서는 두만강 유역의 번호가 먼 지역의 여진인들로부터 공격을
받으면 변경의 군사들이 출전하여 구원하는 것이 구례가 되어 있었다.
즉 두만강 유역에서 조선으로부터 번호라 불리던 여진인들은 조선의 보
호를 받고 있었던 것이다. 이전에 첨사 구황이 마적합을 구원하려 출전
하였다가 누르하치의 호병에게 살해당한 것도 이러한 구례에 따른 것이
었다. 결국 조선을 침입한 홀라온은 조선과 번호와의 이러한 관계를 파
악하고 있었고, 번호를 침탈하기 위해 조선의 종성진을 공격하여 조선이
출전하지 못하도록 한 다음 번호들을 마음대로 침탈한 것이다.

또한 비변사는 홀라온이 강가에 오래 머물러 있는 것으로 볼 때 번호
및 조선을 침입하는 것을 그치지 않을 것으로 예상하였다. 北兵使 李用
淳 역시 '우리 지경을 침범할 생각이 있었던 것이 아니라 아마도 번호를
분탕할 생각이었던 듯하다'고 하면서도 '겨를 다 핥고 나면 쌀알에 미치는
것도 멀지 않을 것'이라며 조선에 그 침입이 미치는 것을 염려하였다.[41]

그러나 부잔타이의 군사는 동관진 침입이 별 성과가 없자 사로잡은 번
호 등을 이끌고 본거지로 잠시 돌아간 것으로 보인다. 이 당시 부잔타이
는 여허(예허) 및 蒙古 코르친[科爾沁]과 혼인을 시도하였는데 실패하였
고, 이에 누르하치에게 다시 혼인을 요청하여 누르하치의 동생 슈르가치
의 딸 온저(onje)와 결혼하였다.[42] 이미 한 차례 슈르가치의 딸과 혼인하
였던 부잔타이는 두 공주와 함께 매년 누르하치에게 來朝하기로 약속하
였다. 결국 부잔타이는 여허와 몽고 코르친과의 결혼을 통한 연합이 여

---

40 『선조실록』 권166, 선조 36년 9월 丙辰.
41 『선조실록』 권166, 선조 36년 9월 丙辰.
42 『淸太祖實錄』 卷3, 癸卯 春正月 戊午朔; 『滿洲實錄』 卷3, 癸卯.

의치 않자 다시 누르하치와의 연합을 시도한 것이다.

한편 조선은 풍계 부락의 번호들이 홀적과 서로 왕래하고 적이 올 때 진고하지 않은 점, 양식을 대고 물건을 바치며 통모한 점, 동관진에 이끌어 들인 점 등이 조선을 배반하였다고 판단하였고, 번호들의 죄를 묻는 정토를 검토하기도 하였다.[43] 그러나 조선이 풍계 부락을 중심으로 한 번호 부락의 정토가 구체화되기 전에 부잔타이의 忽溫은 다시 조선의 변경을 침입하여 왔다.

이때 부잔타이는 이미 조선의 종성진 및 동관진을 침입하였고, 번호를 침탈하여 잡아가거나 투항을 받았기 때문에 그 위쪽에 있는 穩城鎭 일대를 침입하였다. 종성진과 동관진을 침입한 2개월 후인 1603년(선조 33) 10월 穩城鎭 소속 柔遠鎭에 침범하였는데, 성 가까이 돌진하다가 조선의 반격을 받기도 하였다.[44] 그 후 온성진 지경을 침입하여 군사를 둘로 나누어 先運은 美錢鎭 지경의 中里 부락으로 내려가 번호를 분탕하고, 後運은 온성부 지경의 項浦 부락에 모였다가 水下, 즉 두만강 아래쪽으로 내려갔는데, 5천~6천 명 정도의 규모였다.[45]

부잔타이는 온성의 강가에 군사를 옮겨 둔을 치고는 번호를 수색하였으며, 조선의 鎭堡를 침범하진 않았지만 번번이 번호를 약탈하였다.[46] 조선은 부잔타이로 인해 藩籬가 모두 철거되고 있고, 이들이 회령에서 종성·온성을 이미 침범하였으므로 그 형세가 장차 경원·경흥에 미칠 것으로 우려하였다.[47] 앞서 온성진 지경을 침입한 군사의 후운이 水下, 즉 두만강 아래쪽으로 내려갔다는 것은 조선의 우려대로 경원과 경흥 지역까

---

43 『선조실록』 권166, 선조 36년 9월 庚申; 권167, 선조 36년 10월 戊申.
44 『선조실록』 권169, 선조 36년 12월 癸卯; 己酉.
45 『선조실록』 권169, 선조 36년 12월 己酉.
46 『선조실록』 권169, 선조 36년 12월 癸卯.
47 『선조실록』 권169, 선조 36년 12월 癸卯.

지 부잔타이의 침탈을 받게 될 가능성이 컸다. 그리고 이것은 그해 12월 홀온의 경원 지경 夫汝只 부락 침탈로 이어졌다.

홀적의 부여지 침탈 당시 우두머리는 阿叱耳, 즉 부잔타이였으며, 그는 대군을 직접 거느리고 왔다. 일부 군사는 경원진의 長城 문밖까지 왔고 縣城 문밖에 屯結하였으며 대군은 부여지 부락에 주둔하였다.[48] 부잔타이는 경원 지경의 夫汝只・毛老・將之羅耳・時錢大・南羅耳・厚乙溫・黃古羅耳 등 일곱 부락을 침범하여 사람과 가축을 죽이고 약탈을 자행하고 현성까지 침범하고는 강을 건너 경원부까지 들어왔다.[49] 이것은 조선의 우려대로 온성의 번호 부락을 죄다 분탕질하고 경원 지경으로 방향을 바꿔 공격을 감행한 것이다.

부잔타이는 경원의 번호 부락을 약탈하고 訓戎鎭의 中島를 거쳐 美錢鎭으로 향하였다.[50] 그리고 홀적의 大軍들이 온성진 소속 미전진 지경의 중리 부락에 진을 치고는 성을 포위하였으며 전진과 후퇴를 하면서 조선군과 접전하였다. 조선은 하나의 진이 공격을 받으면 주위의 다른 진보들이 군사를 보내 도왔는데, 당시에는 각 진보의 군사가 스스로 지키기에도 모자라는 형편이었고, 구원하러 보낸 군사 역시 수십에서 백여 명에 불과할 정도여서 衆寡가 현격한 차이를 보여 대적할 수 없는 실정이었다.

조선은 부잔타이의 번호 침탈에 대해 조선의 번리를 모두 치워버리려는 의도로 파악하고 있었으며 脣亡齒寒과 같이 번리가 없어지고 나면 6진도 침입을 받을 것이라 생각하였다.[51] 그리고 이것은 2년 뒤인 1605년(선

---

48 『선조실록』 권169, 선조 36년 12월 己酉.
49 위와 같음.
50 위와 같음.
51 『선조실록』 권169, 선조 36년 12월 辛亥.

조 38년) 종성진 소속 동관진이 부잔타이에게 함락되면서 현실화되었다.

## 4. 潼關鎭 함락과 조선의 件退 征討

1603년(선조 36)에 시작된 부잔타이의 두만강 유역 번호 침탈은 어느 정도 성과를 거두어 회령에서부터 종성·온성·경원 지역의 번호 부락들이 큰 피해를 당했다. 이렇게 보면 경흥을 제외한 두만강 유역의 번호들이 부잔타이에 의해 침탈을 당하는 상황이었다고 할 수 있다. 부잔타이의 군대는 조선의 진보들을 몇 차례 포위하기도 하였고, 조선군과 접전하기도 하였지만, 조선측의 방어로 진보들이 함락까지 당하지는 않았다.

한편 1604년(선조 37)에 부잔타이의 조선 침입과 번호 침탈 모습은 보이지 않는다. 그러나 조선과 번호에 대한 침입 의도를 멈춘 것이 아니라, 오히려 조선에 대한 침입을 준비하고 있었다. 또한 그 해 1월 누르하치가 여허를 공격하였는데,[52] 부잔타이는 만주의 정세와 관련되어 이를 주시하였을 가능성이 있다. 그리고 한편으로는 부잔타이가 조선의 관직을 받기 원한다는 소식이 들려오기도 하였다[忽賊, 欲受職於我國云].[53]

그러던 중 1605년(선조 38) 3월 부잔타이에 의해 조선의 潼關鎭이 함락되었다.[54] 부잔타이는 약 8천~9천 명을 이끌고 있었는데,[55] 흘적의 대군이 풍계 근처로부터 성에 접근하여 北門을 공격하였고, 긴 사다리를 세우고 개미떼처럼 붙어 일제히 올라왔으며 조선군은 西門 한 모퉁이에서 집합하여 적과 육박전을 벌였다.[56] 潼關僉使 全伯玉은 이마에 화살을

---

52 『淸太祖實錄』卷3, 甲辰 春正月 壬子朔 己未;『滿洲實錄』卷3, 甲辰.
53 『선조실록』권177, 선조 37년 8월 丙戌.
54 『선조실록』권185, 선조 38년 3월 丙申.
55 『선조실록』권186, 선조 38년 4월 丙辰.

맞고 배에는 칼을 맞아 죽었고, 성 안팎에 죽은 자가 2백여 명이었다. 조선의 번호인 酋長 洪耳·所大 등 여진인들도 다수 살상되었으며 도망 나와 살아난 사람은 토병 12명, 京砲手 4명, 함경북도의 포수 6명, 降胡 8명 등 모두 30명이었다.[57] 동관진은 종성 지역의 巨鎭으로 남녀 노약자 등 270여 명이 거주하고 있었는데, 사로잡힌 숫자를 알 수 없었고 살아 남은 사람이 없을 정도였다. 또한 성의 네 문은 전부 부서졌고, 불사르고 약탈한 뒤에 남은 것은 衙舍·倉廒·民家 5호 뿐이며, 창고의 곡식도 거의 없어졌다.[58]

사실 부잔타이는 동관진 함락에 앞서, 件退(件加退)에 오랫동안 거주하려고 두 愛妻까지 대동하였는데, 동관진을 함락시키는 과정에서 아끼는 장수 亏時太가 鐵丸에 맞아 죽고 次將 4명도 화살에 맞아 죽자, 대군을 영솔하고 자신의 근거지로 떠났다. 이것을 보면 동관진을 함락하는 과정에서 부잔타이의 군사들도 상당한 피해가 있었음을 알 수 있다. 그렇지만 부잔타이는 기병과 보명 5백여 명을 건퇴에 유둔시켜 놓고 '4월 10일 전에 다시 나와서 추곡이 익은 후 조선 지방 및 恃排(城)를 침략하고 소탕하겠다'고 위협하였다.[59]

조선은 동관진이 함락되자, 京砲手 1백 명을 보내고, 추가로 훈련도감의 포수 1백명과 降倭로서 쓸 만한 사람을 뽑아 재차 파견하였다.[60] 또한

---

56 『선조실록』권186, 선조 38년 4월 壬子.

57 『선조실록』권186, 선조 38년 4월 壬子; 丙辰. 『선조실록』권186, 선조 38년 4월 癸酉에는 살아남은 토착민은 노약자만 통틀어 겨우 10여 명이었다고 되어 있다.

58 『선조실록』권186, 선조 38년 4월 庚申에는 司倉·衙舍·관청 등 총 48간, 남은 곡식은 皮穀·잡곡 612석 3두, 여염의 초가집 5호 및 土幕 44채가 절반은 불타고 절반만 남았으며, 나머지 성안의 물건은 모두 잿더미가 되었다고 기록되어 있다.

59 『선조실록』권186, 선조 38년 4월 庚申에는 기병 3백여 명만 件加退에 유둔해 있다고 되어 있다. 또한 『선조실록』권186, 선조 38년 4월 己巳에는 件退에 기병 3백여 명을 유둔시켰고, 또 기병 150여 명이 추가로 건퇴에 도착한 것으로 되어 있다.

兵使 金宗得이 伊項과 牛虛 부락이 적의 앞잡이가 되어 조선의 동정을
홀추에게 통보하고 동관으로 向導하였다며 六鎭 및 三邑의 군사를 징집
하여 먼저 습격하는 정토를 단행하였다.[61] 또한 조선과 건퇴 사이에서 조
선을 배반하고 홀적에게 붙은 4~5부락, 경원 지경의 夫汝叱只(夫汝只)
부락 등을 정토하려고 하였는데, 이것은 적의 羽翼을 먼저 제거하고 이
후 부잔타이의 군대가 남아있는 건가퇴를 도모하려는 것이었다.

조선에서 건퇴에 대한 정토 주장이 논의될 즈음, 그해 4월 홀적의 기
병 5백여 명이 회령진 경내의 煙臺 근처에 거주하는 번호 伐伊大 부락을
포위하고, 篤所 및 벌이대 부락을 분탕하고는 牛馬와 財畜을 남김없이
약탈해 갔다.[62] 이때 조선군의 포수와 사수 등이 추격하여 이들과 접전하
였고, 번호 土屎乃 등이 퇴각하는 홀적을 추격하기도 하였다.

결국 조선은 홀적의 5백여 군사가 머무는 건퇴(건가퇴)를 직접 토벌하
였다. 건퇴 정토는 1605년(선조 38) 5월 4일에 단행되었는데, 김종득이 3
천여 병사를 이끌었고 번호 卓斗 또한 기병 3백 명을 거느리고 종군하였
다.[63] 원래 조선군의 작전은 풍계를 거쳐 뒷산을 지나 蘆洞에 도착한 뒤
머물며 쉬다가 동틀 때에 건퇴의 성책을 공격하는 것이었다.[64] 이때 조선
군이 삼면을 에워싸고 도망칠 길을 열어주면 탁두를 시켜 길목을 막고
기다리게 하다가 적이 도망치면 군사를 합하여 멸살하고 적이 堡로 들어

---

60 『선조실록』 권185, 선조 38년 3월 丙申.
61 『선조실록』 권186, 선조 38년 4월 庚申; 癸亥; 乙丑. 이때 80여 명을 斬級했다고
   한다(『선조실록』 권187, 선조 38년 5월 辛巳).
62 『선조실록』 권186, 선조 38년 4월 己巳.
63 『선조실록』 권187, 선조 38년 5월 壬辰; 권188, 선조 38년 6월 乙卯;『선조수정실
   록』 권39, 선조 38년 5월 甲戌. 5월 5일에는 비 때문에 강을 건너지 못하였고 6일
   에 일제히 강을 건넜다가 7일에 군사를 돌렸으며 8일에 군사를 해산시켰다. 이렇게
   보면 5일 동안 이루어진 정토였다.
64 『선조실록』 권187, 선조 38년 5월 壬辰(이하 같음).

가면 銃筒과 火箭으로 공격하여 함락시키려 하였다.

그런데 中路에서 向導하는 胡人의 말에 따라 약속한 풍계의 길을 거치지 않고 우회하는 산길로 나아갔는데, 이것은 곧바로 적의 소굴로 나아가 적이 미처 준비하지 못하게 하려는 것이었고, 언덕을 이용하여 조선군이 드러나지 않게 하려는 의도였다. 그렇지만 이 길은 5식정이나 되었고 말은 달리고 사람은 뛰어서 해뜰 때에나 도착하게 되었다. 적이 시배(성)에서 싸우려는 정상이 없자 邊兵과 藩胡들이 노획을 탐하여 앞다투어 달려가 사람과 가축을 노략질 하는데 적의 기병 1백여 명이 기습하였다. 徐渚은 '사람과 말이 주리고 피곤하여 모두 싸움을 감내하지 못하였고, 서서히 군사를 이끌고 퇴각하였다, 아군은 그들의 소굴에 들어가 사람과 가축을 죽이고 두 번이나 교전하여 예기를 꺾어 패배시켰으면서도 군사를 온전히 해서 돌아왔다'고 하였다.

그러나 실제로는 홀적의 군대가 조선의 정토를 알아차리고 鐵騎 수백을 매복시켰다가 습격하여 전사자가 213명이나 되는 등 조선군이 패한 것이었다.[65] 이때 보병은 산으로 도망치고 기병은 길을 따라 달아나 각기 살길을 찾아 도망쳤고, 종성에는 칼에 찔리거나 화살에 맞은 군사들이 잇달아 돌아오고 있었으며, 도망간 군사들이 3~4일에 걸쳐 돌아오기도 하였다.[66]

건퇴 토벌 주장은 咸鏡監司 서성과 北兵使 金宗得이 주도하였고, 사

---

65 『선조실록』권189, 선조 38년 7월 丁丑;『선조수정실록』권39, 선조 38년 5월 甲戌. 이 외에 火伴·卜奴·雜隨從人 등은 빙고할 만한 名籍이 없어서 정확히 알 수가 없는 실정이었다.

66 『선조실록』권187, 선조 38년 5월 乙未.『선조실록』권187, 선조 38년 5월 辛丑을 보면 諫院이 순찰사 서성과 병사 김종득을 함께 나국할 것을 주장하면서 '살아 돌아온 수는 1천명도 못 된다'고 하고 있다. 또한『선조실록』권187, 선조 38년 5월 壬寅을 보면 선조가 '건퇴의 싸움에서 모두 喪敗당하여 돌아온 자가 겨우 9백여 명뿐이라고 한다는데 실제로 그러한지' 묻기도 하였다.

실 廟堂에서는 금지할 것을 청하지 않으면서 망설이고 있었던 상황이었다.[67] 조선은 임진왜란 전후부터 발생한 번호들의 반란에 대해 정토를 실시하였는데, 함경도의 북병사나 절도사가 조정과 긴밀한 협의와 보고를 거친 경우도 있지만, 대부분은 독자적으로 주도한 경우가 많았다.[68] 홀적의 군대가 남겨져 있던 건퇴 정토 역시 함경도의 변장들이 주도한 것이었고, 김종득은 자기의 패배를 숨기기 위해 '군사를 온전히 해서 돌아왔다'는 거짓 장계를 올린 것이다. 선조는 결국 '지난번에 한 말은 참으로 잘못되었으니, 패전한 것이 분명하다'고 하였고, 함경감사 서성과 북병사 김종득을 잡아들였다.[69]

한편 조선의 건퇴 정토 이후, 홀적이 탁두 부락을 침범하였는데,[70] 이것은 탁두 부락이 건퇴 정토에 종군한 것에 대한 보복적 성격을 가진다고 할 수 있다. 그러나 함경도 按問御使 李廷馣은 조선의 건퇴 토벌 당시 탁두의 향배에 대해 의심하면서 탁두 휘하의 번호들이 홀적의 탁두 부락 침범 소식을 전하는 것은 모두 조선을 우롱하여 조선이 의심하지 않도록 하는 의도라고 하였다.[71] 결국 부잔타이의 번호 침탈을 피할 수 없었던 탁두는 부잔타이와 혼인 관계를 맺고 그에게 투항하였다.[72]

건퇴의 패배 이후, 홀적의 침입에 대해 그들의 鐵騎와 접전하는 것보다는 城池를 고수하는 것이 상책으로 여겨졌다.[73] 특히 철기와 접전할 경우 포수도 사격할 틈이 없으므로 守城이 최상책이며, 그 기구로 火器,

---

67 『선조실록』 권187, 선조 38년 5월 癸巳.
68 한성주, 앞의 논문, 2015, 124쪽.
69 『선조실록』 권189, 선조 38년 7월 戊寅; 『선조수정실록』 권39, 선조 38년 5월 甲戌.
70 『선조실록』 권187, 선조 38년 5월 辛丑.
71 『선조실록』 권188, 선조 38년 6월 乙卯.
72 『선조실록』 권190, 선조 38년 8월 丙午; 辛酉.
73 『선조실록』 권188, 선조 38년 6월 庚戌.

그 중에서도 火砲, 즉 銃筒이 최상으로 생각되었다. 이는 조선의 방어책이 수성책으로 전환되고 있었음을 보여준다.

번호는 계속된 부잔타이의 침탈 때문에 거의 없어질 지경이었고, 남아 있는 번호마저도 깊숙한 곳으로 들어가 피신하여 전혀 형상조차 없는 실정이 되고 있었다.[74] 부잔타이는 여전히 '번호는 모두 나의 관할 아래 있는 자들이니 6진으로 들어가게 되면 모두 쇄환할 수 있다'고 하며 조선까지 위협하는 상황이었다.[75] 이것을 보면 부잔타이는 조선의 진보를 공격하고 두만강 내외에 거주하는 번호들을 모두 철거하려는 계획을 가졌음을 알 수 있다.

그리고 동관진이 함락되는 등 6진이 부잔타이의 침입을 받자 조선인 역시 안심하여 살지 못하는 형편이어서 회령의 경우 성안의 1천여 호가 2~3백여 호만 남아있을 정도였고 土民을 쇄환했지만 역시 도망할 마음을 품고 있었다.[76] 한편 일부 번호들은 부잔타이의 침탈을 피해 조선의 내지로 옮겨 가기를 원하였고, 조선은 이들을 安邊 등지로 이주시키기도 하였다.[77]

## 5. 조선의 職帖 수여와 부잔타이의 실패

조선의 동관진이 함락되고, 건퇴 정토가 실패한 이후 부잔타이는 '만일 조선의 官爵을 얻을 수만 있다면 큰 다행이겠다'고 하면서 조선의 職帖을 요구하기 시작하였다.[78] 조선은 북방의 여진인들에게 조선의 관직

---

74 『선조실록』 권187, 선조 38년 5월 壬寅; 권190, 선조 38년 8월 癸卯.
75 『선조실록』 권187, 선조 38년 5월 壬寅.
76 『선조실록』 권187, 선조 38년 5월 壬寅; 권190, 선조 38년 8월 癸卯.
77 『선조실록』 권193, 선조 38년 11월 甲申; 권201, 선조 39년 7월 己巳.

을 수여하는 授職정책을 실시하였는데, 조선의 관직을 받은 여진인들은 조선으로부터 정해진 祿俸을 받을 수 있었으며, 서울로 상경하는 來朝 및 변방에서의 통교를 통한 경제적 이득을 얻을 수 있었다.

부잔타이는 자신이 침탈한 번호들을 통해 이러한 정보를 입수하고, 자신도 조선과의 통교를 통해 경제적 이득을 얻고자 하였다. 당시 여진인들은 僉知의 직첩을 받으면 해마다 咸興에 와서 녹봉으로 40필의 祿布를 받을 수 있었다. 부잔타이도 조선의 직첩을 받아 매년 녹봉 받기를 원하고 있었다.[79] 조선에서는 부잔타이의 직첩 요구에 대해 번호에게 수직한 예를 들어 空名告身을 주는 방안이 논의되기도 하였다.[80]

한편 비록 건퇴 정벌은 실패하였지만, 부잔타이의 직첩 요구가 조선의 건퇴 정벌 이후에 본격적으로 나온다는 점은 주목할 필요가 있다. 부잔타이는 조선의 직첩을 받으면 경제적 이득을 취할 수 있고, 조선의 적극적인 정토 등을 방지하면서 안정적으로 번호들을 공략할 수 있다는 점을 고려했을 가능성이 있다.

마침내 홀적의 賊將 者乙古舍가 온성진에서 50리쯤 되는 家洪 부락에 진을 치고는 호인 1명과 通事를 보내 忽酋, 즉 부잔타이가 조선의 職帖을 구한다고 칭탁하여 왔다.[81] 자을고사는 '조선이 허락하지 않으면 이곳에 머물러 있으면서 8월경에 忽酋가 직접 올 때까지 기다리겠다'고 하고 있었다. 그러면서도 한편으로는 잡아갔던 사람 10여 명을 쇄환시키고, 다른 한편으로는 군대를 나누어 온성진 경내를 침략하고 위협하였다.[82] 즉 건퇴에 주둔하던 홀적은 온성진 경계의 交老 부락으로 쳐들어가 두만

---

78 『선조실록』 권187, 선조 38년 5월 壬寅.
79 『선조실록』 권192, 선조 38년 10월 丁卯.
80 『선조실록』 권188, 선조 38년 6월 庚戌.
81 『선조실록』 권189, 선조 38년 7월 丁丑; 己卯.
82 『선조실록』 권189, 선조 38년 7월 戊寅; 권190, 선조 38년 8월 辛未.

강 아래의 여러 부락으로 향하기도 하였고, 종성진 경계의 伊乙臣大 부락 및 有厚老 부락을 포위하여 전부 죽이고 약탈하였다.[83]

부잔타이의 직첩 요구에 대해 조선은 우선 冠服과 鞍具를 주어 그들의 의중을 시험하도록 하는 한편 강원·황해 등의 道로 하여금 火器를 운반하도록 하고, 禿城과 江華에 비축해 놓은 화기도 계속 들여보내도록 하였다.[84] 또한 선조는 우선 직첩 1백 장을 만들어 보내되, 홀추는 僉知의 직첩을 주고, 그 휘하에는 敎旨에 折衝이라고 써서 지급하는 방안을 제시하기도 하였다.[85] 조정에서는 의논 끝에 직첩 1백 개를 변방에다 두고 잡아간 조선인을 모두 돌려보내고 잡혀가거나 투항한 번호를 모두 放送하며, 조선을 배반한 번호 明看乃를 잡아 바치도록 약조를 한 뒤에 직첩을 지급하도록 하였다.[86]

즉 조선은 부잔타이의 직첩 요구에 응하면서 잡아간 조선인과 번호를 쇄환하는 것을 조건으로 하고 있었고, 이와 동시에 명나라로 하여금 忽胡를 開諭해서 조선의 변방을 침입하지 못하도록 요청하였다.[87] 조선은 중국 장수가 조선에 들어오면 그 家丁을 하질이, 즉 부잔타이가 보낸 사람과 만나게 할 계획을 가지고 있었고, 홀호가 조선의 북방을 침입하는 사실을 奏達하려 하였다.[88] 결국 조선은 1~2년 동안의 기한을 두고 한편으로 군사를 보충하고 한편으로 고신을 주어 그들을 무마시키는 방비책을 구상하고 있었다.

---

83 『선조실록』 권190, 선조 38년 8월 辛酉.

84 『선조실록』 권189, 선조 38년 7월 戊寅.

85 『선조실록』 권190, 선조 38년 8월 丁卯.

86 『선조실록』 권190, 선조 38년 8월 丁卯; 戊辰; 권193, 선조 38년 11월 丁亥. 선조는 1백 개의 직첩을 한꺼번에 주는 방안을 제시하기도 하였다(『선조실록』 권190, 선조 38년 8월 丁卯).

87 『선조실록』 권193, 선조 38년 11월 庚辰.

88 『선조실록』 권193, 선조 38년 11월 癸酉.

조선과 부잔타이 사이에 조선의 직첩 수여 문제가 논의되는 동안 홀적의 조선 및 번호 침입은 멈추었고, 이윽고 조선은 1606년(선조 39) 5월 1백 장의 직첩을 부잔타이에게 주었다.[89] 조선은 이미 1년 전인 1605년(선조 38) 11월 하질이가 직첩을 받을 때의 절목을 諺文, 즉 한글로 마련해 두고 있었는데, 이 개유절목을 살펴보면 다음과 같다.

〈記事 3〉
  前 北兵使 金宗得이 諺書로 開諭하고 何叱耳에게 職帖을 줄 때에 禮貌를 갖춘 후 꿇어앉게 했는데, 개유한 절목은 다음과 같다.
  1. 네가 직첩을 몹시 원한다기 때문에 堂上職 및 冠帶와 鞍子를 준다. 이와 같으니 후에는 일체 朝廷이 행하는 것을 따라야 한다.
  1. 너의 職은 그치는 것이 아니고 今番부터 네가 恭順하고 조공 또한 수가 많으면 너의 직은 점점 높아질 것이다.
  1. 너의 아랫사람 등이 모두 職을 받고자 한다는데, 너에게 먼저 직을 주고 官員으로 만든 연후에 너의 아랫사람 등의 功에 따라서 직첩을 授給할 것이다. 네가 가지고 가서 나누어 주면 국가의 體貌도 바로 세워지고 너의 권세 또한 중하게 될 것이다.[90]

〈기사 3〉의 개유절목에 의하면, 조선은 부잔타이에게는 堂上職과 冠帶, 鞍子를 주었으며, 조선에게서 관직을 받은 부잔타이가 조선 조정의 명을 따라야 한다는 것을 지적하였다. 또한 부잔타이의 관직은 조선에 공순하는 한편 조공의 횟수가 많아짐에 따라 승직할 수 있음을 알리고 있다. 그리고 먼저 부잔타이에게 직첩을 주어 조선의 관원이 되게 한 뒤에, 그의 아랫사람 등의 직첩은 공에 따라 주되, 부잔타이가 가지고 가서

---

주도록 하여 부잔타이의 권세를 세우게 하였다.

개유절목과 다른 점이 있다면, 조선의 직첩을 전해주고 개유한 사람은 김종득이 아니라, 鄭忠信이었고, 부잔타이에게 먼저 수직한 것이 아니라 1백 장의 직첩을 한꺼번에 수여한 것이었다. 정충신이 조선이 직첩을 전해주자 何胡 및 여러 호인들이 기뻐하였으며 정충신을 후대하였다.[91]

한편 조선과 부잔타이 사이에는 직첩을 둘러싼 약조가 있었다. 부잔타이는 그 약조대로 포로 1백 명을 출송하였고, 5명을 더하여 총 105명을 출송하였다. 또한 조선은 배반한 번호 명간내를 약속대로 출송하도록 요구하였다.[92]

조선의 직첩을 받은 부잔타이는 글을 써 보내서 직첩 50장의 녹봉은 각 40필로, 휘하 胡의 녹봉은 각 20필로 할 것을 요구하였는데, 조선은 이것을 수용하면서 홀호가 조선의 변경에 와서 進上을 바치면 그 후에 녹봉을 주어서 보내도록 정하였다. 더구나 조선은 부잔타이에게 직첩을 주면서 '受職 후 군병이 만일 경계를 침범하면 낱낱이 잡아서 참할 것'을 조건 중 하나로 요구하였고, 부잔타이는 이것을 약조하였다.[93]

조선이 부잔타이의 요청에 따라 직첩 1백장을 주었지만,[94] 부잔타이의 번호 침탈은 멈추지 않았다. 조선이 직첩을 수여한지 두 달도 되지 않아 부잔타이는 약조를 어기고 대군을 보내 慶源鎭 지경의 縣城과 주변 여

---

91 『선조실록』 권199, 선조 39년 5월 丙子; 己卯.

92 명간내의 출송 약속이 지켜졌는지는 알 수 없다.

93 『선조실록』 권201, 선조 39년 7월 甲戌(納條內受職後, 軍兵如有犯境者, 這這捕斬); 乙亥.

94 1610년(광해군 2)에 부잔타이는 1백장의 직첩을 근거로 조선에 1백장의 冠服과 通市를 요구하였는데, 조선은 관복 수여를 거부하다가 주게 되었고 녹봉에 대한 소비가 해마다 1백여 동이나 되었으며, 통시는 兵使가 참작하여 헤아려서 시행하도록 하였다(『광해군일기(중초본)』 권25, 광해군 2년 2월 庚申). 부잔타이에게 관복을 지급한 구체적인 기사는 『광해군일기(중초본)』 권49, 광해군 4년 1월 甲寅 참고.

러 곳에 있는 번호 부락을 포위하고 분탕질하였다.[95] 이 과정에서 홀적의
일부는 두만강을 건너와 경원진 지경 안 쪽에 머물러 사는 鶴髮阿 부락
을 침입하여 번호들의 재물과 가축을 약탈하였는데, 이때 조선인들과 여진
인들을 분별하지 못하면서 조선인들 역시 소와 가축을 빼앗기게 되었다.

한편 홀적은 두만강 이북에 있는 현성을 침입할 때 긴 사닥다리 70여
개를 만들어 두 곳으로 나누어 대고 침범하여 일시에 성으로 오르려고
하였으나 결국 성공하지 못하였다.[96] 현성에는 원래 거주하는 여진인들
3백여 명이 지키고 있었고, 거기에 더해 심처야인인 時者隱多·雪里多
두 부락과 夫汝只·新所羅·鋤應仇內·望見 부락의 여진인들이 합세하여
총 375명이 홀적의 침입에 맞서 싸워 마침내 성을 지킬 수 있었다. 현성
에서 여진인들이 홀적의 침입을 막아내자 뿔뿔이 떠났던 여러 호인들이
모두 현성을 믿고 다시 모여들어 지킬 계획을 세웠다.

부잔타이가 경원진 건너편에 있던 현성을 공격한 것은 두만강 하류인
경원진과 경흥진의 번호를 침탈하려는 목적에서였다. 부잔타이는 이미
건퇴를 소굴로 삼아 회령, 종성의 번호를 침탈하고 조선의 진보를 공격
하였고, 沙砦(沙胡)에 웅거하여 온성진 일대를 제압하였으므로, 경원진
과 경흥진의 번호를 침탈하는 거점으로서 현성을 활용하려고 하였다. 현
성을 공략하여 거점으로 삼게 되면 두만강 유역에 있던 5진의 번호들은
모두 부잔타이의 세력 아래 놓이게 된다. 부잔타이가 현성을 함락시키지
는 못했지만 '홀적의 세력은 점점 치성해져 水上과 水下, 즉 두만강 유역
전 지역의 번호들을 아우르면서 호령할 정도'였다는 조선의 우려가 있기
도 하였다.[97]

---

95 『선조실록』 권201, 선조 39년 7월 甲戌.
96 『선조실록』 권201, 선조 39년 7월 戊寅.
97 『선조실록』 권207, 선조 40년 1월 庚午.

그러나 부잔타이의 현성 공략은 경원·경홍진 일대의 번호들과 여진인들의 반발을 불러일으켰다. 홀적의 침탈과 침학을 받던 이 지역 여진인들은 결국 누르하치에 대한 귀순을 선택하였고, 이것은 누르하치의 적극적인 개입으로 이어졌다. 1607년(선조 40) 동해의 와르카부의 피오[蜚悠, 斐優]성[98]의 長 첨터허[策穆特黑]가 누르하치에게 내조하여 '우리 지방이 멀고 막혀있어 울라[烏喇]를 따르는데, 울라의 버일러(Beile, 貝勒) 부잔타이가 우리를 심하게 괴롭히니, 戶(家)를 옮겨 來附하도록' 청했다.[99] 이에 누르하치는 동생 슈르가치[舒爾哈齊] 등에게 3천 병사를 거느리고 피오성의 사람들을 옮겨 오도록 하였다.

슈르가치 등이 이끄는 누르하치의 군대는 현성으로 진격하였으며, 이때 부잔타이는 군사 1만 명을 보내 이를 막으려고 하였다. 누르하치의 군사와 부잔타이의 군사는 조선의 경내인 종성진 烏碣巖에서 크게 싸웠고,[100] 홀라온은 대패함으로써 결국 부잔타이의 두만강 유역 번호 침탈과 복속 시도는 실패하게 되었다.

## 6. 맺음말

14세기 동아시아의 한국과 중국, 일본은 새로운 왕조들이 개창되었고,

---

98 피오[蜚悠, 斐優]성은 현재 훈춘하 입구의 高麗城이다(董万崙, 「明末淸初圖們江內 外瓦爾喀硏究」, 『民族文化』, 2003年 第1期, 70쪽; 김선민, 「훈춘, 청과 조선의 변경」, 『만주연구』 19, 2015, 201쪽). 이곳은 두만강과 훈춘하가 만나는 三家子滿族鄕의 裴優城으로, 『조선왕조실록』에서 나타나는 縣城이다.

99 『淸太祖實錄』 卷3, 丁未 春正月 乙丑朔; 『滿洲實錄』 卷3, 丁未.

100 『선조수정실록』 권41, 선조 40년 2월 庚午; 『淸太祖實錄』 卷3, 丁未 春正月 乙丑朔; 『滿洲實錄』 卷3, 丁未. 『舊滿洲檔』는 이 전투가 3월 20일에 있었던 것으로 되어 있다(최동권, 『구만주당』, 보고사, 2007, 13쪽).

각국은 2백여 년을 거치는 동안 많은 발전을 이룩했으며, 중국의 명나라를 중심으로 한 안정된 체제를 만들어 왔다. 그러나 16세기가 되면서 새로운 변화와 동요가 일어나기 시작하였다. 조선을 중심으로 보면, 조선은 北虜南倭라는 말이 대변하듯 북쪽에서는 여진족이 성장하면서 조선을 위협하기 시작하였고, 남쪽에서는 다시 왜구가 흥기하더니 마침내 임진왜란이 일어났다.

조선의 북방은 두만강과 압록강을 사이에 두고 여진족의 거주지와 마주하고 있었는데, 특히 두만강 유역은 조선이 6진을 설치하면서 여진인들의 거주를 허용하였고, 조선에서는 이들을 藩胡라고 불러왔다. 번호들은 조선의 영향을 받으면서 성장하였지만, 점차 조선의 통제에서 벗어나기 시작하여 마침내 조선을 배반하고 침략하기 시작하였다.

압록강 유역과 요동의 여진인들은 주로 명나라의 통제와 영향 속에서 발전하였지만, 역시 명의 통제에서 벗어나 점차 통합의 움직임을 보이고 있었다. 요동의 여진족 통합의 중심에는 주지하다시피 建州衛의 누르하치[奴爾哈赤, Nurhachi]가 있었다.

당시 海西女眞 중 하나인 울라[烏拉, 烏喇, ulai]의 부잔타이[布占泰, Bujantai]는 누르하치와 경쟁하고 있었으며, 부잔타이는 누르하치에게 패해서 포로가 되는 등 복속된 바 있었다. 건주위 누르하치의 성장과 통합은 요동 전체에 흩어져 있는 여진인들을 대상으로 하는 것이었고, 부잔타이가 울라와 해서여진을 지키기 위해서는 노동력과 군사력의 확보 문제가 시급하였다. 따라서 부잔타이는 두만강 유역의 여진인들을 자신에게 복속시켜 새로운 군사력과 노동력을 확보하려 하였다.

부잔타이는 두만강 유역의 여진인들에 대해 여러 차례 간접적인 복속 시도를 벌여왔지만 실패하였고, 마침내 군사력을 동원하여 직접적인 복속 시도를 하게 되었다. 그렇지만 부잔타이의 군사 행동은 두만강 유역의 여진인들을 번호라 부르고 있던 조선과의 마찰을 불러일으킬 수밖에 없는 것이었다.

조선은 임진왜란 이후에도 번호들의 침입에 시달리고 있었고, 이제 더 나아가 부잔타이의 침입을 맞게 되었다. 그런데 이들은 조선이 그동안 상대했던 여진인들과는 다른 전술과 무기 등을 갖추고 있었다. 부잔타이에 의해 조선의 변경이 여러 차례 침입을 당하였고, 두만강 유역의 번호들 역시 침탈을 당하여 부잔타이에 끌려갔으며, 마침내 조선의 潼關鎭이 함락 당하면서 조선은 부잔타이의 군사가 주둔하고 있던 件退에 대한 정토를 시도하였다.

건퇴 정토는 실패하였지만, 이후 부잔타이는 조선에 職帖을 요구하였고, 조선은 포로 송환과 조선의 경계를 침입하지 않는다는 약속을 받고 직첩 1백 장을 수여하였다. 그렇지만 부잔타이는 번호 침탈을 멈추지 않았고 이 과정에서 조선의 변경을 침범하였다.

마침내 부잔타이에 의한 두만강 이북 縣城에 대한 공략은 여진인들의 반발을 불러일으켰으며, 여진인들이 누르하치에게 귀순하면서 누르하치의 본격적인 개입이 이루어졌다. 그리고 鍾城鎭 烏碣巖에서 부잔타이의 군대가 누르하치의 군대에 대패하면서 부잔타이의 두만강 유역의 번호 복속 시도는 실패하였다.

두만강 유역의 와르카[瓦爾喀], 즉 번호를 둘러싼 부잔타이와 누르하치의 경쟁에서 부잔타이가 패배한 것은 이후 울라의 패망으로 이어지는 계기가 되었다. 실제로 1613년(광해군 5) 누르하치는 3만 여 명의 군사로 울라의 왕성을 공략하였는데, 이 전투에서 추장 부잔타이는 예허[葉赫]로 도망쳤고, 누르하치는 울라의 부족들을 통합하는데 성공하였다.[101] 한

---

101 남의현, 「16~17세기 豆滿江 邊境地帶 女眞의 성장과 국제질서의 변화-瓦爾喀 등 女眞族 통합과정을 중심으로-」, 『명청사연구』 41, 2014, 82쪽.

편 조선은 누르하치의 번호 침탈과 철폐라는 새로운 상황을 맞이하게 되었다.

〈별표〉 홀라온 부잔타이[布占泰]의 조선 침입과 번호 침탈

| 연번 | 연도<br>(왕력) | 침입 장소<br>(본진) | 특이 사항 | 출처 |
|---|---|---|---|---|
| 1 | 1603년<br>(선조 36)<br>8월 14일 | 鍾城鎭 | 종성진 공격, 종성의 세 부락을 분탕하고 남녀와 마소를 다 잡아감(深處 豐家로서 向化한 於仇大 부락 등) | 『선조실록』권166, 선조 36년 9월 甲寅;『선조수정실록』권37, 선조 36년 8월 甲申 |
| 2 | 1603년<br>(선조 36)<br>8월 19일 | 潼關鎭<br>(鍾城鎭) | 동관진 포위(鶴雙耳·遮日 부락 등) | 『선조실록』권166, 선조 36년 9월 甲寅 |
| 3 | 1603년<br>(선조 36)<br>10월 14일 | 柔遠鎭<br>(穩城鎭) | 유원진을 침범, 성 가까이 돌진, 온성의 강가에 옮겨 둔치고 번호를 수색 | 『선조실록』권169, 선조 36년 12월 癸卯;己酉 |
| 4 | 1603년<br>(선조 36)<br>10월 14일 | 穩城鎭 | 온성진 지경을 침범, 先運이 美錢鎭 지경의 中里 부락으로 내려감, 後運은 온성진 지경 項浦 부락에 모였다가 水下로 내려감, 적어도 5천~6천명 | 『선조실록』권169, 선조 36년 12월 己酉 |
| 5 | 1603년<br>(선조 36)<br>12월 15일 | 慶原鎭 | 長城 문 밖에 접근, 縣城 문 밖에 屯結, 大軍은 夫汝只 부락에 머뭄, 부여지 등 일곱 부락을 분탕질하고 현성까지 침범 | 『선조실록』권169, 선조 36년 12월 己酉 |
| 6 | 1603년<br>(선조 36)<br>12월 16일 | 美錢鎭<br>(穩城鎭) | 忽賊의 대군이 미전진 지경의 中里 부락에 진을 치고 성을 에워쌈, 조선군과 접전 | 『선조실록』권169, 선조 36년 12월 己酉 |
| 7 | 1605년<br>(선조 38)<br>3월 15일 | 潼關鎭<br>(鍾城鎭) | 동관진 함락, 潼關僉使 全伯玉 전사, 2백여 명이 죽고 번호들도 다수 살상당함, 성의 4문은 전부 부서짐 | 『선조실록』권185, 선조 38년 3월 丙申; 권186, 선조 38년 4월 壬子 |
| 8 | 1605년<br>(선조 38)<br>4월 15일 | 會寧鎭 | 홀적의 기병 5백여 명이 회령진 경내의 煙臺 근처에 거주하는 번호 伐伊大 부락을 포위, 篤所 및 벌이대 부락을 분탕, 조선군이 추격하여 교전 | 『선조실록』권186, 선조 38년 4월 己巳 |
| 9 | 1605년<br>(선조 38)<br>5월 | 乾元堡<br>(慶源鎭) | 홀적이 卓斗 부락 침범(?) | 『선조실록』권187, 선조 38년 5월 辛丑; 권188, 선조 38년 6월 乙卯 |

| 10 | 1605년<br>(선조 38)<br>7월 | 穩城鎭 | 홀적의 賊將 者乙古舍가 온성진에서 50리쯤 되는 家洪 부락에 진을 침, 군대를 나누어 온성 경내를 침략 | 『선조실록』 권189,<br>선조 38년 7월 丁丑; 戊寅 |
|---|---|---|---|---|
| 11 | 1605년<br>(선조 38)<br>7월 20일 | 穩城鎭·<br>鍾城鎭 | 건퇴에 주둔하여 홀적이 온성진 경계의 交老 부락으로 쳐들어옴, 종성진 경계의 伊乙臣大 부락 및 有厚老 부락을 포위하여 전부 죽이고 약탈한 뒤 교로 부락에 머물던 오랑캐 禮汝巨 부부 및 자식 삼남매를 사로잡아 건퇴로 돌아감 | 『선조실록』 권190,<br>선조 38년 8월 辛酉 |
| 12 | 1606년<br>(선조 39)<br>6월 23일 | 慶源鎭 | 홀적의 대군이 縣城을 포위, 여러 곳에 있는 번호 부락을 포위하고 분탕질, 경원진 지경 안의 鶴髮阿 부락을 침입하여 번호 및 조선인의 가축과 재물을 약탈 | 『선조실록』 권201,<br>선조 39년 7월 甲戌 |

# 제3장 누르하치의 두만강 유역 번호 침탈과 조선의 대응 고찰

## 1. 머리말

　임진왜란 전후부터 시작된 두만강 유역 藩胡들의 반란은 임진왜란 이후, 새롭게 성장하는 建州衛 누르하치[奴爾哈赤, Nurhachi]의 세력과 연계되기 시작하였다. 또한 海西女眞 중 하나였던 울라[烏拉, 烏喇]의 부잔타이[布占泰, Bujantai]가 조선을 침입하고 번호들을 침탈하기 시작하였다. 누르하치는 부잔타이의 번호 침탈에 맞서 두만강 유역에 군대를 파견하였고, 결국 조선의 鍾城鎭 경내의 烏碣巖에서 울라의 1만 군사를 격파하였다. 부잔타이의 군대를 격파한 누르하치는 두만강 유역의 번호들을 철폐하면서 흡수·통합하기 시작하였다.

　두만강 유역의 여진인들은 조선에서 번호라고 불렀는데, 이것은 조선이 6鎭을 설치하면서 두만강 유역에 두었던 藩籬였다. 6진을 설치하면서 여진인들을 모두 강 밖으로 내쫓는 것은 현실적으로 불가능한 것이었기 때문에 성 밑의 城底뿐만 아니라 두만강 유역 내외에 여진인들의 거주를 허용하면서 이들을 藩籬化시켰고 점차 번호라 부른 것이다. 번호는 조선의 북방 울타리로써 북방의 정세와 동향뿐만 아니라 여진인들의 침입 사실을 보고하였으며, 여진 정벌에 종군하거나 向導가 되기도 하였다. 또한 조선의 입장에서 보면 深處 여진인들의 침입을 막는 1차 방어선의 역할을 하였다.

　따라서 누르하치의 번호 철폐는 자연히 조선과의 마찰을 빚을 수밖에 없는 것이었다. 조선은 임진왜란 이후 전후 복구와 국내외의 안정이 필요한 상황에서 새롭게 성장하는 누르하치와의 직접적인 마찰을 피하고자 했지만, 누르하치의 번호 철폐라는 상황을 맞을 수밖에 없었다.

그동안 조선과 누르하치 관계에 대한 연구는 후금의 성립을 전후하여 양국의 교섭 및 명의 원병 요청에 의한 조선의 파병 문제,[1] 조선의 국방·방어 정책에 대한 고찰[2] 등을 중심으로 정묘·병자호란 직전까지의 외교적·군사적 현안 문제에 대해 집중되어 왔다. 그리고 누르하치의 세력 확장과 관련한 만주족 통합과 두만강 유역으로의 진출 문제,[3] 누르하치와 조선의 번호와 관련된 문제 및 당시 외교 일선을 담당했던 하세국을 통한 조선과 누르하치 관계를 넘어서서 당시 두만강에 대한 변경사적 관점에서의 연구도 진행되어 왔다.[4]

그러나 중국 및 한국의 사료 등을 종합하여 누르하치의 번호 침탈과

---

1 최호균, 「光海君의 對北方政策에 관한 一考察-對明派兵과 密旨問題를 中心으로-」, 성균관대학교 석사학위논문, 1983; 최호균, 『朝鮮中期 對女眞關係의 연구』, 성균관대학교 박사학위논문, 1995; 김종원, 『근세 동아시아관계사 연구-朝淸交涉과 東亞三國貿易을 중심으로-』, 혜안, 1999; 한명기, 『임진왜란과 한중관계』, 역사비평사, 1999.

2 장성진, 「광해군시대 국방정책 연구」, 국방대학교 석사학위논문, 2008; 육군본부, 『한국군사사』7(조선후기Ⅰ), 경인문화사, 2012; 노영구, 「17세기 전반기 조선의 대북방 방어전략과 평안도 국방체제」, 『군사연구』135, 2013; 장정수, 「선조대 對女眞 방어전략의 변화 과정과 의미」, 『조선시대사학보』67, 2013.

3 조병학, 『入關前 後金의 몽골 및 滿洲族 統合에 관한 연구』, 중앙대학교 박사학위논문, 2002; 董万崙, 「明末淸初圖們江內外瓦爾喀研究」, 『民族文化』2003年 第1期; 남의현, 「16~17세기 豆滿江 邊境地帶 女眞의 성장과 국제질서의 변화-瓦爾喀 등 女眞族 통합과정을 중심으로-」, 『명청사연구』41, 2014.

4 계승범, 「鄕通事 河世國과 조선의 선택-16~17세기 한 女眞語 통역관의 삶과 죽음-」, 『만주연구』11, 2011; 박정민, 「임진왜란과 여진인 '來朝'의 종언」, 『만주연구』18, 2014; 박정민, 「누르하치의 두만강 유역 진출과 조선의 藩胡 상실」, 『인문과학연구』43, 강원대학교 인문과학연구소, 2014; 김선민, 「훈춘, 청과 조선의 변경」, 『만주연구』19, 2015.

조선 침입에 대한 상세하고 구체적인 현황까지는 아직 제대로 연구되지 못했고, 이에 대한 조선의 대응 양상도 종합적이지 못한 한계를 가지고 있다.

따라서 본고에서는 『滿洲實錄』, 『淸太祖實錄』과 『朝鮮王朝實錄』 등을 중심으로 누르하치의 번호 침탈 및 철폐 현황을 정리하고, 이에 대한 조선의 대응 양상을 외교적·군사적 대응으로 구분하여 종합적인 고찰을 시도하고자 한다. 이를 통해 보다 구체적인 누르하치의 침입 양상과 세력 확장 모습을 그려보고, 조선의 대응 과정과 양상을 살펴봄으로써 당시 만주 지역을 중심으로 한 격동하는 동아시아 정세를 파악하는데 도움이 될 것이다.

## 2. 누르하치의 두만강 유역 진출

누르하치의 6대조는 잘 알려진 것처럼 먼터무[孟特穆]인데, 그는 오도리(알타리)족의 수장으로 『龍飛御天歌』에는 斡朵里豆漫 夾溫猛哥帖木兒로, 『朝鮮王朝實錄』에는 童孟哥帖木兒로 기록되어 있다. 먼터무는 원·명교체기에 여진의 5만호부가 있던 지금의 依蘭에서 이동하여 두만강 유역의 會寧(吾音會) 지방에 거주하였다. 고려말에는 李成桂에게 從軍하였는데, 조선 건국 후에는 그 공을 인정받아 萬戶의 관직을 받았고, 이후 태종에게서 慶源等處管軍萬戶라는 관직을 받았다.

조선은 동맹가첩목아를 조선의 藩籬로 인식하였고, 태종 때 명의 永樂帝가 동맹가첩목아를 초무하여 建州左衛를 개설할 때 그를 둘러싼 조선과 명의 치열한 외교전이 벌어지기도 하였다. 이후 건주좌위의 동맹가첩목아는 회령에서 소위 '七姓野人'의 침입을 받아 패망하였고, 이복동생

인 凡察과 아들인 童倉이 건주위가 있던 波猪江 유역으로 이동하여 각
각 建州右衛와 건주좌위의 수장이 됨으로써 이들을 건주위와 함께 建州
三衛라고 불렀다.

누르하치는 바로 이 건주좌위의 수장이었으며, 점차 성장하여 1589년
(선조 22)에는 건주삼위 전체를 통일하였다. 이때 누르하치는 이미 스스
로 王이라 칭하고 있었으며, 두만강 유역에 있던 毛麟衛(毛憐衛)도 복종
한 상태였다.[5] 그러나 같은 기록에 건주위와 접해 있던 溫火衛는 복종하
지 않고 있어 누르하치가 압록강·두만강 유역을 모두 장악했다고 보긴
어렵다. 다만 이 시기『선조실록』을 보면, 누르하치는 군사를 4運으로
나누었는데, 제1은 環刀軍, 제2는 鐵鎚軍, 제3은 串赤軍, 제4는 能射軍이
라 하고, 여러 여진인 부락들을 위협하면서 제어하고 있었으며, 이때 이
미 장차 중국을 상대로 보복할 계획을 세우고 있었다.[6]

『淸太祖實錄』과『滿洲實錄』등을 보면, 1591년(선조 24) 누르하치는
군사를 보내 長白山(白頭山)의 鴨綠江路를 전부 차지하였고,[7] 와르카부
[瓦爾喀部]의 안출라쿠[安楚拉庫]와 內河지방[河川部族]인 로툰[羅屯]·
가시툰[喝什屯]·왕기누[旺吉努]라는 세 우두머리를 예속시킨 상태였다.[8]
로툰은『建州紀程圖記』에 보이는 老佟으로 바로『조선왕조실록』에 조
선의 번호로 나타나던 老土였다.[9] 즉 1595년(선조 28) 申忠一이 建州衛

---

5 『선조실록』권23, 선조 22년 7월 丁巳. 毛麟衛(毛憐衛)의 위치에 대해서『建州紀
程圖記』는 '함경북도 건너편'이라 하고 있다(이민환 지음, 중세사료강독회 옮김,
2014,『책중일록』, 부록1 신충일의 〈建州紀程圖記〉, 서해문집, 187쪽).

6 『선조실록』권23, 선조 22년 7월 丁巳.

7 『淸太祖實錄』卷2, 辛卯 春正月 戊戌朔(中華書局 影印本, 이하 같음);『滿洲實錄』
卷2, 辛卯(中華書局 影印本, 이하 같음; 崔學根 譯, 1992,『國譯蒙文 滿洲實錄
(上)』, 보경문화사[蒙文本] 및 고려대학교 민족문화연구원 만주학센터 만주실록 역
주회, 2014,『만주실록 역주』, 소명출판[滿文本], 참고).

8 『淸太祖實錄』卷2, 丁酉 春正月 壬辰朔;『滿洲實錄』卷2, 丁酉.

에 갔을 때 毛隣衛의 酋胡 노동이 戰馬 70필과 獤皮 1백여 장을 예물로 바쳤는데, 그해 12월 초승에 투항하였다는 소식을 들었다.[10] 따라서 두만 강 유역의 여진인들은 임진왜란 전과 그 과정 중에 이미 누르하치에게 직·간접적으로 복속된 상황이었다고 할 수 있다.

건주위를 통합하고 주변의 여진족들을 복속시켜가던 누르하치는 임진 왜란 때 휘하에 馬兵 3~4만과 步兵 4~5만을 거느리고 있다고 주장하였 고, 명을 통하여 조선에 원병을 파병할 것을 제의하기도 하는 등 큰 성장 을 하였다.[11] 명에서도 누르하치의 군대를 조선에 파병하려는 시도가 있 었다고 할 수 있는데, 결국 조선의 반대로 이루어지지 않았다.[12] 누르하 치는 조선에 원병을 파병하진 못했지만, 임진왜란으로 명의 요동 통제가 느슨해진 틈을 이용하여 만주 지역 전체에 흩어져 있던 여진인들을 통합 하기 시작하였다.

임진왜란 중에는 渭原에서 조선인과 누르하치의 관하인들 간에 인삼 (산삼) 채취와 관련하여 살상과 다툼이 일어나자 조선을 침입한다고 위 협하였으며, 조선에서는 이의 재발 방지 및 누르하치의 동향을 파악하기 위해 신충일을 파견하기도 하였다. 또한 임진왜란 중 건주위에서 도망한 사람을 조선측에서 쇄환시켜 줄 것을 요청하기도 하였고, 반대로 조선에

---

9 董万崙, 앞의 논문, 2003, 72~73쪽. 최근 장정수는 여진 번호 로툰(老土)의 향배를 통 해 조선과 여진 번호, 건주여진의 관계를 고찰한 바 있다(장정수, 「선조대 말 여진 번 호 로툰(老土)의 건주여진 귀부와 조선의 대응」, 『조선시대사학보』 78, 2016, 참고).
10 『선조실록』 권71, 선조 29년 1월 丁酉; 『建州紀程圖記』(이민환, 중세사료강독회 옮김, 앞의 책, 2014, 188쪽).
11 『선조실록』 권30, 선조 25년 9월 甲戌.
12 『선조실록』 권30, 선조 25년 9월 辛未. 이때 尹斗壽는 누르하치의 군대가 오면 조 선은 멸망할 것이라는 말을 하였고, 李德馨은 누르하치가 3만의 군사를 거느리고 압록강 가에 와서 황제의 칙서에 따라 왔다고 한다면 거절하기가 어려울 것이라고 하였다.

서 도망친 사람을 쇄환하는 등 조선에 대해 우호적이었으며, 조선과의 마찰을 최대한 피하려 하였다.

그런데 누르하치에 의해 포로로 잡혀 있던 부잔타이가 울라로 돌아가 수장이 되면서 상황이 바뀌게 되었다. 부잔타이는 누르하치에게 복종하는 태도를 취하면서도 두만강 유역의 번호를 복속시키려 하였다. 1597년(선조 30) 부잔타이는 예허(여허)를 끌어들여 이미 누르하치에게 복속된 두만강 유역의 여진인들, 즉 와르카의 안출라쿠와 내하 지방의 로툰·가시툰·왕기누를 자신에게 복속시켰다.[13]

그러자 누르하치는 다음해인 1598년(선조 31) 부잔타이의 두만강 유역 진출에 대응하였다. 즉 長子 추영[褚英], 막내 동생 비아라[巴雅喇] 등에게 병사 1천 명을 주어서 군사적 정벌을 감행하여 안출라쿠의 20여 부락을 취득하고 그 부족의 인근부락 전부를 歸降시켰으며 1만여 人畜을 노획해 왔다.[14] 이 공으로 추영은 타이지[台吉]에서 홍바투루[洪巴圖魯], 비아라는 타이지에서 조릭투[卓禮克圖]라는 爵號를 받았다. 이를 보면 누르하치는 오늘날의 훈춘 일대까지 장악하였음을 알 수 있다.[15] 이러한 결과 이듬해인 1599년(선조 32년) 東海 워지부[渥集部]의 후르가로[虎爾哈路] 지역의 추장 왕거[王格]·장거[張格]가 1백 명을 이끌고 누르하치에게 조공을 바치러 오기까지 하였다.[16]

1598년(선조 31)의 『조선왕조실록』에는 누르하치가 조선의 함경도 지

---

13 『淸太祖實錄』卷2, 丁酉 春正月 壬辰朔;『滿洲實錄』卷2, 丁酉.

14 『淸太祖實錄』卷2, 戊戌 春正月 丁亥朔;『滿洲實錄』卷2, 戊戌.『淸太祖實錄』과 『滿洲實錄(滿文本, 蒙文本)』에는 2천여 부락을 취하고 인근 부락을 전부 복속시킨 것은 동일하지만, 1만 여 人畜을 鹵獲해 온 내용은『滿洲實錄(蒙文本)』에만 나타난다.

15 김선민, 앞의 논문, 2015, 201쪽.

16 『淸太祖實錄』卷3. 己亥 春正月 壬午朔;『滿洲實錄』卷3. 己亥.

역 江邊에 거주하는 胡人 3백여 호를 무찔러 없애고 수백여 명을 나포하였으며, 조선이 경작을 금하는 三水郡 지방에 와서 주둔하면서 농사를 지었다는 기록이 있다.[17] 그러나 이 지역에 와서 농사를 지은 것은 누르하치가 아닌 그에게 복속되었던 노토였다. 노토는 조선이 금지했던 茂山堡 부근 政丞坡吾達로 이주하여 왔고, 조선이 내쫓으려 하자 조선의 군관 등을 공격하였으며, 마침내 조선의 노토 정토로 이어졌다. 따라서 이 기사는 누르하치의 직접적인 군사 행동보다는 누르하치에게 복속한 노토의 행동으로 보아야 할 것 같다.

조선의 정토를 받아 막대한 피해를 입은 노토는 1600년(선조 33)에 누르하치의 胡兵을 끌어들여 다른 번호를 침탈하였다. 이때 누르하치는 자신의 부하들에게 조선을 절대 침범하지 못하게 하였고, 조선에 馬赤哈(馬赤介)을 공벌하는 것이라고 서신을 보냈다. 그러나 첨사 具滉이 조선 경내를 침입한 적을 방어하고, 번호를 구원하는 舊例에 따라 출전하였다가 패전하여 살해당하였다.[18] 이때 甫乙下堡 성 밑에서 자란 李莫同이란 조선인이 누르하치의 성[老城]까지 잡혀갔다가 도망쳐 오기도 하였다.[19] 이후 노토는 자신의 아들 阿老가 조선에 투항하였다가 斬級당하자 누르하치에게 精兵 4백 명을 빌려 원수를 갚으려 하였다.[20]

---

17 『선조실록』 권100, 선조 31년 5월 丙戌.
18 『선조실록』 권127, 선조 33년 7월 乙卯; 戊午; 己巳; 『眉叟記言』 卷之38, 原集 東序記言 梧里李相國遺事.
19 『선조실록』 권190, 선조 38년 8월 壬子.
20 『선조실록』 권189, 선조 38년 7월 丙子.

〈표 1〉 임진왜란 전후 누르하치의 두만강 유역 진출(1591년~1600년)

| 연번 | 연도<br>(왕력) | 장소 | 특이 사항 | 출처 |
|---|---|---|---|---|
| 1 | 1591년<br>(선조 24) | 長白山<br>鴨綠江路, | 누르하치가 군사를 보내 長白山(白<br>頭山)의 鴨綠江路를 전부 차지 | 『淸太祖實錄』 卷2,<br>辛卯 春正月 戊戌朔;<br>『滿洲實錄』 卷2, 辛卯 |
| 2 | 1595년<br>(선조 28) | 함경북도<br>건너편<br>毛隣衛 | 申忠一이 建州衛에 갔을 때 毛隣衛<br>의 酋胡 노동이 戰馬 70필과 獩皮 1<br>백여 장을 예물로 바쳤는데, 그해 12<br>월 초승에 투항하였다는 소식을 들음 | 『선조실록』 권71,<br>선조 29년 1월 丁酉;<br>『建州紀程圖記』 |
| 3 | ? | 瓦爾喀部의<br>安楚拉庫<br>內河지방<br>(河川部族) | 瓦爾喀部의 安楚拉庫와 內河지방<br>(河川部族)인 로툰[羅屯, 노토]·가시<br>툰[喝什屯]·왕기누[旺吉努]라는 세<br>우두머리를 예속시킴 | 『淸太祖實錄』 卷2,<br>丁酉 春正月 壬辰朔;<br>『滿洲實錄』 卷2, 丁酉 |
| 4 | 1598년<br>(선조 31) | 함경도<br>江邊 | 胡人 3백여 호를 무찔러 없애고 수백<br>여 명을 나포해 가고, 조선이 경작을<br>금하는 三水郡 지방에 와서 주둔하면<br>서 농사를 지음〈누르하치에게 복속된<br>老土의 행동으로 보임〉 | 『선조실록』 권100,<br>선조 31년 5월 丙戌 |
| 5 | 1598년<br>(선조 31) | 瓦爾喀部<br>安楚拉庫 | 安楚拉庫의 20여 부락을 취득하고<br>그 부족의 인근부락 전부를 歸降시킴<br>〈1만여 人畜을 鹵獲한 것은 『滿洲<br>實錄』 蒙文本에만 나옴〉 | 『淸太祖實錄』 卷2,<br>戊戌 春正月 丁亥朔:<br>『滿洲實錄』 卷2, 戊戌 |
| 6 | 1600년<br>(선조 33) | 會寧鎭 甫乙<br>下堡 | 老土가 누르하치의 胡兵을 끌어들여<br>馬赤哈(馬赤介)를 공벌, 이에 대응하<br>였던 조선의 첨사 具滉이 살해당함 | 『선조실록』 권127,<br>선조 33년 7월 乙卯;<br>戊午; 己巳;『眉叟記<br>言』卷之38, 原集 東<br>序記言 梧里李相國遺事 |

　따라서 임진왜란 전과 직후에 누르하치는 이미 두만강 유역에까지 진
출하여 여진인 부락들을 직·간접적으로 복속시키고 있었음을 알 수 있
다. 그러나 당시 누르하치의 두만강 유역 진출은 본격적인 군사 행동을
통한 통합과 정복이라기보다는 자신의 세력을 확장하고 주변의 여진인
들을 복속시키기 위한 것이었다고 할 수 있다.

즉 〈표 1〉을 보면, 누르하치는 두만강 유역에 대해서도 어느 정도의 군사적 행동을 취하고 있지만, 대부분 인근 지역의 수장들을 귀순시키거나 복속시키는 것에 지나지 않고, 조선을 침입하였던 1600년(선조 33) 역시 자신에게 복속한 노토를 지원하여 조선의 번호들을 침탈하는 시도였다.

그러나 이러한 누르하치의 두만강 유역 진출은 두만강 유역의 여진인 번호들에게 영향을 미치고 있었다. 결국 會寧 서쪽의 藩胡들이 모두 누르하치의 제압을 받거나 혹은 누르하치와 가까운 지역[近地]으로 옮기기도 하고 혹은 그의 휘하가 되기도 하였다.[21] 함경도의 번호들도 거의 반이나 누르하치에게 귀순 복종하여서 조선의 번리가 날로 철거되고 있는 상황이 되고 있었다.[22]

그리고 누르하치에게 복속된 藩胡 중에는 조선에게 받은 職帖을 누르하치에게 바치면서 자신들이 조선의 직첩을 받고 京城에 왕래하였음을 알리기도 하였다.[23] 이에 누르하치는 副將 忙剌哈을 滿浦에 보내 '북방의 번호처럼 서울에 가서 직첩 받기를 청한다'고 요청하였다.[24] 조선은 누르하치의 직첩 요청에 대해 누르하치가 이미 明의 龍虎將軍의 직첩을 받은 것 등을 들어 이를 거절하였다.[25]

## 3. 누르하치의 번호 철폐와 조선 침입

누르하치의 견제에도 불구하고 부잔타이는 두만강 유역 여진인들의

---

21 『선조실록』 권191, 선조 38년 9월 己亥.
22 『선조실록』 권142, 선조 34년 10월 壬辰.
23 『선조실록』 권134, 선조 34년 2월 己丑.
24 『선조실록』 권142, 선조 34년 10월 丁亥.
25 『선조실록』 권142, 선조 34년 10월 丁亥; 壬辰.

복속 시도를 멈추지 않았고, 결국 직접 군사를 이끌고 조선의 번호를 침
탈하기 시작하였다. 부잔타이는 1603년(선조 36)부터 조선의 鍾城鎭 및
穩城鎭 등의 鎭堡에 침입하고, 군사들을 件退에 주둔시키면서 번호들을
수색하여 잡아가는 등 직접적인 침탈을 계속하였다. 마침내 부잔타이는
1605년(선조 38) 조선의 潼關鎭마저 함락시키고, 이듬해인 1606년(선조
39)에는 慶源鎭 건너편의 縣城을 공략하여 두만강 하류 유역에 거주하
던 여진인들까지 침탈하고 복속시키려 하였다.

그러나 부잔타이의 현성 공략은 경원·경흥진 일대의 번호들과 여진인
들의 반발을 불러일으켰다. 부잔타이의 침탈과 침학을 받던 이 지역 여
진인들은 결국 누르하치에 대한 귀순을 선택하였고, 이것은 누르하치의
적극적인 개입으로 이어졌다.

1607년(선조 40) 동해의 와르카부의 피오[蜚悠, 斐優]성의 長 첨터허
[策穆特黑]가 누르하치에게 내조하여 '우리 지방이 멀고 막혀있어 울라
[烏喇]를 따르는데, 울라의 버일러(Beile, 貝勒) 부잔타이가 우리를 심하
게 괴롭히니, 戶(家)를 옮겨 來附하도록' 청했다.[26] 이에 누르하치는 동생
슈르가치[舒爾哈齊], 장자 홍바투루[洪巴圖魯]인 추영[褚英], 차자 다이
샨[代善], 一等大臣 피옹돈[費英東], 侍衛 후르간히야[扈爾漢] 등에게 3
천 병사를 거느리고 피오성의 사람들을 옮겨 오도록 하였다.

피오성은 현재 훈춘하 입구의 高麗城인데,[27] 이곳은 두만강과 훈춘하
가 만나는 三家子滿族鄕의 裴優城으로, 『조선왕조실록』에서 나타나는
縣城이다. 현성은 두만강을 건너 10리 지점의 넓은 들 가운데에 있던 큰
성이었고,[28] 현성 주변에는 조선의 번호 부락들이 흩어져 있어서, 주변의

---

26 『淸太祖實錄』 卷3, 丁未 春正月 乙丑朔;『滿洲實錄』 卷3, 丁未.
27 董万崙, 앞의 논문, 2003, 70쪽; 김선민, 앞의 논문, 2015, 201쪽.
28 『세종실록』 권155, 지리지 함길도 길주목 경원도호부.

여진인들은 조선의 번호였다고 할 수 있다. 누르하치는 3천 병사를 보내 피오성의 사람들을 건주위로 옮기려 하였는데, 결국 이것은 두만강 유역의 번호들을 이주시키는 최초의 시도라 할 수 있다.

누르하치의 군대는 두만강 유역으로 진출하여 南略耳(南羅耳)의 囊括山 밖에 하나의 부락을 설치하고 山外와 水下, 즉 백두산 밖과 두만강 하류의 번호 부락들을 유혹하고 위협하면서 원근의 호인들을 복종시키려 하였다.[29] 이때 두만강 밖의 여러 여진인들은 忽胡의 침략에 시달려 와서 모두 누르하치를 기꺼이 따르려는 상황이었으며, 여진인들이 來附하여 누르하치의 兵勢가 점점 성대하게 되었다. 부잔타이의 침탈에 시달리던 번호들이 누르하치를 따르려던 상황은『조선 선조실록』과『淸太祖實錄』·『滿洲實錄』등에서 동일하게 나타난다.

슈르가치, 홍바투루 추영 등이 이끄는 누르하치의 군대는 남략이를 거쳐 현성으로 진격하였으며, '번호를 모두 거두어 屯치고 농사짓게 하겠다, 홀적이 번호를 죽이고 약탈하며 조선을 침범하니, 내가 실로 이를 통탄스럽게 여긴다'고 조선의 6진 列邑에 行文하였다.[30] 그들이 조선의 각 진에 보낸 문서의 대체적인 내용은 홀적이 조선에 귀순한 번호를 심하게 약탈·제거하고 조선을 침략하므로 홀추의 죄를 추궁하고 공격하겠다는 것이었고, 조선의 국경을 침범하는 것이 아니라는 것이었다.[31] 이를 보면 누르하치는 조선과의 직접적인 충돌은 피하려고 했던 것을 알 수 있다. 그러나 누르하치의 군사는 번호를 수색하고 잡아가면서 조선의 변경을 침입할 수밖에 없었다.

---

29 『선조실록』권209, 선조 40년 3월 庚辰;『선조수정실록』권41, 선조 40년 2월 庚午.
30 『선조수정실록』권41, 선조 40년 2월 庚午.
31 『선조실록』권208, 선조 40년 2월 己亥; 3월 甲申; 乙酉.

〈記事 1〉
지난 정미년간에 奴酋가 군사를 두 개로 나누어 일으켜서 강 연안에 거
주하는 胡人을 거느리고 멋대로 노략질을 자행하였으며 또 時錢 부락을
공격하였다. 또한 강변의 호인을 白頭山 밑에 옮겨놓아 그 형세가 연락되
게 하였다. 지난해 봄에는 노추가 또 山外의 호인을 建州衛 성안으로 옮
겨놓았는데, 항복한 호인의 말에 '노추가 藩胡를 모두 철수한 후 조선을
침범하고자 한다'하였다.[32]

〈기사 1〉의 정미년은 1607년(선조 40)으로, 누르하치의 군대는 둘로
나뉘어져 두만강 연안에 거주하는 여진인들, 즉 조선의 번호들을 거느리
고 조선의 변경을 노략질하였으며, 조선의 번호 부락인 시전 부락을 공
격하였다. 이때 누르하치의 군대가 번호를 수색하고 잡아가면서 두만강
을 건너와 彼我를 구분하지 못하고는 조선의 사람과 가축을 잡아가기도
하였고, 조선군과 접전하기도 하였다.[33] 대표적으로는 安源鎭, 乾原堡,
慶源鎭, 穩城鎭, 撫夷保, 美錢鎭, 阿山堡, 鍾城鎭 등이 누르하치의 침입
을 받고 있었다. 즉 누르하치의 군사는 안원진을 포위하고 퇴진하면서
조선의 烽燧軍을 잡기도 하였고, 건원보에서는 內奴 愛守가 잡혔다가
현성까지 끌려갔다 돌아왔으며, 경원진에서는 누르하치의 군사가 번호
를 잡으려고 강을 건너 추격하였다가 조선군과 접전하였다.[34] 온성진과
무이보의 번호들도 누르하치의 병사에게 붙잡히고 있었고, 이들은 撫
夷·慶源·美錢·安源 등의 진에 이유 없이 강을 건너와 사람과 가축을 죽
이고 약탈하였다.[35]

누르하치의 군사들은 현성(피오성)의 주위 곳곳의 각 村들을 모두 거

32 『광해군일기(중초본)』 권15, 광해군 1년 4월 壬申.
33 『선조실록』 권209, 선조 40년 3월 甲申; 乙酉.
34 위와 같음.
35 『선조실록』 권209, 선조 40년 3월 甲申; 乙酉; 丙戌.

두어들이고, 5백 호를 먼저 출발하게 하였는데,[36] 이들의 목적은 조선의
번호들을 모두 데리고 가는 것, 즉 번호의 철폐였다. 〈기사 1〉과 같이,
우선 두만강 유역에 거주하는 번호들을 백두산 밑에 옮겼다가, 다음해인
1608년(광해군 즉위년)에는 이윽고 건주위 성안으로 옮겨 놓았다.

누르하치의 군대는 번호들을 철폐시키면서 두만강을 넘어 마음대로
조선의 경내에 들어올 수밖에 없었다.[37] 이에 대해 누르하치의 군병들은
멀리서 온 군사들이 지쳐서 할 수 없이 지름길을 따라간 것이라고 하면
서 조선을 침범할 의사가 아님을 거듭 밝히고 있었다.

누르하치의 군사가 5백 호를 먼저 출발하게 하자, 이때 부잔타이는 군
사 1만 명을 보내 이를 막으려고 하였고, 누르하치의 군사는 종성진 烏
碣巖에 진군하여 홀라온과 크게 싸웠다.[38] 홀라온은 대패하여 기계와 우
마를 모두 버린 채 도주하였는데, 누르하치의 군대는 부잔타이의 병사 3
천 명을 죽였고, 5천 필의 말과 3천 벌의 갑옷을 얻었다.[39] 당시 조선의
국경에 시체가 서로 이어져서 조선의 邊臣이 직접 센 숫자가 2천 6백여
명이었다.[40] 누르하치는 큰 승리를 거두고 돌아온 동생 슈르가치에게 다
르한 바투루[達爾漢 巴圖魯], 장자 홍바투루인 추영에게 아르가투 투먼
[阿爾哈圖 土門], 차자 다이샨에게 구영 바투루[古英 巴圖魯]라는 칭호

---

36 『淸太祖實錄』卷3, 丁未 春正月 乙丑朔; 『滿洲實錄』卷3, 丁未.
37 『선조실록』권209, 선조 40년 3월 戊子.
38 『선조수정실록』권41, 선조 40년 2월 庚午; 『淸太祖實錄』卷3, 丁未 春正月 乙丑
   朔; 『滿洲實錄』卷3, 丁未. 『舊滿洲檔』는 이 전투가 3월 20일에 있었던 것으로 되
   어 있다(최동권, 『구만주당』, 보고사, 2007, 13쪽).
39 『선조수정실록』권41, 선조 40년 2월 庚午; 『淸太祖實錄』卷3, 丁未 春正月 乙丑
   朔; 『滿洲實錄』卷3, 丁未.
40 『광해군일기(중초본)』권14, 광해군 1년 3월 辛卯. 이 기사에 의하면, 누르하치 군
   대는 시체를 싣고 멀리 도망하는 무리를 추격하여 북쪽 깊숙이 들어가서 돌아왔는
   데 胡地에서 죽은 자도 6~7천명이어서, 패전해서 죽은 부잔타이의 병사가 7~8천
   정도로 파악하고 있다.

를 주었다.[41]

한편 이 과정에서 누르하치의 군대는 조선의 변경을 뚫고 지나갔고, 경원성 밖에까지 들어왔다가 돌아가기도 하였다.[42] 이때 누르하치의 군사는 두만강을 건너 撫夷保·慶源鎭·美錢鎭·安源鎭 등에 와서 번호를 수색하면서 조선의 사람과 가축까지 잡아갔고, 이에 조선군과 누르하치군 사이에 소규모 접전이 있기까지 하였다.[43] 또한 누르하치의 군사들은 조선의 성 안에 들어가 살고 있는 번호들을 推給할 것을 요구하였고, 두만강 유역의 번호들을 수색하여 잡아가고 있었다.

그렇지만 누르하치의 군대는 오갈암에서 부잔타이의 군대를 대파한 이후, 조선의 진보를 직접적으로 공격하기 보다는 인근의 번호들을 수색하고 잡아가고 있었으며, 이윽고 조선의 성 안에 살고 있는 번호들을 내놓을 것을 협박하였다.[44] 특히 현성에 주둔하였던 누르하치의 군사들 중 수백 명이 아산보 성 밑에 와서 번호를 내놓으라고 협박하였는데, 이 때문에 봉화 5炬가 서울의 木覓山까지 전해져 조선 정부가 놀라기도 하였다.[45]

또한 누르하치는 오갈암 전투 이후에도 여전히 부잔타이를 따르던 와르카의 허시허[爀席爀]·파너허[佛訥赫] 지방에 막내동생인 조릭투 버일러와 어이두 바투루·후르간 히야 등에게 1천 병사를 주어 허시허·오모호 수루[鄂謨和蘇嚕]·파너허 톡소[佛訥赫拖克索] 세 지방을 정복하고 포로 2천 명을 사로잡아 오기도 하였다.[46] 결국 '누르하치의 兵馬가 水下

---

41 『淸太祖實錄』卷3, 丁未 春正月 乙丑朔;『滿洲實錄』卷3, 丁未.

42 『선조수정실록』권41, 선조 40년 2월 庚午.

43 『선조실록』권209, 선조 40년 3월 甲申; 乙酉.

44 『선조실록』권209, 선조 40년 3월 丙戌.

45 위와 같음.

46 『舊滿洲檔』에는 이 지역들이 와르카 지역으로 나오며 여전히 울라의 부잔타이를 따르고, 누르하치에게 복종하지 않은 것으로 기록되어 있다. 『滿洲實錄』과 『淸太祖實錄』에는 이러한 내용은 없고, 이 지역이 東海 워지부[窩集部, 渥集部]로 나온

에 있으면서 여러 부락을 공략하고, 동쪽으로 이어진 여러 부락까지 침범하고 있으면서 번호들을 모두 철수시키고 정병 5~6천을 얻었다'고 할 정도였다.[47]

한편 번호들은 조선을 배반하여 누르하치에게 투항하기도 하였고, 그렇지 않은 번호들은 편안히 살 수 없어 조선의 내지로 들어오고자 곳곳에서 호소하기도 하였다.[48] 함경북도의 감사와 병사는 귀화한 여진인들을 모두 여러 도의 絶島에 나누어 배치시켜 老賊과 忽賊에게 투입해 가는 걱정을 단절하고자 건의하였지만, 비변사와 선조는 번호들의 입내를 허락하지 말고 성에 들이기로 이미 허락한 경우에만 우선 토성에 머물도록 하였다.

결국 尼ケ遮 부락 3백여 호와 舊砦에 집을 지었던 2백여 호는 누르하치의 군사를 뒤따라 나온 상황이었으며, 번호는 防垣堡 이상은 각처의 여러 종족이 거의 모두 철거되었고, 종성진 이하는 각처의 부락이 아직 철거되지 않은 상황이었다.[49] 또한 1607년(선조 40) 9월 누르하치는 직접 호이파국[輝發國]을 공격하여 멸망시키면서도 두만강 유역의 번호 철수를 위해 6~7백 명의 군사를 주둔시키고 있었다.[50]

번호들은 회령의 번호 臥主의 아들 臥尼應介와 같이 누르하치 군사들의 화를 피해 조선에 투항해 와서 明川에 입주했다가 이미 조선의 內地

---

다(최동권, 앞의 책, 2007, 16~17쪽; 『滿洲實錄』 卷3, 丁未; 『淸太祖實錄』 卷3, 夏 五月癸亥朔).
47 『광해군일기(중초본)』 권23, 광해군 1년 12월 丙寅.
48 『선조실록』 권210, 선조 40년 4월 甲辰.
49 『선조실록』 권216, 선조 40년 9월 癸卯.
50 『滿洲實錄』 卷3, 丁未 9月; 『淸太祖實錄』 卷3, 秋九月辛卯朔 丙申. 『선조실록』에도 누르하치가 回波 部落를 공격하여 승전한 사실이 기록되어 있는데, 회파 부락이 바로 호이파국이다(『선조실록』 권216, 선조 40년 9월 癸卯; 己酉; 권217, 선조 40년 10월 庚辰).

로 이사한 경우도 있었다.[51] 그리고 이와는 반대로 각처의 藩種들이 서로 연락하고 철수하여 돌아가고 있는 경우도 있었으며, 조선의 내지에도 누르하치에게도 들어가지 못한 水下의 오랑캐는 간혹 섬으로 피해 들어가는 자도 많았다.

일부 번호들은 누르하치의 번호 철수를 원망하여 파견되어 온 여진인을 몰래 죽여 강물에 던져 흔적을 없애기도 하고, 길을 막고 울부짖으며 이사시키지 말기를 애원하기도 하였다.[52] 이러한 상황에서 조선은 점차 번호들의 호소를 듣고도 조선의 경내에 수용하거나 안접시키는 것을 허락하지 않게 되었는데, 이것은 후일 누르하치와의 마찰을 염려하였기 때문이었다. 그럼에도 불구하고 여진인들로서 向化한 자들이 海西로부터 경기·호남·호서의 해변 열읍에 이르기까지 없는 곳이 없으며, 그 중에서도 호남과 호서에 더욱 많아서 고기잡이로 생업을 삼으면서 나무를 배어 배를 만드는 자가 날로 불어나 4도에 그러한 배가 2백여 척에 이를 지경이었다.[53]

이제 조선의 비변사와 선조는 '6진의 백성은 본래 번호와 서로에게 도움을 주면서 생활했는데, 번호가 이미 철거되었으니 의뢰할 곳이 없다', '6진은 전적으로 번호에게 의지하여 바깥 울타리를 삼았는데, 이번에 누

---

51 『선조실록』 권217, 선조 40년 10월 乙亥. 회령의 번호 臥主는 1605년 忽賊(부잔타이)의 소식을 듣고 회령부에 달려와 고할 즈음에 홀적에게 죽임을 당하였는데, 조선에서는 國事에 죽은 것이라 이들은 江上의 번호와는 다르다고 인식하고 있었다. 따라서 누르하치의 使人인 浪胡(郞照厚)가 와니응개 등을 내어 달라고 요구하자 조선은 이를 거절하였다.

52 『선조실록』 권217, 선조 40년 10월 丙戌.

53 『광해군일기(중초본)』 권15, 광해군 1년 4월 辛酉. 이러한 향화한 胡人 중에는 朴邀道와 같이 옛 땅으로 돌아가려는 계획을 세우고 실행에 옮기는 자도 있었다. 廣州에 거주하던 박요도는 자신의 아내인 胡女와 함께 각기 건장한 말을 타고 돌아가려다가 발각되어 실패하였다(『광해군일기(중초본)』 권25, 광해군 2년 2월 甲戌.

르하치에게 모두 철거되어 6진으로 하여금 고립되게 하였으니, 그들의
마음을 알기 어렵지 않다'고 하고 있었다.[54] 즉 누르하치의 번호 철거라
는 상황에서 번호들을 지켜내는 것보다는 그 이후의 6진의 방어에 대한
염려가 컸던 것을 알 수 있다.

〈표 2〉 누르하치의 번호 철폐 및 조선 침입(1607년~1621년)

| 연번 | 연도(왕력) | 장소 | 특이 사항 | 출처 |
|---|---|---|---|---|
| 1 | 1607년 (선조 40) | 피오성 [縣城] | 누르하치가 동생 슈르가치[舒爾哈齊], 장자 홍바투루[洪巴圖魯]인 추영[褚英], 차자 다이샨[代善], 一等大臣 피오돈[費英東], 侍衛 후르간히야[扈爾漢] 등에게 3천 병사를 주어 피오성[蜚悠, 斐優]의 사람들을 옮겨 오도록 함 | 『淸太祖實錄』 卷3, 丁未 春正月 乙丑朔; 『滿洲實錄』 卷3, 丁未. |
| 2 | 1607년 (선조 40) | 乾原堡 | 乾原堡 노상에서 內奴 愛守가 붙잡혀 縣城에까지 끌려갔다 돌아옴 | 『선조실록』 권209, 선조 40년 3월 甲申 |
| 3 | 1607년 (선조 40) | 慶源鎭 | 누르하치의 군사 4명이 번호를 잡으려고 강을 건너 추격, 慶源鎭의 군사들이 말을 쏘아 넘어뜨림 | 『선조실록』 권209, 선조 40년 3월 甲申 |
| | | | 경원부사 趙孝男이 적과 싸움 | 『선조실록』 권209, 선조 40년 3월 乙酉 |
| 4 | 1607년 (선조 40) | 穩城鎭 | 온성진 浦項에 거주하던 호인 阿乙送阿가 老兵에게 붙잡혀 갔다가 돌아옴 | 『선조실록』 권209, 선조 40년 3월 甲申 |
| 5 | 1607년 (선조 40) | 撫夷保 慶源鎭 美錢鎭 安源堡 | 누르하치의 장수가 군사를 거느리고 南略耳의 길을 따라 縣城에 이르러 조선의 撫夷·慶源·美錢·安源 등 진에 이유 없이 강을 건너와 사람과 가축을 죽이고 약탈 | 『선조실록』 권209, 선조 40년 3월 乙酉 |
| 6 | 1607년 (선조 40) | 撫夷保 | 汝吾里에 살고 있는 호인 남녀 30여 명이 잡혀감 | 『선조실록』 권209, 선조 40년 3월 丙戌 |
| 7 | 1607년 (선조 40) | 阿山堡 | 縣城에 주둔한 적 수백 명이 성 밑에 와서 번호를 내놓으라고 공갈 협박을 하다가 돌아감 | 『선조실록』 권209, 선조 40년 3월 丙戌 |

54 『선조실록』 권217, 선조 40년 10월 丙戌; 권218, 선조 40년 11월 壬寅.

| 8 | 1607년<br>(선조 40) | 鍾城鎭 | 마을 백성인 어떤 부부가 말 한 필을 끌고 성 안으로 가는 길에 노추의 병사에게 잡힘, 곧 놓아 보내어 우호의 뜻을 보임 | 『선조실록』권209,<br>선조 40년 3월 戊子 |
|---|---|---|---|---|
| 9 | 1607년<br>(선조 40) | 縣城 | 누르하치의 군사가 피오성(현성)의 주위 곳곳의 각 村들을 모두 거두어들이고, 5백 호를 먼저 출발하게 함 | 『淸太祖實錄』卷3,<br>丁未 春正月 乙丑朔;<br>『滿洲實錄』卷3, 丁未 |
| 10 | 1607년<br>(선조 40) | 爀席爀<br>鄂謨和<br>蘇嚕佛訥<br>赫拖克索 | 누르하치가 여전히 부잔타이를 따르던 와르카의 허시허[爀席爀]·오모호 수루[鄂謨和蘇嚕]·파너허 톡소[佛訥赫拖克索] 세 지방을 정복하고 포로 2천 명을 사로잡아 옴 | 『舊滿洲檔』(최동권,<br>『구만주당』, 보고사,<br>2007, 16~17쪽);<br>『滿洲實錄』卷3,<br>丁未;『淸太祖實錄』<br>卷3, 夏五月癸亥朔 |
| 11 | 1607년<br>(선조 40) | 尼亇遮부락,<br>舊砦 | 尼亇遮 부락 3백여 호와 舊砦에 집을 지었던 2백여 호를 철수시킴 | 『선조실록』권216,<br>선조 40년 9월 癸卯 |
| 12 | 1607년<br>(선조 40) | | 申悌業이 울분을 참지 못하고 8명의 胡人을 죽임 | 『선조실록』권219,<br>선조 40년 12월 己未 |
| 13 | 1607년<br>(선조 40) | 會寧 | 老兵 18명이 도망친 오랑캐를 뒤쫓아 잡기 위해 내려와서 회령의 城中에 들어와 유숙하기를 청하였으나 거절하고 허락하지 않음 | 『선조실록』권219,<br>선조 40년 12월 丙子 |
| 14 | 1607년<br>(선조 40)<br>~1608년<br>(광해군<br>즉위년) | | 奴酋가 군사를 두 개로 나누어 일으켜서 강 연안에 거주하는 胡人을 거느리고 노략질을 자행, 時錢 부락을 공격, 강변의 호인을 白頭山 밑에 옮겨놓음, 山外의 호인을 建州衛 성안으로 옮겨놓음 | 『광해군일기(중초본)』<br>권15, 광해군 1년 4<br>월 壬申 |
| 15 | 1609년<br>(광해군 1) | | 누르하치가 명의 만력제에게 글을 보내 조선의 변경을 따라 거주하는 와르카부 사람들을 쇄환할 것을 요청, 만력제는 조선의 왕에게 사신을 파견하여 조선에서 1천호를 내어 보냄 | 『舊滿洲檔』(최동권,<br>『구만주당』, 보고사,<br>2007, 25쪽);『滿洲實<br>錄』卷3, 己酉 2月 |
| 16 | 1611년<br>(광해군 3) | 鐘城 | 老酋의 差胡인 奬軍 등 3명이 鐘城 밖에 거주하는 胡 都斗舍 등을 붙잡아 가려고 성 밖에 왔는데 都斗 등이 미리 도피하여 잡아내지 못한 채 물가로 돌아감 | 『광해군일기(중초본)』<br>권42, 광해군 3년 6월<br>丁亥 |
| 17 | 1621년<br>(광해군 13) | 鎭江 | 3월 21일 조선에 요동 지역의 백성이 놀라서 鎭江을 건너간 것을 모두 되돌려 보내라고 요구, 7월에는 鎭江 쪽 바닷가 | 『滿洲實錄』卷7,<br>辛酉 天命 6年 3月 |

| 18 | 1621년<br>(광해군 13) | 鎭江 | 에 거주하는 백성을 모두 안으로 거두어 들임<br><br>7월에는 鎭江 쪽 바닷가에 거주하는 백성을 모두 안으로 거두어 들임 | 『滿洲實錄』 卷7,<br>辛酉 天命 6年 7月 |
| 18 | 1621년<br>(광해군 3) | 鎭江 | 11월 18일게 아민 버일러에게 5천 병사를 맡겨서 鎭江을 건너 조선국의 땅에 진입하여 명나라의 毛文龍을 찾아 죽이라고 보냄, 아민 버일러는 진강에 이르러 밤 세워 조선의 땅에 진입하여 명의 劉 유격과 1천 5백 명을 죽임, 모문룡은 도주하여 간신히 빠져나감 | 『滿洲實錄』 卷7,<br>辛酉 天命 6年 11月 |

## 4. 누르하치의 동해 지역 세력 확장

오갈암 전투 이후 누르하치는 조선을 직접 침입하기보다는 조선과 우호적인 관계를 맺으면서도 번호들을 철수시키려 하였으며, 동해 지역으로의 세력 확장을 시도하고 있었다. 즉 조선에 새로 광해군이 즉위한 이후 누르하치는 貂皮 80벌을 바쳤고, 胡書를 보내오기도 하는 등 조선에 지속적인 호의를 보이고 있었다.[55] 이에 조선은 누르하치가 바친 초피 80벌에 대해서 함경도에 남겨둔 목면을 번호에게 지급하던 초피 가격에 의거하여 주기도 하였다.[56]

그리고 다른 한편으로 누르하치는 1609년(광해군 1) 2월 명의 만력제에게 글을 보내 조선의 변경을 따라 거주하는 와르카부 사람들은 모두 자신의 사람이라고 하면서 그들을 찾아 보내달라고 요청하였고, 이에 만력제

---

55 『광해군일기(중초본)』 권1, 광해군 즉위년 2월 甲戌; 권14, 광해군 1년 3월 辛卯.
56 이후에도 누르하치는 1614년(광해군 6) 4백 벌, 1619년(광해군 11) 5백 벌의 초피를 보냈다(『광해군일기』(중초본) 권80, 광해군 6년 7월 己巳; 권114, 광해군 9년 4월 乙未; 권137, 광해군 11년 2월 戊寅).

는 조선의 왕에게 사신을 파견하여 조선에서 1천호를 내어 보냈다.[57]

누르하치의 두만강 유역의 번호 수색과 철수 시도도 계속되고 있었는데, 누르하치가 보낸 差胡와 병사들이 종성·경원 아산보 등의 성 밖과 경내에서 번호들을 수색하고 노략질하며, 철수시키고 있었다.[58] 그리고 6진 지역뿐만 아니라 4郡의 옛 땅에 거주하던 胡家들을 철수하여 옮겼고, 이것을 조선에 德을 끼친 것이라 인식하여 조선에서 사례를 하지 않는다고 불만을 가지고 있었다.[59] 이에 조선에서는 예물을 별도로 준비하고 사례하면서 閭延 등지에서 아직 다 철수하지 않은 호가들도 모두 철수하여 피차가 疆域을 지킬 것을 요구하였다.

또한 1609년(광해군 1) 12월에는 후르간 히야[扈爾漢轄]에게 1천 병사를 주어 東海 워지부[窩集部] 소속의 후여[瑚葉] 지역을 공격하도록 하여 그 지역을 모두 취하고 2천의 人畜을 노획하였다.[60] 이러한 누르하치의 동해 지역으로의 진출 사실은 조선에서도 파악하고 있었는데, 『광해군일기』에는 '누르하치가 또 한 부대로 멀리 수천 리 밖으로 침입해 들어갔으며', '군사를 얻은 숫자가 틀림없이 번호와 같거나 더 많을 것', '그들의 소굴에서부터 동쪽으로 北海의 끝까지 모두 그들의 소유가 되었다'고 되어 있다.[61]

다음해인 1610년(광해군 2)에도 누르하치는 어이두[額亦都] 바투르를 보내어 동해 워지부의 남둘루[那木都魯]·수이푼[綏芬]·닝구타[寧古塔]·

---

57 『舊滿洲檔』(최동권, 앞의 책, 2007, 16~17쪽; 『滿洲實錄』 卷3, 己酉 2月. 이 내용은 『명실록』이나 『조선왕조실록』에는 보이지 않는다.
58 『광해군일기(중초본)』 권42, 광해군 3년 6월 丁亥; 권44, 광해군 3년 8월 己卯.
59 『광해군일기(중초본)』 권50, 광해군 4년 2월 癸酉.
60 『滿洲實錄』 卷3, 己酉 12月; 『舊滿洲檔』에는 2천 포로를 얻은 것으로 되어 있다. (최동권, 앞의 책, 2007, 29쪽). 이하 『舊滿洲檔』에서는 노획을 모두 포로를 얻은 것으로 쓰고 있다.
61 『광해군일기(중초본)』 권23, 광해군 1년 12월 丙寅.

니마차[尼馬察] 4개 지역의 캉구리[康古禮]·각두리[咯克篤禮]·앙구[昂古]·밍가투[明噶圖]·울루타[烏魯咯]·성거[僧格]·니카리[尼咯里]·탕숭가[瑭松噶]·역슈[葉克書] 등의 추장을 모두 복속시켜 戶를 거두어 건주위로 출발시켰고, 야란[雅蘭] 지역까지 급습하여 모두 취하고 1만의 노획을 얻었다.[62]

1611년(광해군 3) 역시 동해 워지부의 우르구천[烏爾古宸]과 무린[木倫] 두 지역을 급습하여 모두 취했으며, 워지부의 후르가[瑚爾哈] 지역을 공격하여 자쿠타성[扎庫塔城]을 공격하여 1천 명의 사람을 죽이고 2천의 노획을 얻고, 그 주변 지역을 복속시켜서 툴러션[圖勒伸]과 어러션[額勒伸]이라는 두 추장과 5백 호를 데려왔다.[63] 그런데 1612년(광해군 4) 부잔타이가 변심해서 누르하치가 관할하던 이 후르가 지역을 두 차례 습격하여 약탈하여 빼앗자, 이에 누르하치는 부잔타이의 울라국을 공격하여 멸망(1613년, 광해군 5)시켰다.[64]

누르하치는 울라를 멸망시킨 이후에도 동해 여진에 대한 통합을 계속 시도하였는데 1614년(광해군 6) 동해 남쪽의 워지부의 야란[雅蘭]·시린[西林] 두 지역을 기습하여 투항한 2백호, 1천 노획을 취했다.[65] 또한 1615년(광해군 7) 11월에 2천 군대를 보내어 동해 워지부로부터 동쪽 어허 쿠린[額赫庫倫]을 공격하여 구나카 쿠린[固納咯庫倫]의 8백 사람을 죽이고 1만의 노획을 얻었으며, 항복한 사람들을 5백 호로 만들어 데리고 왔다.[66]

---

62 『滿洲實錄』卷3, 庚戌 11월; 『舊滿洲檔』(최동권, 앞의 책, 2007, 31쪽).
63 『滿洲實錄』卷3, 辛亥 7월; 12월; 『舊滿洲檔』(최동권, 앞의 책, 2007, 33~34쪽).
64 『滿洲實錄』卷3, 壬子 12월; 癸丑 正月; 『舊滿洲檔』(최동권, 앞의 책, 2007, 45~51쪽). 누르하치가 忽剌溫(울라국)을 공격하여 멸망시킨 것은 『광해군일기』에도 실려 있다(『광해군일기(중초본)』 권63, 광해군 5년 2월 戊午).
65 『滿洲實錄』卷4, 甲寅 11월; 『舊滿洲檔』(최동권, 앞의 책, 2007, 75쪽).

또한 1616년 後金의 건국 이후에도 누르하치의 동해 연안에 대한 세력 확장은 계속되었다. 1616년(광해군 8) 동해 사할리얀부[薩哈連部]를 공격하여 울기얀강[兀爾簡河]의 북쪽과 남쪽의 36개 마을, 사할이얀 부의 11개 마을을 취하고, 인다훈 타쿠라라[音達琿塔庫喇喇] 지역, 노오로[諾壘] 지역, 시라힌[實喇忻] 지역 등 3지역의 40명 추장을 항복시켰다.[67]

이러한 누르하치의 동해 연안에 대한 세력 확장 시도는 조선의 기록을 통해서도 확인할 수 있다.

〈記事 2〉

① 함경감사와 북병사가 장계를 올렸는데, 鍾城에서 '이루 헤아릴 수 없는 누르하치[老羅赤]의 많은 精兵이 나왔다'고 馳啓하였다는 내용이었다.[68]

② 南兵使가 장계를 올렸다. "茄乙坡知에 대해 첨사 劉夢龍이 치보하였는데, '이달 13일에 胡人이 와서 고하기를 「許仇汝에서 승리하고 回軍하여 朱雪村을 지날 때 보니 그 노략한 물품은 貂皮 5천 2백여 벌이었는데 毛品이 죄다 바닥이 났다」하였다'고 하였습니다."[69]

③ 함경감사가 장계하였는데 그 내용은, 鍾城에서 치보하기를 '老酋의 軍兵이 訥介部落을 향해 물길을 따라 많이 내려갔는데 포로가 얼마

---

66 『滿洲實錄』卷4, 乙卯 11月. 『舊滿洲檔』에는 강어귀에서 위로, 水原에서 아래로 130리를 횡단하여 8쿠사의 군대가 두 길로 나누어 쿠나카 쿠런으로 들어가서, 삼중壕를 뛰어 넘어 울타리를 뽑아 파괴하고 성에 들어가 성 안에서 5백 군사를, 도주해간 3백 군사를 죽인 것으로 되어 있다. 또한 그 지역에서 城을 쿠런이라 한다고 하였다(최동권, 앞의 책, 2007, 90~92쪽).

67 『滿洲實錄』권4, 丙辰 天命 元年 7月; 『舊滿洲檔』(최동권, 앞의 책, 2007, 130~138쪽). 이들 3지역의 40명의 추장들은 1618년 2월에 각자 아들들·처를 이끌고 1백 호를 데리고 왔다(『滿洲實錄』卷4, 戊午 天命 3年 2月; 『舊滿洲檔』(최동권, 앞의 책, 2007, 144~147쪽).

68 『광해군일기』(중초본) 권100, 광해군 8년 2월 甲子.

69 『광해군일기』(중초본) 권100, 광해군 8년 2월 丁卯.

인지 알 수 없을 정도이며 선봉은 回程하여 수삼 일도 안 되어 본
소굴로 되돌아갔다'고 하였다는 것이었다.[70]

〈기사 2〉는 모두 1616년(광해군 8) 2월의 기록으로,『滿洲實錄』과『舊
滿洲檔』등에 나타난 사실을 뒷받침해준다. ①과 ③은 함경감사와 북병
사의 보고인데, 종성에 많은 누르하치의 정예병이 나왔고, 訥介 部落을
향해 두만강 물길을 따라 많이 내려갔는데 포로를 많이 잡아 돌아갔다는
내용이다. ②는 남병사의 보고인데, 누르하치의 군사가 許仇汝에서 승리
하고 回軍하여 朱雪村을 지나는 상황과 관련된 내용이다. 이것을 보면
포로뿐만 아니라 많은 물품, 특히 초피 등을 노략하였음을 알 수 있다.

그런데 ②의 가을파지는 백두산 서쪽 삼수군에 있으므로, 누르하치의
군사는 백두산 서쪽에서 나와 백두산 동쪽의 두만강 유역을 거쳐 동해
연안 지역을 공격한 다음 다시 자신들의 근거지로 돌아가고 있는 셈이
다. 즉 누르하치는 두만강 유역에 거주하는 조선의 번호들을 공략하고
철폐시킨 다음, 이곳을 거쳐 동해 연안 지역에 대한 복속과 통합을 추진
한 것이다. 따라서 오갈암에서의 승리와 두만강 유역 번호 철폐는 누르
하치의 여진 통합이라는 측면에서 볼 때 매우 중요한 과정이었으며, 여
진 제부 및 동해 여진을 통합하는 기초가 되었다고 할 수 있다.

누르하치는 1617년(광해군 9)에도 동해 연안에 살면서 항복하지 않고
흩어져 있는 사람들을 취하라고 4백 군사를 보내서, 이들을 모두 취하고,
바다 섬에 의지하여 항복하지 않고 있는 백성을 배를 만들어 건너서 모
두 취하고 왔다.[71] 또한 패주해 가서 처벌 받지 않은 사람들을 완전히 취

70 『광해군일기』(중초본) 권100, 광해군 8년 2월 戊辰.
71 『滿洲實錄』卷4, 丁巳 天命 2年 2月.『舊滿洲檔』에는 1월 18일부터 3월까지의 일
로 기록되어 있다(최동권, 앞의 책, 2007, 141쪽).

해서 전부 3천 포로를 얻고 1백 호를 편성하였다.[72]

그러나 『광해군일기』에는 胡人 阿良牙 등이 慶興 厚羅島에 들어갔다가 椒島 추장 雄道阿 등이 공격하여 내쫓았다는 기록이 있고,[73] 穩城 근처에도 번호 仁彌(仁必)이란 자가 남아 있어 조선에 수시로 정세를 알려 주고 있었다.[74] 또한 『인조실록』과 『昭顯瀋陽日記』에도 경흥 건너편 熊島에 있는 魚皮㺚子 및 慶河昌 등의 여진인들을 공격하여 사로잡는 기록이 있어서 병자호란 뒤까지도 섬에 숨은 여진인들에 대한 수색과 토벌을 계속하고 있음을 알 수 있다.[75]

그리고 누르하치는 1618년(광해군 10, 천명 3) 7대한을 선포하고 明의 무순(撫順), 청하(淸河)를 함락시킨 이후에도 동해 연안 지역에 대한 세력 확장을 멈추지 않았다. 즉 그해 10월 동해 지역의 후르가부의 나카다[納喀達]라는 추장이 앞장서서 1백 호를 데리고 항복해 왔으며,[76] 1619년(광해군 11) 1월 무할리얀[穆哈連]에게 1천 군사를 주어 동해 지역의 후르가부에 남아 있는 백성을 완전히 데려오도록 하여 6월에 1천 호와 2천 성인 남자를 노획하여 데리고 회군하였다.[77]

마침내 누르하치는 1619년(광해군 11) 사르후 전투에서 조·명연합군을 격퇴하였으며 개원성 및 철령성을 함락하더니 여허국마저 멸망시켰다. 이에 『만주실록』에는 "그해 만주국의 누르하치는 동해로부터 서쪽으로 명나라의 요동의 변경에 이르기까지, 북쪽 몽고국의 코르친[科爾

---

72 『舊滿洲檔』(최동권, 앞의 책, 2007, 142쪽).
73 『광해군일기』(중초본) 권78, 광해군 6년 5월 丁卯.
74 『광해군일기』 권118, 광해군 9년 8월 辛酉; 『비변사등록』 1책, 광해군 9년 9월 1일.
75 『昭顯瀋陽日記』 기묘년 정월 18일 丙子; 19일 丁丑; 『인조실록』 권40, 인조 18년 윤1월 戊子.
76 『滿洲實錄』 卷5, 戊午 天命 3年 10月; 『舊滿洲檔』(최동권, 앞의 책, 2007, 199쪽).
77 『滿洲實錄』 卷5, 己未 天命 4年 正月; 6月; 『舊滿洲檔』(최동권, 앞의 책, 2007, 206쪽).

泌]이 사는 끝의 눈강[嫩江]에서 남쪽으로 조선국의 변경 가까이까지, 하나의 만주 말을 쓰는 나라를 모두 정복하고 항복시켜 통일하기를 마쳤다"고 기록되었다.[78]

이렇듯 여허국을 멸망시키고, 조선의 번호 및 동해 여진에 대한 통합 시도가 어느 정도 성과를 거두자 누르하치는 다시 명을 공격하기 시작하였다. 즉 누르하치는 1621년(광해군 13) 심양성과 요동(요양)성을, 1622년(광해군 14) 廣寧城과 義州城을 함락시킴으로써 명에 대한 공세를 강화하였다.

또한 후금의 요동 공격을 피해 조선으로 도망쳐온 毛文龍에 대해서도 군사 행동을 감행하였다. 우선 1621년(광해군 13) 3월 21일 조선에 요동 지역의 백성이 놀라서 鎭江을 건너간 것을 모두 되돌려 보내라고 요구하였고, 7월에는 진강 쪽 바닷가에 거주하는 자신의 백성을 모두 안으로 거두어 들이게 하였다.[79] 이어서 1621년(광해군 13) 11월 18일에 아민 버일러에게 5천 병사를 맡겨 보내서 진강을 건너 조선국의 땅에 진입하여 명나라의 모문룡을 찾아 죽이도록 하였는데, 아민 버일러는 진강에 이르러 밤 세워 조선의 땅에 진입하여 명의 劉遊擊과 1천 5백 명을 죽였으나, 모문룡은 도주하여 간신히 빠져나갔다.[80]

한편 앞선 1619년(광해군 11) 『만주실록』의 "하나의 만주 말을 쓰는 나라를 모두 정복하고 항복시켜 통일하기를 마쳤다"는 기록과는 다르게 동해 여진에 대한 통합 시도도 여전히 계속되고 있었다. 심지어 와르카라 불리던 조선의 번호들 중에는 여전히 누르하치에게 귀속되지 않고 있던 여진인들도 있었다.

---

78 『滿洲實錄』 卷6, 己未 天命 4年 8月.
79 『滿洲實錄』 卷7, 辛酉 天命 6年 3月; 7月.
80 『滿洲實錄』 卷7, 辛酉 天命 6年 11月.

즉 1625년(인조 3) 2월 동해 와르카부에 파병했던 카르다·푸카나·타
유는 330명의 남자를 투항시켜 데리고 왔고, 누르하치는 일족의 동생 왕
샨 叔父·부장직의 다주후·처르거이에게 1천 5백 병사를 맡겨 동해 와르
카 부를 공격하러 보냈으며 그곳에서 승리하여 많은 사람들을 취하여 데
리고 왔다.[81]

1625년(인조 3) 8월에도 유격 직의 署 부장 보르진 히야·비어관 직의
우이치·자누·서뇨커·종노이·통고이·니칸에게 2천 병사를 맡겨, 해 뜨는
쪽의 동해 남쪽 지방의 후르가 부를 정벌하도록 보내서 5백 호를 투항시
켜 데려왔다.[82] 또한 야후·캄다니에게 병사를 맡겨 동해 북쪽 구왈차 부
를 정복하도록 보냈는데 2천 명을 얻어서 데리고 왔고, 아비이 아거·타
바이 아거·바부타이 아거에게 1백 명의 병사를 주어서 동해 북쪽 지방의
후르가 부를 공격하러 보내어, 두 길로 들어가 1천 5백 명을 얻어서 데려
왔다.

이렇게 보면, 오갈암에서 부잔타이의 군사를 격파한 이후 누르하치는
조선과의 마찰을 피하고 우호를 맺으려 하면서도 두만강 유역의 번호들
을 수색하여 철수시켰고, 조선에 들어간 번호들을 명나라를 통한 외교적
방법으로 쇄환시키려 하였으며, 동해 지역의 여진인들을 무력으로 통합
시키고 있었음을 알 수 있다. 결국 누르하치의 동해 지역으로의 세력 확
장에는 두만강 유역에 거주하던 조선의 번호를 철폐하고 통합한 것이 밑
거름이 되었다고 할 수 있다.

---

81 『滿洲實錄』卷8, 乙丑 天命 10年 2月.
82 『滿洲實錄』권8, 乙丑 天命 10年 8月.

〈표 3〉 누르하치의 동해 지역 세력 확장(1609년~1625년)

| 연번 | 연도(왕력) | 장소 | 특이 사항 | 출처 |
|---|---|---|---|---|
| 1 | 1609년<br>(광해군 1) | 東海 워지부<br>후여 지역 | 東海 워지부[窩集部] 소속의 후여[瑚葉] 지역을 공격, 그 지역을 모두 취하고 2천의 人畜을 노획 | 『舊滿洲檔』(최동권,『구만주당』, 보고사, 2007, 29쪽);『滿洲實錄』卷3, 己酉 12月 |
| 2 | 1610년<br>(광해군 2) | 東海 워지부 남둘루, 수이푼, 닝구타, 니마차 지역 | 어이두[額亦都] 바투르를 보내어 동해 워지부의 남둘루[那木都魯]·수이푼[綏芬]·닝구타[寧古塔]·니마차[尼馬察] 4개 지역의 캉구리[康古禮]·카두리[喀克篤禮]·앙구[昂古]·밍가투[明噶圖]·울루타[烏魯喀]·성거[僧格]·니카리[尼喀里]·탕숭가[瑭松噶]·역슈[葉克書] 등의 추장을 모두 복속시켜 戶를 거두어 건주위로 출발시켰고, 야란[雅蘭] 지역까지 급습하여 모두 취하고 1만의 노획을 얻음 | 『舊滿洲檔』(최동권, 앞의 책, 보고사, 2007, 31쪽);『滿洲實錄』卷3, 庚戌 11月 |
| 3 | 1611년<br>(광해군 3) | 東海 워지부 우르구천, 무런 지역 | 동해 워지부의 우르구천[烏爾古宸]과 무런[木倫] 두 지역을 급습하여 모두 취함 | 『舊滿洲檔』(최동권, 앞의 책, 보고사, 2007, 33쪽);『滿洲實錄』卷3, 辛亥 7月 |
| 4 | 1611년<br>(광해군 3) | 東海 워지부 후르가 지역 | 동해 워지부의 후르가[瑚爾哈] 지역을 공격하여 자쿠타[扎庫塔城]을 공격, 1천명의 사람을 죽이고 2천의 노획을 얻음, 그 주변 지역을 복속시켜서 툴러션[圖勒伸]과 어러션[額勒伸]이라는 두 추장과 5백 호를 데려옴 | 『舊滿洲檔』(최동권, 앞의 책, 보고사, 2007, 34쪽);『滿洲實錄』卷3, 辛亥 12月 |
| 5 | 1614년<br>(광해군 6) | 東海 워지부 야란·시린 지역 | 동해 남쪽의 워지부의 야란[雅蘭]·시린[西林] 두 지역을 기습하여 투항한 2백호, 1천 노획을 취함 | 『舊滿洲檔』(최동권, 앞의 책, 보고사, 2007, 75쪽);『滿洲實錄』卷4, 甲寅 11月 |
| 6 | 1615년<br>(광해군 7) | 東海 워지부 동쪽 어허 쿠런 지역 | 동해 워지부로부터 동쪽 어허 쿠런[額赫庫倫]을 공격하여 구나카 쿠런[固納喀庫倫]의 8백 사람을 죽이고 1만의 노획을 얻었으며, 항복한 사람들을 5백 호로 만들어 데리고 옴 | 『舊滿洲檔』(최동권, 앞의 책, 보고사, 2007, 90~92쪽);『滿洲實錄』卷4, 乙卯 11月 |

| | | | | |
|---|---|---|---|---|
| 7 | 1616년<br>(광해군 8) | 동해 사할리<br>얀부 | 동해 사할리얀부[薩哈連部]를 공격하여 울기얀깅[兀爾簡河]의 북쪽과 남쪽의 36개 마을, 사할이얀 부의 11개 마을을 취하고, 인다훈 타쿠라라[音達琿塔/庫喇喇] 지역, 노오로[諾羅] 지역, 시라힌[實喇忻] 지역 등 3지역의 40대인을 항복시킴 | 『舊滿洲檔』(최동권, 앞의 책, 보고사, 2007, 130~138쪽); 『滿洲實錄』 卷4, 丙辰 天命 元年 7月 |
| 8 | 1617년<br>(광해군 9) | 동해 연안 | 4백 군사를 동해 연안에 살면서 항복하지 않고 흩어져 있는 사람들을 취하라고 보내서, 동해 연안의 흩어져 사는 백성을 모두 취하고, 바다 섬에 의지하여 항복하지 않고 있는 백성을 배를 만들어 건너서 모두 취하고 옴 또한 패주해 가서 처벌 받지 않은 사람들을 완전히 취해서 전부 3천 포로를 얻고 1백 호를 편성함 | 『滿洲實錄』 卷4, 丁巳 天命 2年 2月. 『舊滿洲檔』에는 1월 18일부터 3월까지의 일로 기록되어 있다(최동권, 앞의 책, 보고사, 2007, 141~142쪽) |
| 9 | 1618년<br>(광해군 10) | 동해 지역<br>후르가부 | 10월 동해 지역의 후르가부의 나카다[納喀達]라는 추장이 앞장서서 1백 호를 데리고 항복해 옴 | 『滿洲實錄』 卷5, 戊午 天命 3年 10月; 『舊滿洲檔』(최동권, 앞의 책, 보고사, 2007, 199쪽) |
| 10 | 1619년<br>(광해군 11) | 동해 연안 | 1월 무할리얀[穆哈連]에게 1천 군사를 주어 동해 지역의 후르가부에 남아 있는 백성을 완전히 데려오도록 하여 6월에 1천 호와 2천 성인 남자를 노획하여 데리고 회군 | 『滿洲實錄』 卷5, 己未 天命 4年 正月; 6月; 『舊滿洲檔』(최동권, 앞의 책, 보고사, 2007, 206쪽). |
| 11 | 1625년<br>(인조 3) | 동해<br>와르카부 | 2월 동해 와르카부에 파병했던 카르다·푸카나·타유는 330명의 남자를 투항시켜 데리고 옴, 일족의 동생 왕산 叔父·부장직의 다주후·처르거이에게 1천 5백 병사를 맡겨 동해 와르카 부를 공격하러 보내서, 간 곳에서 승리하여 많이 취하여 데리고 옴 | 『滿洲實錄』 卷8, 乙丑 天命 10年 2月 |
| 12 | 1625년<br>(인조 3) | 동해<br>후르가부 | 8월 유격 직의 署 부장 보르진 히야·비어관 직의 우이치·자누·서뇨커·종노이·통고이·니칸에게 2천 병사를 맡겨, 해 뜨는 쪽의 동해 남쪽 지방의 후르가 부를 정벌하도록 보내서 5백 호를 투항시켜 데려옴 | 『滿洲實錄』 卷8, 乙丑 天命 10年 8月 |

| 13 | 1625년<br>(인조 3) | 동해<br>구왈차부 | 8월 야후·캄다니에게 병사를 맡겨<br>동해 북쪽 구왈차 부를 정복하도록<br>보냈는데, 2천 명을 얻어 데려옴 | 『滿洲實錄』 卷8,<br>乙丑 天命 10年 8月 |
| 14 | 1625년<br>(인조 3) | 동해<br>후르가부 | 8월 아비이 아거·타바이 아거·바부<br>타이 아거에게 1백 명의 병사를 주어<br>서 동해 북쪽 지방의 후르가 부를 공<br>격하러 보내어, 두 길로 들어가 1천<br>5백 명을 얻어서 데려옴 | 『滿洲實錄』 卷8,<br>乙丑 天命 10年 8月 |

## 5. 조선의 외교적·군사적 대응

누르하치의 두만강 유역에 대한 세력 확장에 대해 조선은 만주 지역의
정세를 파악하는 한편 외교적·군사적 대응을 고심하였다. 특히 광해군
재위 기간 동안 조선의 기본적인 대후금정책은 기미와 자강이었는데, 우
선 누르하치를 자극하지 않는 羈縻策을 씀으로써 그들의 침략을 방지하
는 동시에 自强策을 마련하여 궁극적인 방어대책을 세우는 것이었다.[83]
여기서는 조선의 외교적·군사적 대응을 기존의 연구성과를 바탕으로 개
괄적으로 살펴보고자 한다.

우선 조선의 외교적 대응은 명을 통해 누르하치를 압박하는 간접적인
교섭과 조선의 건주위에 대한 직접적인 교섭으로 나눌 수 있다. 임진왜
란 중인 1595년(선조 28)에 일어난 소위 '채삼사건'에 대한 조선의 대응
은 명을 통한 간접적인 교섭과 조선의 직접적인 교섭이라는 측면을 동시
에 보여주고 있다.

누르하치는 건주위의 여진인들이 산삼을 캐러 조선의 영내에 들어왔
다가 피살되자 조선을 침입하겠다고 위협하였고, 조선은 조선에 주둔하

---

83 한명기, 『임진왜란과 한중관계』, 역사비평사, 1999, 230쪽.

던 明의 장수 胡大受에게 누르하치에 대한 선유를 부탁하였다. 호대수는 余希元에게 그 임무를 맡겼고, 여희원은 자신의 家丁인 楊大朝로 하여금 누르하치에게 선유문을 전달하도록 하였다.

이때 조선에서는 양대조에게 河世國 등을 동행시켜 건주위의 정세를 직접 탐지하도록 하였다. 누르하치는 양대조와 하세국을 접견하고 하세국에게 여희원 앞으로 선유문에 대한 답서를 써주었는데, 호대수가 누르하치에 대한 답신을 지체하자 조선은 滿浦僉使 명의의 답신을 써서 申忠一을 직접 누르하치에게 파견하였다.

신충일의 파견은 조선에서 명을 통한 간접적인 교섭이 아니라 건주위 누르하치에 대한 직접적인 교섭을 시도하였다는 점에서 주목된다. 신충일은 누르하치의 진영 등을 자세히 탐지하고 돌아와서 『建州紀程圖記』를 남겼으며, 신충일의 파견으로 조선과 건주위의 긴장 관계는 잠시 해소될 수 있었다. 결국 누르하치는 조선과의 직접적인 교섭을 원하고 있었기 때문에 명을 통한 조선의 간접적인 교섭만으로는 한계를 가질 수밖에 없었다.

그러나 신충일의 파견으로 대표되는 조선의 직접적인 교섭 역시 임진왜란이라는 특수한 상황이 고려된 측면이 있다. 조선의 건주위에 대한 직접적인 교섭은 명과의 외교적 문제로 확대될 소지를 가지고 있었기 때문에 이후에도 우선적으로는 명을 통한 간접적인 교섭이 우선시되었다. 즉 1599년(선조 32) 건주인들이 압록강을 몰래 건너 목재를 베어가는 것을 금지시켜달라고 경리 萬世德에게 자문을 요청한 것이 대표적인 사례이다.[84]

그럼에도 불구하고 조선의 통사였던 하세국은 조선과 건주여진과의

---

84 한명기, 앞의 책, 1999, 228쪽.

문제에 대한 처리와 정탐의 임무를 띠고 1595년부터 1607년 사이에 모두 8차례나 건주여진을 다녀오면서, 조선과 건주여진의 직·간접적인 교섭에서 지대한 역할을 수행하고 있었다.[85]

한편 1605년(선조 38)에는 누르하치의 國書가 처음으로 조선으로 전달되었는데, 이때 누르하치는 '建州等處地方國王佟'이라고 하여 국왕을 자칭하였다.[86] 여기서 누르하치는 조선과의 우호 관계 등을 희망하였는데, 조선은 만포진 僉節制使 명의로 같은 해 12월에 답서를 발송하여 당시 부잔타이의 두만강 유역 번호 침입과 조선 침입을 방지하도록 요청하였다.[87]

1607년(선조 40) 누르하치는 종성진 烏碣巖에서 부잔타이의 군대를 격파하고 두만강 유역의 번호를 철폐하기 시작하였지만, 조선을 침범하는 것이 아니라는 문서를 6진 등에 보내어 조선과의 직접적인 마찰을 일으키지 않으려고 하였다.

또한 누르하치는 광해군 즉위 후에도 초피를 보내오는 등 조선과의 우호 관계를 유지하려 노력하였고, 후금을 건국한 후에도 조선의 만포진에 사람을 자주 보내거나, 국서를 보내어 조선과의 우호적인 국교 수립을 희망하고 開市를 요청하였다.[88] 또한 사로잡힌 조선인들을 돌려보내주거나 4군 등지에 들어가 여진인들을 철수시키기까지 하였다. 심지어는 명의 무순·청하 등을 공격한다는 사실까지도 조선에 서신을 보내 알려오기까지 하였다.[89]

---

85 계승범, 「鄕通事 河世國과 조선의 선택―16~17세기 한 女眞語 통역관의 삶과 죽음―」, 『만주연구』 11, 2011, 188쪽.

86 『事大文軌』 卷46, 萬曆 33年 11月 國書.

87 김종원, 『근세 동아시아관계사 연구―朝淸交涉과 東亞三國貿易을 중심으로―』, 혜안, 1999, 36~37쪽.

88 『광해군일기』 권102, 광해군 8년 3월 己亥.

89 『광해군일기』 권125, 광해군 10년 3월 甲子.

조선 역시 누르하치의 祿俸 요청을 들어주는 등 최대한 우호관계를 유지하려고 하였지만, 이것은 압록강 유역뿐만 아니라 두만강 유역까지 누르하치의 후금 세력이 장악한 상황에서 나온 '姑息之計'였다.[90]

그렇지만 후금과 명의 마찰이 거듭되고 특히 명에서 조선에 대한 파병 요청이 거듭되면서 이를 둘러싼 조선과 후금의 외교관계는 복잡해져갔다. 이미 광해군 초기부터 명과 조선이 협력하여 누르하치를 공격할 것이라는 풍문이 변방에 떠돌고 있었는데,[91] 누르하치가 세력을 확장하고 후금을 건립하여 명의 변경을 침입하자 이러한 풍문은 현실화되기 시작하였다. 즉 1614년(광해군 6) 명은 누르하치에 대한 토벌에 조선의 화기수를 동원하도록 요구하기 시작하였고,[92] 1618년(광해군 10)에는 '再造之恩'을 거론하면서 조선의 원병을 요청하였다.[93] 이에 후금은 1617년(광해군 9) 두 차례에 걸쳐 胡書를 보내어 명의 출병 요청에 응하지 말고, 조선과 후금이 우의를 잘 다지도록 요구하였으며, 1618년(광해군 10)에도 만약 요동에 조선이 원병을 보낸다면 조선을 공격한다며 위협하였다.

조선에서는 후금의 거듭된 국서 전달에 대해 이렇다 할 답신을 하지 못한 채, 명의 파병에 대한 찬반 논의를 거듭하다가 결국 명의 요청대로 원병을 파견하게 되었고, 마침내 1619년(광해군 11) 사르후 전투에서 조·명연합군이 누르하치의 후금군에 의해 패전하였다. 이제 조선은 명에서 '朝鮮監護論'까지 제기되는 상황에서 명의 거듭된 재징병 요구를 거부해야 했을 뿐만 아니라 후금의 침입을 우려해야 하는 처지가 되었다.

그렇지만 다행히 심하전투 이후 후금의 누르하치는 국서를 보내 조선

---

90 『광해군일기』 권114, 광해군 9년 4월 乙未.
91 『광해군일기』 권9, 광해군 2년 2월 丁巳.
92 『광해군일기』 권127, 광해군 10년 윤4월 辛未.
93 한명기, 앞의 책, 1999, 244~245쪽.

과 후금과의 우호 관계를 강조하고 명을 함께 응징하자고 하였으며, 심지어는 명과 후금 중 조선의 선택을 압박하기도 하였다. 조선에서는 심하 전투 이후 후금이 처음 보낸 누르하치의 국서(1619)에 대해서는 '朝鮮國平安道觀察使'의 명의로 명을 중심으로 두 나라가 각자 자기의 국토를 지키며 서로 옛 우호를 다지자는 원론적인 입장에서 답신을 보냈다.[94] 그렇지만 이후 두 번째 후금의 국서(1619)에 대해서는 광해군과 비변사가 타협을 하지 못한 채, 세 번째 국서(1620) 이후에야 통사 하세국으로 조선의 구두 답신을 외워서 누르하치에게 전하도록 하였다.[95]

또한 1621년(광해군 13) 후금이 요양과 심양을 함락하고 요동 지역을 거의 장악한 이후 보낸 국서에는 조선에 대해 고압적인 태도로 바뀌었으며, 심지어는 황제가 쓰는 '詔'라는 표현을 쓰기도 하였다.[96] 게다가 요동 난민의 조선 유입과 毛文龍의 등장으로 조선과 후금과의 관계는 악화되었으며, 결국 조선은 만포첨사 鄭忠信을 후금에 보내게 되었다. 그렇지만 이때도 정충신은 조선의 국서를 휴대하지 않았고, 누르하치와의 접견조차 이루어지지 않았다.[97]

광해군대 초반부터 심하 전투 전후에 이르기까지 누르하치는 여러 차례 서신과 국서를 보냈지만, 조선은 이에 대한 국서를 제대로 보낼 수 없었다. 광해군은 후금에 조선의 국서를 보내는 것을 원하고 있었지만, 사대와 '재조지은'의 명분에 매달렸던 대신들은 이에 반대하고 있었다. 누르하치(후금)와 조선과의 국서 문제는 명과 후금 사이에서 처했던 조선의 직·간접인 외교적 대응의 한계를 여실히 보여주고 있다.

---

94 『광해군일기』 권139, 광해군 1년 4월 己巳; 甲戌.
95 계승범, 앞의 논문, 2011, 191~194쪽.
96 계승범, 앞의 논문, 2011, 195~196쪽.
97 『광해군일기』 권169권, 광해군 13년 9월 戊申.

한편 선조는 1600년(선조 33) 조선의 번호였던 노토가 누르하치의 호병을 빌려 번호 마적합을 공략할 때, 조선의 변장이었던 첨사 구황이 마적합을 구원하러 출정하였다가 죽자, 북도의 城制를 倭城에 준거하여 개축하라고 지시한 바가 있었다.[98] 이것은 조선이 누르하치의 기병에 대응하기 위한 것으로, 여진인들에 대한 정토와 회유라는 기존의 공격과 방어 전략에서 수성 중심의 방어전략으로의 수립과 전환을 보여준다.

특히 부잔타이의 번호 및 조선 침입이 이루어진 시기에는 함경도 관찰사 李時發, 순변사 李時言을 파견하였는데, 이들은 군사를 내어 접전하기보다는 각자 진영을 굳게 지킬 것을 지시하였고, 남병사 李箕賓과 함께 함경도 일대의 관방을 구축하면서 화기를 사용하기 쉬운 형태를 만들었다.[99] 이것은 화기를 중시한 수성 위주의 전법이 채택된 것으로, 여진에 대해 공세적인 전략을 채택하기 어려운 상황과 관련이 있었다.[100]

이러한 방어 전략의 채택에 따라 광해군대 초부터 평안도 방어를 위해 정주, 안주, 평양, 성천, 영변, 구성 등 내지 요해처를 중심으로 방어체계가 정비되기 시작하였다.[101] 후금이 성립된 이후, 누르하치가 무순 등을 공격하여 점령하자, 광해군은 의주에 방어의 중점을 두기도 하였고, 후금과 접하고 있는 창성 지역 방어가 우선적으로 고려되기도 하였다.[102]

그리고 임진왜란 이후 鳥銃으로 인해 화기의 사용이 보편화되면서, 훈련도감뿐만 아니라 평안도·함경도·황해도 등지에도 포수의 양성이 추진

---

98 『선조실록』 권127, 선조 33년 戊午; 7월 乙丑; 권133, 선조 34년 1월 丙午.

99 장정수, 「선조대 對女眞 방어전략의 변화 과정과 의미」, 『조선시대사학보』 67, 2013, 197~203쪽.

100 육군본부, 『한국군사사』 7(조선후기Ⅰ), 경인문화사, 2012, 207~208쪽.

101 장성진, 「광해군시대 국방정책 연구」, 국방대학교 석사학위논문, 2008, 24쪽.

102 노영구, 「17세기 전반기 조선의 대북방 방어전략과 평안도 국방체제」, 『군사연구』 135, 2013, 343~345쪽.

되었으며,[103] 1613년(광해군 5)에는 鳥銃廳을 火器都監으로 확대 개편하
여 조총을 중심으로 한 화기 제조 및 화기수 양성이 급속히 이루어졌다.
그 결과 1618년(광해군 10)에는 각 도에 수천 명의 포수가 확보되어 서북
지역으로 보낼 수 있을 정도가 되었다.[104]

또한 중국의 병서인『練兵實紀』를 중심으로 평안도와 함경도에서 군
사 편성과 훈련이 이루어지기 시작하였고, 韓嶠와 柳珩으로 하여금 전차
를 제작하였으며, 기병 강화와 양성이 시도되기도 하였다.[105] 이에 1619
년에는 명의 원병 요청에 따라 화기수를 중심으로 한 1만 3천 명의 병력
을 파견할 수 있게 되었다.

그러나 화기수를 중심으로 한 조총에 지나치게 의존한 조선군이 후금
의 기병 앞에 패배를 당하면서 후금의 전면적 공격에 대비하기 위한 국
경상의 변진 방어 및 주요 내륙 요충지에 대한 방어 대책이 강구되고, 도
성의 함락에 대비해 강화도를 정비하는 노력이 구체화되었다.[106]

즉, 구성에 방어영을 설치하고 평양, 정주, 안주 등의 성곽을 수축하는
등 내륙 지역에 대한 방어체제 구축이 이루어졌으며,[107] 함흥 읍성의 개
축과 추가 축성, 함흥의 함경도 감영 소속 속오군의 조련 강화와 군관 증
원, 한성 일대의 수도권 방어 체계의 정비, 여주, 죽산, 수원 등 한강 이
남 지역의 방어 체계 정비, 한강 및 임진강 일대 방어 체계의 강화와 정
비 등이 이루어졌다.[108]

---

103 장정수, 앞의 논문, 2013, 67쪽.
104 『광해군일기』권129, 광해군 10년 6월 戊寅.
105 육군본부, 앞의 책, 2012, 216~219쪽.
106 한명기, 앞의 책, 1999, 243쪽; 육군본부, 앞의 책, 2012, 229쪽.
107 노영구, 앞의 논문, 2013, 345~346쪽.
108 육군본부, 앞의 책, 2012, 209~212쪽.

## 6. 맺음말

16세기 동아시아는 격동기였다. 중국 명나라를 중심으로 한 동아시아의 국제관계는 점차 붕괴되어 가고 있었다. 일본을 통일한 도요토미 히데요시는 조선을 정복하고 명나라까지 침입하려는 의도에서 임진왜란을 일으켰고, 결국 명나라는 조선에 구원병을 보냈다. 또한 지금의 만주 지역에서는 명의 통제를 받던 여진족들이 점차 통합을 거듭하여 마침내 명나라를 위협하기 시작하였다. 주변은 중심에서 영향을 받아 성장하기도 하지만, 이제 기존 체제의 중심 보다는 영향을 받아왔던 주변에서 변화와 변동이 일어나고 있었고, 거꾸로 기존 중심 체제를 위협하고 무너뜨리려 하고 있었다.

임진왜란이 변동의 서막이었다면, 실제 변동의 核은 만주였다. 결국 명을 중심으로 한 국제질서를 바꾼 것은, 그리고 그것을 주도한 것은 건주위의 누르하치였다. 누르하치는 주변 여진인들을 통합하기 시작하였고, 마침내 통합을 바탕으로 후금이라는 국가를 건국시켰으며, 명나라를 멸망시키고 중국을 차지하는 밑거름을 세웠다.

그런데 누르하치의 여진 통합은 단순히 요동에만 국한된 것은 아니었다. 조선의 두만강 유역에는 누르하치에게 군사력과 노동력으로 활용될 많은 여진인들이 있었다. 번리에서 번호라고 불리게 된 이들은 누르하치 및 다른 여진 부락들과 마찬가지로 성장과 발전을 거듭하고 있었다. 16세기 이들의 성장은 조선 6진 지역의 발전과 경제적 상황을 뛰어넘는 수준이었다.

따라서 누르하치의 두만강 유역 번호 침탈과 철폐는 여진 통합이라는 단면을 보여주지만, 누르하치가 국가를 수립하는데 있어 필수불가결한 요소였음에 틀림없다. 두만강 유역의 번호들에 대해 주목하여 군사적 행동을 시작한 것은 누르하치의 경쟁자였던 부잔타이였지만, 누르하치는 부잔타이를 격파하고 마침내 두만강 유역의 번호들을 흡수하였고, 이것을 바탕으로 넓은 땅에 흩어져 있던 소위 '동해 여진'을 복속시킬 수 있었으며, 후금의 성립에까지 나아갈 수 있었다.

그러나 이러한 통합의 뒷면에선 여진인들의 저항과 조선의 대응이라는 측면 또한 있을 수밖에 없었다. 일부 여진인들은 통합을 거부하고 조선의 내지로 들어가거나 섬으로 피신하기도 하였고, 본거지에서의 이주를 반대하면 울부짖기도 하였지만, 거대한 통합의 흐름은 막을 수 없었다.

그리고 조선 역시 누르하치의 강력한 무력 앞에 적극적인 공격보다는 수세적인 방어책을 고심할 수밖에 없었고, 기존 중심 체제였던 명을 통한 간접적인 교섭에 더해 누르하치와 조선과의 직접적인 교섭을 모색했지만, 이마저도 실패할 수밖에 없었다. 누르하치가 조선과 명의 연합군을 격파하는 순간 이제는 변동의 중심이 되어 명을 대신하길 원했고, 조선이 여전히 기존 중심 체제인 명을 중심으로 한 국제질서를 고집하는 한 이러한 변동의 흐름을 쫓아가기에는 역부족이었기 때문이었다.

# 제3편
## 藩胡를 둘러싼 교류와 인간상

# 제1장 세조대 申叔舟의 파견과 '女眞 和解事'

## 1. 머리말

麗末鮮初 동북면 및 두만강 유역의 여진인들은 조선과 밀접한 관련을 맺고 있었고, 조선에서는 건국 후에 동북면을 조선의 행정구역으로 재편하려 하였다. 따라서 동북면에 거주하던 여진인들은 점차 조선에 동화되어 편호가 되어 갔으며, 압록강 및 두만강 유역에 거주하던 여진인들은 조선에 내조하면서 조선과의 관계를 이어 갔다. 그런데 올량합, 알타리, 올적합의 여진 종족은 반목과 투쟁을 벌이고 있었다. 여진 종족간의 반목과 투쟁은 상당히 오래되었는데, 元明交替期에 알타리와 올량합이 올적합의 침구를 피해 압록강, 두만강까지 남하하였다. 그 후에도 올적합의 침구는 계속되어 왔으며, 그 대표적인 사건이 알타리의 首長 동맹가첩목아가 諸種올적합에게 피살되어 패망한 사건이라 할 수 있다.[1]

조선에서는 이들의 반목과 투쟁을 이용하여 以夷制夷하기도 하였지만 변경의 안정을 위하여 이들의 싸움을 적극적으로 중재하기도 하였다. 대표적인 것이 1459년(세조 5)에 이루어진 '女眞 和解事'이다. 즉 세조대에는 종족간의 투쟁이 격화되어 조선에 내조한 올량합·알타리와 올적합이 서로 조선의 구원을 청할 정도였다. 이에 조선에서는 올량합·알타리와

---

1 서병국, 「童猛哥帖木兒의 建州左衛研究」, 『백산학보』 11, 1971; 김구진, 『13C~17C 女眞 社會의 研究-金 滅亡 以前 淸 建國 以前까지 女眞社會의 組織을 中心으로-』, 고려대학교 박사학위논문, 1988; 박원호, 「宣德年間(1425~1435) 明과 朝鮮間의 建州女眞」, 『아세아연구』85. 1992; 박원호, 『明初朝鮮關係史研究』, 일조각, 2002 등 참고.

올적합을 각각 구원하기보다는 申叔舟를 파견하여 이들의 반목과 투쟁
을 화해시키려는 시도를 하게 되었던 것이다.

지금까지 세조대 '여진 화해사'에 대해서는 여진인들의 반목과 투쟁을
화해시키기 위한 시도라는 다소 개론적인 접근만이 진행되어 왔고 자세
한 연구가 진행되어 오지 못했다고 할 수 있다. 특히 '여진 화해사'의 배
경과 과정, 성격보다는 그 직후에 발생한 1460년(세조 6)의 소위 '毛憐衛
征伐'을 더 주목해왔다.[2] 그러나 '여진 화해사'나 '모련위 정벌'은 비단
둘 다 신숙주가 파견되었다는 점뿐만 아니라 동일한 시기에 발생한 조선
의 여진정책의 결과였다는 점을 새롭게 조명할 필요가 있다. 즉 조선의
對여진정책은 强穩兩面의 羈縻政策으로, 이 시기에 이루어진 '여진 화
해사'와 '모련위 정벌'이 이러한 조선의 여진정책을 단적으로 보여준다
할 수 있다.

따라서 세조대 '여진 화해사'가 이루어진 배경과 과정, 그리고 성격에
대해 파악해봄으로서 조선의 여진정책을 보다 명확하게 살펴볼 수 있을
것이다. 또한 조선에서는 왜 이 지역의 여진인들의 분란과 투쟁을 방지
하려 한 것인지, 더 나아가 '여진 화해사'가 실시된 주된 지역인 두만강
유역을 조선이 어떻게 인식하였는지 살펴보고자 한다. 이를 통해 조선시
대 여진관계 연구를 심화시키는데 기여하고, 조선시대 여진정책의 성격
을 검토하는데 일조할 것이라 생각된다.

---

2 이인영, 「申叔舟의 北征」, 『韓國滿洲關係史의 研究』, 을유문화사, 1954; 河內良
  弘, 「申叔舟の女眞出兵」, 『朝鮮學報』 71, 1974; 강성문, 「朝鮮시대 女眞征伐에
  관한 연구」, 『軍史』 18, 국방부 군사편찬연구소, 1989; 황선희, 「世祖 초기의 女眞
  關係와 北征」, 서강대학교 석사학위논문, 2007; 한성주, 「조선 세조대 毛憐衛 征伐
  과 여진인의 從軍에 대하여」, 『강원사학』 22·23, 2008.

## 2. 여진 세력간 투쟁과 조선의 대응

몽골족이 세운 元은 정책적으로 중국 및 요동 지역에서의 민족 이동을 가급적 억제하였고, 소위 衛所제도를 창안하여 요동 각지의 여진족을 統御하면서, 각기 그 소재한 지역에 安集시키려 하였다.[3] 그러나 元明交替期의 혼란한 상황은 요동 지역 여진족의 사회·정치상황에도 영향을 주어서 여러 여진 부족들의 이동과 분포에 변화를 초래하였다.

당시 요동 지역의 여진족 이동과 분포 변화는 크게 두 가지 경향이 있었다고 생각된다. 첫째는 두만강 유역에 거주하던 여진(토착여진)족들의 고려 동북면으로의 이동이다. 이들은 고려시대 東女眞 등으로 불리었는데, 원명교체기 納哈出 및 胡拔都의 침입을 피해 두만강 南岸 고려 동북면의 남부 해안지대로 이주한 것으로 파악된다.[4] 원명교체기 여진족 이동과 분포 변화의 두 번째 경향은 바로 올량합·알타리·올적합의 압록강·두만강 유역으로의 남하였다. 원래 올량합·알타리·올적합 등의 원거주지는 牧丹江과 松花江이 합류하는 지역인 三姓 지방이었다.[5] 元初에 이 지역에 軍民萬戶府 다섯을 설치하여 北邊을 鎭撫하였다는 기록으로 보아 이 지역의 여진족들을 통치한 것을 알 수 있다.[6]

그러나 元末이 되면 이 지역의 5만호부 중 斡朶里·火兒阿·托溫의 3만호부만이 남게 되었는데, 이 3만호부의 이름은 모두 지역 명칭이었다.[7]

---

3 김구진,「麗末鮮初 豆滿江 流域의 女眞 分布」,『백산학보』15, 1973, 106쪽(명대 衛所제도 등에 관해서는 서인범,「명대의 遼東都司와 東寧衛」,『명청사연구』23, 2005; 남의현,「明代 遼東都司 支配의 限界에 관한 연구」, 강원대학교 박사학위논문, 2006; 남의현,『명대요동지배정책연구』, 강원대출판부, 2008 등 참고).

4 김구진, 앞의 논문, 1988, 37~38쪽.

5 김구진,「吾音會의 斡朶里 女眞에 對한 硏究」,『사총』17·18, 1973, 87쪽.

6 『元史』卷59, 地理志 合蘭府 水達達等路條.

7 『龍飛御天歌』권7, 제53장.

이들 알타리·화아아·탁온 등이 바로 알타리(오도리)와 올량합이다. 『고려사』나 『고려사절요』를 보면 고려말에 이미 알타리·올량합에 대해 宣慰하고 이들의 來朝가 이루어지고 있으며, 萬戶·千戶·百戶 등의 官職을 주고 있음을 볼 수 있다.[8] 그런데 이들의 이동이 대규모로 진행된 것은 삼성 지방에 있던 3만호부가 서북방에 살던 올적합과 부족투쟁을 하게 되면서였다.

〈記事 1〉

孟哥帖木兒가 대답하기를, '當初에 우리들이 兀狄哈과 서로 싸워서 家屬을 거느리고 떠돌아다니다가 本國에 이르렀는데, 이제 만약 京師에 가게 되면, 올적합 등이 틈을 타서 가속을 擄掠하여 원수를 갚으려 할 것입니다.' 하였습니다. … 이것으로 비추어 보면, 맹가첩목아 등은 처음에 올적합의 침략으로 인하여 자리를 피해 본국 東北面의 慶源·鏡城 땅에 이르러 居住한 것입니다.[9]

〈기사 1〉은 明 永樂帝가 알타리의 首長 童孟哥帖木兒를 招撫하려고 하자 조선에서 上奏한 내용인데, 동맹가첩목아의 알타리가 올적합과의 부족투쟁의 결과 본거지를 버리고 두만강 유역의 경원·종성에 거주하게 된 것을 말해준다. 그리고 명의 여진 초무에 응해 자리를 비우게 되면 올적합이 침략하여 원수를 갚으려 한다고 하여 알타리와 올적합이 원수지간임을 말하고 있다. 따라서 삼성 지방에 거주하던 알타리·올량합 등은 올적합과의 투쟁을 피해 두만강·압록강 유역으로 남하하였고, 〈기사 1〉에서 보듯 올적합 등도 두만강 유역까지 이동하여 왔음을 알 수 있다. 결국 조선 초기 두만강 유역의 여진 분포를 보면 5진을 올량합·알타리와

---

8 『고려사』 세가 권46, 공양왕 3년 9월 丙午; 공양왕 4년 2월 丁丑; 3월 庚子.
9 『태종실록』 권9, 태종 5년 5월 庚戌.

올적합이 둘러싸고 있고, 그 위를 다시 올적합이 폭넓게 둘러싸는 형세
였다. 올적합은 骨看·忽刺溫·嫌鎭·尼麻車·都骨·南訥·巨節·亐乙未車
등 여러 종족으로 구분되어지기도 하는데, 그 중 골간올적합이 慶興 주
위에 살면서 조선과 우호적인 관계를 맺고 있었다. 또 홀라온올적합은
建州女眞의 알타리·올량합과 경쟁하면서 요동 지역으로 진출하여 馬市
를 통하여 경제적 기반을 구축하였으며 海西女眞의 주류를 이루었다.[10]

〈기사 1〉에서 보듯 삼성 지역에 거주하던 여진 세력들이 두만강 유역
으로 남하하였지만, 올적합의 침입을 지속적으로 두려워하고 있음을 볼
수 있다. 알타리와 올량합은 서로 경쟁하기도 하였지만[11] 대체로 우호적
인 관계였고, 알타리·올량합과 올적합은 대립과 투쟁을 반복하여 왔다.
그 중 알타리와 올적합의 반목과 투쟁을 결정적으로 보여주는 사건이 바
로 알타리의 수장 동맹가첩목아의 패망이었다. 楊木荅兀이 開原에서 人
口를 사로잡아가자 명과 동맹가첩목아는 이들을 송환하라고 압박하였
고, 결국 양목답올은 올적합의 여러 세력을 끌어들여 명의 使臣과 동맹
가첩목아를 공격하였던 것이다.[12] 이 때 동맹가첩목아뿐만 아니라 남자
는 모두 살해되고, 婦女子들도 모두 搶奪되어 간 것으로 되어 있는데, 잡
혀갔다 도망 온 인구가 354명에 달하였다.[13]

동맹가첩목아의 패망 후에도 두만강 유역을 중심으로 한 알타리·올량
합 對 올적합의 투쟁과 반목은 계속되었다. 1435년(세종 17)에는 具州의

---

10 김구진, 앞의 논문, 1988, 58쪽.
11 올량합과 오도리가 고려에 내조해서 서로 우두머리 자리를 다투기도 한 것을 보면,
　 서로 경쟁한 모습을 볼 수 있다(『고려사』권46, 공양왕 4년 2월 丁丑;『태조실록』
　 권1, 총서).
12 서병국, 앞의 논문, 1971, 88~89쪽; 김구진, 앞의 논문, 1973, 117~120쪽; 박원호,
　 앞의 논문, 1992, 156~157쪽.
13 『세종실록』권62, 세종 15년 11월 乙巳.

嫌眞兀狄哈 4백여 인이 斡朶里에 침략하여 14戶를 불사르고, 壯男女 86명, 弱男女 63명과 牛馬 4백 45필을 사로잡아 갔다.[14] 다음해인 1436년(세종 18)에도 忽剌溫兀狄哈이 會寧을 침입하여 男女와 馬를 노략하였지만, 조선군과 알타리가 추격하여 사로잡힌 사람들과 말을 빼앗아 돌아오기도 하였다.[15] 알타리는 올적합이 침략하여 오는 것 때문에 안심하여 살 수 없고 生業조차 누릴 수 없었다.[16] 또 서로 침략을 반복하여 가축과 사람을 노략하고, 손해를 본 자가 반드시 보복을 하여 빼앗긴 수효만큼 찾아간 뒤에야 그치는 상황이었다.[17] 올량합은 小叱節올적합과 서로 다투면서 보복하는 중이었고, 알타리는 남눌·거절·임아거올적합과 원수가 되어 그 고기를 먹고자 할 정도였다.[18]

제종올적합의 알타리 침탈은 결국 사람과 우마를 빼앗아가는 것으로 나타났는데 이것은 여진 사회의 농경화와 관련이 깊다. 요동의 여진인들은 15세기가 되면 초기농경화의 단계로 접어들게 되었고, 농경을 위한 노예와 우마가 필요하게 되었다. 특히 보다 북쪽에 있던 올적합의 경우에는 농경기술이 알타리·올량합보다 뒤떨어졌기 때문에 이들을 약탈하여 포로로 잡아갔던 것이다. 그런데 올적합은 자신들의 경제적 욕구가 충족되지 않자 알타리뿐만 아니라 조선을 침입하기 시작하였다. 대표적인 것이 1436년(세종 18)의 慶源 침구인데, 침입한 올적합의 수가 3천여 명이었으며, 3백여 구의 사람과 가축을 죽이거나 사로잡아간 것으로 되어 있다.[19] 즉 올적합은 비단 알타리와 올량합을 침략할 뿐 아니라 조선

---

14 『세종실록』 권70, 세종 17년 11월 丁亥.
15 『세종실록』 권74, 세종 18년 9월 己亥.
16 『세종실록』 권95, 세종 24년 2월 壬辰.
17 『세종실록』 권88, 세종 22년 2월 癸未.
18 위와 같음.
19 『세종실록』 권75, 세종 18년 10월 乙丑; 甲戌; 권76, 세종 19년 2월 甲申; 권77,

변경에도 해마다 침입하여 인물을 죽이고 노략하고 있었다.[20]

한편 직접적인 피해자였던 알타리 등은 올적합의 계속된 공격을 피해 자신들의 거주지를 이동하려 하였으며, 올적합과 和解하기를 원하였고, 이것은 올적합도 마찬가지였다. 알타리·올량합은 지속적으로 올적합과 옛 원한을 풀고 화해하여 화친하고자 하였는데, 올적합이 알타리에게 화친할 것을 강요하고 있고, 알타리도 경우에 따라서는 화친을 원하고 있었다.[21] 또한 동맹가첩목아의 이복동생 범찰이 중심이 되어 알타리·올량합과 올적합이 화친을 맺고, 더 나아가 함께 군사를 일으켜 조선을 침입한 다음, 거주지를 이동할 것을 계획하기도 하였다.[22] 조선은 이에 대해 '근처의 야인들이 올적합을 유인해 방자히 살해하여 우리로 하여금 4진을 영구히 세우지 못하게 함이 명백하다'고 하여 이들의 화친과 조선 침입을 상당히 경계하고 있었다.[23]

화친의 구체적인 방법도 나타나고 있는데, 3일 路程을 나와서 한가운데 있는 들에 모여 양편이 모두 군사를 배치한 후에 서로 대치하고 중간에 연락하는 사람[牙保]를 시켜 友好를 맺자는 말을 전하는 것이었다.[24] 그러나 화친을 맺을 때 조선의 허락을 구하거나 군병을 빌리려고도 하였다.[25] 동맹가첩목아의 아들 동창과 범찰이 조선을 배반하고 건주위 이만주에게로 합세한 뒤, 남아있는 알타리 遺種들은 1백여 호가 넘었으며,[26]

---

세종 19년 5월 己酉.

20 『세종실록』권88, 세종 22년 2월 癸未.

21 『세종실록』권95, 세종 24년 1월 戊寅.

22 『세종실록』권75, 세종 18년 11월 丁巳; 권76, 세종 19년 3월 辛丑; 권78, 세종 19년 7월 己丑; 권89, 세종 22년 6월 丁亥.

23 『세종실록』권77, 세종 19년 5월 己酉.

24 『세종실록』권78, 세종 19년 7월 己丑; 권95, 세종 24년 2월 壬辰.

25 『세종실록』권95, 세종 24년 1월 戊寅; 2월 壬辰.

26 『세종실록』권90, 세종 22년 7월 己酉.

이들은 더욱 조선에 의지할 수밖에 없었다. 동창과 범찰의 이주로 세력이 약해진 알타리로서는 올적합과 화친을 하는 것에 있어서도 조선의 도움이 필요하였던 것이다.

당시 조선에서는 새로 설치된 6진의 방어를 위해 이 지역의 여진 세력들을 보호하고 안정화할 필요가 있었다. 이것은 여진의 이동을 억제하면서 울타리인 번리로 만드는 '여진 번리화정책'으로 나타났고, 여진 번리를 구축한 이후 번리를 공고히 하고 보호하는 정책이 전개되었다.[27] 또한 세종은 귀화한 마변자를 보내어 제종올적합을 招撫하여 이들의 침입을 막고자 하였고, 함길도 감사와 도절제사에게 올적합을 초안할 계획을 세우도록 하였다.[28] 세종의 올적합 초무는 어느 정도 성과를 거두기도 하였는데, 올적합을 厚待하자 내조가 증가하기 시작하였다.[29] 세종의 초무로 남눌·수빈강·홀라온올적합 등이 내조하여 침입이 줄어들었지만, 올적합의 올량합·알타리, 그리고 조선에 대한 침입이 그친 것은 아니었다. 그렇다면 당시 조선은 알타리·올량합과 올적합의 화친에 대하여는 어떻게 대응하였을까?

6진 개척을 담당했던 김종서는 오랑캐는 흩어져 살면 힘이 분산되고 통합이 안 되지만, 한 곳에 모여 살면 힘이 합쳐져서 변경을 위협하고 사변이 일어날 것으로 보았다.[30] 김종서는 범찰이 도을온을 중개삼아 올적

27 여진 세력의 이동을 억제하려고 조선은 명과의 외교적 방법을 통하기도 하고, 정치·경제적 회유책을 쓰기도 하였으며, 무력을 동반한 강경책을 구사하기도 하였다. 또 번리를 공고히 하기 위해서 올적합의 침입을 막아주거나 구원해주고, 생활을 구제해주어 이탈을 방지하려 하였다. 번리가 배반하였을 경우 철저히 응징하고, 다른 번리들의 이탈을 방지하기도 하였다(한성주, 앞의 논문, 2010, 참고).
28 『세종실록』 권78, 세종 19년 8월 甲子.
29 홀라온올적합의 경우 1437년(세종 19)을 시작으로, 7건, 1438년(세종 20)에는 22건, 1439년(세종 21)에는 65건의 내조 현황을 보이고 있다(河內良弘,「朝鮮世祖の字小主義とその挫折」,『明代女眞史の研究』, 同朋舍, 1992, 293~300쪽).

합과 화친하려고 하는 것도 저지하였는데, 그 이유는 알타리가 올적합이나 올량합 등과 화친하여 세력이 안정화되고 강해지면 변경에 이롭지 못할 것이라 생각한 것에 있었다.[31] 황보인도 김종서의 의견에 동의하여 '만약 화친을 한다면 알타리에게 도망갈 마음을 열어 주게 될 것이다'라고 주장하였다.[32] 마침내 세종은 둘의 의견이 時世에 맞는 것이라고 하면서 '만약 알타리 가시파 등이 화친할 뜻을 청하거든, 구주올적합이 이미 조선에 귀순하여 늘 왕래하고 있고, 너희들은 우리 땅에 많이 모여 살고 있으니 올적합이 어찌 너희들을 해할 것이며, 해한다고 해도 내가 너희를 구원할 것이니, 근심할 것 없다'라고 말하도록 하고 있다.[33] 세종은 결국 변경의 안정에 여진 제세력의 화친이 도움이 되지 않는다는 김종서와 황보인의 주장을 받아들이고 있는 것이다.

이렇듯 당시 조선에서는 여진 세력의 통합과 화해보다는 힘의 분산과 분열이 방어에 도움이 된다고 여겼다. 이에 김종서는 '함길도의 精兵 4천명을 뽑고, 올량합·알타리 가운데 올적합과 원망을 맺은 사람을 嚮導로 삼아 길을 나누어 올적합을 정벌'하자는 주장을 하여 올량합·알타리 對 올적합의 투쟁을 이용하고자 하기도 하였다.[34] 또한 올적합이 다니는 要衝인 됴門[35]에 木柵 셋을 설치하여 三軍을 나누어 낮이면 병력을 진열

<hr>

30 『세종실록』 권95, 세종 24년 1월 戊寅.

31 위와 같음.

32 위와 같음.

33 위와 같음. 그러나 세종은 '그들의 화친하고자 하는 마음이 확고하여 강박하게 청하여 오는 것을 또 이쪽에서 너무 막는다면 도리어 틈이 생길 것이니, 경은 이 뜻을 잘 알고 적당히 헤아려서 시행'하도록 하고 있어 화친을 막는 것도 중요하지만 그로 인해 알타리 등과 틈이 벌어져서는 안된다는 점도 주지시키고 있다(『세종실록』 권95, 세종 24년 1월 戊寅).

34 『세종실록』 권75, 세종 18년 11월 庚子.

35 됴門은 올적합이 다니는 요충지로서 我境으로터 군사의 행보로 2일정, 빨리 가면 1일정(『세종실록』 권88, 세종 22년 2월 癸未)으로 두만강 밖이며, 土門으로 추정된다.

하여 시위하고 밤이면 保에 거두며 인근의 올량합과 알타리를 나누어 보내 前後로 침략한 죄를 힐책하기를 주장하였다.[36]

한편 세종은 조선이 올적합의 침입으로부터 알타리 등을 구해주지 않는다면, 우리에게 붙어 살 희망이 끊어지는 것이며, 국가의 신의를 보일 수도 없을 것이라고 생각하였다.[37] 또한 近境의 올량합도 급할 때는 알타리를 구해주도록 하고 있고, 深處野人(올적합)이 알타리를 침략하면 변장은 저쪽 지경과 우리 지경을 논하지 말고 형세를 보아 올적합을 공격하도록 함으로서, 알타리를 구원하도록 하였다.[38] 조선은 6진 주변의 알타리·올량합을 심처야인인 올적합의 침입으로부터 보호하여 주었고, 알타리·올량합은 조선의 울타리인 번리가 되었다. 결국 조선은 이들 여진 번리에 대해 '입술이 없으면 이가 시린', 즉 脣亡齒寒의 관계라 일컫게 되었고, 번리들도 심처야인들과 원수처럼 지내게 되었다.[39] 그러나 조선의 정책은 세조의 집권과 더불어 변화하기 시작하였다.

---

36 김종서의 목적은 올적합이 쉽게 침략하지 못하도록 하는 한편, 올량합 또한 조선을 두려워하도록 하고, 동요하는 알타리나 올량합 등을 조선에 더욱 귀순하도록 하기 위한 것이었다(『세종실록』 권88, 세종 22년 2월 癸未). 두문 지방에서 김종서에 의한 조선군의 관병시위는 실제로 이루어져, 조선군이 사냥한다고 소리치고 산과 들에 횡행하여 올적합에게 두려움을 주었고, 근경의 여진인 및 대소 邊將과 서울의 朝官들도 연속해서 행할 것을 주장하였다(『세종실록』 권102, 세종 25년 10월 丁亥).

37 『세종실록』 권95, 세종 24년 2월 壬辰.

38 『세종실록』 권95, 세종 24년 2월 壬辰; 권102, 세종 25년 10월 丁亥.

39 한성주, 앞의 논문, 2010, 176~178쪽.

## 3. 申叔舟의 派遣과 女眞 和解 시도

### 1) 신숙주의 派遣 배경

문종, 단종을 이은 세조대에도 알타리·올량합 對 올적합의 싸움은 계속되고 있었고, 이전시기보다 오히려 격화되어 갔다.[40] 다음의 〈기사 2〉를 보면, 이들의 싸움이 상당히 격화되었음을 알 수 있다.

〈記事 2〉

① 兀狄哈 등이 군사를 모아 斡朶里에게 復讐를 꾀하고 있다 하고, 알타리들도 역시 군사를 모아 이에 대응할 기세라 하니, 이는 곧 自中相圖이다. 그러나 이 무리들이 흩어져 있기 때문에 힘이 약하여 감히 변방을 침범하지 못한 것인데, 이제 만약 합치게 되면 장차 변방의 우환이 될 것이므로 그 형세를 살피지 않을 수 없는 것이다. ⓒ마땅히 계략을 써서 和解시킬 것이지만, 만일 올적합이 近境에 이르면 우리는 마땅히 근경의 사람들을 聲援하고 庇護해야 할 것이다.[41]

② 함길도 도절제사 楊汀이 野人 尙同哈과 兀狄哈 등이 서로 다투는 事由를 馳啓하니, 글을 내려 回諭하기를, "올적합들이 사람과 家畜을 빼앗기어 怨隙이 이미 깊어져서, 그 報復을 반드시 서둘 것이다. … 상동합 등은 우리나라 後門에 살기 때문에 우리의 藩籬가 되니, 마땅히 愛護하고 업신여겨서는 안 된다. 경은 내 뜻을 잘 타일러서 스스로 預備하게 하고, 경도 역시 救援하는 태세를 취하여 우리 국가에서 撫育하는 뜻을 보이도록 하라."하였다.[42]

③ 野人 柳尙同介 등이 와서 말하기를, '兀狄哈과 釁端을 맺음이 이미 심하니, 보복이 반드시 빨리 올 것입니다. 저희들은 여러 부족이 흩어져 살므로 능히 버티지 못할까 두려우니, 원컨대 한곳에 모여 살

---

40 『세조실록』 권14, 세조 4년 12월 丙辰; 권15, 세조 5년 1월 甲午; 壬子.
41 『세조실록』 권10, 세조 3년 11월 庚午.
42 『세조실록』 권14, 세조 4년 12월 丙辰.

게 하소서'하므로, 내가 그에게 타이르기를, '너희들은 반드시 모여
살 것이 없다. 내가 이미 都節制使로 하여금 救援하게 하였다.'고
하였다. 대체로 野人들이 모여서 살면 우리에게는 不便하지만 또
유상동개 등은 대대로 後門에 살면서 우리의 藩籬 노릇을 하였으
니, 또한 그가 禍를 당하는 것을 모르는 척 보아 넘길 수도 없다. 경
이 그를 聲援할 형편이 되거든 信義를 잃어서는 안된다. 다만 올적
합 등은 야인들과 원수가 되었지만 우리나라에는 본래 釁隙이 없었
는데, 지금 유상동개 등을 위해서 다시 하나의 敵을 만들 수는 없으
니, 비록 聲援을 하더라도 그 가운데 緩急은 경이 마땅히 요량하여
대처하라.[43]

〈기사 2〉의 ①, ②, ③를 보면, 알타리와 올량합이 올적합을 공격하여
사람과 가축을 빼앗았고, 이에 대한 올적합의 보복을 염려하고 있다. 알
타리·올량합은 올적합의 침입에 대비하여 군사를 모아 대비하려 하고
있고, 흩어진 부족을 모아 살기를 바라고 있다. 그러나 이들은 조선의 藩
籬가 되었기 때문에 조선의 허가가 있지 않으면 한 곳에 모여 살기 어려
우므로, 조선에 모여 살기를 청하고 있었다.

세조는 알타리·올량합의 대응에 대해 경계하고 있는데, 우선 〈기사
2〉의 ①과 같이 알타리·올량합의 무리들이 흩어져 있기 때문에 힘이 약
한 것이고, 변방을 침범하지 못한 것인데, 합치게 되면 장차 변방의 우환
이 될 것이라고 하고 있다. 또 〈기사 2〉의 ③처럼 알타리·올량합이 올적
합의 침입에 대비하기 위하여 한 곳에 모여 살기를 청하였지만, 모여 살
기를 허락하지 않았다. 그 이유로는 대체로 이들 야인들이 모여 살면 우
리에게 불편하다는 것이었다. 세조가 말한 불편함이란 결국 변경의 우환
이 될 소지가 있다는 뜻이다.

---

43 『세조실록』 권15, 세조 5년 1월 甲午.

그렇지만 올적합이 近境에 이르면 근경의 사람들을 聲援하고 庇護하
도록 하고 있고(〈기사 2〉의 ①), 愛護하고 스스로 預備하게 하면서, 救援
하는 태세를 취하여 조선에서 撫育하는 뜻을 보이도록 하고 있다(〈기사
2〉의 ②). 또 번리인 알타리·올량합이 올적합으로부터 禍를 당할 때 聲
援할 형편이 되거든 信義를 잃지 말고 구원하고, 다만 새롭게 敵을 만들
면 안 되므로 聲援을 하더라도 緩急을 조절하도록 하고 있다(〈기사 2〉의
③). 여기까지는 세종대의 인식과 정책이 계승되었다고 할 수 있다. 그런
데 주목해야 할 것은 〈기사 2〉의 ①-ⓔ의 '마땅히 계략을 써서 和解시킬
것'이란 부분이다. 세조는 세종대와는 반대로 알타리·올량합과 올적합을
화해시키기로 한 것이다. 그렇다면 세조는 왜 이런 정책의 변화를 추구
한 것일까?

주지하다시피 세조는 어린 단종을 몰아내고 즉위하였기 때문에 정권
의 정당성이 취약한 부분이 있었다. 세조는 왕권 강화를 통해 이러한 부
분을 극복하려 하였고, 그것은 六曹直啓制와 전제적 성격의 왕권 등으로
나타났다.[44] 또 세조대에 하늘에 제사를 지내는 圜丘壇 제사를 부활시켰
고, 자신의 칭호를 '承天體道烈文英武'로 부르도록 하였으며, 세조의 行
幸에 따른 기이한 현상, 즉 '奇瑞'가 자주 발생하고 있다. 이것은 모두 왕
위 계승에서의 정당성, 즉 세조 즉위에 소위 '天命'이 있음을 강조한 것
이다. 대외관계에서도 이러한 천명은 강조되고 있었다. 세조는 즉위 초
부터 "野人의 上京이 본래는 定한 數가 있으나, 지금은 즉위한 初期인지

---

44 中村榮孝, 「朝鮮世祖の圜丘壇祭祀について(上)」, 『朝鮮學報』 54, 1970; 高橋公
　明, 「朝鮮遣使ブ-ムと世祖の王權」, 『日本前近代の國家と對外關係』, 吉川弘文
　館, 1987; 김태영, 「朝鮮초기 世祖王權의 專制性에 대한 一考察」, 『한국사연구』
　87, 1994; 김상태, 「朝鮮 世祖代의 圜丘壇 復設과 그 性格」, 『한국학연구』 6·7,
　1996; 한형주, 「朝鮮 世祖代의 祭天禮에 대한 研究-太·世宗代 祭天禮와의 비교
　검토를 중심으로」, 『진단학보』 81, 1996 등 참고.

라 불러서 위로해야 하므로, 친히 여러 종족의 야인을 만나 보고, 분명히 내 마음을 알게 해서, 北方에 위급한 걱정거리가 없게 하려고 한다"[45]고 하여 여진의 내조를 대거 받아들이고 있었다. 또한 "즉위한 이후에 南蠻·北狄으로서 來附하는 자가 심히 많은데, 모두 나의 백성이 되기를 원하니, 이것은 하늘이 끌어들이는 바이지, 나의 슬기와 힘이 아니다"[46]고 하여, 왜인과 야인의 내조가 天命에 의해 이루어지고 있음을 강조하고 있었다.

실제로 세조대에는 다른 왕대들보다 왜인과 야인들의 내조가 많이 이루어졌는데, 세조 즉위 초에 野人 730여 인이 내조하였다는 내용이 있고,[47] 1456년(세조 2)에 望闕禮를 행할 때에 왜인·야인 5백여 인이 隨班하였다는 내용도 나타난다.[48] 구체적인 통계치로서 세조대 여진의 내조 횟수는 254회로 1년 평균 18회였으며, 이것은 세종대 10.6회, 성종대 14.3회보다 많았다는 연구도 제시되었다.[49] 또 왜인들의 경우도 1466년부터 1471년 기간에만 총 80회가 내조한 것으로 나타나 '朝鮮遣使 붐'이라고까지 표현되었으며, '조선견사 붐'은 그 자체만으로도 조선의 王權을 莊嚴化하는 현상이었다.[50] 결국 세조대에 이전 시기보다 왜인과 야인의 내조를 많이 받아들인 것은 王權을 장엄화하여 자신의 즉위가 천명을 받아 정당하게 이루어졌다는 것과 동일한 것으로, 대외관계 또한 국내 정치와 연결하여 이용하고 있었던 것이라 할 수 있다. 세조의 여진 화해 시도 역시 세조 즉위의 천명을 강조하여 대외관계에까지 준용한 것이라 볼 수

---

45 『세조실록』 권2, 세조 1년 11월 戊寅.
46 『세조실록』 권8, 세조 3년 7월 庚寅.
47 『성종실록』 권50, 성종 5년 12월 乙巳.
48 『세조실록』 권3, 세조 2년 1월 辛未.
49 박정민, 「세조대의 여진관계와 정책」, 『한국사연구』 151, 2010, 104쪽.
50 高橋公明, 앞의 논문, 1987, 참고.

있다. 세조의 여진 화해 시도의 배경이 되는 다음의 〈기사 3〉을 분석하여 보자.

〈記事 3〉

① 야인 馬申哈을 引見하여 照運올적합 등과 알타리 야인을 和親하게 할 수 있는 방책을 물었다.[51]

② … 金麻尙哈이 諸種올적합의 木契를 가지고 禮曹에 告하기를, "올적합 등이 우리로 하여금 와서 告하게 하기를, '올량합 등이 우리의 사람과 가축을 죽이고 사로잡아 갔으니, 보복하고자 합니다. 빌건대, 저들을 救援하지 마시고, 長城으로 들어오는 것을 허락하지 마소서. 우리들은 올량합에게 길이 막혔으니, 骨看지방으로 나아가 入朝하기를 원합니다.'하였습니다."하였다.[52]

③ 上이 金麻尙哈을 交泰殿에서 引見하고 諭示하기를, " … 네가 올적합에게 가서 유시하기를, '… 너희 올적합 등이 비록 알타리에게 길이 막혔다 하더라도 내가 막지 말도록 하겠다. 너희가 옛날 罪를 혐의스럽게 여기지만, 나는 그런 감정을 가지고 있지 않으니, 길이 막혀 어렵다고 하지 말고 옛날의 죄가 혐의스럽다 하지 말라. 또 너희가 서로 원수를 갚는 일로써 개죽음[浪死]하는 것도 無益하기 때문에 내가 너희들의 妻子와 牛馬를 刷還하고 너희들로 하여금 和解시켜, 각각 그 生業에 안정하게 하고자 한다.'하라. 네가 가서 나의 뜻을 유시하라."하였다.[53]

우선 〈기사 3〉의 ①을 보면, 세조는 야인 馬申哈이 내조하였을 때 照運올적합 등과 알타리 야인을 和親하게 할 수 있는 방책을 물은 것으로 되어 있다. 그런데 ①에서 나오는 '야인 마신합'은 ②의 '金麻尙哈'과 같

51 『세조실록』 권15, 세조 5년 1월 乙巳.
52 『세조실록』 권15, 세조 5년 1월 壬子.
53 위와 같음.

은 인물이다. ②의 내용을 보면, 김마상합은 올량합·알타리 등과 함께 내조하였을 때, 다른 諸種올적합의 本契를 가져와서 조선에 보고하였는데, 그 목계는 제종올적합이 조선에 보내는 것이었다. 목계의 내용은 올량합에게 보복할 때 조선에서 구원하거나 長城(行城) 안으로 들이지 말 것과 조선으로 내조하는 길이 올량합에 의해 막혔기 때문에 骨看지방을 통해 조선에 입조하기를 원한다는 것이었다.

올적합이 보낸 목계에 대해 세조의 대응은 다시 김마상합을 보내어 제종올적합을 초무하는 것으로 나타났다. 즉 제종올적합이 조선에 내조할 때 알타리로 하여금 길을 막지 않도록 하여 내조가 가능하게 하겠다는 것과 알타리·올량합이 빼앗은 올적합의 妻子와 牛馬를 찾아 돌려보내게 하고, 서로 화해시켜 각각 生業에 안정하게 하겠다는 것이었다(〈기사 3〉의 ③). 세조는 여진 세력들을 화해시켜 변경의 안정을 도모하는 한편 멀리 거주하는 심처올적합을 초무하고 내조하게 하여 왕권을 드높이고 왕위계승의 천명을 보다 강조할 수 있었을 것이라 판단한 듯하다.

세조의 여진 화해 결정에 따라 申叔舟가 함길도 도체찰사로 임명되었다.[54] 마신합에게 올적합과 알타리와의 화친 방책을 물은 지 18일 만이었다. 세조는 '올량합과 올적합이 보복하기를 그치지 않을까 염려하여 그들을 화해시키고자 신숙주를 체찰사로 삼았다'라고 밝히고 있어 신숙주의 역할은 바로 '女眞 和解事'를 주관하는 것이었다.[55] 또 세조는 신숙주에게 여진인들에게 유시할 내용을 命하였는데, 다음 〈기사 4〉의 내용이다.

---

54 위와 같음.
55 위와 같음.

〈記事 4〉

　가서 野人들에게 諭示하기를, '듣건대, 너희들이 옛날부터 서로 원수라고 하나, 함부로 죽이는 것은 無益하다. 우리에게는 아무런 利害 관계가 없지만 나는 너희들이 비록 異族의 무리이나 人情은 같다고 여긴다. 이 때문에 우리나라 사람들과 한가지로 돌본다[我國人一視]. … 내가 지금 하늘을 대신하여 만물을 다스리고 禍亂을 平定하며 너희들을 보기를 오히려 자식과 같이 하는 때에 너희들을 보호하여 평안하게 하지 못한다면, 어찌 天心에 合하겠는가? 너희 兀狄哈 등은 길이 막힐까 두려워하지 말고 자주자주 來朝하고, 兀良哈·斡朶里 등도 王化를 가로막지 말고, 각각 전의 怨恨을 버리고서 나의 지극한 가르침을 들어라.'고 하라.[56]

　〈기사 4〉를 보면, 먼저 알타리·올량합 對 올적합의 투쟁은 조선에는 아무런 이해관계가 없지만 사람의 人情은 같기 때문에 조선에서는 여진인들을 우리와 같은 사람으로 보고 있음을 밝히고 있다. 세조는 '我國人一視'란 표현으로 여진을 我國人과 같이 똑같이 보고 있다고 하였다. 또한 세조 자신의 즉위가 天命을 받아 이루어졌음을 밝히면서 자신이 하늘을 대신하여 만물을 다스리고 禍亂을 평정하고 있음을 말하고 있다. 덧붙여 세조는 여진인들을 자식과 같이 여기기 때문에 여진인들을 보호하고 평안하게 하는 것이 자신의 소임이고 천명에 부합하는 것이라고 하고 있는 것이다. 따라서 알타리·올량합과 올적합이 원한을 풀고 화해하고, 올적합은 조선에 자주 내조하며, 올량합·알타리는 올적합을 막아 세조의 王化를 막지 말도록 하고 있다. 이것을 통해 보면 세조대 이루어진 '여진 화해사'는 첫째, 두만강 유역의 안정을 위해 여진 세력간의 투쟁 격화를 방지하고, 둘째, 새로 즉위한 세조 정권의 정당성을 대내외에 과시하려는 점에서 이루어진 측면이 크다고 할 수 있다.

---

56 위와 같음.

## 2) 신숙주의 活動과 和解 과정

'女眞 和解事'의 임무를 띠고 함길도 도체찰사로 임명된 신숙주는 1459년(세조 5) 1월 29일 서울을 떠나 동년 4월 17일에 復命하였다.[57] 약 80여 일을 함길도의 6진 지역을 내왕하면서 알타리·올량합·올적합을 6진으로 불러들여 '여진 화해사'를 주관한 것이다. 신숙주의 활동과 행적을 통해 '여진 화해사'가 구제적으로 어떤 과정을 통해 이루어졌는지 살펴보자.

신숙주는 서울을 떠난 지 40여 일 만에 세조에게 '여진 화해사'의 경과를 보고하였는데,[58] 그것을 보면 6진 중 먼저 會寧鎭에 도착하여 알타리·올량합 등의 여러 酋長들을 불러모은 것으로 되어 있다. 회령에서 신숙주는 자신이 세조의 命을 받들고 온 것을 밝히고 올적합을 불러들여 알타리·올량합과 화해시키는 일에 대한 추장들의 생각을 물었다. 회령 부근의 추장들은 세조의 計策이 자신들을 위한 것이라 말하면서 命을 따를 것을 약속하였다.

이후 신숙주는 올량합 金把兒歹(金波乙大)를 대동하고[59] 북쪽으로 이동하여 鐘城에 도착하였다. 그리고 종성 부근에 거주하는 올량합 柳尙冬哈(柳尙同介)[60]과 대면하여 역시 화해의 命에 따르도록 하였다. 그런데

---

57 『세조실록』 권15, 세조 5년 1월 壬子; 권16, 세조 5년 4월 戊辰.
58 『세조실록』 권15, 세조 5년 3월 壬辰(이후 이 신숙주의 馳啓에 관련해서는 별도의 주를 달지 않고 이 기사의 내용을 중심으로 서술하기로 한다).
59 金把兒歹(金波乙大)는 올량합인데, 都萬戸의 관직을 가지고 있었고, 회령진에서 서쪽으로 1백 20리 떨어진 두만강 밖 下東良에 거주하고 있었다(『단종실록』 권13, 단종 3년 3월 己巳).
60 柳尙冬哈(柳尙同介)은 올량합으로, 조선으로부터 知中樞院事의 관직을 제수받았고(『단종실록』 권12, 단종 2년 12월 癸卯), 종성에서 서쪽으로 20리 두만강 밖 愁州에 거주하고 있었다. 당시 종성 부근은 올량합이 거주하였는데, 올량합 부락 9개, 95가, 489명의 장정이 있었다(『단종실록』 권13, 단종 3년 3월 己巳).

마침 종성 부근의 愁州에는 올적합 두 사람이 화해의 일을 의논하러 와 있었기 때문에 신숙주가 이 두 사람을 불렀고, 그 중 加霜哈이라는 사람이 왔다. 가상합은 원래 올량합이었지만 올적합에게 포로가 되었던 사람이었다.

가상합은 兀未車올적합 也堂其의 '죽은 자는 그만이지만 살아있는 자는 되돌려 주고, 서로 더불어 화해하여 평안히 사는 것이 어떠한가'라는 말을 전하러 온 것이었다. 즉 올미거올적합은 올량합이 빼앗아간 인물을 돌려주기를 희망하면서 화해하자는 뜻을 전한 것이다. 이때 신숙주는 종성의 올량합 유상동합을 座中에 두고, 가상합에게 돌아가서 올적합을 화해시키려는 세조의 유시를 전하도록 하였다. 그 방법은 두 가지였는데, 하나는 세조의 유시를 말로 전하는 것[傳語]과 여진문자[女眞字]로 번역된 글[書契]을 가지고 가게 하는 것이었다. 전언과 서계 둘 다 그 대략적인 뜻은 여진 세력을 화해시키려고 한 〈기사 4〉의 내용과 대체로 비슷하다. 그러나 전언과 서계를 비교해보면 보다 구체적인 내용들이 포함되어 있으면서도 차이점을 발견할 수 있다.

傳語의 주된 내용을 살펴보면, '여진 화해사'의 일은 신숙주가 세조의 명을 받아서 시행하는 것으로, 올량합이 사로잡은 올적합을 쇄한하겠다는 것과 올적합이 알타리·올량합에 대해 보복하려고 하지만 이들은 조선의 近境에 살면서 조선에 충성하고 순종하기 때문에 조선이 모른척 할 수 없다는 것, 그러므로 세조의 王旨를 듣고 처자를 데리고 돌아가고 자주 조선에 朝見하라는 것이다. 그러나 무례하게 항거하면 올적합의 땅도 數日程에 지나지 않으니 후회해도 소용없을 것이라는 점을 분명히 말하고 있다.

書契의 주된 내용을 살펴보면, '여진 화해사'의 배경이 된 부분을 먼저 설명하고 있다. 우선 앞서 살펴보았던 마상합이 올적합의 목계를 가지고

온 것에서부터 시작하여 올적합의 길이 막혔으므로 '여진 화해사'를 시
도하게 된 이유를 설명하고 있다. 그리고 〈기사 4〉와 같은 내용, 즉 세조
즉위의 정당성을 밝히면서 여진인들을 보호하고 평안하게 하는 것이 자
신의 소임이자 천명이라는 것과 알타리·올량합과 올적합이 화해하고, 올
적합은 조선에 자주 내조하라는 내용이다. 한편 세조가 만물을 '一視同
仁'하고 있다는 직접적인 표현도 쓰고 있다.

신숙주는 이러한 내용을 보고하면서, 전년에 여진인들의 내조를 상고
해 보았을 때 火刺溫올적합 이외에 諸姓올적합은 한 사람도 오지 않은
것은 알타리·올량합 對 올적합의 싸움으로 인해서 길이 막혀 있기 때문
이라고 하였다. 또 올적합이 지금 와서 화해를 모색하는 것은 올량합을
두려워해서가 아니라 조선이 이들을 원조할까봐 두려워하는 것이고, 조
선에 納款하려는 것은 올량합의 세력을 고립시키려는 것으로 보았다. 따
라서 여러 올적합을 초무하면 반드시 아무 일 없이 올 형세라고 판단하
였던 것이다. 그리고 화해를 빙자해서 올적합을 초무한다면 올량합도 조
선의 올적합 초무에 대해 별다른 의심을 하지 않을 것이므로, 양쪽으로
慰撫를 할 때라고 하고 있다. 이를 위해 한편으로 憐恤하고 撫育하는 뜻
을 보이고, 한편으로 그들을 위협해서 두렵게 할 것이라고 하였다. 결국
書契에서 나타나지 않고 傳語에서 나타나는 올적합에 대한 위협 내용은
신숙주의 이와 같은 계책에서 비롯된 것이다.

신숙주는 또 가상합이 야당기에게 돌아가는 길에 尼麻車올적합 두두
에게도 글을 전하게 하여 우두로 하여금 諸姓兀狄哈을 招諭하게 하였
다. 우두에게 전한 글 또한 신숙주의 치계에 함께 기록되어 있는데, 다음
과 같다.

〈記事 5〉

　지금 王旨를 받들고 邊方을 巡行하면서 諸種野人을 招安하고 있다. 네
가 諸姓兀狄哈의 頭目에게 두루 告하여 와서 王旨를 듣도록 하라. 올량
합·알타리 등은 지금 이미 명을 받들고 和解하였으니, 너희들은 길이 막
혔을까 의심하는 마음을 품지 말라.[61]


　이를 보면, 신숙주는 조선으로부터 관직을 받은 우두를 이용하여 제종
올적합을 초무하려고 한 것을 알 수 있다. 우두는 세종대에 처음 내조하
였고 여러 차례 上京하면서, 조선으로부터 護軍의 관직을 받았던 것으로
나타난다.[62] 신숙주가 우두에게 보낸 글은 앞서의 記事들보다는 상당히
축약되어 있지만, 신숙주가 세조의 명으로 제종여진인들을 초안하고 있
고, 우두가 이것을 諸姓(제종)올적합에게 두루 알리어, 이들이 와서 왕지
를 듣게끔 하라는 내용이다. 또한 올량합·알타리 등은 이미 명을 받고
화해하기로 하였으므로, 제종올적합이 의심하지 말도록 전하라는 뜻을
내포하고 있는 것이다.

　신숙주는 이후 차례로 穩城鎭, 慶源鎭에 이르러 올량합·토착여진 등
을 초유하여 세조의 명을 따르게 하고, 골간올적합 마상합과 올량합 金
管婁를 대면하여 약속하게 하였다. 그리고는 제성올적합의 頭目, 즉 酋
長들이 사는 곳에 글을 지어 여진문자로 번역하여 보냈는데, 이것은 '여
진 화해사'를 위한 두 번째 서계라 할 수 있다. 여진 문자로 번역한 두
번째 서계 역시 세조의 명을 받은 신숙주가 제종올적합들이 조선으로 오
는 길을 통하게 하였고, 올량합·알타리 등이 모두 조선의 명을 들어서
올적합들과 원수가 되지 않기를 약속하였으니, 염려하지 말고 와서 왕지

---

61 위와 같음.
62 『세종실록』 권92, 세종 23년 5월 丙午; 丙辰; 권93, 세종 23년 6월 辛未; 권118권,
　세종 29년 12월 庚午.

를 들으라는 내용이다. 그리고 신숙주는 같은 글을 다시 가상합에게 주어 올미거올적합의 야당기를 타이르도록 한 것으로 되어 있다. 그런데 이 서계들에는 골간올적합 마상합을 올미거올적합에게 인도하여 이르게 하라는 것이 나타나고 있다. 결국 올적합 중에서도 조선과 친화력이 높은 앞서의 니마거올적합의 우두, 골간올적합의 마상합 등을 이용하여, 다른 제종올적합의 참여를 이끌어내려는 신숙주의 계획을 엿볼 수 있다.

결국 신숙주의 여진 화해 계획과 실행은 다음과 같은 방법으로 이루어진 것을 알 수 있다. 우선 신숙주는 두만강 유역의 5진을 직접 순행하면서, 5진 주변의 올량합·알타리들을 초무하여 화해에 참여하도록 하였다. 두 번째는 제종올적합에게는 세조의 유시를 적은 서계를 여러 차례 보냈는데, 특히 여진문자로 번역하여 보냈다. 세 번째는 이러한 서계를 보낼 때 조선과의 관계가 깊은 올적합의 유력 추장들을 활용한 점을 들 수 있다. 네 번째는 여진인들의 감응을 이끌어내는 것이었다. 신숙주는 사로잡힌 올적합의 처자를 후하게 대접하고 풀어주어 올적합의 감응을 이끌어 내려 하였다.

신숙주의 이러한 계획은 잘 실행되고 있었지만, 화해사에 대한 성공을 장담하기는 어려운 점이 있었다. 첫째, 신숙주는 화해사를 위해 올적합을 불러 왔는데 올량합이 오지 않으면 올적합에게 경멸을 당할 것이고, 올적합으로 포로된 사람과 빼앗긴 가축을 찾아냈는데도 올적합이 오지 않으면 반대로 올량합에게 경멸을 당할까 염려하였다. 둘째, 양쪽에 사람을 보내어 갔다가 돌아오는 정도와 의논할 시간 등을 계산하니 거의 한 달에 이르고, 강을 따라 올라가고 내려가면서 멀고 가까운 곳에 흩어져 있는 사람과 가축을 찾아내고 여러 추장을 모아서 還付하도록 약속을 정하는데도 다시 거의 한 달이 걸릴 것으로 보고 있었다. 처음에 신숙주가 한성에 있을 때는 여진 화해사의 일을 3개월 안에 끝마칠 수 있을 것으로 예측하였지만, 직접 함경도에 와서 화해사를 실행하다보니 여건이 달라 곳곳에서 일이 늦추어지고 있었다. 셋째, 동량북에 거주하고 있던 올량합 浪孛兒罕은 '올적합 2만 여 군사가 와서 복수하려 한다'는 정황을 보고하였기 때문에 신숙주는 화해사가 잘못된 계책은 아닌가 염려하기도 하였고, 그에 대한 대비책으로 六鎭軍의 부서를 짜고 精하게 훈련해 두고 있었다.

이후 신숙주는 두 번째 치계를 통해 세조에게 여진 화해사에 대한 경과를 보고하였는데, 주된 내용은, 앞서 마상합을 이용한 올적합 초무의 결과였다.[63] 마상합은 신숙주의 명을 받아 올적합에게 파견되었는데, 7일 동안 아무도 없는 땅을 지나 올미거올적합의 愁呵歹 및 남눌올적합 쯉哈·阿剌哈의 집에 도착하였다. 여기서 이들에게 세조의 유시를 전하고 서계를 주면서 화해의 命을 따르도록 하였고, 또한 이 글을 제종올적합에게 널리 전하도록 하였다. 다시 4일을 가서 올미거올적합 育帖應哥가 사는 곳에 가서 서계를 전하고, 육첩응가의 아들 宋吾로 하여금 글을 가지고 야당기 등을 타이르도록 하였다. 마상합이 돌아올 때 올미거올적합 육첩응가는 직접 함께 왔고, 남눌올적합 아라합은 家人 好土를, 아라합의 조카 波水는 長子 剌亦哈을 함께 보냈다. 육첩응가는 임신한 아내와 아들 4인이 올량합에게 사로잡혀 있었는데, 그 아내는 포로로 된 중에 아이를 낳은 상태였다. 그러나 육첩응가는 올량합의 蘇多哈이란 자를 친히 죽인 일이 있었기 때문에 그 아내와 아들들을 돌려받기 위해 나왔다는 것은 마상합이 전한 세조의 유시 및 서계의 내용을 신뢰하고 나온 것임에 틀림이 없었다.

신숙주는 육첩응가의 내조로 화해사가 성공할 것이라는 것을 확신하

---

63 『세조실록』 권16, 세조 5년 4월 甲子(이후 이 신숙주의 두 번째 馳啓에 관련해서는 별도의 주를 달지 않고 이 기사의 내용을 중심으로 서술하기로 한다).

게 되었고, 육첩옹가를 이용, 다른 올적합들도 의심없이 화해사에 동참하도록 하는 방법을 택하였다. 신숙주는 '육첩옹가가 올량합의 소다합이란 자를 친히 죽였음에도 명을 듣고 나왔으니 나머지 頭目들이 오는 것은 의심할 것이 없다'고 판단하였다. 육첩옹가에게는 우선 그 아내와 젖먹이만을 돌려보내어 빨리 돌아가서 이 사실을 알리고 증거를 삼게하여 나머지 추장들을 데리고 오도록 하였고, 이렇게 하여 올적합을 초래하는 것이 반드시 효력이 있고 빠른 것으로 생각하였다. 이에 신숙주는 즉시 올량합과 알타리의 여러 추장을 부르고 遠近이 다 모여서 올미거올적합의 육첩옹가와 더불어 面前에서 화해하도록 하였고, 올미거올적합 육첩옹가 등이 야당기 등 여러 사람을 데리고 와서 화해를 聽從하고 포로된 사람들은 차차로 쇄환하기로 약속하게 하였다. 또 마상합 등 3인으로 하여금 육첩옹가를 호송하도록 하고, 육첩옹가로 하여금 나머지 사람들을 초래하게 하였기 때문에 육첩옹가가 다시 돌아오면 和親하는 일은 대개 이미 정해진 것이라고 하고 있다. 따라서 신숙주는 여진 화해사가 이제 성공적으로 추진될 것을 확신하여, 前後의 사실들과 여러 가지 節目을 낱낱이 도절제사 楊汀에게 시행하도록 하고, 서울로 돌아갈 것이라고 치계하였다.

마침내 한달 뒤인 그해 5월 신숙주가 예측한 것과 같이 올미거올적합 야당기와 육첩옹가 등 남녀 19명이 마상합을 따라 경원에 도착하였고, 함길도 경차관 康孝文과 도절제사 양정이 올량합·알타리의 여러 추장들을 불러 야당기 등과 함께 공궤하면서 화해사가 이루어졌다.[64] 야당기가 올량합과 더불어 酬酌하면서 하늘에 告하여 화친하기를 약속하고, 사로잡아온 남녀 27인 모두를 돌려 준 것이다.[65] 이로써 조선이 추진한 올량

---

64 『세조실록』 권16, 세조 5년 6월 辛酉.
65 위와 같음.

합·알타리와 올적합의 화해가 비로소 마무리된 것이다.

## 4. '女眞 和解事'와 두만강 유역에 대한 인식

조선과 여진과의 관계에 있어 세종과 세조의 공통점은 여진 세력의 통합이 6진 방어에 도움이 안 된다고 생각한 것이다. 그런데 6진을 방어하기 위해서는 여진 세력의 안정도 그만큼 중요한 현안이었다. 세종은 이를 위해 6진 주변의 여진인을 조선에 정치·경제·군사적으로 의존하도록 만들게 하여 조선의 울타리가 되도록 하는 이른바 여진 '번리화정책'을 구사하였다. 그러나 세조는 이에 더해 먼 지역의 여진 세력 또한 조선에 내조하여 복속함으로써 근경의 울타리가 침범을 당하지 않도록 하려 하였다. 이를 위해 오랫동안 지속된 올량합·알타리와 올적합의 투쟁을 종식시키려는 이른바 '여진 화해사'를 추진한 것이다. 물론 여기에는 여진 세력간의 투쟁 격화와 새로 즉위한 세조 정권의 정당성을 대내외에 과시하려는 점이 작용한 것도 사실이다. 그런데 세조대 여진 화해사는 전체 여진에 대한 것이 아니라 두만강 유역에 거주하는 사람들을 대상으로 하고 있었다. 여기서는 여진 화해사가 이루어진 두만강 유역에 대한 조선의 인식을 살펴보고자 한다.

세조는 우선 여진 화해사가 이루어진 직후 화해사에 공이 있는 여진인들을 포상하였다. 즉, 올량합·알타리 중 올적합의 인물을 돌려준 사람들을 3등으로 나누어 군자미로서 포상토록 하였는데, 그 이유는 '올량합과 알타리가 조선의 명령을 따라서 감히 다투지 않고 잡아온 올적합을 돌려준 것'에 있었다.[66] 그리고 그해 9월이 되면 세조는 함길도 경차관 강효

---

66 『세조실록』 권16, 세조 5년 6월 丙寅.

문을 서울로 올라오도록 하면서 '화해의 일은 이미 이루어졌으므로 쇄환
되지 않은 자가 많지 않을 것이니, 강제로 쇄환시킬 필요는 없다'고 유시
하였다.[67] 이를 통해서 보면 세조는 화해의 일을 마무리하기 위해 경차관
강효문 등으로 하여금 9월까지 머무르게 하였고, 올량합 등이 잡아둔 올
적합 포로들을 조사하여 강제로라도 쇄환시킴으로서 화해의 일을 성공
시키려 하였음을 짐작할 수 있다.

그러나 화해사의 과정 중 일어난 두 가지 상황은 조선과 여진관계를
다시 변화시켰다. 그 중 하나는 명에서 건주삼위 여진인과의 통교를 문
제 삼기 시작한 것이다. 세조는 세종과는 다르게 압록강 유역에 거주하
는 건주삼위와의 통교를 재개하고, 조선에 내조한 건주삼위 여진인들에
게 조선의 관직을 수여하였다. 그런데, 명에서는 조선의 이러한 행동을
여진에 대한 招撫로 생각하였고, 조선에 사신을 보내어 조선의 행동을
詰責하였던 것이다.[68]

명의 사신이 조선에 와서 勅書를 전한 것은 1459년(세조 5) 4월로,[69]
신숙주가 여진 화해사를 위해 함길도에 머무르고 있던 시기였다. 세조는
칙서를 베껴 신숙주에게 보내는 한편, 신숙주가 여진에 보낸 서계는 초
무의 자취가 많이 있으니 還收하도록 하고 있고, 특히 중국에서 가까운
곳은 모름지기 환수해야 한다고 유시하였다.[70] 그리고 세조는 명이 건주

---

67 『세조실록』 권17, 세조 5년 9월 己亥.
68 유봉영, 「王朝實錄에 나타난 李朝前期의 野人」, 『백산학보』 14, 1973; 조영록, 「入
關前 明·鮮時代의 滿洲女眞史」, 『백산학보』 22, 1977; 河內良弘, 앞의 논문, 1992;
姜龍範·劉子敏, 『明代中朝關系史』, 黑龍江朝鮮民族出版社, 1999; 王臻, 『朝鮮前
期與明建州女眞關係研究』, 中國文史出版社, 2005; 남의현, 「明代 兀良哈·女眞의
成長과 遼東都司의 危機」, 『만주연구』 3, 2005; 한성주, 「조선초기 조·명 이중수
직여진인의 양속문제」, 『조선시대사학보』 40, 2007, 참고.
69 『세조실록』 권16, 세조 5년 4월 己未.
70 『세조실록』 권16, 세조 5년 4월 甲子.

위에 칙서를 보내어 조선과 교통하지 말 것을 지시한 것을 빗대어 두만
강 유역의 여진인들도 조선과 교통하지 말도록 지시한 것이다.[71] 명의 칙
서가 두만강 유역에 대해 이루어진 것이 아니라 압록강 유역의 건주위에
대한 것임에도 불구하고 세조는 명과의 마찰을 더 이상 바라지 않은 것
을 알 수 있다. 그리고 세조의 이러한 지시는 신숙주가 아직 함경도에서
여진 화해사를 추진하던 시기에 있었던 것으로, 신숙주가 여진 화해사의
성공을 확신하는 두 번째 치계를 보낸 다음의 2일 후에 내려진 조처였
다. 그렇지만 '여진 화해사를 시종 한결같이 추진하여 마침내 여진인들
을 귀순하도록' 다시 지시하고 있는 것으로 보아,[72] 명과의 불필요한 마
찰은 될 수 있으면 피하되 두만강 유역에 대한 조선의 여진 초무는 지속
적으로 실행하려 하였던 것을 알 수 있다.

다른 하나는 조선의 번리였던 올량합 浪孛兒罕의 배신이었다. 낭발아
한은 우선 신숙주가 '여진 화해사'의 추진을 위해 함길도에 머물 때는
'올적합 2만여 군사가 와서 복수하고자 한다'[73]는 소문을 퍼뜨려 신숙주
가 화해사의 계책이 잘못된 것은 아닌지 의심을 가지게 만들었다. 또한
신숙주가 경원에 있을 때 여러 鎭의 추장을 보아서 올적합으로 포로된
인물을 쇄환하였는데, 여러 추장은 모두 왔지만 유독 낭발아한만은 병을
핑계로 참여하지 않았다.[74] 그리고 통사가 '장차 올적합과 화해하게 하려
고 너희들을 부르려 왔다'고 하였음에도 불구하고, 낭발아한의 族人이
활시위를 당겨 쏘려 하였으며, 심지어는 '조선에서 장차 군사를 내어 우
리를 치려고 한다'고 하면서 木契를 만들어 선동하여 釁端이 생기게 하

71 『세조실록』 권16, 세조 5년 4월 丙寅.
72 위와 같음.
73 『세조실록』 권15, 세조 5년 3월 壬辰.
74 『세조실록』 권16, 세조 5년 6월 辛酉.

고 있었다.[75] 결국 경차관 강효문은 화해사가 개최된 것을 보고하면서도 낭발아한은 필시 사로잡은 인물을 돌려보내려 하지 않고, 화해하는데 이익이 없을 것이라는 취지로 세조에게 치계하였으며, 동량북 등지의 여진인들이 安穩하지 못한 것은 낭발아한 때문이라고 보고하게 되었던 것이다.[76]

더구나 서울에서 侍衛하고 있던 낭발아한의 아들 浪伊升巨가 吉州의 溫井에 병을 치료하러 가서는 조선을 배반하고 중국에 가려는 형적이 들어남으로서, 낭발아한과 낭이승거 등 일족 17명이 참수되었다.[77] 이것은 다시 명과의 외교문제가 되었는데, 명에서는 낭발아한이 명의 관직을 가지고 있던 것을 문제 삼은 것이다. 또한 낭발아한의 아들 중 阿比車는 살아남아 낭발아한의 親堂 및 諸種野人 1천 5백여 인을 모아 회령에 침입하는 등 지속적으로 변경의 우환거리가 되었으며, 鏡城의 吾村口子에서 別差 前萬戶 宋憲의 被殺은 모련위 올량합에 대한 정벌의 계기가 되었다.[78]

세조는 올량합 등이 낭발아한의 복수를 하고자 침입하는 상황에서 올량합과 올적합의 화해를 도모하는 것은 오히려 조선의 國威를 손상시키는 것으로 보았고, 오히려 올량합에 대해 보복하고자 하는 올적합의 마음을 막지 말아야 한다고 하고 있다.[79] 이후 모련위 정벌이 실시되었고, 정벌에 참여한 여진인 명단을 보면 니마거·남눌·화라온·골간올적합 뿐만 아니라 알타리, 올량합, 토착여진 등 138명 이상의 여진인들이 참여한 것을 볼 수 있다.[80] 이것은 세조가 한편으로는 여진인들의 반목을 이용하

---

75 위와 같음.
76 위와 같음.
77 한성주, 앞의 논문, 2007, 27~28쪽.
78 『세조실록』권18, 세조 5년 11월 甲辰; 권19, 세조 6년 1월 丙午; 2월 己酉; 庚戌; 辛未.
79 『세조실록』권15, 세조 5년 정월 壬子.

여 올적합을 참여시키면서도 다른 한편으로는 조선에 복속한 6진 주변의 여진인들을 동원한 것이다. 따라서 모련위 정벌은 조선의 주도 아래 조선에 복속한 여진인들이 참여한 정벌이었다. 이렇게 보면 여진 세력을 화해시키는 '여진 화해사'와 여진의 반목을 이용했던 '모련위 정벌' 모두 변경의 안정을 위해서 실시되었다는 것뿐만 아니라 조선을 중심으로 여진을 복속시키려고 한 공통점을 가지고 있다. 그리고 그것은 무엇보다 두만강 유역의 여진을 대상으로 하고 있다는 특징이 있다.

조선이 신숙주를 파견하여 '여진 화해사'를 추진한 이유는 여진인들의 투쟁 격화가 변경의 안정을 불안하게 하는 것이라는 판단하에 이들을 화해시켜 변경의 안정을 도모하는 것 이외에도 심처올적합을 초무하고 내조시켜 왕권을 드높이려는 목적을 가지고 있었다. 조선이 두만강 유역의 여진인들과 심처올적합을 화해시킨다는 것, 그리고 이를 통해 왕권을 드높인다는 것은 우선 두만강 유역이 조선에 완전하게 복속되어 있다는 전제와 인식이 있어야지만 가능한 것이다.

한편 여진 화해사가 일어나던 중 발생한 조선과 명의 두 차례 외교문제, 즉 건주삼위의 통교문제와 낭발아한의 처리문제는 지역적으로 한정하여 보면 압록강 유역과 두만강 유역으로 나눌 수 있다. 둘 모두 두만강 유역에 잠시 영향을 준 것은 사실이지만 조선이 생각하는 압록강 유역과 두만강 유역에 대한 인식은 상이한 점이 있었다. 이것은 『태조실록』에도 잘 나타나 있는데, 다음의 〈기사 6〉을 분석하여 보자.

〈記事 6〉
① 임금이 즉위한 이후에 聲教가 멀리 서북면 백성들에게까지 입혀지고, … 의주에서 閭延에 이르기까지의 沿江 천 리에 고을을 설치하

---

80 한성주, 앞의 논문, 2008, 107~111쪽.

고 수령을 두어서 압록강으로 경계를 삼았다.

② 임금이 즉위한 뒤에 적당히 萬戶와 千戶의 벼슬을 주고, 李豆蘭을 시켜서 여진을 招安하여 被髮하는 풍속을 모두 冠帶를 띠게 하고, 禽獸와 같은 행동을 고쳐 예의의 교화를 익히게 하여 우리나라 사람과 서로 혼인을 하도록 하고, 服役과 納賦를 編戶와 다름이 없게 하였다. 또 추장에게 부림을 받는 것을 부끄럽게 여겨 모두 국민이 되기를 원하였으므로, 孔州에서 북쪽으로 甲山에 이르기까지 邑을 설치하고 鎭을 두어 백성의 일을 다스리고 군사를 훈련하며, 또 학교를 세워서 경서를 가르치게 하니, 文武의 정치가 이에서 모두 잘 되게 되었고, 천 리의 땅이 다 조선의 版圖로 들어오게 되어 두만강으로 경계를 삼았다.

③ 江 밖은 풍속이 다르나, 具州에 이르기까지 風聞으로 듣고 義를 사모해서, 혹은 친히 來朝하기도 하고, 혹은 자제들을 보내서 볼모로 侍衛하기도 하고, 혹은 벼슬 받기를 원하고, 혹은 內地로 옮겨 오고, 혹은 토산물을 바치는 자들이 길에 잇닿았으며, 기르는 말이 좋은 새끼를 낳으면 자기네가 갖지 않고 서로 다투어서 바치며, 강 근처에 사는 자들이 우리나라 사람과 爭訟하는 일이 있으면, 관청에서 그 曲直을 辨明하여 혹 가두기도 하고, 혹은 매를 치기까지 해도 邊將을 원망하는 자가 없고, 사냥할 때에는 모두 우리 三軍에게 예속되기를 자원해서, 짐승을 잡으면 관청에 바치고, 법률을 어기면 벌을 받는 것이 우리나라 사람과 다름이 없었다.[81]

〈기사 6〉의 ①과 ②는 각각 압록강과 두만강을 경계로 삼았다고 하는 내용이다. 그런데 ①과 ②를 잘 분석해보면 경계로 삼았다는 직접적인 이유가 결국은 압록강은 의주에서 여원에 이르기까지 고을을 설치하고 수령을 두었다는 것이고, 두만강은 공주에서 갑산에 이르기까지 역시 고을을 설치하고 진을 둔 것임을 알 수 있다. ①·②는 모두 조선에서 고을

---

81 『태조실록』 권8, 태조 4년 12월 癸卯(〈기사 11〉의 ①, ②, ③ 모두 이에 해당한다).

을 설치하고 수령을 파견한 것, 즉 조선이 실제적으로 이 지역에 대해 행정체계화 시킨 것을 말한다. 따라서 〈기사 6〉에서 압록강과 두만강을 경계로 삼았다는 것은 조선 국왕이 임명한 수령 또는 변장이 파견되어 조선의 법령을 통해 완전한 통치를 구현했다는 것을 알 수 있다.

〈기사 6〉의 ③은 두만강을 경계로 삼았다는 내용인 ②에 대한 일종의 부가적인 설명인데, 압록강에 대해서는 이러한 설명이 전혀 없다. 두만강을 경계로 삼았다고 하는 내용 다음에는 바로 강 밖의 여진인들이 조선에 복속되어 있었다는 부가적 설명이 뒤따르고 있는 것이다. 조선은 두만강으로 경계를 삼았다고 하면서도 여진인들이 강 밖에 거주하더라도 조선에 來朝하거나, 侍衛 또는 관직을 받아[受職] 복속하고 있었고, 조선의 법률을 어기면 벌을 받는 것이 조선인과 다름이 없었다고 하고 있었다.[82] 이것은 두만강은 조선의 경계가 되었지만, 그 경계라는 것은 조선의 행정력이 실제적·실효적으로 미치는 것을 말하는 것일 수 있고, 경계의 밖, 즉 두만강 밖은 조선의 행정 관원이 파견되지는 않았지만 조선의 法令이 미침으로서 조선에 복속된 지역을 의미할 수 있다. 그리고 조선에서는 조선 국왕의 법령이 미치는 지역까지를 조선의 영역으로 인식하고 있었음에 틀림없다.

이러한 인식은 고려시대 尹瓘의 公嶮鎭 설치와 연결되어 조선은 공험진 이남에 대한 영유의식을 가지게 되었고, 명에서 東北面 11처 인민의 영속을 주장할 때와 童猛哥帖木兒의 명 入朝를 주장할 때 조선에서는 두만강 유역뿐만 아니라 공험진 이남이 조선의 영역임을 주장하고 있

---

82 한편 유재춘은 최근 이 기사를 바탕으로, 두만강을 경계로 삼았다고 하면서도 江北 지역에 대한 내용에 있어서는 중국(明)의 영토라는 의식은 전혀 존재하지 않는다고 지적하였다(유재춘, 「중·근세 韓·中間 국경완충지대의 형성과 경계인식」, 『한일관계사학회』 39, 2011, 175쪽).

다.[83] 게다가 명에서 동북면 11처 인민의 조선 영속을 승인하면서 이러한 인식은 고착화되었으며, 마침내 『세종실록』 지리지에 경원의 경계를 '북쪽으로 공험진에 이르기까지 7백리, 동북쪽으로 先春嶺에 이르기까지 7백여 리'라고 하게 되었던 것이다.[84]

한편 세조대 모련위 정벌에도 불구하고 여진 침입이 지속되자 세조는 韓明澮를 도체찰사로 임명하여 다시 여진 정벌을 추진하기도 하였다. 한명회는 함길도에서 5鎭을 순찰하여 병마를 점열하고 1461년(세조 7) 9월 10일에 거사할 계획을 정하였던 것이다.[85] 그러나 회령에 두만강 내외 지역인 三東良·三斜地·無兒界·甫兒下·毛里安·吾治安·沙吾貴·下伊亂·廬包·伐引·阿赤郎貴 등에 거주하는 여러 酋長들이 管下 사람 1백 59인과 함께 귀순을 청하면서 여진 정벌 계획은 중단이 되었다. 한명회는 귀순한 여진 추장들에게 조선의 경계가 선춘령 이남부터이고, 모두 조선의 옛 땅이므로, 이곳에 거주하는 여진인들을 조선의 백성과 같이 보았는데, 여진인들이 조선에 복속을 안하므로 이들을 정벌하여 5진처럼 마을을 개척하고 조선이 직접 통치할 것이라 위협하였다. 이는 조선 초기부터 유래한 두만강 유역과 공험진 이남이 조선의 영역이라는 인식이 지속되어 왔음을 말해 주는 것이다. 또한 마을을 개척하여 조선의 행정력이 미치는 5진은 조선의 직접적인 관할이고, 두만강 이북 또한 조선의 법령이 미치는 영역에 속하기 때문에 얼마든지 그것은 직접적인 관할로 변경할 수 있는 곳임을 말하고 있다.

다시 세조대 낭발아한의 처벌 사건으로 되돌아가서, 여진 화해사를 방해하고 조선을 배신하였던 낭발아한의 처벌에 대해 명은 '王의 法에 의

---

83 『태종실록』 권7, 태종 4년 5월 己未; 권10, 태종 5년 9월 壬子.

84 『세종실록』 권155, 지리지 함길도 경원도호부.

85 『세조실록』 권25, 세조 7년 9월 壬寅.

하여 罪를 주는 것은 다만 王國에서 行할 수 있는 것이지, 隣境에서는 행할 수 없는 것인데 왕국의 법으로 인경의 사람을 죄 준 것'이라고 주장하였다[86] 그러나 조선은 '본국 後門의 地境 위의 야인들은 編氓과 다름이 없고, 낭발아한 또한 인경의 사람이라 볼 수 없다'[87]는 주장을 하였다. 이를 통해 보면 명은 왕의 법이 미치는 곳은 왕국이고, 그 법은 국경을 넘을 수 없는 것이며, 조선이 낭발아한에게 조선의 법을 적용하여 죄를 준 것은 조선의 영역을 넘은 것이라고 주장하였음을 알 수 있다. 그러나 조선은 두만강 밖의 여진인들은 조선의 편맹이고, 그곳에 거주하는 낭발아한 또한 인경의 사람이라 볼 수 없다고 하여 조선의 법은 두만강을 넘어 확대되고 있고, 영역이 왕국의 범위, 즉 국경을 초월하고 있음을 말하고 있다. 즉 조선의 법령과 왕명이 미치는 범위가 두만강 유역에서는 행정과 관할, 즉 경계와 국경을 넘어 구현되고 있다고 보았던 것이다. 결국 세조대 여진 화해사는 이러한 두만강 유역에 대한 인식을 기반으로 실시되었던 것이다.


## 5. 맺음말

元明交替期 혼란한 상황에서 여진인들의 이동이 시작되었는데, 올량합·알타리들은 올적합의 침구를 피해 두만강 유역으로 남하하였고, 이들은 이후에도 서로 대립과 투쟁을 반복하였다. 이들의 반목과 투쟁을 보여주는 대표적인 것이 알타리의 首長 童猛哥帖木兒의 패망이었다. 조선은 이 사건을 계기로 6진을 개척하였으며, 여진 세력의 투쟁과 반목을

---

86 『세조실록』권20, 세조 6년 6월 甲寅;『明英宗實錄』卷314, 天順 4年 4月 甲戌.
87 『세조실록』권20, 세조 6년 6월 甲子.

이용하여 두만강 유역에 거주하는 알타리와 올량합을 藩籬化시킴으로서 올적합의 침입을 막으려 하였다. 여진 사회 또한 점차 농경화되어 가고, 조선·명과의 무역관계가 심화되어 갈수록 알타리·올량합 對 올적합과의 투쟁은 더욱 격화되어 갔으며 사람과 牛馬 등을 침탈하면서 서로를 원수로 여기게 되었다. 격화된 서로간의 투쟁은 침탈을 서로 멈추자는 화해 논의를 불러일으키기도 하였지만, 세종대에는 여진 세력들의 화해와 통합보다는 힘의 분산과 분열이 6진 방어에 도움이 된다고 생각하였다. 이에 여진인들의 화해 시도에 대해 반대의 입장을 표방하거나 저지하였고, 대신 알타리·올량합에게 6진에 모여 살면서 조선의 번리가 되면 조선이 구원하여 줄 것이라는 논리로 대응하였다.

이러한 조선의 정책은 세조의 집권과 함께 변화하기 시작하였다. 세조는 소위 '天命'을 강조하면서 왕위 계승에서의 정당성을 강조하고 있었는데, 대외관계에서도 이러한 '천명'을 강조하여 다른 왕대들보다 왜인과 야인들의 내조를 더 많이 받아들이고 있었다. 세조는 골간올적합 김마상합의 내조로 제성올적합이 조선 내조를 원하는 것에 자극을 받았고, 올량합·알타리와 올적합을 화해시켜 변경을 안정화시키면 멀리 거주하는 올적합의 조선 내조가 가능할 것이라고 판단하였다. 따라서 신숙주를 파견하여 '여진 화해사'를 추진한 것은 여진 세력간의 투쟁 격화와 이에 따른 6진 방어 전략의 변화와 함께 새로 즉위한 세조 정권의 정당성을 대내외에 과시하려는 점에서 이루어진 측면이 크다고 할 수 있다.

이후 신숙주는 약 80여 일을 함길도의 6진 지역을 내왕하면서 '여진 화해사'를 주관하였다. 신숙주는 우선 두만강 유역의 5진을 직접 순행하면서 주변의 알타리·올량합 등의 여러 酋長들을 불러 모으고 '여진 화해사'에 대한 세조의 명을 따를 것을 지시하여 그들의 참여를 이끌어내었다. 다음으로 제종올적합에게 傳言과 書契로 세조의 유시를 전하게 하였는데, 특히 서계는 여진문자로 번역하여 보냈다. 그리고 이러한 서계를 보낼 때는 올적합 중에서도 조선과 관계가 깊은 유력 추장들을 이용하여, 다른 제종올적합의 의심을 종식시키고 참여를 이끌어내는 방식을 취하였다. 마지막으로는 사로잡힌 올적합의 처자를 후하게 대접하면서 조선의 은혜를 각인시키는 한편 이를 전하게 하여 제종올적합의 감응을 이끌어내려 하였다. 그러던 중 앞서 마상합을 이용한 올적합 초무의 결과로 올미거올적합 육첩응가가 내조하게 되면서 신숙주는 여진 화해사가 성공할 것이라는 확신을 가지게 되었고, 육첩응가를 다시 제종올적합에게 보내어 다른 사람들도 화해사에 동참하도록 하는 방법을 택하였다. 육첩응가가 다른 제종올적합을 데리고 오면 화해사가 성립될 것으로 판단한 신숙주는 서울로 상경하였고, 한달 뒤인 경원진에 육첩응가 등 올적합 19명이 도착하면서 여진 화해사가 이루어졌다.

그러나 화해사 과정 중 明에서 건주삼위 여진인의 조선 통교를 문제삼았고, 조선의 번리였던 낭발아한이 화해사를 방해하고 조선을 배신한 것이 조선과 명·여진 관계를 다시 변화시켰다. 조선은 압록강 유역의 건주삼위에 대해서는 명의 요구를 받아들여 교통하지 않을 것을 표명했지만, 두만강 유역의 낭발아한에 대해서는 그 일족을 참수하였다. 명은 낭발아한의 처벌에 대해 다시 문제를 삼았지만 조선은 모련위 정벌을 감행하게 되었다.

따라서 조선의 압록강 유역과 두만강 유역에 대한 인식은 차이가 있음을 알 수 있는데, 이러한 인식은 건국 직후부터 이루어진 측면이 크다. 명과의 11처 야인 귀속 문제 등을 거치면서 고려시대 윤관이 설치한 공험진과도 연결되었으며, 두만강 유역 이북은 압록강과는 다르게 언제라도 조선이 직접 鎭을 설치하여 조선의 영토로 편입시킬 수 있다는 인식을 가지게 되었다. 따라서 두만강 유역 이북 조선의 6진 지역에 근접하

여 살던 여진인들은 조선의 법령과 명령에 따라야 한다는 인식을 하였던
것이다. 세조대 여진 화해사는 두만강 유역의 변경 안정을 위해 실시되
었지만, 조선의 두만강 유역에 대한 이러한 인식과 배경에서 이루어졌다
고 할 수 있다.

# 제2장 조선의 對女眞關係와 6鎭지역 사람들

## 1. 머리말

조선의 대여진관계는 조선의 건국과 함께 시작되었다고 해도 과언이 아니다. 조선을 건국한 李成桂의 세력 기반은 동북면이었는데, 동북면에는 고려 유민과 여진인들이 혼재하고 있었다. 이들은 고려말에 이성계를 따라 從軍하였으며, 조선 건국 후 태조는 자신에게 종군하였던 여진인들에게 萬戶·千戶 등의 관직을 수여하는 등의 포상을 실시하였다. 그리고 두만강 유역의 여진인들을 編氓, 즉 조선의 백성으로 여겼으며 조선의 경계를 두만강까지 확대시켰다.

그러나 태종대에 明의 적극적인 여진 초무로 두만강 유역 11처 여진인의 귀속 문제가 발생하면서 조선과 명의 외교전이 전개되었다. 이 과정에서 조선이 명에 복속한 여진인들에 대해 무역소를 폐쇄하자, 여진인들의 조선 변경 침입이 시작되었고, 여진의 침입은 조선의 여진 정벌을 불러왔다. 정벌에 대한 여진인들의 보복 침입이 격화되어 조선은 경원부를 鏡城으로 옮겼는데, 이것은 사실상 행정과 군사 방어선의 후퇴였다.

세종대에는 李滿住의 建州衛가 압록강 유역으로, 童猛哥帖木兒의 建州左衛가 두만강 유역으로 이동해옴으로써 두만강 유역을 중심으로 전개되던 여진관계가 압록강 유역으로까지 확대되었다. 조선은 압록강 유역 이만주의 건주위에 대해서는 閭延이 여진인들로부터 침입을 받은 것을 계기로 두 차례의 정벌을 실시하면서 4郡을 설치하였고, 두만강 유역 동맹가첩목아가 諸種野人의 침입에 의해 죽은 것을 계기로 6鎭을 설치하였다. 세종대 4군과 6진의 설치로 압록강과 두만강을 경계로 한 조선의 영토를 확정하였다고 볼 수 있다.

세조대가 되면 방어상의 어려움을 이유로 4군은 폐지되지만, 6진 지역은 지속적으로 유지되었다. 4군 지역은 압록강 중상류 지역에 삼각형처럼 돌출되어 여러 방면에서 여진인들의 침입을 받을 수 있는 불리한 위치였고, 척박한 환경 때문에 조선인이나 여진인들이 거주하기 쉽지 않았다. 6진 지역은 두만강으로 둘러 쌓여 있었지만 강의 중하류 지역이 어느 정도 비옥한 토지였기 때문에 조선인과 여진인들의 거주도 4군 지역에 비해 용이하였으며 거주지도 집중되어 있었다. 조선 초기 여진인들의 분포 역시 이러한 점을 잘 말해주고 있다.[1] 그렇지만 조선의 4군 폐지가 영토의 포기를 의미하는 것은 아니었다. 4군 지역에 들어와 거주하려던 여진인들을 驅逐하여 강 밖으로 쫓아 보내려는 시도가 지속된 것은 이를 잘 대변해 준다.[2]

세조대와 성종대에도 각각 압록강 유역과 두만강 유역의 여진인에 대한 征伐이 이루어졌는데, 이 중 압록강 유역의 건주위에 대한 정벌은 명의 요청을 받아 조선과 명의 협공으로 이루어지기도 했다.[3] 그리고 연산군대 여진인들의 渭原 침입에 따라 귀화인 童淸禮를 建州三衛에 파견하기도 하였고, 명종대에는 두만강 이북 지역인 伊應巨島에 子母鎭을 설치하는 문제를 시작으로 여진의 西水羅堡 침입, 조선의 草串 征討, 여진의 造山堡 재침입 등의 분쟁이 일어나기도 하였다.[4] 한편 선조대에는 임진왜

---

1 김구진,「麗末鮮初 豆滿江 流域의 女眞 分布」,『백산학보』15, 1973.

2 김순남,「조선 中宗代의 북방 野人 驅逐」,『조선시대사학보』54, 2010.

3 한성주,「세조대(1467년) 朝鮮과 明의 建州女眞 협공에 대한 연구」,『한일관계사학회』45, 2013.

4 한성주,「조선 연산군대 童淸禮의 建州三衛 파견에 대하여」,『만주연구』14, 2012;「조선 명종대 豆滿江 以北지역에 대한 '鎭'설치 시도-伊應巨島의 子母鎭 설치와

란 전에 조선의 藩胡였던 尼湯介의 반란이 있었으며, 임진왜란 전후로 두만강 유역 번호들의 반란을 정토라는 형식으로 막아내고 있었다.

이처럼 조선 초기 여진관계는 시기적으로, 공간적으로 다양한 양상을 가지고 있다. 특히 압록강과 두만강을 중심으로 한 공간적 양상을 살펴보면, 두 지역에 대한 조선의 정책과 여진과의 관계가 대비되는 부분들이 있다. 특히 가장 특징적인 점은 압록강 유역에서는 번호가 형성되지 못한 반면 두만강 유역에서는 조선의 번호가 형성되었다는 것이다. 본고에서는 조선의 대여진관계의 특징을 두만강 유역의 번리·번호 형성과 조선의 정책에 맞추어서 살펴보고, 조선의 번리·번호가 형성되었던 6진 지역의 조선인들과 여진인의 모습들을 단편적이지만 살펴보고자 한다.

## 2. 번리 구축과 대여진관계의 특징

고려시대에는 서북면 및 압록강 유역의 여진인들을 西女眞, 동북면 및 두만강 유역의 여진인들을 東女眞이라고 불렀다. 그리고 서여진, 동여진 중 고려에 내조하여 복속한 여진인들을 西蕃과 東蕃이라고 하였다. 蕃은 藩과 혼용되어 써 왔으며, 중국에서 藩은 天子의 藩屛이란 뜻이다. 고려시대 여진에 대한 번 인식은 여진의 來朝·來獻과 긴밀한 관계가 있으며, 여진의 내조에는 관직을 주는 賜爵이 이루어지면서 의례적인 측면에서는 天子와 封臣 관계의 형식으로 나아갔다고 할 수 있다.[5] 따라서 고려시대 여진에 대해 번병이라고 인식하던 지역은 압록강과 두만강 유역이

---

女眞과의 분쟁을 중심으로」, 『한일관계사학회』 42, 2012.

5 추명엽, 「고려전기 '번(蕃)' 인식과 '동·서번'의 형성」, 『역사와 현실』 43, 2002, 21~36쪽.

었다고 할 수 있다.

그러나 고려말 조선초가 되면 조선의 번병 인식의 대상이 두만강 유역으로 한정되고 있다. 두만강 유역 여진인들에 대한 조선의 번 인식은 조선을 건국한 이성계의 세력 기반이 두만강 유역이라는 것에 영향을 받은 것도 있겠지만, 무엇보다 대외적인 문제, 즉 압록강 유역에서는 명과의 마찰이 일어날 가능성이 컸기 때문이었다. 조선은 건국 직후부터 요동의 여진 문제를 둘러싸고 명과의 마찰이 있어왔는데, 명과 직접적인 관계가 있는 여진인들은 두만강 유역보다 압록강 유역의 여진인들이었다. 고려와 조선의 영역은 이미 압록강 중·하류지역에 미치고 있었지만, 압록강을 넘어 그 지역에 거주하는 여진인들에 대해 조선의 번병을 구축하는 일은 태조대에도 그 이후에도 명과의 외교적 마찰이 일어날 소지를 항상 가지고 있었다.

두만강 유역에 대해서는 公嶮鎭 이남이 고려의 境內라는 인식과 이성계의 세력 기반, 즉 祖宗舊地라는 인식이 더해져서 이 지역에 대한 번 인식이 계승되어 왔다. 고려말인 恭讓王 때 공험진은 本國의 경내라고 하면서 그 지역에 거주하는 여진인들을 초유하여 귀부하도록 하고 있으며,[6] 조선 건국 후 두만강을 경계로 삼았다고 하면서도 江外의 여진인들이 조선에 내조하고, 侍衛하고, 관직을 받고, 邊將에게 爭訟하여 판결을 받는 등 우리나라 사람과 다름이 없다고 하고 있다.[7]

태종대가 되면 두만강 유역에 대한 번 인식은 '藩籬'로 지칭되면서 보다 구체화되기 시작한다. 특히 명에서 成祖 永樂帝가 즉위하고 적극적인 대외확장정책 아래 두만강 유역의 여진인들에 대한 초무를 실시하자 11처 여진 추장과 인민의 귀속문제가 발생하였다. 11처 중 3개 지역은 두

---

6 『고려사』 권46, 세가46, 공양왕 4년 3월 경자.
7 『태조실록』 권8, 태조 4년 12월 癸卯.

만강 바깥지역이지만 8개 지역은 조선의 동북면에 해당되었다.[8] 당시 동북면에 조선인과 여진인이 혼재되어 있는 상황에서 명의 11처에 대한 여진 초무를 그대로 인정하면 조선의 영역이 축소될 수도 있는 심각한 문제였다. 왜냐하면 명에서는 地面, 즉 땅을 다투는 것이 아니라 여진 추장의 명 입조와 복속을 바라는 것이었지만, 영토를 구성하는 핵심인 인민의 귀속 문제는 매우 중요한 문제였음에 틀림없다.

태종은 공험진 이남이 옛 고려의 땅임과 이성계의 세력 기반임을 주장하여 11처 인민의 귀속을 허락받았지만, 명의 거듭된 초무 앞에 두만강 유역의 여진 추장들의 명 입조까지는 막을 수 없었다. 특히 태종은 斡朶里의 대추장 동맹가첩목아를 동북면의 藩籬라고 지칭하면서,[9] 그의 초무를 위해 노력하였지만 동맹가첩목아는 조선을 배신하고 명에 입조하였다. 이후 태종대 이루어진 여진 정벌은 兀狄哈의 침입으로 慶源府에서 兵馬使 韓興寶가 피살된 것이 원인이었지만, 결과적으로는 조선을 배반하고 명에 입조한 두만강 유역의 兀良哈과 알타리에 대한 응징이 되어 버렸다.

세종대 6진의 설치 과정도 번리 및 조종구지 인식이 바탕이 되고 있다. 세종 역시 동맹가첩목아가 조선의 번리라고 인식하였고, 동맹가첩목아가 諸種野人들에게 죽게 되자 그 땅에 鎭을 설치하면서 원래 조종의 땅에 진을 설치하는 것은 당연한 것임을 천명하였다. 그리고 두만강 유역의 여진인들에게 조선의 번리가 되면 彼我가 서로 큰 이익임을 강조하면서 여진인들이 동요하지 않고 그대로 머물면서 6진을 방어하는 번리가 되도록 하였다.[10] 특히 세종대의 수직정책은 향화여진인들을 중심으

---

8 한성주, 「朝鮮前期 豆滿江流域에 나타나는 두 개의 '朝鮮'」, 『명청사연구』 37, 2012, 251쪽.
9 『태종실록』 권9, 태종 5년 3월 己酉.

로 전개되었던 것에서 6진 설치 후 두만강 유역에까지 확대되고 그 수도 급증하였다. 正朝와 冬至에 집중시킨 여진인들의 내조는 의례화·정례화 되어갔으며,[11] 내조에 대한 반대급부인 관직의 제수는 두만강 유역의 여진 번리가 조선에 복속하여 정치사회화 되었음을 의미하고 있다. 결국 여진인들의 내조와 조선의 관직 수여의 성격을 의례적인 측면에서만 한정하여 보면 조공과 책봉이라는 형식과 동일하다고 할 수 있다. 따라서 조선은 두만강 유역의 여진 번리화를 통해 여진인들과 정치·군사적 우위에 기초한 상하관계의 조공관계를 형성해 갔다.

번리 인식을 계승한 세조는 마침내 '야인과 왜인은 모두 우리의 번리이고, 모두 우리의 臣民'[12]이라고 하고 있으며, 두만강 유역에서 서로 반목과 투쟁을 하던 兀狄哈과 兀良哈·斡朶里의 화해를 주도하기도 하였다. 세조가 '女眞 和解事'를 주관한 이유는 여진인들이 서로 투쟁과 반목하면서 서로 모여 살게 되면 변경이 안정되지 못하고 불안해진다는 것에 있었으며, 이것은 두만강 유역의 여진 번리 안정화와 깊은 관련이 있었다.[13] 또한 세조는 두만강 유역에 거주하던 浪孛兒罕(浪卜兒罕)의 처벌을 문제 삼는 명과의 외교적 마찰 속에서도 낭발아한은 隣境의 사람이 아니라 조선의 編氓과 다름이 없다는 주장을 굽히지 않았다. 당시 두만

---

10 조선은 동맹가첩목아 사후, 그의 이복동생 凡察과 아들 童倉(童山)이 건주위 이만주에게 이동하려 하자 明에 그들의 이동을 허가하지 말라는 주청을 하는 외교적 방법과 의복·양식·관직을 수여하는 회유책 및 무력시위를 하는 강경책으로 여진인들의 이동을 막으려고 하였다(한성주, 『조선 전기 수직여진인 연구』, 경인문화사, 2011, 184~194쪽).

11 박정민, 『朝鮮時代 女眞人 來朝 硏究』, 전북대학교 박사학위논문, 2014. 박정민의 연구 결과 조선시대 여진인의 내조의 전체적인 현황과 시기별 검토가 이루어졌는데, 여진인의 내조가 正朝와 冬至에 집중되었음이 실증적으로 밝혀졌다.

12 『세조실록』 권8, 세조 3년 7월 庚寅.

13 한성주, 「조선 세조대 '女眞 和解事'에 대한 연구-申叔舟의 파견을 중심으로」, 『동북아역사논총』 38, 2012.

강 유역에 왔던 명 사신 馬鑑 역시 '野人 가운데 城底에 사는 자들은 곧 귀국의 번리'라고 하고 있다.[14] 이후 낭발아한 일족의 거듭된 보복 침입에 北征을 단행하여 두만강 유역에 대한 명의 간섭이 불필요한 것임을 각인시켰으며, 조선의 영향력 및 국위를 과시함으로써 여진인들의 이탈을 막고 조선에 대한 복속을 강화시켜 나갔다.

성종대인 1491년(성종 22)의 이른바 '辛亥北征'은 올적합의 造山堡 침입과 慶興府使 羅嗣宗의 죽음이 계기가 되었지만, 당시 올적합의 침입은 두만강 유역의 번리인 알타리에 집중되어 있었다. 2만 4천명이라는 대규모의 군사 정벌에 비해 올적합이 도망하여 숨었기 때문에 전공을 이룬 것은 거의 없었지만 두만강 유역의 알타리를 비롯한 여진 번리에 대해서 조선의 군사적 위세를 드러내어 이들의 조선 복속을 심화시켰다.[15]

명종대의 草串征伐은 骨看兀狄哈의 서수라보 침입에 그 원인이 있었지만, 사실 서수라보 침입을 유발한 것은 두만강 이북 지역인 이응거도에 조선이 자모진을 설치하여 여진인들을 쫓아버린 것에 있었다. 번리들은 이제 藩胡로 지칭되고 있었는데, 비록 조선이 두만강 이북 지역에 진을 설치하더라도 번호가 조선을 침입한 것, 침입 이후 아무런 변명이나 사죄가 없는 것은 조선의 국위를 손상시킨 것으로 판단되었다. 조선의 국위 손상은 두만강 유역에 있어 번호들의 통제에 지장을 초래할 수 있는 중요한 일이었으며, 이에 따라 초관정벌이 이루어졌다.[16]

한편 두만강 유역의 번호들은 농업생산력의 발전 등 사회경제적 성장과 함께 부락과 인구가 집중화되고 있었다. 집중화된 번호들은 점차 조선의 질서체제에서 이탈하려는 경향을 보였는데, 바로 니탕개와 같이 조

---

14 『세조실록』 권21, 세조 6년 8월 丙辰.
15 김순남, 「조선 成宗代 兀賊哈에 대하여」, 『조선시대사학보』 49, 2009.
16 한성주, 앞의 논문, 2012.

선의 변경을 약탈하기 시작한 것이다. 번호는 6진의 屛蔽,[17] 즉 병풍과 담장으로서 深處胡를 막는 조선의 1차 방어선과 같았지만, 이제 1차 방어선이 오히려 조선을 침입하는 상황에 직면하고 있었다. 또한 임진왜란은 번호의 이탈을 가속화시켜 번호들의 반란이 지속되었으며, 이에 대해 조선은 거듭 정토를 시행하여 번호의 복속과 변경의 안정화를 도모하고자 하였다. 한편 번호의 반란 원인으로는 조선 변장의 威虐이 지적되고 있는데,[18] 번호를 보호하고 무육해야 할 변장과 수령들이 오히려 번호들을 지나치게 貪虐하고 있었다.[19]

이렇듯 조선의 대여진정책의 핵심은 두만강 유역을 중심으로 한 번리 구축에 있었다고 해도 과언이 아니다. 사실 압록강 유역으로 여진인들이 새롭게 이주를 청하자, 이들을 번리로 삼는 방안이 모색되기도 하였다. 그러나 결국 삼포에서처럼 왜인들이 번성하게 되면 조선 내부의 화근이 될 것이라는 우려와 중국과 가깝다는 이유로 여진인들의 압록강 유역 이주는 허락하지 않았다.[20] 조선에서는 압록강 유역에 여진인들이 이주하여 번성하게 되면 번리가 되더라도 조선의 우환이 될 것으로 예견하고 있었다.

그렇지만 두만강 유역은 고려 말부터 고려 유민과 여진인들이 혼재하던 지역이었고, 공험진 이남에 대한 영토의식과 더불어 이성계의 세력 기반으로서 압록강 유역과 비교할 수 없는 정치적·영토적 성격을 가지고 있었다. 세종대 6진의 설치로 행정적·군사적 경계선이 두만강 유역까지 확대되었지만 이 지역에 거주하던 여진인을 驅逐하여 江外로 모두

---

17 『선조실록』 권17, 선조 16년 2월 癸巳.
18 『선조실록』 권17, 선조 16년 2월 丁酉.
19 『선조실록』 권55, 선조 27년 9월 己丑; 辛卯.
20 『성종실록』 권154, 성종 14년 5월 辛丑; 권209, 성종 18년 11월 壬子.

몰아낼 수 있는 것은 아니었다. 여진인들을 모두 구축하는 것은 현실적으로 불가능하였으며, 그들을 구축할 경우 오히려 땅을 뺏긴 여진인들과의 분쟁 속에서 변경의 안정화를 이룰 수 없었을 것이다. 결국 조선은 6진 성 밑에 여진인들의 거주를 허용하여 城底野人이라 지칭하고, 더불어 두만강 유역 내외에 조선과의 상하관계를 바탕으로 한 여진 번리 및 번호를 구축하여 갔다. 따라서 두만강 유역을 중심으로 한 조선의 대여진 관계의 특징은 여진 번리를 구축함으로써 조선인들과 여진인들이 공존하는 평화적인 변경과 공간을 형성하려고 했다는 점에 있다.

## 3. 6진 지역의 조선인들

조선의 6진 설치로 두만강 유역의 5鎭城 밑에는 성저야인이 거주하게 되었는데, 이들은 6진 주변과 두만강 유역 내외에 흩어져 있던 조선의 번리였다. 조선은 조선인들과 여진인들이 공존하는 평화적인 변경과 공간을 구상했겠지만, 조선인들과 여진인들의 혼거는 결코 평화적이지만은 않았다.

조선은 태종대에 여진인들의 침입으로 경원부를 鏡城으로 이동시킨 결과, 그에 따라 조선인들 역시 남쪽으로 이주하였고 두만강 유역은 여진인들에 의해 점거된 상황이었다.[21] 따라서 세종대 6진을 설치하면서 방어를 위해 새로운 木柵과 城을 쌓고 군사를 파견하는 것뿐만 아니라 백성들을 이주시켜 변경을 충실하게 할 필요성이 있었다.

백성을 이주시키는 徙民은 두만강 유역에는 北靑 이북과 吉州·鏡城 등지의 사람들로, 다시 북청·길주·경성에는 그 이남 지역인 高原·永興·

---

21 『세종실록』 권62, 세종 15년 12월 庚午.

文川·安邊 등지의 사람들로 옮기는 방식으로 진행되었으며,[22] 江原道 및
下三道의 백성들도 동원되었다. 그러나 백성들은 사민에 대해 고통스럽
게 여기고 있었고,[23] 향리 등이 토호들과 결탁하여 富戶는 숨겨 빠뜨리고
殘戶만을 뽑아 보내는 등 폐단도 발생하였다.[24] 『세종실록 지리지』를 보
면 6진 지역의 戶口와 軍丁이 기록되어 있는데, 이는 사민의 결과였고,
다음 〈표 1〉과 같다.

〈표 1〉을 보면, 慶源에는 1,162호, 5,271명, 會寧에는 624호, 2,157명,
鍾城에는 900호, 21,815명, 穩城에는 800호, 3,637명, 慶興에는 402호,
5,058명, 富寧에는 262호, 2,294명의 인구가 있었는데, 6진 전체의 인구는
4,150호, 40,232명이었다. 당시 6진으로의 사민은 점진적으로 이루어졌지
만, 결과적으로는 대규모였다.

〈표 1〉『세종실록 지리지』에 나타난 6진의 戶口와 軍丁

(단위 : 명)

| 六鎭 | 戶 | 口 | 軍丁 | | | 비고 |
|---|---|---|---|---|---|---|
| | | | 甲士 | 正軍 | 합계 | |
| 경원 | 1,162 | 5,271 | 133 | 629 | 762 | |
| 회령 | 624 | 2,157 | 25 | 695 | 720 | |
| 종성 | 900 | 21,815 | 12 | 724 | 736 | |
| 온성 | 800 | 3,637 | 25 | 686 | 711 | |
| 경흥 | 402 | 5,058 | 90 | 312 | 402 | 갑사 90명은 船軍 |
| 부령 | 262 | 2,294 | ? | ? | 262 | 翼屬甲士와 正軍을 함께 표시 |
| 합계 | 4,150 | 40,232 | 3,593 | | | |

22 『세종실록』 권68, 세종 17년 6월 甲辰.
23 『세종실록』 권62, 세종 15년 12월 庚午.
24 『세종실록』 권69, 세종 17년 7월 乙未.

  6진으로 이주한 사람들은 새로 토지를 개간하여 농사를 지으면서도
끊임없이 여진인들의 침입을 경계해야 했고, 여진인들의 주된 침입 경로
가 되는 곳에서는 농기구와 병장기를 휴대한 채 농사를 짓기도 하였다.
또한 조선인들은 여진인들의 침입이 있으면 농사를 짓다가도 城으로 피
신하여 군사들과 함께 여진인들의 침입을 막아야만 했다. 군사들이 五更
초에 두만강변 일대를 순찰하고 守護廳에 이르렀다가 멀리 망보고 해가
질 때에 들판의 농민들과 鎭堡로 철수하는 것을 '守護'라 하였으며, 농민
들이 추수가 끝나고 두만강이 얼어 여진의 침입이 격화되는 겨울철에는
집을 버려두고 성안으로 들어갔다가 5월이나 6월이 되어 돌아가는 것을
'疊入'이라고 하였다.[25] 그리고 주민들은 石城과 小堡을 쌓는 일에도 사
역되었는데,[26] 『제승방략』에는 경흥·경원·온성·종성·회령·부령의 6진
의 소속 鎭堡가 29개로 나타나고, 女墻·擁城·曲城 등의 방어시설을 갖
춘 것으로 되어 있다.[27] 6진에는 모두 이러한 屬鎭, 즉 소속된 진보가 있
어서 주민들은 속진에서 僉事와 萬戶에게 부역을 당하고 본진에서도 부
역을 당하면서 백성들은 조잔해지고 피폐되어 간다는 평가를 받기도 하
였다.[28]

  한편 주민들은 良人皆兵의 원칙에 따라 군역에 종사하여 正軍이 되어
야만 했다. 정군은 중앙에서 파견된 甲士와 함께 6진을 방어하는 주된
임무를 맡았다. 〈표 1〉에 나타난 6진의 군정은 경원에 갑사가 133명, 정
군이 629명으로 총 762명, 회령에 갑사가 25명, 정군 695명으로 총 720
명, 종성에 갑사 12명, 정군 725명으로 총 736명, 온성에 갑사가 25명, 정

25 『성종실록』 권252, 성종 22년 4월 丙辰;『制勝方略』卷之2, 軍務二十九條.
26 『세종실록』 권75, 세종 18년 11월 壬辰.
27 『制勝方略』卷之1, 列鎭防禦.
28 『성종실록』 권185, 성종 16년 11월 丁卯.

군 686명으로 총 711명, 경흥에 갑사(船軍) 90명, 정군 312명으로 총 402
명, 부령에는 翼屬甲士와 정군 모두 총 262명이 있었는데, 6진 전체의 군
정은 3,593명이었다. 즉 1개의 진에 평균 600여 명의 군정이 있었음을 알
수 있다.

　그런데 〈표 2〉처럼 『제승방략』에 나타난 6진의 군사를 보면, 조선 중
기에는 지역의 土兵과 함께 남방에서 부방하는 군사가 6진에 배치되었
음을 알 수 있다. 토병은 각각 本鎭에 소속된 백성들로 한편으로는 농지
를 경작하고 한편으로는 여진의 침입을 방어하였다.[29] 경원에는 토병
667명, 南方赴防軍士 170명, 회령에는 토병 1,002명, 남방부방군사 58명,
종성에는 토병 930명, 남방부방군사 173명, 온성에는 토병 663명, 남방부
방군사 136명, 경흥에는 토병 395명, 남방부방군사 87명, 부령에는 토병
509명, 남방부방군사 170명이 있었으며, 6진 전체로는 토병이 4,166명,
남방부방군은 794명, 총 4,960명이 있는 것으로 나타난다.

〈표 2〉『제승방략』에 나타난 6진의 군사

(단위 : 개, 명)

| 六鎭 | 所屬 城堡 | 土兵 | 南方赴防軍士 | 합계 |
|---|---|---|---|---|
| 경원 | 5 | 667 | 170 | 837 |
| 회령 | 5 | 1,002 | 58 | 1,060 |
| 종성 | 5 | 930 | 173 | 1,103 |
| 온성 | 5 | 663 | 136 | 799 |
| 경흥 | 5 | 395 | 87 | 482 |
| 부령 | 4 | 509 | 170 | 679 |
| 합계 | 29 | 4,166 | 794 | 4,960 |

---

29 『중종실록』 권21, 중종 9년 10월 壬寅.

이렇게 보면 1개의 진에는 평균 830여 명의 군사가 있었으나, 6진에는 총 29개의 城堡가 소속되어 있었으므로, 1개의 鎭堡에 평균 170여 명의 군사가 배치되어 있었다. 그러나 군사배치가 제일 적었던 경흥진 서수라보의 경우 토착군사와 남방부방군을 합쳐 42명밖에는 되지 않는 경우도 있었다.[30] 한편 〈표 1, 2〉의 정군이나 토병의 경우 지역 백성이 그 중심이므로, 6진 설치 직후보다 조선 중기에 조선인들이 다소 증가한 것으로 생각된다.

여진인들은 조선 초기부터 정묘호란 이전까지 총 131회에 걸쳐 조선을 침입하였는데,[31] 이 중 상당수는 두만강 유역의 6진에 해당되었다. 그런데 여진인들의 주된 약탈 대상은 조선인들의 牛馬 및 재산뿐만 아니라 사람이었기 때문에 조선의 주민들과 군인들은 약탈의 직접적 피해를 겪고 있었다. 이 때문에 6진의 군사들은 當番이 되면 다른 鎭堡를 지키러 가고, 下番이 되면 本鎭을 지키느라 갑옷을 벗을 때가 없을 정도였다.[32]

그러나 조선인들은 여진의 침입에 대비하고 추운 기후에 적응하면서도 6진의 땅을 개척하여 삶의 터전으로 만들어갔다. 〈표 3〉은 『세종실록지리지』에 나타난 6진의 농지와 관련된 것이다. 〈표 3〉을 보면, 6진의 토지는 경원·회령·온성이 비옥했던 반면 종성·부령은 薄土, 즉 척박하고 메말랐으며, 두만강의 하류였던 경흥은 습하고 저지대여서 기반이 약하고 안정되어 있지 않았다. '五鎭을 설치하던 처음에는 地力이 흩어지지 않아 곡식의 농사가 잘 되고 땔감도 부족하지 않고 넉넉하였다'[33]는 것은 아마도 경원·회령·온성 등의 토지가 비옥하였기 때문에 토지를 개간

---

30 『制勝方略』卷之1, 列鎭防禦 西水羅堡.
31 강성문, 「朝鮮시대 女眞征伐에 관한 연구」, 『군사』 18, 1989, 47쪽.
32 『성종실록』권192, 성종 17년 6월 癸卯.
33 『성종실록』권215, 성종 19년 4월 戊戌.

한 처음에는 상당한 성과를 거두었던 것으로 보인다. 그러나 조선인들이 개간한 토지는 대부분 水田인 논보다는 墾田인 밭이었다. 墾田은 경원 4,096결, 회령 3,853결, 종성 4,347결, 온성 2,970결, 경흥 2,283결, 부령 2,913결로 총 20,462결이었고, 水田은 경원 10결, 회령 12결, 종성 45결, 온성 9결, 경흥 1결, 부령은 수전이 없었으며, 총 77결이었다. 이를 통해 보면 역시 논농사보다는 밭농사 중심이었음을 알 수 있다.

〈표 3〉『세종실록 지리지』에 나타난 6진의 농지

(단위 : 결)

| 六鎭 | 墾田 | 水田 | 비고 |
|---|---|---|---|
| 경원 | 4,096 | 10 | 厥土肥 |
| 회령 | 3,853 | 12 | 厥土肥多塉少 |
| 종성 | 4,347 | 45 | 厥土肥少塉多 |
| 온성 | 2,970 | 9 | 厥土肥 |
| 경흥 | 2,283 | 1 | 厥土沮洳浮虛 |
| 부령 | 2,913 | 0 | 厥土塉 |
| 합계 | 20,462 | 77 | |

두만강 하류에 위치한 경흥은 '土沮洳浮虛'라는 말처럼 낮고 습한 지역이어서 자주 水害를 입고 있었다. 또한 水災뿐만 아니라 旱災, 심지어는 風災로 軍民이 다 떠도는 실정이라 鎭을 포기하고 읍을 폐할 지경이었고, 다시 사민을 해야 할 정도였다.[34] 또한 경흥진 및 관할 보 등 강에 인접한 田地가 큰 비만 내리면 침수되어 여진인이나 조선인들이 모두 굶주림에 처하기도 하였다.[35] 즉 경흥진 일대는 매년 고질적인 수해를 겪어 주민들의 굶주림이 심하였으며,[36] 두만강 하류에 위치했기 때문에 토사

---

34 『중종실록』 권93, 중종 35년 4월 丙寅; 권101, 중종 38년 10월 己丑.
35 『명종실록』 권10, 명종 5년 8월 癸亥.

가 밀려와 녹둔도가 이후 육지가 된 것처럼 들판이 없어지기도 하는 등의 지형의 변화도 있어서[37] 조선인들의 생활에 많은 어려움이 있었음을 추정할 수 있다.

　이렇듯 조선인들은 새로운 땅으로의 이주와 척박한 토지 및 기후 환경, 그리고 여진인들의 침입과 약탈 등 많은 어려움 속에서도 토지를 개간하면서 정착하였지만, 다른 한편으로는 정부의 과중한 세금 납부와 변장의 탐학에 시달리고 있었다. 특히 부령을 제외한 5진은 본래 貢物이 없고 神稅布만 바치게 하였는데,[38] 신세포는 神布로, 다른 道에는 없고 강원도·함길도에만 있는 것이었다.[39] 강원도와 함길도는 무속을 숭상하여 戶마다 각각 베를 神幣로 사용하였고, 신포는 무당이 나라에 바치는 巫稅였으나 백성에게도 반드시 따로 稅布를 마련하여 바치도록 변하여 戶布라는 이름 아래 호당 1필씩을 걷고 있었다.[40]

　호포(신포)는 한 고을의 호를 모두 모아서 한편으로는 관찰사에게, 한편으로는 절도사에게 상납하였고 官用으로 쓰였는데, 실제로는 넷으로 나누어 監司·兵使와 本邑이 각각 취하고, 나머지는 곡식을 사서 軍資에 보태는 것을 상례로 하고 있었다.[41] 수령들은 신포를 가혹하게 거두어서

---

36 『명종실록』 권13, 명종 7년 5월 丙午;『鶴峯逸稿』 卷3, 北征日錄 庚辰(1580, 선조 13) 1月 11日 辛亥.

37 경흥의 江陽陵坪이 수해로 인해 모두 없어지기도 하였다(『退溪先生文集』 卷之6, 敎咸鏡道巡察使李浚慶書).

38 『문종실록』 권4, 문종 즉위년 10월 庚辰.

39 『세종실록』 권32, 세종 8년 5월 戊午. 咸鏡北道評事였던 柳沃은 神布가 함경남북도에만 있다고 하였지만(『중종실록』 권29, 중종 12년 9월 乙未), 실제로는 淫祀를 숭상하여 巫覡이 성행하던 강원도와 함경도에서만 징수하던 것이었다(『중종실록』 권20, 중종 9년 2월 乙未).

40 『세종실록』 권32, 세종 8년 5월 戊午;『문종실록』 권7, 문종 1년 4월 庚辰;『중종실록』 권6, 중종 3년 8월 丙戌.

41 『중종실록』 권6, 중종 3년 8월 丙戌; 권29, 중종 12년 9월 乙未. 함경도의 神布와

이미 거두고도 또 억지로 추징하는 등 백성들을 침탈하였기 때문에 백성들은 신포 징수에 대해 매우 고통스럽게 여겼다.[42] 백성들이 꾸어다 먹은 官倉의 곡식도 갚지 못해 流離되는 상황에서 신포의 가혹한 징수는 6진 지역의 조선인들에게 상당한 부담이었다. 관리들 또한 관부에서 사사로 쓰이는 물건이며 수령과 감사가 남용하는 것이라는 인식과 함께 명색이 없는 부세, 혹은 弊法이라고 하면서 폐지하거나 감액할 것을 주장하기도 하였다.[43]

게다가 5진의 軍戶는 鹽盆에서 순번대로 소금을 고아서 일정한 수량을 납부하는데, 그 수량을 채우지 못하면 수령들이 엄중하게 독촉하여 징수하였기 때문에 소와 말이 모두 죽고 가산이 탕진되어 도망치는 사람이 지속적으로 발생하고 있었다.[44] 혹 남아 있는 사람도 오랫동안 軍門에 서기 때문에 농업을 돌보지 못하여 날로 더욱 곤궁해지고 있는 형편이었다. 조선에서는 백성들의 도망을 막으려 각 鎭의 성안에 사는 사람을 5統으로 조직하고 통에는 장을 두었으며, 매월 월말에 點閱하여 1명이 빠지더라도 반드시 통장을 죄주게 하는 五家作統法을 시행하였으나[45] 조선인들의 도망을 완전히 막을 수는 없었다.

한편 6진에서는 수령들이 죄를 지은 사람들에게 죄를 결단하지 않고 거의 모두 贖錢을 징수하고 있었다.[46] 특히 人吏軍士가 과실이 있으면

---

관련해서는 김순남, 「15세기 중반~16세기 조선 북방 軍役의 폐단과 軍額 감소」, 『조선시대사학보』 61, 2012, 참고.

42 『중종실록』 권29, 중종 12년 9월 乙未.

43 『세종실록』 권32, 세종 8년 5월 戊午;『문종실록』 권7, 문종 1년 4월 庚辰;『세조실록』 권44, 세조 13년 11월 癸亥;『중종실록』 권6, 중종 3년 8월 丙戌; 권20, 중종 9년 2월 乙未; 권26, 중종 11년 9월 丙午.

44 『연산군일기』 권48, 연산군 9년 2월 庚戌.

45 『중종실록』 권8, 중종 4년 7월 庚戌.

46 『성종실록』 권185, 성종 16년 11월 丁卯.

贖을 징수하는 것을 아주 급하게 하였는데,[47] 6진의 백성들이 소유하고 있는 재산은 神布·狗皮·솥[鼎]·농기구[田器]뿐이어서 이것으로 贖을 바치고 나면 군민들이 살아갈 수 없을 정도였다.[48] 특히 군졸들이 軍葬과 馬匹을 팔아서 贖罪하는 것은 조선의 군세가 약해지는 것을 의미하는 것이었다.[49] 심지어는 奉命 사신이 내려올 때 군사들은 말이 없어서 모두들 성저야인들의 말을 빌려 타고 軍容을 갖추기까지 하였다.[50]

더구나 수령들이 賓客을 접대하는 비용뿐만 아니라 자신들의 개인 비용까지 모두 田結에 따른 것이라며 많은 수량을 바치게 하자 가난한 백성들이 모두 바치지는 못하고 형장이 두려워 도망치는 실정이었다.[51] 그리고 수령과 변장들은 義倉에서 곡식을 빌려주고 갚지 못한 戶에 대하여 강제로 牛馬를 취해서 胡馬·皮物과 바꾸어 수령의 本家로 보내거나 權門勢家에게 뇌물을 보내었고, 공납할 貂鼠皮를 면제받아 民戶에게 돌려주지 않고 미납한 자를 독촉하여 착복하기까지 하였다.[52]

더욱 심각한 것은 국가에서 변장들에게 貂皮를 재촉하여 바치게 하자 進上이라 칭탁하면서 백성들을 誅求, 즉 강제로 빼앗았다는 점이다.[53] 『세종실록 지리지』를 보면 함길도의 여러 부와 군에는 土貢이 쓰여 있지만 경원·회령·종성·온성·경흥·부령의 6진에는 쓰여 있지 않다. 문종 때 5진은 본래 貢物이 없고 神稅布만 바치게 하였다는 기록으로 보아 공물

47 『세조실록』 권43, 세조 13년 7월 甲申.
48 『성종실록』 권185, 성종 16년 11월 丁卯.
49 『중종실록』 권21, 중종 9년 10월 壬寅.
50 『중종실록』 권60, 중종 23년 3월 壬辰.
51 『중종실록』 권21, 중종 9년 10월 壬寅.
52 『세조실록』 권43, 세조 13년 7월 甲申.
53 『성종실록』 권40, 성종 5년 3월 壬寅. 초피를 둘러싼 함경도의 공납 문제, 여진과의 초피 무역에 대해서는 김순남, 「16세기 조선과 野人 사이의 모피 교역의 전개」, 『한국사연구』 152, 2011. 참고

이 지정되어 있지 않았던 것을 알 수 있지만[54] 점차 6진에도 초서피가 공물로 지정되었다. 6진의 초서피 공물 지정이 정확히 언제인지는 모르지만, 1475년(성종 6)에 5진에서 초피를 바치는 것이 오래되지 않았다는 기록[55]으로 보아 1465년(세조 11)에 정한 貢案에서부터였을 가능성이 크다. 1465년 永安道 공안에는 貂皮 115장, 鼠皮 250장, 樺皮 375장을 매년 바치도록 하였으며, 1474년(성종 5)에는 더 늘어나서 초피 180장, 서치 280장, 화피 725장이었다.[56] 하지만 초서피는 영안도에서 생산되긴 하지만 많이 얻기가 쉽지 않았고 진상하기에도 부적합했다.[57]

결국 조선인들은 공물을 충당할 수 없게 되고 침탈의 괴로움을 견디지 못하여 여진인들에게 철물로 된 농기구와 가마솥, 農牛, 말을 주고 초피와 무역하고 있었으며, 점차 皮物은 반드시 야인에게서 구하는 실정이되어서 여진과의 무역을 금지하는 것이 어려울 정도였다.[58] 또한 초피 1장과 소 1두를 바꾸는 형편이 되자 서울에서부터 商賈 등이 이익을 도모하려고 北道에 구름처럼 모여서 철물과 소를 가지고 通事와 결탁하여 초피 사기를 그치지 않았고, 수령과 鎭將들도 백성에게 착취하면서 兩界가 시끄럽다고 할 정도로 북방의 큰 폐단이 되었다.[59]

이에 조선에서는 5진의 초피 공납을 여러 차례 감면하기도, 정지하기도, 초서피의 착용에 제한을 가하기도 했다.[60] 그러나 국가와 민간에서의

---

54 『문종실록』 권4, 문종 즉위년 10월 庚辰.

55 『성종실록』 권52, 성종 6년 2월 辛巳.

56 『성종실록』 권40, 성종 5년 3월 丙戌.

57 『성종실록』 권40, 성종 5년 3월 丙戌; 권228, 성종 20년 5월 丁亥.

58 『성종실록』 권52, 성종 6년 2월 辛巳; 권57, 성종 6년 7월 辛酉;『연산군일기』 권29, 연산군 4년 4월 癸未;『중종실록』 권6, 중종 3년 8월 辛巳; 권21, 중종 9년 10월 甲寅.

59 『성종실록』 권40, 성종 5년 3월 丙戌; 권57, 성종 6년 7월 辛酉; 甲子;『연산군일기』 권29, 연산군 4년 4월 癸未.

초서피의 수요를 막을 수는 없었으며, 여진과의 무역을 통해 초서피의
공물을 대부분 충당한다는 것을 알면서도 5진에서 공납하던 것을 內地
에 옮겨 배정하면, 백성이 폐해를 받을 것이고 백성에게서 값을 거두어
사서 바치는 것도 그 땅에서 나는 것에 따라 공물로 삼는 뜻에 어그러진
다는 이유로 5진의 상납을 다른 지역으로 옮기지 않고 그대로 상납하도
록 하였다.[61]

조선의 수령들은 초피 무역으로 조선의 철물과 농우가 여진인들에게
유출되는 것을 금지하기도 하였지만, 백성들은 관리들을 피해 밤을 이용
하여 소를 끌고 가서 초피와 무역하다가 여진인들에게 사로잡혀 다시 深
處의 야인들에게 팔리기도 하였다.[62] 변장들은 공물을 채우지 못하면 죄
를 받을까봐 초피와 관련된 이러한 폐단들을 알면서도 금지하지 못하고
있었다.[63]

심지어 변장들은 자신들의 이익을 위해서 조선의 백성들에게서 초피
를 강제로 빼앗는 것을 넘어 여진인들에게도 진상을 빙자하여 초피를 과
다하게 거두기도 하였고, 여진인들이 진상할 때 그 값을 으레 下下品으
로 쳐서 여진인들의 원망을 사거나 上京을 꺼리는 일도 발생하였다.[64]
조선의 변장들이 여진인들이 진상한 초피를 황색에서 흑색으로 바꾸거
나 수를 감하여 封進하기 때문에 여진인들은 올라와서 제값을 받는 일이
매우 적어 억울하게 여겼다.[65] 또한 여진인들이 進貢하는 초피는 으레 8

---

60 『성종실록』 권40, 성종 5년 3월 壬寅; 권52, 성종 6년 2월 辛巳; 권57, 성종 6년
   7월 辛酉; 甲子; 乙丑; 권225, 성종 20년 2월 庚戌; 丙辰.
61 『성종실록』 권225, 성종 20년 2월 丙辰.
62 『중종실록』 권6, 중종 3년 8월 辛巳.
63 위와 같음
64 『중종실록』 권57, 중종 21년 11월 戊申; 권72, 중종 26년 11월 己未; 12월 辛卯.
65 『중종실록』 권88, 중종 33년 10월 甲子. 穩城의 前府使 田鳳은 瞿麥을 통사에게
   주어 번호에게 나누어 주고 1斗마다 黑貂 1令을 징수하면서, 관아에 坐起할 때 먼

장을 바치게 되어 있는데 그 값이 비싸기 때문에 가지고 상경하기를 좋아하지 않았고, 여진인들이 변방에 오면 초피를 바치게 하여 주구가 끝이 없으므로 원망이 더욱 증가되어 내조하기를 싫어하고 침입의 기회만을 노리게 되었다.[66]

　6진의 여러 장수들은 여진인들에게서 대부분 초피 선물을 받으면서도 그것을 예사로 여겼고,[67] 선물로 받은 초피는 다시 재상들에게 뇌물로 바쳐졌다. 변장들이 여진인들에게 초피를 억지로 팔게 하는 경우도 있어서 여진인들이 원망하고 조선을 배반할 마음이 생기게 하는 것도 문제였다.[68] 이렇듯 변장들은 초피 무역에 직·간접적으로 참여하고 있었고, 초피를 奇貨로 여겨 무역에 직접 간여하거나 주도하기도 하였다.[69] 병사·수령·첨사·만호 등이 재상이나 문사들을 위해 초피 수집에 전념하고 있었으며, 평안도·함길도의 소를 초피와 모물을 사는데 모두 써서 백성들은 말을 가지고 밭을 갈거나 소가 하는 일을 사람이 대신할 지경이었다.[70] 이에 북도는 인삼과 초피, 진주가 생산되기 때문에 수령들이 거의 心性이 변한다는 평가까지 나오게 되었고,[71] 마침내 변장이 초피를 매개로 백성들을 침탈하기 때문에 백성들이 이것을 피해서 오랑캐의 땅과 중

---

저 품질 좋은 貂皮를 앞뜰에 걸어놓고 見樣대로 責納하게 하되, 만약 제때에 납입하지 않으면 번호들을 잡아다가 엄하게 형장을 가하였다(『선조실록』 권55, 선조 27년 9월 辛卯).

66 『중종실록』 권57, 중종 21년 11월 戊申; 권72, 중종 26년 11월 己未; 12월 辛卯; 권90, 중종 34년 5월 乙亥.

67 『성종실록』 권188, 성종 17년 2월 戊戌.

68 『중종실록』 권62, 중종 23년 7월 丙戌;『명종실록』 권23, 명종 12년 9월 戊辰.

69 『중종실록』 권13, 중종 6년 2월 丁未; 권23, 중종 11년 1월 乙酉; 권67, 중종 25년 2월 戊辰.

70 『연산군일기』 권60, 연산군 11년 10월 甲寅;『명종실록』 권15, 명종 8년 10월 丙申; 권29, 명종 18년 8월 癸丑.

71 『선조실록』 권135, 선조 34년 3월 丁巳.

국으로 많이 들어가는 것으로 생각되었다.[72] 함경북도 병사를 지냈던 張
弼武는 '6鎭의 兵民이 계속 유랑하고 도망가는 것은 貂皮를 진상하는 것
이 빌미가 되었다'라고 탄식할 지경이었다.[73]

6진의 변방 백성들은 척박한 환경과 과중한 부역·세금, 그리고 변장의
탐학과 수탈을 피해 유망하고 있었다. 사민이 재차 고려될 정도로 읍이
텅 비어 있는 경우도 있었고, 남쪽으로의 도망뿐만 아니라 북쪽의 경계
를 넘어 胡地로 들어가고 있었다. 특히 변방 백성들이 서로를 이끌고 오
랑캐 땅으로 들어가는 이유 중 하나가 부역이 너무 과중하다는 것이었
다.[74] 조선인들은 여진인들의 땅에는 노역이 없고 먹을 것이 넉넉하다는
소문을 듣고 편안하고자 그곳으로 도망하고 있었다.[75]

한편으로 여진인에게 팔려가거나 잡혀가는 조선인들도 있었는데, 북
도사람이 몰래 성저야인에게 사람을 파는 것이 이미 풍습을 이루었고 이
에 따라 조선인들이 점차 감소하고 있었다.[76] 사람을 몰래 파는 사람들은
의뢰할 곳이 없거나 배고픔과 추위가 몸에 사무친 사람들을 교묘한 말로
유혹해 가기도 하고, 나이 어려서 스스로 걸을 수 없는 자는 끌거나 엎고
가서 몰래 팔기도 하였다.[77] 다른 한편으로 여진인들이 城 밑에 살기 때
문에 조선인들과 가깝게 살았고 조선인들이 흉년과 추위로 굶주리게 되

---

72 『명종실록』 권4, 명종 1년 11월 己未.
73 『선조수정실록』 권8, 선조 7년 9월 壬申. 장필무는 무인으로 선조대 咸鏡北道 兵
　使를 지내었고 죽은 재상 가운데서 청렴하고 매사에 조심성이 있는(廉謹) 사람 7명
　을 뽑을 때 선정되었다. 죽은 뒤에 淸白吏에 追錄되었고 명종 이후 무신으로서 청
　렴한 자로는 제일로 꼽았다(『선조수정실록』 권8, 선조 7년 9월 壬申; 권37, 선조
　36년 9월 甲寅).
74 『중종실록』 권61, 중종 23년 4월 壬戌.
75 『중종실록』 권60, 중종 23년 3월 壬辰.
76 『중종실록』 권8, 중종 4년 7월 庚戌.
77 『중종실록』 권21, 중종 9년 10월 壬寅.

면 여진인들의 집에 자식을 팔고, 품팔이하며 아침저녁의 공급을 오로지 胡人들에게 삶을 의지하기도 하였다.[78] 또한 비록 사소한 물건이라 하더라도 반드시 왔다 갔다 하며 사고팔게 되자, 조선인과 여진인의 남녀가 서로 결혼하는 일도 있었고, 조선인들이 호인들을 보면 부모와 다름없이 有無를 서로 의뢰하게 되었다.[79]

마침내 6진의 조선인들이 성저야인들과 더불어 '收養'이라고 일컫는 상황이었으며,[80] 조선인들은 마음속으로 조선 땅에서 고통을 받는 것보다는 차라리 여진인들 땅의 사람이 되겠다고 여기는 경우도 있었다.[81] 즉 조선인들은 교묘한 말을 듣고 몰래 여진인들의 땅에 따라가기를 마치 자식이 그 아비의 집에 가듯이 하였고, 고생을 피하고 편안한 것을 쫓아 몰래 여진인들의 마을로 들어갔다.[82] 결국 조선인들은 여진인들의 땅은 衣食이 유족하여 편히 살 수 있다는 생각에 족속들을 데리고 점차 胡地로 들어가고 있었다.[83]

## 4. 6진 지역의 여진인들

고려말 두만강 유역의 여진인들은 이성계가 東征·西伐할 때 從軍하였고, 조선 건국 후에 그에 대한 포상으로 萬戶와 千戶의 관직을 받았다. 이후 조선은 1393년(태조 2)부터 1398년(태조 7)까지 조선의 동북면 일대

---

78 『중종실록』 권61, 중종 23년 4월 壬戌; 권88, 중종 33년 8월 丙寅.
79 『중종실록』 권61, 중종 23년 4월 壬戌.
80 『중종실록』 권12, 중종 5년 8월 丙申; 권21, 중종 9년 10월 壬寅.
81 『중종실록』 권61, 중종 23년 4월 壬戌.
82 『중종실록』 권21, 중종 9년 10월 壬寅.
83 『중종실록』 권61, 중종 23년 4월 壬戌.

에 城堡를 축조하고, 道와 州·府·郡·縣의 명칭을 정하는 한편 그 경계를 나누었으며 조선의 관리를 파견하여 여진인들을 통치하게 하였다.[84] 동북면 一道에 李豆蘭(李之蘭)을 보내 여진인들을 초안하여 풍속을 교화하고 조선인들과 혼인하도록 하였으며, 服役하고 納賦하는 것이 編戶와 다름없었고, 여진인들이 조선의 백성이 되기를 원하면 읍과 진을 설치하고 관원을 파견하여 두만강까지 조선의 완전한 版籍으로 들어오게 되었다.[85]

한편 두만강 밖에 거주하는 여진인들은 조선에 내조하여 토산물을 진헌하였고, 시위하기도 하였으며, 관직을 청하거나 강 안쪽의 내지로 옮겨오기도 하였다. 또한 강 근처에 사는 자들은 조선의 三軍에 지원하거나 조선의 관청에 와서 爭訟하였고 조선의 법률을 따랐으며 변장의 판결에 따라 원망하는 자가 없었다.[86]

태종대에 들어서 明의 두만강 유역 여진에 대한 초무와 이를 받아들인 여진에 대해 조선은 무역소를 폐지하였고, 생필품을 구하지 못한 여진인들은 조선을 침입하였다. 여진의 침입으로 경원에서 병마사 韓興寶가 전사하면서 촉발된 조선의 제1차 여진정벌은 毛憐衛指揮 把兒遜 등 8지휘를 죽이는 등의 성과가 있었지만 다시 여진의 침입이 격화되어 경원진을 철폐하고 남쪽으로 옮기면서 조선의 군사·행정 지역의 축소되는 결과를 가져왔다.

그러나 세종대 6진이 설치되면서 조선의 관할은 다시 두만강 유역까지 확대되었으며, 두만강 유역은 조선인과 여진인들이 혼거되는 상황이

---

84 『태조실록』 권4, 태조 2년 8월 乙酉; 권12, 태조 6년 12월 庚子; 권13, 태조 7년 2월 庚辰; 癸巳; 3월 丁卯.
85 『태조실록』 권8, 태조 4년 12월 癸卯.
86 위와 같음.

되었다. 조선에서는 두만강 유역에 대해서 '祖宗舊地'라는 인식이 있었지만, 여진인들이 점거한 땅이어서 6진을 설치하자 성 밑(城底)에서 愁濱江까지 여진인들의 부락이 연이어 있게 되었다.[87] 그리고 城에 가깝게 거주하는 여진인들을 '城底近居野人'으로 부르다가 이를 줄여 '城底野人'으로 지칭하게 된 것으로 보인다. 성저야인들은 동시에 조선의 울타리인 '藩籬'로 지칭되었으며, 번리는 조선 중기가 되면 '藩胡'로 불리기 시작하였다.

조선에서는 두만강 유역 번리에 대해 조선에 歸附하여 效順한 자들, 대대로 본국 경내에 살아온 자들, 심처에 거주하는 여진인들의 소식을 전하거나 사변을 탐지해서 보고하는 자들, 심처의 여진인들이 접근하지 못하게 하면서 적변이 생기면 함께 막아온 역할을 한 자들이라고 생각하였다.[88] 여진인들은 종족별로 투쟁과 반목이 심했는데, 알타리·올량합과 올적합 사이가 매우 좋지 않아 서로 원수가 되어 그 고기를 먹고자 할 정도였고, 알타리는 올적합이 침략하는 것 때문에 안심하여 살수 없고 生業조차 누릴 수 없었다.[89] 조선에서는 성저야인에 대해서는 심처 올적합의 침입에서 구원하기 위해 성자와 목책을 설치해 주기도 하고, 토성을 쌓아주기도 하고, 올적합과의 싸움이 있으면 이들을 성원하고 구원하였으며, 올적합에 침략당하여 장성이나 성을 넘어오면 몰아내지 않고 성내에 모아 보전하고 방호하여 주기도 하였다.[90] 여진인들도 변고가 발생

---

87 『세종실록』 권88, 세종 22년 1월 癸丑.
88 『세종실록』 권64, 세종 16년 5월 乙巳; 권74, 세종 18년 9월 壬戌; 권84, 세종 21년 3월 壬子; 권86, 세종 21년 9월 己酉; 권95, 세종 24년 1월 戊子.
89 『세종실록』 권88, 세종 22년 2월 癸未; 권95, 세종 24년 2월 壬辰;『성종실록』 권255, 성종 22년 7월 丁亥.
90 『세조실록』 권15, 세조 5년 1월 甲午;『성종실록』 권48, 성종 5년 10월 庚寅; 壬寅; 권211, 성종 19년 1월 甲辰;『중종실록』 권34, 중종 13년 7월 己亥; 8월 庚午;『명종실록』 권9, 명종 4년 10월 癸丑.

하면 조선의 行城에 들어오기를 청하였으며,[91] 침략을 당하여 가산이 탕진하였을 경우에는 변장이 친히 가서 위로하고 布穀과 소금 등을 넉넉하게 주어 유리하지 않도록 하였다.[92]

문종대에 내조한 여진인이 '우리들이 비록 본래 야인에 속하였지만, 지금은 회령부 성저에 살고 있으므로 平民과 다름이 없다'[93]고 한 것처럼 조선에서는 이들을 編氓처럼 여겨서 보호하고 구제하여 왔다. 성저야인들의 생활을 안정시키기 위해 항상 불러서 무마하고, 굶주리거나 失農을 하면 먹을 것을 주었고, 그 중 유력자에게는 서울에 내조하게 하였으며 관직을 주고 봉록 또한 넉넉히 주었다.[94] 또한 성 아래 거주하는 여진인들이 실농하면 義倉의 곡식을 公債로서 빌려주고 추수 후에 갚도록 하였는데, 여진인들이 조선 관청의 곡식을 빌어서 생활하는 것이 유래가 오래되었으며, 납부하기를 독촉하지 않더라도 먼저 갚는 것이 例가 될 정도였다.[95]

한편 '저들이 스스로 우리나라를 의지하여 삶을 누린다고 생각하기 때문에 나라의 번리가 되는 것'[96]이란 말이 대변하듯 6진 지역의 여진인들은 조선으로부터 소금이나 면포 등 생필품을 얻을 수 있는 이점을 가지고 있었다. 그리고 조선으로부터 각종의 보호와 혜택을 받는 대신 조선에 役을 지거나 세금을 낼 필요도 없었다. 실제로 6진 성저야인들이 조선에 역을 지거나 세금을 내었다는 기사는 찾아볼 수 없고, 단지 조선

---

91 『세조실록』권19, 세조 6년 2월 辛亥.
92 『성종실록』권50, 성종 5년 12월 乙巳.
93 『문종실록』권1, 문종 즉위년 2월 戊戌.
94 『연산군일기』권46, 연산군 8년 10월 丁巳; 戊午;『중종실록』권91, 중종 34년 7월
   乙亥.
95 『연산군일기』권46, 연산군 8년 10월 戊午.
96 『중종실록』권81, 중종 31년 4월 壬寅.

에 물품을 진상하였을 뿐이며, 물품을 진상하더라도 조선에서는 그 대가를 주었다. 게다가 두만강 유역은 상대적으로 비옥한 토지를 가지고 있어서 어느 정도 초보적인 농경생활을 영위할 수 있었고, 조선으로부터 발전된 농법과 기술, 농기구 등을 얻을 수 있었다. 실제로 16세기가 되면 두만강 유역의 여진 농경 수준은 '원시 농경' 단계에서 '집약 농경' 단계로 이행하고 있었다고 보이는데,[97] 여진인들의 농경화와 발전은 조선인과의 교류와 접촉에 의해서 영향을 받았을 가능성이 크다.

조선의 적극적인 두만강 유역 여진 번리구축정책, 그리고 여진의 사회경제적 발전은 여진인들의 생활을 안정화시켜 인구를 증가시켰다. 다음 〈표 4〉는 『단종실록』 3년 3월 기사조에 나타난 5진 부근에 거주하던 여진인들의 부락·가구·장정수와 『제승방략』에 나타난 여진인들의 부락·戶의 수를 비교한 것이다.

〈표 4〉 『단종실록』과 『제승방략』에 나타난 여진인 부락과 가구

(단위 : 개)

| 5鎭 | 『단종실록』(1455년, 단종 3) | | | 『제승방략』(1588년 증보) | |
|---|---|---|---|---|---|
| | 부락 | 가구 | 장정(명) | 부락 | 戶 |
| 경원 | 10 | 214 | 445 | 50 | 1,393 |
| 회령 | 21 | 389 | 829 | 83 | 1,936 |
| 종성 | 9 | 95 | 489 | 99 | 3,342 |
| 온성 | 5 | 42 | 78 | 37 | 1,614 |
| 경흥 | 8 | 60 | 141 | 20 | 238 |
| 합계 | 53 | 800 | 1,982 | 289 | 8,523 |

---

97 김구진·이현숙, 「『제승방략(制勝方略)』의 북방(北方) 방어(防禦) 체제」, 『국역 제승방략』, 세종대왕기념사업회, 1999, 48쪽.

단종 3년은 1455년이고,『제승방략』이 1588년(선조 21)에 증보된 것이므로, 약 130여 년의 차이가 있다. 1455년의 기록에는 경원의 주된 종족이 올량합·여진으로, 회령은 알타리·올량합, 종성은 올량합, 온성은 올량합·여진, 경흥은 골간올적합·여진으로 되어 있어 초기에는 여진인들을 알타리·올량합·올적합·여진(토착여진)으로 구분하고 있었음을 알 수 있다. 그러나『제승방략』에는 이러한 종족의 구분은 보이지 않고 藩胡로 통칭되어 있는데, 이것은 서로 간에 혼인하기도 하고 혼거하면서 부락이 통합·집중화되어 종족적인 구분이 더 이상 무의미해졌던 것에 기인한다고 생각한다. 따라서 종족적인 구분보다는 조선과의 관계에 따라 성 밑에 거주하는 여진인들을 '城底野人', 성저야인을 포함하여 강내외 邊報 가까이 살며 무역을 하고 납공하는 자들을 '藩胡', 오랑캐로서 아직 친부하지 않는 자들을 '深處胡', 번호로서 조선을 배반하거나 침입하는 자들을 '叛胡', 심처호나 번호로서 조선을 침입하는 자들을 '賊胡'로 부르게 되었다.

〈표 4〉를 보면, 130여 년 만에 5진에서의 여진 부락은 53개에서 289개로 5배 이상, 가구수 또는 호수는 800개에서 8,523개로 10배 이상 증가한 것을 알 수 있다. 특히 종성과 온성은 다른 지역보다 여진의 부락과 호수가 크게 증가하였음을 알 수 있다. 특히 종성은 성종 때 이미 5진 중 성저야인이 가장 많았는데,[98] 〈표 1〉에서 보듯 조선인들도 6진 중 종성에 가장 많이 살고 있었다. 조선에서는 번리 및 성저야인의 번성에 대해 우려가 없었던 것은 아니지만 5진이 두만강으로써 한계를 삼았고 강 밖은 여진인들의 땅이며, 비록 성 밑이라도 금지하기 어렵다고 생각하고 있었다.[99] 그러나 중종 때 이미 함경남북도의 軍額과 관련해서 '本道의 軍民

---

98 『성종실록』권201, 성종 18년 3월 庚申.
99 또한 자기가 자기 땅에 사는 것이라 三浦의 倭人이 경내에 사는 것과는 비유가 안

은 고단하고 약하며, 성저야인들은 그 수가 배도 넘는다'[100]라고 하고 있어 여진의 군사와 인민의 수가 조선의 인구를 압도하고 있었다. 결국 여진인들의 집중화와 발전으로 여진 군사의 수가 조선의 군사보다 많았고 인구 역시 여진인들이 조선인들보다 더 많게 되었던 것이다.

즉 1455년에는 5진 부근에 여진인 장정이 총 1,982명으로 파악되고, 『제승방략』에는 장정의 수까지는 파악되어 있지 않아 정확히 알 수는 없지만 1호당 최소 1명씩의 장정이 있었다고 본다면 최소 8,523명의 장정이 있었다고 할 수 있다. 130여년 만에 가구수 또는 호수가 10배 이상 증가하였으므로 장정 수 역시 10배 이상 증가하였을 것으로 추정한다면, 조선 중기 5진 지역에는 19,820명 이상의 여진인 장정이 있었을 가능성이 있다. 『선조실록』에는 1583년(선조 16) 니탕개의 난이 일어났을 때, 栗甫里와 尼湯介가 1만여 명의 기병을 거느리고 종성을 포위 공격하였다고 하고 있고, 『제승방략』에는 율보리와 니탕개의 군세가 1만~3만으로 기록되어 있다.[101] 니탕개 등 번호가 심처호를 끌어들였다고는 하지만 여진의 군세가 앞서 〈표 2〉에 나타난 조선의 6진 군사 4,960명을 훨씬 뛰어넘고 있다. 즉 6진 설치 직후에는 조선의 군사가 3,593명으로 여진의 장정 1,982명에 비해 약 1.8배 정도 많았지만, 130여 년 뒤에는 조선의 군사가 4,960명이고, 여진의 장정이 최소 8,523명이 되어 여진의 군사가 최소 1.7배 많아지게 되었음을 알 수 있다.

한편 5진 지역에서의 여진인 인구 증가는 그대로 조선의 경제적 부담이 되고 있었다. 조선에서는 5진에 거주하는 여진인들에게 해마다 생필품을 주었는데, 이제는 綿布 5천여 필로 사람마다 5필씩을 주어도 여진

---

된다는 인식을 하고 있었다(『연산군일기』 권27, 연산군 3년 9월 辛酉).
100 『중종실록』 권16, 중종 7년 6월 癸亥.
101 『선조수정실록』 권17, 선조 16년 5월 壬午;『制勝方略』卷之1, 列鎭防禦.

인들은 만족하게 여기지 않을 정도였다.[102] 또한 5진의 성저야인들에게 매년 절도사와 관찰사가 각각 2차례, 즉 총 4차례 음식을 먹이는 것이 恒例였는데, 한 진에 먹일 사람의 수가 1천여 명이나 되었으며, 한 차례 먹이려면 소비되는 닭·개·돼지가 3백여 마리, 大口魚가 1천여 마리, 소주가 4백여 병, 소금이 1백여 석이나 되었다.[103] 이러한 경비를 모두 군민들에게 부담시켜 道內에 닭·개·돼지가 쓸어버린 듯이 없어졌고 여진인들에게서 다시 사들이는 지경이었다.[104] 결국 조선인들은 각종 세금과 부역·군역, 변장의 가혹한 수탈 등으로 농업을 돌보지 못하여 날로 곤궁해지는데 반해 여진인들의 부락은 날로 더욱 번성해지고 있었다.[105]

그리고 어쩌면 6진 지역과 두만강 유역에서의 여진 사회는 조선으로부터 무육과 보호를 받는 한편 선진 농업기술과 농우, 농기구 등을 받아들여 농업을 발전시키고, 조선의 물품과 초피를 매개로 심처의 여진인과 조선인 사이에서 중계무역을 하면서 조선인들의 경제적 상황보다 더 앞서가고 있었을지도 모른다. 즉 6진의 군졸은 매우 가난하고 器械도 완전하지 못하며 말을 가진 사람도 적은 반면 성저야인은 날로 더욱 번성하고 부유하여 모두 戰馬를 가졌으며 屯을 만들어 놓아 많은 사람들을 먹이기도 하였던 것이다.[106] 그리고 매년 의례적으로 서울에 오는 수효는 풍년에는 1백 20인, 흉년에는 90인인데, 모두 우마와 철물로 심처올적합에게서 사온 초피를 진상하고 있었다.[107] 6진의 상황 역시 '皮物을 무역하는 일로 가졌던 소와 말을 모두 성저야인에게 팔아버렸고 야인은 또

---

102 『연산군일기』 권44, 연산군 8년 5월 庚寅.
103 『연산군일기』 권48, 연산군 9년 2월 庚戌.
104 위와 같음.
105 위와 같음.
106 『중종실록』 권21, 중종 9년 10월 壬寅.
107 위와 같음.

北虜와 혼인을 맺고 있어서 야인은 강성해지고 우리나라 사람은 날로 더욱 피폐해졌다'[108]고 하고 있어서 처음 6진을 설치할 때 보다 조선인과 여진인의 사회경제적 상황이 많이 달라졌음을 의미하고 있다. 따라서 6진의 일부 조선인들은 여진인들에게 경제적으로 의지하기도 하고, 변장의 탐학과 수탈을 피해 부역과 세금이 없는 여진인들의 땅을 衣食이 유족하여 편히 살 수 있는 땅, 즉 樂土로 여기고 두만강을 넘어 월경하기도 하였던 것이다.

한편 6진 지역의 여진인들이 조선의 무휼과 보호를 받는 대신 이들은 조선의 법령과 왕명을 지켜야했다. 또한 번리가 두만강 안팎으로 형성되어 있었기 때문에 조선의 법령과 왕명은 두만강을 넘어 미치기도 하였다. 6진 지역의 여진인들은 번리로서 심처야인들의 소식과 변보를 당연히 알려야만 했고, 반대로 조선 국왕의 유시와 정보를 심처야인들에게 전하기도 했으며, 조선이 여진인들의 침입으로 심각한 피해를 당했을 경우 번호와 심처야인들이 공모한 것으로 의심받기도 하였다.[109] 그리고 조선은 여진의 침입으로 피해가 커졌을 때 성저야인들로 하여금 여진인 부락을 정탐하거나 향도로 앞세워 공격하기도 하였다.[110] 심지어는 여진인들이 국경을 침범하면 조선의 변장들이 성저야인들과의 관계를 끊고 성안에 들이지도 않았으며, 성저야인을 엄하게 징벌하기도 하였다.[111]

또한 조선은 심처야인들로부터 조선의 군민이 약탈당하면 응당 번리와 성저야인들로 하여금 피로인들을 쇄환할 것을 요구하였고, 심지어는 도망한 향화인 및 조선인들의 쇄환도 요구하였다. 물론 피로인과 도망인

---

108 『중종실록』 권1, 중종 1년 9월 甲辰.
109 『성종실록』 권250, 성종 22년 2월 壬子; 권252, 성종 22년 4월 丙辰.
110 『성종실록』 권258, 성종 22년 10월 庚申; 권259, 성종 22년 11월 甲申.
111 『성종실록』 권203, 성종 18년 5월 丙辰; 권251, 성종 22년 3월 庚辰.

을 쇄환하게 되면 그에 대한 포상이 이루어졌으며,[112] 성저야인이 功이 있으면 변장이 공을 논하여 서울로 올려 보내는 것이 관례였다.[113] 성종 때에는 여진 사회에서 조선인 한 사람의 값이 마소인 경우 20여 頭여서 조선의 人物 보기를 기이한 보화로 여겼고 성저야인이 아무리 후하게 주고 쇄환하였다 하더라도 한 번 서울에 올라가면 그 값을 보상받을 수 있으므로, 사로잡아 가도록 유도하고 거짓으로 쇄환하는 자도 간혹 있었다.[114] 특히 쇄환의 대가로 받는 마소는 여러 사람이 나누어 가지므로 쇄환의 本價보다 쇄환의 공을 인정받아 서울로 상경하였을 때 받는 이익이 더 커서 반드시 상경하려고 했다.[115] 그러나 조선에서 약탈된 사람들은 며칠 만에 사고 팔리어 먼 지역까지 보내지는 경우도 있었고, 도망인 등은 스스로 강을 건너 犯越한 경우라서 이들을 쇄환하는 것은 쉽지만은 않았다.[116]

한편 변장들은 성저야인들을 編氓과 똑같이 대하여서 조금만 죄를 져도 곧 刑戮을 시행하여 위엄과 형벌로 복종시키고 다스렸다.[117] 야인들은 鎭將 앞에서 머리를 숙이고 명령을 듣기를 노예같이 하였고, 조금이라도 잘못하면 나졸들에게 곤장을 맞고 종종걸음 치며 물러갔다.[118] 경원·온성·회령의 3진을 역임했던 田霖은 몹시 사납고 잔인해서 성저야인들이 두려워하였는데, 턱짓으로 가리키고 기세로 부려먹기를 마치 노예

---

112 『성종실록』 권140, 성종 13년 4월 壬寅; 권142, 성종 13년 6월 己未;『연산군일기』 권44, 연산군 8년 5월 庚寅.

113 『중종실록』 권50, 중종 19년 5월 丁亥.

114 『성종실록』 권250, 성종 22년 2월 甲子.

115 『연산군일기』 권44, 연산군 8년 5월 庚寅. 이 때 조선인 한 사람을 쇄환하는 대가는 소와 말 10마리를 내려가지 않았고 15마리까지 간다고 하고 있다.

116 『성종실록』 권250, 성종 22년 2월 壬子.

117 『중종실록』 권13, 중종 6년 4월 壬午;『명종실록』 권9, 명종 4년 10월 癸丑.

118 『성종실록』 권201, 성종 18년 3월 庚申.

처럼 하였다고 한다.[119] 성저야인 중 도둑질한 야인은 보통 변장이 가두어 두고 推考했지만, 桎梏을 채워 서울로 보내어 의금부의 詔獄에서 추국을 당하기도 하였다.[120]

특히 성저야인이 조선인을 잡아다가 팔면 杖 1백에 처하는 것이 준례였으나, 1513년(중종 8)부터는 사형시켜서 여러 사람들에게 보이도록 하는 법을 정하고 6진의 여진인들에게 조정에서 엄중한 법을 세운 것을 알리기도 하였다.[121] 조선은 죄를 지은 성저야인들에게 國法을 적용시켜 죄의 경중에 따라 형벌을 가했지만 조선의 백성과는 차이가 있다는 이유로 큰 죄를 범했더라도 감형하거나 末減하였다.[122] 즉 1513년(중종 8)에 조선인을 약탈하여 팔면 顯戮시킨다고 법을 정했지만 10여 년 동안 죄를 지은 여진인들 중 한 사람에게도 적용시키지 않았고, 단지 장형만을 집행하였다.[123]

조선에서 죄를 지은 여진인들을 감면하거나 말감하는 것은 좋았지만, 변장들의 무리한 형벌과 착취는 여러 문제를 발생시켰다. 특히 앞서 본 초피를 매개로 한 변장들의 무리한 수탈은 심각했다. 변장들은 여진인들이 公事로 상경할 때도 도장을 찍어주면서 印假라는 것을 핑계로 獤皮, 즉 모피를 함부로 징수하였고,[124] 여진인들을 잘 按撫하지 않고 멋대로 毛物과 馬匹을 거두어서 갈취하고 있었다. 이에 여진인들이 예조에 원통함을 호소하기에 이르렀으며, 이 때문에 변장들이 조정으로부터 推問을 받기도 하였다.[125] 그리고 조선의 변장들이 여진인들의 조그만 죄에도 형

119 『성종실록』 권265, 성종 23년 5월 戊戌.
120 『중종실록』 권25, 중종 11년 6월 丁卯; 戊辰; 7월 庚辰.
121 『중종실록』 권19, 중종 8년 10월 癸丑.
122 『중종실록』 권46, 중종 18년 1월 庚午.
123 『중종실록』 권46, 중종 18년 1월 庚午; 권47, 중종 18년 3월 丙午.
124 『명종실록』 권6, 명종 2년 8월 戊申.

류을 시행하여 그들이 점점 살기 좋은 곳으로 옮겨가서 성 밑이 텅 비는 경우도 있었다.[126] 즉 여진인들은 6진 성저를 떠나 本土라 불리는 두만강 건너편으로 많이 들어가고 있었고, 심지어는 건주삼위로 옮겨가기도 하였다.[127]

여진인들이 성 밑을 떠나 본토로 돌아가거나 건주삼위로 돌아가는 것은 조선의 번리가 없어지거나 약해지는 것뿐만 아니라 조선의 虛實을 알고 있는 사람들이 조선을 침입하게 될 수 있는 심각한 일이었다. 특히 성저야인들은 조선인들과 뒤섞여 살며 서로 말이 통하여서 조선의 일을 모르는 것 없이 자질구레한 일도 다 알았으며, 국가의 비밀스런 일까지도 전파되지 않는 것이 없었다.[128] 성저야인 중에는 조선의 관복을 빌려 입고 路引을 받아서 진을 드나들어 진보의 강약과 군졸의 많고 적음을 훤히 아는 사람도 있었으며, 본토나 건주삼위로 들어간 성저야인 중에는 조선의 의복을 입고 몰래 조선의 내지를 정탐한 사람도 있었다.[129] 마침내 성저야인들이 조선의 허실을 알고서 심처야인들과 공모해서 조선의 변방을 침구하는 일들이 벌어지기 시작하였다.[130]

결국 '성저야인들이 마음을 바꿔 배반하면 회령과 종성을 지킬 수 없을 것이고 나머지 鎭도 모두 그럴 것이며, 만약 성저야인과 심처야인이 결탁하여 국경 지방에서 난리를 일으킨다면 鐵嶺 이북 지방은 조선의 소유가 안 될지도 모른다'는 우려가 제기되기도 하였다.[131] 즉 조선은 '6진

---

125 『중종실록』 권58, 중종 21년 12월 己酉; 중종 22년 3월 丙戌.
126 『명종실록』 권9, 명종 4년 10월 癸丑.
127 『성종실록』 권144, 성종 13년 8월 丁未; 권261, 성종 23년 1월 辛丑;『중종실록』 권19, 중종 8년 12월 甲寅.
128 『연산군일기』 권34, 연산군 5년 7월 丁亥;『중종실록』 권5, 중종 3년 2월 癸巳; 권12, 중종 5년 8월 丙申.
129 『성종실록』 권261, 성종 23년 1월 辛丑;『중종실록』 권40, 중종 15년 9월 辛未.
130 『중종실록』 권5, 중종 3년 2월 癸巳; 권58, 중종 21년 12월 庚戌.

의 방비가 허술해지면 성저야인들이 조선의 형세가 약한 것을 보고 침략할 것이고, 만일 이러한 반란을 일으키면 6진을 보존하기 어려울 것'이라는 위기감을 이미 가지고 있었다.[132] 그리고 그러한 우려와 위기감은 선조대 니탕개의 난으로 현실화되었던 것이다.

## 5. 맺음말

세종대 6진 설치로 두만강 유역은 조선의 실질적인 변경 지역이 되었다. 그리고 두만강 유역에서 조선의 대여진정책은 여진 번리구축과 형성에 맞닿아 있었다. 조선의 울타리인 번리는 여진인들을 조선에 복속시켜 두만강 유역에 그대로 거주하게 함으로써 심처의 올적합 등의 침입을 막는 1차 방어선과 같은 것이었다. 두만강 유역의 여진 번리 형성과 5진성 밑에 성저야인들로 불리는 여진인들이 거주하게 되면서 6진 지역은 조선인과 여진인들이 공존하는 변경 지역이 되었다. 조선의 여진 번리구축은 조선인과 여진인들이 평화적으로 공존하는 공간을 형성하려는 시도였지만, 그 방식과 과정 및 결과는 결코 평화적이지만은 않았다. 조선은 여진인들의 주거지를 빼앗고 조선인들을 6진 지역에 강제로 이주시켰다. 그러면서도 여진인들의 이탈을 막기 위해 때로는 명에 대한 외교적인 방법으로, 때로는 여진인들을 회유하고 무력을 동반하기도 하면서 그들을 두만강 유역에 머물게 하였다. 그렇지만 결과적으로 여진인들의 약탈과 침입, 조선의 보복 정벌 등이 지속적으로 반복되었다.

6진으로 이주된 조선인들은 추운 날씨 및 각종 재해를 겪으면서도 척

---

131 『중종실록』 권54, 중종 20년 4월 己酉.
132 『중종실록』 권52, 중종 20년 1월 辛未; 권54, 중종 20년 4월 己酉.

박한 토지를 개간하며 정착해 나갔다. 또한 조선인들은 여진인들의 침입과 약탈을 끊임없이 경계해야 했고, 약탈의 주된 대상이었다. 더구나 변장의 가혹한 탐학과 수탈, 과중한 세금 및 공물의 납부에 시달려야 했다. 특히 공납으로 정해진 초서피 문제는 조선인들의 삶을 더욱 어렵게 하였고, 초서피를 구하기 위해 여진인들과의 무역이 활발해졌다. 점차 皮物은 반드시 여진인들에게 구하는 실정이 되어 갔지만, 조정에서는 여진과의 무역을 금지하지도 貢案에서 제외하지도 못하였다. 조정은 백성들의 삶을 어렵게 하는 폐단을 알면서도 지배층의 수요를 위해 과감히 폐단을 시정하거나 철폐하지 못했다. 결국 이를 견디지 못한 6진의 백성들은 유망하고 있었으며, 그 중 일부는 조선 땅에서 고통을 받는 것보다는 차라리 여진인들 땅의 사람이 되겠다고 두만강을 건너 월경하고 있었다.

반면 여진인들은 조선의 번리화 정책으로 무육과 보호를 받고 한편으로는 농업기술과 농기구를 받아들이면서 여진의 부락과 인구는 증가하고 있었고 사회경제적으로도 발전하고 있었다. 그러나 여진인들은 조선의 보호를 받고 의지하는 만큼 조선의 법령과 왕명을 따라야했다. 여진인들은 조선에 심처야인들의 소식과 변보를 전해야만 했고, 피로된 조선인을 쇄환하는데 진력해야 했으며, 鎭將의 권위와 위엄에 복종해야만 했다. 그러는 한편 조선인들처럼 역시 변장에게 수탈을 당하기도 하였는데, 수탈의 주된 대상은 역시 초피였다. 변장들은 진상이라는 명목으로 여진인들에게 초피를 과다하게 걷었고 진상할 때의 수와 값도 적게 매겼으며, 서울로 상경하는 여진인들에게는 도장을 찍어주면서 초피를 걷었다. 결국 조선 변장들의 이익을 위한 과도한 초피 징수와 갈취, 권위와 위엄을 세우기 위한 형벌의 남용 등은 여진인들로 하여금 조선을 등지게 하는 원인이 되었다. 그리고 더 이상 조선에서의 보호와 이익을 얻을 수 없게 된 여진인들은 6진을 떠나 본토로 돌아가거나, 조선의 방비가 허술해지는 틈을 타 조선의 변경을 침략하게 되었다.

6진 설치 후 조선인과 여진인들은 성 안과 성 밖이라는 서로 다른 공간에서 거주하였다. 즉 민족과 민족이 구별되고 차별되면서 이원화된 공간이 존재하였던 것이다. 그렇지만 6진이라는, 두만강 유역이라는, 변경이라는 보다 큰 공간속에서 생각해 보면 서로간의 거리는 가까웠고 항상 접촉하는 대상들이었다. 그리고 서로간의 교류와 접촉 속에서 서로를 '收養'이라고 일컫는 사이가 되어 갔음을 주목해 볼 때 6진 지역은 민족과 민족이 만나는 변경에서 이제 민족을 초월하는 범민족적인 사회경제적 공간으로 변해가고 있었다. 이것을 주도한 것은 변경이라는 공간 속에서 새로운 삶을 개척하던 조선인과 여진인들이었다. 그러나 실제로는 조선의 지배층들이 여진인들을 여전히 禽獸, 교화의 대상, 위엄으로 복종시켜야 될 존재라고 여기는 이상 변경은 민족과 민족이 교류하고 생활하는 공통된 사회경제적 공간, 평화공존의 공간이 될 수는 없었던 것이다.

# 제3장 胡差 小弄耳를 통해서 본
## 조선·여진 관계의 변화

## 1. 머리말

胡差는 '오랑캐 使臣'을 일컫는 말로, 북방의 '여진 사신'을 부르는 말이다. 『朝鮮王朝實錄』에는 差胡라는 용어가 먼저 쓰였고, 중국의 『明實錄』과 『淸實錄』에는 차호의 용례가 보이지만, 호차의 용례는 보이지 않는다.[1] 조선의 사료인 『조선왕조실록』, 『承政院日記』, 『備邊司謄錄』 등에는 호차와 차호를 병행해서 쓰고 있다.

전근대에는 사람을 파견하는 일반적인 용어로 使人, 差人이라는 용어를 써왔고, 조선 전기 여진인 추장이 조선에 사람을 보낼 때도 이러한 용어로 기록되어 왔다. 그런데 17세기 초 선조대에 처음으로 차호라는 용어가 쓰이기 시작하였다. 이후 광해군대에 호차라는 용어가 등장하면서 차호와 호차를 병행하여 사용하였고, 특히 後金의 사신들에 대해 호차라 부르는 빈도가 늘어났다.

그리고 병자호란을 거치면서 조선은 淸나라와 조공책봉관계를 맺게 되었고, 이후 청나라의 사신들을 淸使, 勅使, 朝使 등으로 불렀지만, 여전히 조선 안에서는 '오랑캐 사신'이라는 뜻의 차호와 호차로 불러왔다.

조선 후기 일본과의 관계에서 나타나는 差倭 역시 선조대 처음으로 사용되었다. 차왜와 관련해서는 차왜 제도, 접대 사례와 규정, 역할 등

---

1 국사편찬위원회 명실록·청실록 사이트(http://sillok.history.go.kr/mc/main.do) 참조.

여러 연구 성과를 거쳐 조선후기 대표적인 외교사행이라 규정하고 있으며, 이에 대한 연구도 활발히 진행되고 있다.[2]

그러나 차호·호차와 관련된 연구는 거의 이루어지지 않고 있다. 따라서 여진 사신인 차호·호차와 관련해서도 그 개념과 성립, 접대와 역할, 인식에 대한 연구가 진행될 필요가 있다. 따라서 본 연구에서는 차호·호차와 관련된 초보적인 연구로서 차호·호차가 처음 등장하는 선조~광해군 시기를 중심으로 조선과 여진의 관계 변화를 살펴보고자 한다.

특히 여진인 小弄耳는 원래 두만강 유역에 거주하던 조선의 藩胡였는데, 번호란 울타리를 뜻하는 藩과 오랑캐를 뜻하는 胡의 합성어로, 조선의 두만강 유역에서 조선에 복속된 여진인들을 일컫는 말이다. 그런데 16~17세기 조선은 北虜南倭라는 말로 대변되듯 북쪽에는 여진족과 남쪽에는 왜구의 침략에 시달리고 있었다. 특히 북쪽의 여진인들 중에는 泥湯介로 대표되는 조선의 번호들이 조선을 배반하여 침략하고 있었다. 더구나 임진왜란 이후인 17세기 초부터는 忽剌溫의 부잔타이[布占泰, Bujantai]와 建州衛의 누르하치[奴爾哈赤, Nurhachi]의 두만강 유역 번호 침탈과 조선 침입이 계속되었다.

조선의 번호였던 소롱이(소롱귀)[3]는 이 과정에서 '忽差'라는 이름으로

---

2 홍성덕, 「十七世紀 別差倭의 渡來와 朝日關係」, 『전북사학』 15, 1992; 이혜진, 「17세기 후반 朝日外交에서의 裁判差倭 성립과 조선의 외교적 대응」, 『한일관계사연구』 8, 1998; 한문종, 「조선 전기 倭使의 宴享接待와 女樂」, 『한일관계사연구』 36, 2010; 윤유숙, 「근세 韓日통교와 非定例 差倭의 조선도해」, 『사총』 70, 2013; 박화진, 「쓰시마번 차왜의 신묘통신사행 준비과정에 대한 고찰」, 『조선통신사연구』 14, 2012; 홍성덕, 「조선후기 한일외교체제와 대마도의 역할」, 『동북아역사논총』 41, 2013; 심민정, 「조선 후기 일본사신 접대를 통해 본 朝日관계 - 差倭제도와 접대규정 변화를 중심으로 -」, 『역사와경계』 96, 2015; 심민정, 「두모포왜관시기 差倭 接待例 변화와 정비 - 『接倭式例』 분석을 중심으로 -」, 『동북아문화연구』 46, 2016 등.

3 원래 小弄耳에 대해서는 '소롱이'가 아니라 '소롱귀'로 읽어야 하는데, 耳는 '귀'를

홀라온의 부잔타이와 조선과의 교섭을 담당하게 된다. 홀차는 홀라온에서 보낸 차인, 즉 사신을 일컫는 말로 두만강 유역의 번호와 조선을 침략한 부잔타이가 조선에 대한 관직 요청 및 녹봉 수여 등 여러 현안 문제와 관련하여 조선에 파견한 것이다. 곧 조선의 번호로 조선에 복속되어 있던 소롱이는 홀라온의 침입 과정에서 홀차라는 위치로 변하였고 새로운 역할을 하게 되었다.

홀라온 부잔타이의 침입 이후, 건주위의 누르하치가 두만강 유역으로 진출하게 되면서 부잔타이와 누르하치는 조선의 경내인 鍾城의 烏碣巖에서 전투를 벌이게 되었다. 결국 이 전투에서 누르하치가 승리하면서 두만강 유역의 번호들을 철폐하기 시작하였고, 조선의 변경을 침입하였다. 마침내 누르하치는 여진인들을 통합하면서 後金을 건국하였고, 1619년 조선과 명이 연합하여 후금을 공격한 深河 전투가 발생하였다. 소롱이는 심하 전투를 전후로 누르하치가 조선에 보낸 '차호', '호차'로 재등장하였다. 특히 소롱이는 심하 전투 이후 조선에 빈번하게 파견되면서 조선과 후금 사이에서 최일선 외교관으로서의 역할을 담당하였다.[4] 즉 『광해군일기』나 심하 전투에서 사로잡혔던 姜弘立의 『胡中日記』를 인용한 『續雜錄』, 李民寏의 『紫巖集』 중 일기인 『柵中日錄』 등을 살펴보면, 심하전투 이후 소롱이가 자주 등장하고 있다.

이에 본고에서는 두만강 유역에 거주하던 소롱이를 중심으로 차호·호

---

訓讀한 것으로 小農耳, 小弄貴 등 다양한 표기 방식이 나타나는 것도 이에 기인하는 것이다. 본고에서는 편의상 소롱이와 소롱귀를 병행하여 사용하였다.

4 16~17세기 조선의 여진 통사에서 외교관으로의 역할을 부여받는 사람들이 있었다. 대표적으로는 河世國(河瑞國)과 鄭命壽(굴마훈)였는데, 이에 대해서는 다음의 연구가 주목된다. 계승범, 「鄕通事 河世國과 조선의 선택 – 16~17세기 한 女眞語 통역관의 삶과 죽음 – 」, 『만주연구』 11, 2011; 김선민, 「朝鮮通事 굴마훈, 淸譯 鄭命壽」, 『명청사연구』 41, 2014.

차의 발생과 개념에 대해 먼저 파악해 보고자 하였다. 그리고 16~17세기 조선과 여진과의 관계 변화 속에서 변경인이라 할 수 있는 소롱이가 부잔타이의 홀차로, 누르하치의 차호·호차로 조선에 파견되는 변화상을 추적해보았다.


## 2. 胡差, 差胡의 개념

『조선왕조실록』, 『승정원일기』, 『비변사등록』 등에는 호차와 차호를 병행해서 쓰고 있는데, '오랑캐 사신', '파견된 胡人', '胡에서 보낸 差人', '胡에서 우리나라에 使者로 보낸 사람' 등 다양하게 번역하거나 설명하고 있다.[5]

우선 조선 전기에는 일반적으로 여진 추장이 조선에 사람을 보내어 소식을 알리거나 했을 때 '遣人', '使人' 등의 용어를 사용하여 왔다. 이것은 일본이나 중국이나 마찬가지였다. 그러다가 17세기 초 여진과의 관계에서 差胡라는 명칭이 등장하기 시작한다. 『조선왕조실록』에 차호라는 용어가 처음 등장하는 것은 1605년(선조 38)이다.[6] 호차라는 용어는 1611년(광해군 3)에 처음 등장한다.[7] 이후 차호와 호차의 용례가 병행하여 나타나고 있다.

차호와 호차 모두 胡와 差의 합성어인데, '差'의 개념과 관련해서는 差倭의 연구에서 어느 정도 언급되었다. 즉, '差'라고 하는 것은 '임명하

---

5 조선왕조실록(http://sillok.history.go.kr/), 승정원일기(http://sjw.history.go.kr/main.do), 비변사등록(http://db.history.go.kr/item/level.do?itemId=bb). 이상 2017.07.07 검색 기록(이하 본고에 수록된 웹사이트의 검색 날짜는 같은 날짜임).

6 『선조실록』 권192, 선조 38년 10월 丁卯.

7 『광해군일기(중초본)』 권39, 광해군 3년 3월 己酉.

여 파견한다'는 의미를 가지며, 차왜의 '倭'라고 하는 것은 '差胡', '差虜' 등과 같이 단순히 파견되어 온 사람의 國籍을 구분하는 용어라 하고 있다.[8] 이와 함께 差使(사자로 임명함), 差定(임명하여 사무를 맡김), 差送·差遣(어떤 임무를 맡겨서 보냄), 差備(특별한 사무를 맡기기 위하여 임시로 임명하는 일), 差使員(중요한 임무를 지워 파견하는 임시직), 差委(官命에 의하여 출장하는 것) 등의 용례에 의해 '差倭'는 '일본의 막부장군 또는 그 명을 받은 대마도주가 특별한 임무의 수행을 위해 파견하는 왜인'이라는 사전적 의미가 있고, 조선후기 일본이 年例送使 이외에 별도로 파견한 규외의 모든 왜인을 지칭하며, 이 중 조선 정부로부터 외교사행으로 인정을 받은 차왜를 '別差倭'로 규정하고 있다.[9] 결국 차왜나 별차왜 모두 일본이 파견한 對朝鮮 임시 사절임을 알 수 있다.[10]

이밖에 '差'와 관련된 것으로 差官(특별 임무를 띠고 임시로 파견되는 관원), 差吏(특별한 임무를 부여받고 임시로 파견되는 관리), 差使(관직, 직무, 흔히 임시로 파견되어 맡는 직무) 등의 용례를 가지고 있다.[11] 따라서 이를 종합해보면, 차호·호차는 조선에서 오랑캐라 부르던 북방의 여진족의 추장 또는 수장이 특별한 임무의 수행을 위해 조선에 파견한 임시 사절로 규정할 수 있다.

한편 『한국고전용어사전』에는 차호에 대한 설명은 없고, 호차에 대해

---

8 홍성덕, 앞의 논문, 1992, 107쪽.
9 홍성덕, 앞의 논문, 1992, 107~109쪽.
10 『고문헌용어용례사전』에서도 差倭에 대하여 다음과 같이 정의하고 있다, '조선 후기 일본의 대마도에서 조선에 수시로 파견한 외교사절. 팔송사(八送使)가 교역을 위한 정기적인 무역사절이라면, 차왜는 외교적인 현안 문제가 있을 때마다 임시로 파견된 외교사절이었다.'(한국학중앙연구원 한국학자료센터 고문헌용어용례사전, http://kostma.aks.ac.kr/dic/dicMain.aspx?mT=B).
11 단국대학교 부설 동양학연구소, 『漢韓大事典(4)』, 단국대학교출판부, 2001, 964~969쪽.

다음과 같이 설명하고 있다.

> 조선 시대 청나라의 사신을 지칭하는 말. 호(胡)는 원래 중국이 북방에 살던 겨레를 지칭하여 쓰던 말. 조선은 화이관에 입각하여 북방의 여진족을 호라고 호칭하면서 사대 교린에 입각하여 교화의 대상으로 낮추어 보았음. <u>누르하치에 의해 만주의 여진족이 통일되고 조선과 사신을 교환하게 되면서 조선은 이들 사신을 호칭하는 말로 광해군 때부터 이 말을 사용하기 시작함.</u> 특히 양 호란을 겪게 되는 인조 때에는 이 용어가 자주 등장함. 삼전도의 굴욕으로 청에게 조선이 패퇴한 이후로 이 낱말이 줄어들어 영조 이후로는 실록에 쓰여지지 않음.[12]

여기서도, 호차는 북방의 여진족을 일컫는 胡와 差의 합성어임을 알 수 있다. 또한 호차는 광해군 때부터 등장하였으며 영조 이후 실제로『조선왕조실록』에 등장하지 않는다. 차호 역시 差와 胡의 합성어이며, 차호라는 용어는 숙종 이후 실록에 쓰이지 않았다. 그리고 위의 밑줄 친 부분을 살펴보면, 호차는 누르하치의 사신을 호칭하는 말로 정의하고 있다. 이에 따르면 호차가 차호보다 명확하게 누르하치가 보낸 사신을 의미한다고도 볼 수 있지만, 실제로는 호차나 차호가 특정한 구분보다는 서로 혼용·병행하여 사용되었으며, 그 사용 빈도는 다음 표와 같다.

---

12 세종대왕기념사업회·한국고전용어사전 편찬위원회,『한국고전용어사전 5』, 세종대왕기념사업회, 2001, 807쪽.

〈표 1〉『조선왕조실록』, 『승정원일기』의 差胡·胡差 용례의 사용 빈도[13]

(단위 : 건수)

| 『조선왕조실록』 | | 差胡 | 胡差 | 『승정원일기』 | 差胡 | 胡差 |
|---|---|---|---|---|---|---|
| 『선조실록』 | | 6 | - | - | - | - |
| 『광해군일기』 | 중초본 | 55 | 14 | - | - | - |
| | 정초본 | 56 | 12 | | | |
| 『인조실록』 | | 27 | 177 | 인조 | 46 | 297 |
| 『효종실록』 | | - | - | 효종 | - | - |
| 『현종실록』 | | - | 1 | 현종 | - | 1 |
| 『숙종실록』 | | - | 6 | 숙종 | 1 | 3 |
| | 숙종보궐정오 | - | 1 | | | |
| 『경종실록』 | | - | 6 | 경종 | - | 1 |
| 『영조실록』 | | - | 1 | 영조 | 3 | 12 |
| 계 | | 145 | 218 | 계 | 50 | 314 |

〈표 1〉를 보면, 차호는 선조대에 처음 등장하고, 광해군대에 가장 많이 쓰였으며, 호차라는 용어가 함께 쓰였다. 『광해군일기』는 중초본(태백산본)이 1633년(인조 11)에 편찬되었고 정초본(정족산본)이 1653년(효종 4년)에 편찬되었다. 『인조실록』에는 차호보다는 호차라는 용어를 더 많이 사용하였고, 이것은 『승정원일기』에서도 마찬가지였다. 1636년 병자호란으로 청에 조선이 사대의 관계를 맺으면서 차호와 호차 대신 淸使와 勅使 등의 용어를 썼으나, 영조대까지 간혹 차호와 호차가 쓰이기도 하였다. 다음 〈표 2〉는 『조선왕조실록』에 나타난 후금 및 청 사신에 대한 용례의 사용 빈도를 나타낸 것이다.

---

13 참고로 『비변사등록』에 나타나는 차호의 용례는 19건, 호차의 용례는 52건이다.

〈표 2〉『조선왕조실록』의 후금 및 청 사신에 대한 용례의 사용 빈도

(단위 : 건수)

| 『조선왕조실록』 | | 差胡 | 胡差 | 虜使 | 淸使 | 勅使 |
|---|---|---|---|---|---|---|
| 『선조실록』 | | 6 | - | - | - | |
| 『광해군일기』 | 중초본 | 55 | 14 | 2 | | |
| | 정초본 | 56 | 12 | 1 | - | |
| 『인조실록』 | | 27 | 177 | 26 | 97 | |
| 『효종실록』 | | - | - | 3 | 143 | |
| 『현종실록』 | - | | 1 | 1 | 46 | 5 |
| | 현종개수 | | | 1 | 103 | 3 |
| 『숙종실록』 | - | 1 | 6 | 40 | 98 | 4 |
| | 숙종보궐정오 | - | 1 | 2 | 2 | |
| 『경종실록』 | - | | 6 | - | 31 | 1 |
| | 경종수정 | - | - | - | 25 | 1 |
| 『영조실록』 | | - | 1 | 2 | 27 | 23 |
| 『정조실록』 | | - | - | - | - | 16 |
| 『순조실록』 | | - | - | - | - | 25 |
| 『헌종실록』 | | - | - | 1 | 1 | - |
| 『철종실록』 | | - | - | | 1 | |
| 『고종실록』 | | - | - | 1 | 4 | 14 |
| 계 | | 145 | 218 | 81 | 572 | 78 |

이를 보면, 차호와 호차의 용례는 광해군과 인조대에 가장 많이 쓰였음을 알 수 있다. 차호와 호차의 용례가 병행해서 나타나지만, 광해군대에는 차호가, 인조대에는 호차가 많이 쓰였다. 그리고 인조대부터 청사라고 쓰기 시작하였고, 이후에는 청사라고 쓰는 경우가 많아지고 있음을 알 수 있다.

그런데 흥미로운 것은 1616년 後金이 건국되었어도 金使라는 명칭이 보이지 않고 있다는 점이다. 즉 1616년 후금의 건국부터 1636년 병자호란까지 『광해군일기』, 『인조실록』, 『승정원일기』에는 금사라는 명칭이

보이지 않고, 『비변사등록』에만 1634년(인조 12)에 2건의 기사에서 금사라는 용어가 쓰였다.[14] 결국 후금의 건국 이후에도 조선에서는 누르하치가 파견한 사절에 대하여 여전히 차호와 호차라는 용어를 사용하거나, 실록의 편찬 과정에서 금사라는 용어를 의도적으로 누락 또는 변경하였음을 추측해 볼 수 있다.

차호·호차는 조선의 華夷觀에 입각하여 오랑캐라 부르던 북방의 여진족 추장 또는 수장이 특별한 임무의 수행을 위해 조선에 파견한 임시 사절로 규정할 수 있다. 그렇기 때문에 조선에서는 누르하치의 후금이 건국된 이후에도 후금의 사절들을 국가와 국가 간의 공적인 사절로 인정하지 않으려는 의도가 있었다고 볼 수 있다. 이것은 후금의 사신들을 '金使'라 부르지 않고 '虜使'라고 부른 것에서도 알 수 있다. '노사'란 '오랑캐의 사신'이란 의미로, '虜'는 化外의 사람 즉 오랑캐를 뜻하며, 화외는 敎化가 미치지 못하는 곳을 말한다. 후금의 사신들뿐만 아니라 병자호란 이후에도 청의 사신들을 '노사'라고 불러온 사실은 조선이 화이관에 입각하여 이들을 여전히 조선보다 낮추어보고자 하였고, 국가로써 인정하지 않으려는 인식이 있었음을 알 수 있다.

그럼에도 불구하고, 여진 세력에서는 이제 군주의 대리인을 파견[差]하는 행위가 나타나고 있었고, 후금을 성립한 누르하치에 이르러서는 國書를 조선에 가지고 왔다. 이는 여진 세력이 국가를 형성하면서 제도적 성장을 하였음을 엿볼 수 있는 중요한 부분이다. 그러나 국가로서 인정하지 않으려는 조선에서는 새롭게 성장한 여진 국가의 대리인을 처리하고 접대하는 방식, 즉 접견의 장소, 회답의 주체, 회답의 방식에서 논란이 있어 왔다.

---

14 『비변사등록』 인조 12년 윤8월 17일; 12월 12일.

## 3. 부잔타이의 침입과 小弄耳의 변화 : 藩胡에서 忽差로

16~17세기 조선은 대외적으로 北虜南倭라는 말로 대변되듯, 북쪽의 여진족과 남쪽의 왜구의 침략을 받고 있었다. 남쪽에서는 1510년(중종 5) 삼포 왜란, 1544년(중종 39) 사량진 왜변, 1555년(명종 10) 을묘 왜변 끝에 1592년(선조 25) 일본이 침입하는 임진왜란이 발생하였다.

북쪽에서는 조선에서 藩胡라 불리는 여진인들이 두만강 유역의 鎭堡들을 공격하기 시작하였다. 1552년(명종 7) 慶興鎭 서수라보 함락, 1555년(명종 10) 穩城鎭 포위, 1583년(선조 16) 泥湯介의 난 등이 그것이었다. 특히 소위 '니탕개의 난'으로 불리는 번호들의 침입은 1583년 1월부터 가을까지 무려 21회나 되었다.[15]

그리고 1584년부터 임진왜란 전까지 번호들의 침입은 두만강 유역의 6진 지역 전체로 확대되어 경성이나 부령 등 함경도 내지 지역으로까지 침입이 이루어졌으며, 임진왜란을 맞아 조선에 위기가 닥쳤을 때는 6진 지역에 번호의 침입이 일상화될 정도였다.

조선은 임진왜란 후 조선의 번호였던 老土를 정벌하였지만, 노토는 누르하치의 胡兵을 불러들였다. 조선의 번호들은 누르하치의 성장에 영향을 받고 있었으며, 조선 역시 직·간접적으로 누르하치의 성장에 영향을 받을 수밖에 없는 상황이 되어 가고 있었다.[16]

그런데 두만강 유역에 먼저 진출하기 시작한 것은 건주위의 누르하치가 아니라 忽剌溫의 부잔타이였다.[17] 부잔타이는 누르하치와 경쟁하면서

---

15 한성주, 「임진왜란 전후 女眞 藩胡의 朝鮮 침구 양상과 조선의 대응 분석」, 『동양사학연구』 132, 2015, 107쪽.

16 1600년(선조 33) 노토는 조선의 정벌을 받은 후, 누르하치의 호병을 끌어 들여 다른 번호들을 침탈하였고, 이 과정에서 會寧鎭 甫乙下堡의 僉使 具滉이 응전하였다가 전사하였다(한성주, 앞의 논문, 2015, 111~120쪽).

자신의 세력을 확장하기 위해 동해안 연안 지역의 여러 여진인들을 복속시키려 하였는데, 이 과정에서 두만강 유역의 번호들을 침탈하였다.[18] 1603년(선조 36) 8월, 부잔타이는 조선의 鍾城鎭을 침입하고, 주변의 번호 부락들을 침탈하기 시작하였으며, 그 결과 회령에서부터 종성·온성·경원 지역의 번호 부락들이 큰 피해를 당했다. 이윽고 1605년(선조 38) 3월 부잔타이에 의해 조선의 潼關鎭이 함락되었고, 조선에서는 이에 대한 보복으로 홀라온의 군사가 주둔하고 있던 件退 정토를 단행하였지만 실패하였다.

조선의 건퇴 정토 실패 이후, 부잔타이는 조선에 職帖을 요구하기 시작하였다. 부잔타이는 조선에 글을 보내 實職을 요구하였고[19], 스스로 '만일 조선의 官爵을 얻을 수 있다면 다행이겠다'는 말을 하였다고 전해졌다.[20] 조선은 초기부터 두만강 내외의 여진인들에 대한 授職정책을 실시해왔는데, 조선의 통교체제에 포함되어 관직을 받은 여진인들은 조선으로부터 祿俸을 받고, 서울로 상경하여 來朝를 통한 경제적 이익을 얻을 수 있었다. 당시 여진인들은 조선의 僉知 직첩을 받으면 해마다 咸興에 와서 녹봉으로 40필의 綠布를 받을 수 있었는데, 부잔타이 역시 자신이 침탈한 번호들로부터 이러한 정보를 얻었던 것으로 보인다.

---

17 明에서는 여진의 거주지에 따라 建州女眞, 海西女眞, 野人女眞으로 나누었는데, 조선에서는 해서여진 지역을 忽剌溫이라 불렀으며, 해서여진은 16세기가 되면 하다[哈達], 호이파[揮發], 울라[烏拉, 烏喇], 예허[여허, 葉赫]의 4部로 정립되었다. 부잔타이는 해서여진 중 울라의 칸[汗]이었다.

18 이하 부잔타이의 조선 침입과 번호 침탈에 대해서는 한성주, 「조선 선조대 후반 忽剌溫 부잔타이[布占泰]의 침입 양상」, 『역사와 경계』 100, 2016, 참고.

19 『선조실록』 권187, 선조 38년 5월 戊子. 조선은 두만강 유역의 여진인들에게 조선의 관직을 수여하여왔는데, 이것을 授職정책이라고 한다. 조선에서 여진인들에게 수여한 관직은 實職이 아닌 명예직이었다. 부잔타이가 요구한 '實職' 역시 마찬가지이다.

20 『선조실록』 권187, 선조 38년 5월 壬寅.

부잔타이의 조선 직첩 요구에 대해 巡邊使로 파견되는 李時言은 선조를 인견한 자리에서 다음과 같이 요청하기도 하였다.

〈記事 1〉
"저 賊은 禮로 대우할 수도 없고 위엄으로 제어할 수도 없으니 그들을 대처하는 방도가 대체로 또한 어렵습니다. 이에 앞서 空名告身을 가지고서 藩胡에게 授職한 일이 있어 鍾城에는 몇 장, 穩城에는 몇 장 하였는데 빈 말이 아닌 듯합니다. 저들이 만약 진정으로 와서 구한다면 공명고신을 주어도 가합니다. 근래에 또한 通簡하는 사람이 있어 왕복하는 즈음에 賊中의 일을 역시 알 수 있었습니다. 혹 司正이나 司猛을 啓請하여 얻어서 가지고 가면 좋을 듯싶기에 황공하게도 감히 진달하는 바입니다. 兵力이 강성할 때에도 회유의 계책을 쓰는 것이 마땅한데, 하물며 지금의 병력으로는 장차 지탱할 수 없을 테니, 이런 일을 거행하는 것이 어떻겠습니까?"[21]

〈기사 1〉을 보면, 이시언은 종성, 온성 등의 번호에게 空名告身을 수직한 예를 들면서 '저들이 만약 진정으로 와서 구한다면 공명고신을 주는 것도 가합니다'라고 하고 있는데, 저들은 바로 부잔타이 등을 일컫는다. 그리고 이것은 회유책이라고 밝히고 있다.[22] 〈기사 1〉과 연이은 이시언의 언급 내용을 보아도 부잔타이에게 직첩을 주는 일은 그들의 兵勢를 완화시키고 시일을 지연시키는 계책이 될 수 있을 것이라고 하고 있다.
그런데 〈기사 1〉에서 주목되는 것은 밑줄 친 부분이다. 즉 근래에 通簡하는 사람이 있다는 것으로, 통간은 글을 전한다는 뜻이다. 앞서 부잔타이가 글을 보내 조선의 實職을 요구하였다고 했는데, 이러한 부잔타이

---

21 『선조실록』 권188, 선조 38년 6월 庚戌.
22 이에 대해 선조는 공명고신 약간 張을 여기에서 가지고 가고 싶냐고 되물으면서 예전에도 그런 예가 있었으니 설혹 기만당한다 하더라도 무슨 관계가 있겠냐고 대답하였다.

의 글을 전하는 사람이 있었다는 것이다. 그리고 통간하는 사람이 조선
과 홀라온 부잔타이의 사이를 왕복하면서 賊中인 홀라온의 사정들을 전
하고 있었음을 알 수 있다.

그렇다면 이렇게 조선과 부잔타이의 사이에서 통간하며 왕래하던 사
람들은 누구였을까? 이에 대해서는 조선과 부잔타이의 교섭이 진행되면
서 조금씩 파악이 가능하다. 우선 조선에 대한 직첩 요청을 주도한 것은
부잔타이의 수하 장수였던 者乙古舍라 할 수 있다. 자을고사는 온성진에
서 50리쯤에 있는 家洪 부락에 진을 치고 조선에 胡人 1명과 李夫己를
보내 직첩을 구한다고 하였다.[23] 이 내용은 다음의 기사에서도 확인할 수
있다.

〈記事 2〉
　　北兵使 金宗得이 아뢰었다. "… 穩城府使의 치보에 卓斗가 그의 家胡
　　甫乙之를 시켜 進告하기를 '부득이하여 忽酋의 소식을 전한다. 홀추가 그
　　의 장수 者乙古舍를 시켜 潼關에서 被擄가 된 通事 李夫己를 데리고 私書
　　1통을 가지고 時排에 와서 온성의 관원에게 전달하게 하였으므로 보을지
　　로 하여금 이부기와 함께 들어가게 하였다'하였습니다. 홀추의 말은 대개
　　職帖을 구하는 일이었고, 이부기의 말도 이것에서 벗어나지 않았습니다."[24]

이를 보면 호인 1명은 조선의 번호였던 탁두[25]의 가호 보을지였고, 이
부기는 동관진이 함락될 때 被擄되었던 通事였다. 홀추는 부잔타이를 말

23 『선조실록』 권189, 선조 38년 7월 丁丑.
24 『선조실록』 권189, 선조 38년 7월 己卯.
25 卓斗는 조선의 藩胡였는데(『선조실록』 권187, 선조 38년 5월 壬辰), 부잔타이의 침
　　입이 있은 후, 조선군의 향도가 되어 건퇴 정토에 참여하기도 하였다. 조선의 건퇴
　　정토 실패 뒤에는 부잔타이에게 투항하여 그의 심복이 되었다고 전해졌다(『선조실
　　록』 권190, 선조 38년 8월 辛酉).

하는데, 부잔타이는 그의 수하 장수 자을고사로 하여금 사로잡았던 이부
기에게 편지 1통을 주어서 온성진에 보내어 직첩을 요구하였음을 알 수
있다. 또한 부잔타이의 장수 자을고사는 조선의 번호 및 사로잡은 조선
인 통사를 활용하고 있었던 것을 알 수 있다.

한편 조선에서도 통사 이부기를 활용하는 모습을 볼 수 있다. 비변사
에서는 이부기를 타일러서[開諭] 다시 들여보내어 적의 뜻[賊情]을 탐색
하게 하였다.[26] 이때 조선에서는 李難과 이부기를 함께 보냈고, 이것은
이난과 이부기가 돌아온 후에 부잔타이의 말을 듣고 대응 방안을 마련하
고자 함이었다.[27] 또한 비변사는 담력과 지략이 영리한 사람을 골라서 이
난, 이부기 등과 함께 적의 陣中에 왕래시켜서 冠服과 鞍具를 주어 그들
의 의중을 시험하는 방안을 내놓기도 하였다.

이 과정에서 부잔타이가 파견하는 小弄耳(소롱귀[小弄貴])가 등장하
기 시작한다.

우선 〈표 3〉의 ①을 보면, 홀라온[忽胡]의 소롱이가 건퇴 지역에 들어
갔다가 돌아와서 자을고사가 철병한 소식을 전했다. 그렇지만 商將介 및
好時段이 1백여 명의 군사를 거느리고 그대로 건퇴 지역에 머물며 조선
의 직첩이 내려오기를 기다린다고 전하였다. 그리고 함경북도 兵使 이시
언은 소롱이 등을 종성부사로 하여금 강변에서 술을 먹이고 소금을 주며
타일러서 들여보내도록 하였다.[28]

---

26 『선조실록』 권189, 선조 38년 7월 戊寅.
27 李難 역시 조선의 통사였을 것이다.
28 『선조실록』 권190, 선조 38년 8월 辛酉. "小弄耳等令鍾城府使, 江邊饋酒給鹽, 開
   諭入送事分付矣."

〈표 3〉 홀라온의 조선에 대한 소롱이 파견 관련 기사

| 연번 | 내용 | 시기 및 출처 |
|---|---|---|
| ① | 함경북도 병사 李時言 啓 : 홀라온[忽胡]의 小弄耳가 건퇴 지역에 들어갔다가 지금 돌아와서 者乙古舍가 철병했지만, 홀라온의 군사 1백여 명이 남아서 職帖 내려오기를 기다린다는 동정을 알려줌 | 1605년 『선조실록』 권190, 선조 38년 8월 辛酉 |
| ② | 함경도감사 李時發의 馳啓 : 李難이 소롱이와 함께 들어갈 예정인데, 그가 돌아오기를 기다려 賊中의 동정을 다시 치계할 계획임 | 1605년 『선조실록』 권193, 선조 38년 11월 壬辰 |
| ③ | 비변사의 回啓 : 明看乃 등을 약속대로 출송하라는 뜻을 소롱이에게도 분명히 申飭해 보내야 함 | 1606년『선조실록』권199, 선조 39년 5월 丙子 (12일 기묘 기사와 중복) |
| ④ | 함경감사 張晚의 치계 : 忽胡가 백 장의 관복을 요청한 것에 대해 소롱이를 불러 힐책할 것을 주장함 | 1610년『광해군일기』권25, 광해군 2년 2월 庚申 (정초본과 내용이 같음) |
| ⑤ | 북병사 치계 : 胡差 소롱이가 나옴 | 1611년『광해군일기(중초본)』권39, 광해군 3년 3월 己酉 (정초본에 내용이 없음) |
| ⑥ | 함경감사 書目 : 忽差 소롱이 및 騎胡 116명이 나옴 | 1612년『광해군일기(중초본)』권56, 광해군 4년 8월 記事 (정초본에 내용이 없음) |

이때 소롱이에 대해서는 '忽胡'라고 기록되어 있지만, 원래 소롱이는 조선의 번호였다. 『續雜錄』에는 소롱이에 대해 '北道藩胡之往來彼我者'[29]라고 하고 있다. 즉 소롱이는 조선의 북도인 함경도의 번호 출신이고 그들과 우리를 왕래하던 사람이라는 뜻이다. 물론 이 기사는 1619년 (광해군 12)에 해당되는 것으로 여기서의 그들[彼]은 누르하치의 後金을 말하지만, 소롱이가 원래는 조선의 번호였음을 알 수 있다. 결국 번호였

---

29 『續雜錄』 1, 己未 萬曆 47년 광해군 12년 3월 11일.『속잡록』의 광해군 관련 왕력 표기는 1년씩 감해야만 한다. 본고에서는 『속잡록』에 기록된 그대로 사용하였고, 이후도 마찬가지임을 밝혀둔다.

던 소룡이는 부잔타이의 두만강 유역 침탈 이후 조선에 파견된 것이다.

한편 '홀호 소룡이'가 등장하는 1605년(선조 38)부터 『선조실록』에는 '差胡'라는 용어가 등장하기 시작한다. '차호'라는 용어가 등장하는 처음은 1605년(선조 38) 10월 26일(정묘) 기사로, 누르하치가 중국에 보내었던 사람에 대해서 지칭한 것이다.[30] '홀호 소룡이' 보다 2달 정도 뒤의 것이다. 이후 누르하치가 조선과 명, 두만강 유역 여진인들에게 보낸 사람들에 대해 '차호'라고 쓰기 시작하였다. 어쨌든 1605년(선조 38)부터 부잔타이나 누르하치가 사람을 파견할 경우 조선에서는 오랑캐라 부르던 북방의 여진족 추장 또는 수장이 특별한 임무의 수행을 위해 파견한 임시 사절 또는 사람으로서 차호라는 용어를 쓰기 시작하였음을 알 수 있다. 이것은 또한 만주 지역의 여진인들의 성장과도 관련이 있다고 할 수 있다.

그리고 〈표 3〉의 ②는 조선의 통사로 추정되는 李難을 소룡이와 함께 홀라온에 들여보내는 것으로, 조선에서도 소룡이를 활용하고 있었음을 보여주고 있다. ③은 明看乃 등을 약속대로 출송할 것을 소룡이에게 단단히 타일러서 보내야 한다는 것으로, 조선과 홀라온과의 실질적인 현안 문제, 즉 조선의 직첩 수여와 관련하여 소룡이의 역할을 가늠해 볼 수 있는 기사이다.

조선은 부잔타이의 직첩 요구에 응하면서 홀라온이 잡아간 조선인과 번호를 쇄환하는 조건을 내걸었고, 특히 조선을 배반하였던 번호 명간내의 출송을 요구하였다. 이에 대해 부잔타이는 허다한 舊胡는 다 도로 보낼 수가 없고, 투항하여 들어온 명간내·加叱同 등은 마땅히 출송하겠다고 약속하였다.[31] 결국 1606년(선조 39) 5월 조선은 1백 장의 직첩을 부잔

---

30 『선조실록』 권192, 선조 38년 10월 丁卯.
31 『선조실록』 권199, 선조 39년 5월 丙子.

타이에게 주었고, 부잔타이는 약조대로 被擄人 1백 명을 출송하였고, 이외에 5명을 더 출송하였다. 그렇지만 조선을 배반하였던 명간내 등의 출송은 이루어지지 않았고, 이후 이것이 지켜졌는지는 확인되지 않는다.

따라서 소롱이는 조선과 홀라온 사이의 정보와 현안 문제를 전달하는 통역관이자 최일선의 외교관이 되어 가고 있었다. 이것은 〈표 3〉의 ④의 기사를 통해서도 확인할 수 있다. 부잔타이는 조선으로부터 1백 장의 직첩을 받았음에도 두만강 유역의 번호에 대한 침탈을 멈추지 않았고, 縣城의 번호들을 공략하다가 누르하치의 개입을 초래하게 되었다.

결국 1607년(선조 40) 조선의 경내인 종성진 鳥碣巖에서 누르하치와 부잔타이의 군사는 크게 싸웠고, 부잔타이의 홀라온이 패하면서 두만강 유역으로의 진출은 좌절되었다. 그러나 부잔타이는 조선으로부터 받은 직첩 1백 장을 근거로 조선에 대해 1백 장의 관복을 요청하고 있었고, 이 과정에서 역시 소롱이가 등장하고 있다.

〈記事 3〉

鍾城府使 李英이 小弄耳 등을 불러 얼굴에 노기를 띠고 (요구를) 꺾으며 꾸짖기를 "何酋에게 冠服을 준 것도 규례 밖에서 나온 것이다. 이는 그가 공경스런 마음으로 복종하여 섬기고, 여러 번 人口를 쇄환해서 나라를 향한 정성을 보였기 때문에 朝廷에서 특별히 관복을 상으로 주어 百將의 반열과 조금 구별한 것이다. 전일 하추의 말도 백장의 경우는 감히 바라지 않는다고 했다. 너는 바로 전일의 소롱이인데 어찌하여 전후의 말이 다른가? 너희 집이 1년간 고생스럽게 오가면서 순종하고 정성을 드린 뜻[效順納款之意]이 하루아침에 허사로 돌아갈 것이니, 이렇게 된 뒤에는 날마다 와서 공물을 바치고 祿을 받으려고 하더라도 어찌 될 수 있겠는가?"하였습니다.[32]

---

32 『광해군일기(중초본)』 권25, 광해군 2년 2월 庚申.

여기서의 何酋는 부잔타이를 말하며, 조선에서 부잔타이에게 관복을 상으로 준 것을 알 수 있다. 그런데 부잔타이는 1백 장의 관복은 감히 바라지 않는다고 하였고, 이 말을 소롱이가 조선에 전한 것을 알 수 있다. 이에 종성부사 이영은 소롱이에게 '너는 바로 전일의 소롱이인데 어찌하여 전후의 말이 다른가?'라고 힐책하고 있는 것이다. 또한 소롱이뿐만 아니라, 그의 집에서도 조선과 홀라온 사이를 힘들고 고생스럽게 오가며 조선에 대해 순종하고 정성을 바쳐왔음을 알 수 있다.

또한 소롱이에 대해 〈표 3〉의 ⑤는 '胡差', ⑥은 '忽差'라고 하고 있다. 『조선왕조실록』에 '호차'가 등장하는 최초의 기사가 바로 〈표 3〉의 ⑤이고, 홀차 역시 처음이자 마지막으로 ⑥에 사용되었다. 1607년(선조 40) 종성진 오갈암에서 누르하치에게 패배한 부잔타이는 6년 뒤인 1613년(광해군 5) 누르하치의 3만 군사에게 왕성이 공략당하면서 패망한다. 〈표 3〉의 ⑤는 1611년(광해군 3)이고, ⑥은 1612년(광해군 4)에 해당되므로 부잔타이의 패망 전에 해당한다. 따라서 ⑤와 ⑥의 '호차'와 '홀차'는 부잔타이가 조선에 보낸 사람(사절)이고, 이 역할을 소롱이가 하고 있었음을 알 수 있다. 이제 조선에서도 '差'라는 용어를 사용하면서 임시 외교 사절의 역할을 부여하고 있었고, 소롱이는 조선과 홀라온의 관계에 따라 조선의 번호에서 호차, 홀차로 그 신분과 역할이 변화하여 왔음을 알 수 있다.

## 4. 누르하치의 침입과 소롱이의 변화 : 忽差에서 胡差로

앞서 살펴본 것처럼 '호차'라는 표현이 처음 등장한 것은 조선에 파견된 소롱이가 홀라온의 임시 사절의 역할을 하면서부터이다. 그렇지만 '호차', '차호'의 개념과 용어가 보다 분명해지는 것은 역시 조선과 누르하치의 관계가 본격적으로 시작되면서부터이다.

우선 조선은 이미 누르하치가 보낸 사람에 대해 '차호'라는 용어를 써 왔다. '차호'라는 용어가 처음 등장하는 것은 앞서 서술한 1605년(선조 38)이며, 누르하치가 중국에 보냈던 사람에 대해서 지칭한 것이다.[33] 이후 누르하치가 조선과 명, 두만강 유역 여진인들에게 보낸 사람들에 대해서도 조선에서는 '차호'라고 쓰기 시작하였다.

즉 조선에서는 두만강 이북 현성의 번호들을 누르하치가 차호를 보내 데리고 가려한다거나[34] 조선에서 누르하치에게 속히 차호를 보내 빨리 군사를 철수해 돌아가도록 요청하기도 하였다.[35] 실제 누르하치의 차호 獎軍 등 3명이 鍾城의 城 밖에 거주하는 여진인 都斗舍 등을 붙잡아 가려고 오기도 하였다.[36]

종성 오갈암에서 부잔타이의 군대를 격파한 누르하치는 두만강 유역 조선의 번호들을 철폐하기 시작하였고, 만주 지역뿐만 아니라 동해 연안 지역에 흩어져 있는 여진인들까지도 흡수 통합해 나갔다. 그리고 1616년 (광해군 8)에는 소위 '後金'을 성립시켰다. 마침내 1619년에는 "하나의 만주 말을 쓰는 나라를 모두 정복하고 항복시켜 통일하기를 마쳤다"고 평가될 정도였다.[37]

한편 광해군대가 되면 차호를 통한 조선과 누르하치의 교섭이 본격적으로 시작된다. 누르하치는 광해군 즉위 초부터 조선에 貂皮 80령을 바

---

33 『선조실록』 권192, 선조 38년 10월 丁卯.
34 『선조실록』 권208, 선조 40년 2월 己亥.
35 『선조실록』 권209, 선조 40년 3월 乙酉.
36 『광해군일기(중초본)』 권15, 광해군 3년 6월 丁亥. "老酋差胡獎軍等三名, 鍾城城外住胡 都斗舍等, 欲爲捉去, 來到城外." 이는 누르하치가 파견한 차호의 성명이 나오는 최초의 기사이다.
37 『滿洲實錄』 卷6, 己未 天命 4年 8月.

첬고, 胡書를 보내오기도 하는 등 호의를 보이면서 조선과 우호적인 관계를 맺으려고 하였다.[38] 이즈음 조선은 누르하치가 파견한 사람을 '老差'라고 부르기도 하였다.[39] 또한 후금을 건국한 후에도 누르하치는 조선의 만포진에 사람을 자주 보내거나, 사로잡힌 조선인들을 돌려보내주거나, 국서를 보내어 조선과의 우호적인 국교 수립을 희망하고 開市를 요청하기도 하였다.[40]

조선 역시 누르하치의 祿俸 요청을 들어주는 등 최대한 누르하치와 마찰이 일어나지 않도록 하고 있었다. 즉 조선에 대한 녹봉은 누르하치가 홀추(부잔타이)의 뒤를 이어 청한 것으로 조선에서는 누르하치의 뜻이 매우 간절하므로 부득이 허락한 것으로 姑息之計에서 나온 것이었다.[41] 그런데 이와 관련해서는 다음의 〈기사 4〉를 참고할 수 있다.

〈記事 4〉
"北道節度使 金景瑞가 녹봉인 木棉 40同을 該曹에서 제 때에 下送하지 않는다는 뜻을 여러 번 馳啓하였습니다. 응당 보내야할 목면을 제 때에 하송하지 않음으로써 差胡가 이로 인하여 오래 머무르게 되었으니 未安한 일입니다. 역시 해조로 하여금 곧 하송하도록 하는 것이 어떠하겠습니까?"[42]

---

38 『광해군일기(중초본)』 권1, 광해군 즉위년 2월 甲戌; 권14, 광해군 1년 3월 辛卯.
39 『광해군일기(중초본)』 권9; 『광해군일기(정초본)』 권25, 광해군 2년 2월 辛酉. '老差'라는 용어는 『비변사등록』 광해군 9년 5월 27일에도 쓰였다.
40 한성주, 「누르하치의 두만강 유역 번호 침탈과 조선의 대응 고찰」, 『만주연구』 22, 2016, 154쪽.
41 『광해군일기(중초본)』 권39; 『광해군일기(정초본)』 권114, 광해군 9년 4월 乙未. "胡人之來貢貂皮, 祿俸受去之事, 始於忽酋. 忽與我接境, 朝廷有一時權宜之擧, 以爲覊縻息兵之地. 老酋繼忽而請, 其意甚勤, 朝廷又不得已而許之, 事出姑息, 非計之得也." 조선이 누르하치에게 녹봉을 언제부터 언제까지 수여하였는지는 정확하지 않다.

〈기사 4〉를 보면, 조선에서 누르하치에게 녹봉을 주게 되자, 누르하치는 차호를 파견하여 이것을 받아오게 한 것으로 보인다. 그런데 1617년(광해군 9)에 녹봉인 무명[木綿] 40동을 해조에서 제 때에 내려 보내지 않아 이것을 받으러 온 누르하치의 차호가 이로 인해 오래 머물게 되었다는 것이다. 따라서 누르하치가 조선에 보낸 차호는 조선으로부터 녹봉을 받아오는 역할을 했음을 알 수 있다. 이즈음 조선에서는 차호를 '奴差'[43], '虜使'[44], '胡差'[45]라고도 불렀다. 그리고 이들 '노차'는 연이어 계속 조선으로 오고 있어서 조선에서는 변장을 지휘하여 그들의 요구에 응하는 일이 한 두 가지가 아닐 정도였다.[46]

누르하치가 파견한 차호, 호차, 노차는 조선에 녹봉을 요구하여 받아가거나, 누르하치의 문서를 전달하는 등의 역할을 하였다. 특히 누르하치는 차호를 조선에 여러 차례 보내어 胡書를 전달하게 하였는데, 주로 후금의 요동 침입 사실을 전하고 조선과의 국교 수립을 원하였다. 조선은 누르하치의 차호·호차를 변경에서 접대하는 한편 차호를 통해 요동 및 후금의 정세를 파악하는데 주력하였다.

그런데 명에 대해 7대한을 선포한 누르하치의 후금은 요동을 본격적으로 침입하기 시작했고, 이것은 명과 조선의 후금 정벌을 불러일으켰

---

42 『비변사등록』 광해군 9년 2월 20일. "北道節度使金景瑞, 祿俸木綿四十同, 該曹趁不下送之意, 屢屢馳啓, 應送木綿, 趁不下送, 以致差胡, 因此久留, 果爲未安, 亦令該曹, 趁卽下送, 何如, 答曰, 允."
43 '奴差'라는 용어는 『비변사등록』 광해군 9년 6월 17일에 처음 쓰였다. 『광해군일기(중초본)』 권52, 광해군 12년 3월 壬辰; 『인조실록』 권20, 인조 7년 2월 丁未; 권28, 인조 11년 11월 壬寅에도 쓰였다.
44 '虜使'는 『비변사등록』 광해군 9년 6월 19일에 처음 쓰였다.
45 누르하치가 보낸 差人을 '胡差'라고 기록한 것은 『광해군일기』에 처음 보인다(『광해군일기(중초본)』 권48; 『광해군일기(정초본)』 권133, 광해군 10년 10월 己未).
46 『비변사등록』 광해군 9년 6월 17일. "近日奴差, 連續出來, 指揮酬應之事, 非一."

다. 1619년(광해군 11) 조·명연합군은 후금을 정벌하려다가 오히려 深河
[富車] 지역에서 대패하였고, 조선군을 이끌었던 姜弘立은 군사들을 이
끌고 후금에 투항하였다.

소롱이는 바로 조·명연합군이 후금을 정벌하려던 1619년(광해군 11)
부터 누르하치의 차호로 재등장하기 시작한다(누르하치의 조선에 대한
소롱이 파견 관련 기사는 〈별표 1〉 참고). 우선 소롱이는 그해 2월 누르
하치의 차호로 파견되어 貂皮 5백 령을 조선에 進上하였다.[47] 이때 소롱
이는 조선의 會寧으로 왔던 것으로 보인다. 즉『광해군일기』에는 "회령
은 전부터 소롱이가 왕래하던 곳으로 우리나라에서 녹봉도 이곳에서 줄
것을 허락한 전례가 있다"고 하고 있기 때문이다.[48]

그런데 다음의 〈기사 5·6〉을 살펴보면, 조선은 회령에 온 소롱이에게
조선군의 출정 사실과 이것이 부득이한 것이었음을 傳言하고 있었다.

〈記事 5〉
강홍립이 답하기를, "… 만약 실로 군대를 원조할 마음이었다면 어떻게
먼저 通事를 보내어 傳報하였겠으며, 또 會寧府使로 하여금 小弄耳(北道
의 藩胡로 그쪽과 우리 쪽을 왕래하던 자)에게 傳言하였겠습니까? …" 하
였다.[49]

〈記事 6〉
동로군이 아직 패하기 전 어느 날 小農耳가 咸鏡道로부터 녹봉을 받아
와서 奴酋에게 말하였다. "會寧府使가 開諭하기를, '우리나라가 압박을

---

47 『광해군일기(중초본)』 권49;『광개군일기(정초본)』 권137, 광해군 11년 2월 戊寅.
48 『광해군일기(중초본)』 권52;『광해군일기(정초본)』 권150, 광해군 12년 3월 壬寅.
　 "而會寧則自前小弄耳往來之地, 我國祿俸, 亦自此地許給, 已有前例."
49 『續雜錄』 1, 己未 萬曆 47年 光海君 12年 3月 11日. "若實心助兵, 如何先送通事
　 傳報, 又使會寧府使傳言於小弄耳(北道藩胡之往來彼我者)乎."

받아 부득이 군사를 일으켜 보내지만, 마땅히 唐軍의 뒤에 있을 것이다'
고 했습니다."[50]

〈기사 5〉는 『속잡록』의 내용인데, 심하 전투에서 항복한 강홍립의 말
이다. 이를 보면 강홍립은 후금에 조선의 출정과 부득이함을 통사를 보
내어 알렸음을 알 수 있다. 이는 강홍립 등이 후금에 포로로 있으면서 보
낸 장계에서도 확인된다. 강홍립은 背東關嶺에 도착하여 먼저 胡譯 河
瑞國(河世國)을 보내 "비록 上國(명나라)에게 재촉을 당하여 여기까지
오기는 하였으나 항상 陣의 뒤에 있어서 接戰하지 않을 계획이다"고 밀
통하였다고 장계를 보냈다.[51] 특히 조선에서는 회령에 왔던 소롱이에게
도 조선군의 출정 사실을 알렸다. 그리고 강홍립은 이러한 사례를 들어
조선의 출정이 명을 원조하는 마음에서 나온 것이 아니라 부득이 한 것
이었음을 강조하고 있었다.

〈기사 6〉은 小農耳가 함경도로부터 녹봉을 받아 와서 누르하치에게
회령부사가 타이른 말을 전한 것인데, 이를 통해서도 위의 내용을 확인
할 수 있다. 조선은 여진인들의 이름을 음차해서 적었기 때문에 여기서
의 소농이는 소롱이와 같다. 즉 회령부사는 소롱이에게 조선이 명의 압
박으로 부득이 군사를 일으켜 보내는 것이지만, 明軍의 뒤에 있을 것이
라고 전언한 것이다.

조선이 언제 소롱이에게 이러한 전언을 하였는지는 정확하지 않다. 그
러나 조선군은 1619년(광해군 11) 2월 19일 左營과 右營이, 21일에는 강
홍립이, 22일에는 中營이 압록강을 건넜고, 23일에는 3영이 모두 도강을

---

50 『紫巖集』 卷之5, 雜著 「柵中日錄」 己未 3月 8日. "東路未敗前一日, 小農耳自咸
　 鏡道受祿俸而來, 言於奴酋曰, 會寧府使開諭言, 我國迫不得已發兵以送, 當在唐陣
　 之後云云."
51 『광해군일기(중초본)』 권49; 『광해군일기(정초본)』 권139, 광해군 11년 4월 乙卯.

완료하였다.[52] 그리고 24일에는 소롱이가 조선에 초피 5백 령을 진상하였는데, 이는 심하 전투(1619년 3월 4일)가 있기 10일 전이었다.

소롱이에 대한 조선의 전언은 조선군의 출정 직전이나 직후에 급박하게 이루어졌을 가능성이 상당하다. 또한 소롱이가 차호로서 조선에 진상했다고 하는 초피 5백 령은 예나 지금이나 상당한 수량과 가격이다. 소롱이가 누르하치의 초피를 진상하러 왔든, 녹봉을 받으러 왔든, 전쟁이 임박한 시기에 소롱이를 매개로 조선과 후금과의 정보 교환과 교섭이 이루어지고 있었다고 할 수 있다. 이와 관련해서 다음의 기사들을 참고해 보자.

〈記事 7〉

이에 앞서 왕이 비밀리에 會寧府의 시장에 온 商胡(오랑캐 상인)에게 이 일을 통보하였는데, 오랑캐 상인이 미처 돌아가기도 전에 河瑞國이 먼저 오랑캐의 소굴로 들어갔으므로 奴酋가 의심하여 감금하였다. 이윽고 회령의 통보가 이르자 마침내 하서국을 풀어주고 姜弘立을 불러들이게 하였다. 강홍립의 투항은 대체로 처음부터 정해진 계획이었다.[53]

〈記事 8〉

당초 河世國은 胡城(오랑캐의 성)에 이르자 갇히었고, 3일 밤에 滿住가 돌아와서 문초하였다. 4일에 재차 문초하였는데, 그 전날 小弄耳가 함경도로부터 傳言하였기 때문에 즉시 하세국을 놓아주었다.[54]

---

52 『紫巖集』卷之5, 雜著「柵中日錄」己未 2月 19日; 21日; 22日; 23日.
53 『광해군일기(중초본)』권49; 『광해군일기(정초본)』권139, 광해군 11년 4월 乙卯. "先是, 王密令會寧府來市商胡通報此擧, 商胡未返, 而瑞國先入奴穴, 奴酋疑而囚之, 旣而會寧報至, 遂釋瑞國, 仍使招納弘立, 弘立之降, 蓋其素定之計也."
54 『續雜錄』1, 己未 萬曆 47年 光海君 12年 4月 4日. "當初世國到胡城被囚, 初三日夜, 滿住回來招問, 初四日, 再次招問, 而其前日小弄耳自咸鏡傳言之故, 卽放世國."

위의 〈기사 7〉을 보면, 광해군은 회령부 시장에 온 商胡(오랑캐 상인)
에게 조선의 출정을 통보하였고, 오랑캐 상인이 돌아가기 전에 하서국
(하세국)이 오랑캐의 소굴에 들어갔다가 누르하치에게 감금된 것을 알
수 있다. 하서국은 앞서 살펴본 것처럼 강홍립이 배동관령에 도착하여
후금과 밀통하기 위해 보낸 것이다. 하서국이 누르하치의 성에 갇힌 것
은 〈기사 8〉에서도 확인이 되며, 하서국은 누르하치가 의심하여 3일과
4일에 걸쳐 문초를 당하였다. 그런데 〈기사 7〉을 보면 하서국이 풀려난
것은 조선의 통보를 들은 오랑캐 상인이 회령으로부터 누르하치에게 이
사실을 다시 통보하였기 때문이다. 〈기사 8〉을 통해 이 전언을 한 사람
이 소롱이었음을 알 수 있다.

결국 〈기사 5〉부터 〈기사 8〉까지를 보면, 심하 전투를 전후로 소롱이
를 매개로 조선과 후금의 교섭이 이루어지고 있었음을 알 수 있다. 사료
의 단편들은 소롱이가 차호로서 초피를 진상하러 왔다고 하기도, 녹봉을
받으러 왔다고 하기도, 오랑캐의 상인으로서 회령에 왔다고 한다. 이것
은 조선과 후금의 정보 전달과 교섭을 표면적으로는 초피의 진상, 녹봉
의 수여, 오랑캐 상인이라는 이름으로 감추고 있던 것은 아닐까? 당시 소
롱이의 신분과 역할이 어떤 것이었든지 정확하지는 않지만 조선과 후금
사이에서 소롱이를 통한 정보 전달과 교섭이 진행되어 왔음은 확실하다.

한편 누르하치가 파견한 소롱이는 심하 전투 이후에는 후금과 조선과
의 교섭에 있어서 매우 중요한 역할을 부여받고 있었다. 누르하치는 조
선군 포로 송환 등을 통해 조선과 국교를 맺으려고 하였고, 이 과정에서
소롱이를 적극 활용하고 있었다. 소롱이는 처음에는 두만강 유역에 거주
하던 조선의 번호로서 조선의 사정을 잘 알고 있었고, 부잔타이의 침입
이후에는 홀차로서 조선에 파견되어 이미 부잔타이와 조선과의 현안 문
제를 담당한 외교적 경험을 가지고 있었다. 누르하치가 심하 전투 전후

로 조선과의 교섭이 중요하게 된 시점에서 소롱이를 활용하는 것은 어쩌면 당연한 것이었을지도 모른다. 이제 소롱이는 조선의 번호에서, 부잔타이의 홀차로, 그리고 다시 누르하치의 호차로 변모하고 있었다.

실제로 소롱이는 심하 전투가 일어난 지 17일 후인 1619년(광해군 11) 3월 21일에 누르하치의 글을 가지고 바로 조선에 파견된다. 이때 소롱이는 '차호'로서 보내졌고, 사로잡혔던 종사관 鄭應正, 군관 許依, 將官 金得振·李長培, 통사 하서국 등이 함께 출송되었다.[55] 이들이 조선에 도착한 것은 4월 2일로『광해군일기』에는 '胡差'가 와서 누르하치의 서신을 바쳤는데, 포로로 잡혔던 종사관 정응정 등이 함께 온 것으로 되어 있다.[56]

소롱이가 가져온 누르하치의 문서는 3월 15일에 彦加里와 大海 등 누르하치의 장수들이 포로로 잡힌 조선 장수들에게 보여줬던 것으로, 그 대략은 후금 국왕이 조선 국왕에게 七宗惱恨(7대한)을 통지하고, 사로잡힌 조선의 장수 10명은 국왕의 결정에 달렸다는 것이었다.[57] 4월 2일의『광해군일기』중초본에는 胡書에 "天朝(명)에 주청하여 기다리는 것은 잘못이고 우리(후금)와 通好하자 청하였다(極書天朝待奏失, 請與我通好)"고 되어 있지만,『광해군일기』정초본에는 이 내용이 누락되어 있고, 호서의 언사가 매우 오만하고 패악하였다고만 쓰여 있다.[58]

그러나 4월 9일의 기록에는 天命 2년 후금국 칸[汗]이 조선 국왕에게

---

55 『紫巖集』卷之5, 雜著「柵中日錄」己未 3月 21日. 이때 두 원수(강홍립과 김경서)가 장계를 올렸는데, 도중에 문서를 수색당하는 일이 있을까봐 장계를 잘라 노끈으로 꼬아서 말안장에 매어 보냈다.『滿洲實錄』과『淸太祖實錄』의 3월 21일의 기록에도 張應京과 관리 3명, 통사 1명을 돌려보내고, 사신 2명을 보내면서 7대한 등이 적힌 글을 보낸 사실이 기록되어 있다(『滿洲實錄』卷5, 天命 4년 3월 21일;『淸太祖實錄』卷之6, 天命 4年 3月 21日 甲辰).

56 『광해군일기(중초본)』권49;『광해군일기(정초본)』권139, 광해군 11년 4월 乙卯.

57 『紫巖集』卷之5, 雜著「柵中日錄」己未 3月 15日; 21日.

58 『광해군일기(중초본)』권49;『광해군일기(정초본)』권139, 광해군 11년 4월 乙卯.

통유한다고 하면서 칠종뇌한(7대한)을 세어가며 중국 조정을 원망하고, 또 자기를 도와주면 화친을 맺고 전쟁을 그치겠다고 약속한 것으로 되어 있다.[59] 이는 7대한을 열거하였던 3월 15일에 포로가 된 조선의 장수들이 본 문서와 어느 정도 내용이 같다.

그리고 같은 기사에는 이때 온 胡差가 滿浦의 건너편 강변에 이르러서 草幕을 치고 거처하였는데, 왕(광해군)이 강을 건너 城에 들어오게 하여 정성껏 접대하고 물품을 주었다고 하면서, 虜使가 우리 경내에 이른 것은 이때부터 시작되었다고 하고 있다. 그런데 당시 누르하치의 문서를 가지고 온 사람은 바로 소롱이밖에는 없다.

이때 광해군은 "접대하고 물건을 주는 것을 어찌 朴燁(당시 평안도관찰사)에게만 할 수 있겠는가", "여기서 상세히 지시해 주는 것이 좋을 것이다", "이 差胡를 만포의 館舍에 들어와 있게 하는 것이 무슨 큰 해로움이 있겠느냐"[60]고 하는 등 누르하치의 문서[國書]를 가지고 온 胡差, 虜使, 差胡의 접대에 대해 적극적으로 나서려 하였다. 그러나 누르하치의 문서에 대한 답서를 조선 국왕이 아닌 평안도 관찰사 박엽의 명의로 작성하고, 후금의 요구를 배척하는 것으로 결론이 나자, 광해군은 차호를 성 안의 관사에 두고 접대할 필요가 있겠느냐며 강변의 胡館에서 잘 접대하도록 하였다.[61]

따라서 당시 소롱이는 조선으로부터 호차, 노사, 차호 등으로 불렸고, 비록 滿浦城 안의 관사에서 머물지는 못했지만, 강변 호관에 머물면서 조선으로부터 외교 사절로서 접대를 받았다. 이제 누르하치가 파견한 사람들은 단순한 差人을 넘어 조선으로부터 외교 사절로서의 접대를 받기

---

59 『광해군일기(중초본)』 권49; 『광해군일기(정초본)』 권139, 광해군 11년 4월 壬戌.
60 『광해군일기(중초본)』 권49; 『광해군일기(정초본)』 권139, 광해군 11년 4월 甲子.
61 『광해군일기(중초본)』 권49; 『광해군일기(정초본)』 권139, 광해군 11년 4월 丙寅.

시작하였다.

조선은 누르하치의 문서(국서)에 대해 20여 일이 지난 4월 21일이 되어서야 답신을 작성하여 발송하였다.[62] 그러나 당초 누르하치에게 들어가기로 한 鄭忠信이 병이 중해 다시 한 달이 지난 5월 27일이 되어서야 정충신을 대신하여 군관 梁諫을 누르하치의 진영으로 보내게 되었다.[63] 그런데 처음 만포에 있던 소롱이가 정충신이 들어온다고 통지하였다가, 5월 26일 먼저 와서는 차관 정충신이 오지 않고 문서도 평안감사가 썼다고 전하면서 누르하치는 즉시 환영하는 일을 정지시켰다.[64]

누르하치는 양간을 조선에서 보낸 差官으로 여기긴 했지만, 양간이 가지고 온 문서에 한 구절도 좋은 이야기가 없다는 말을 듣고, 차관 양간을 성 안으로 들이지 말고 성 밖에 머물게 하였다.[65] 이에 강홍립은 소농이(소롱이)에게 "우리나라 문서에서 어휘를 사용하는 것이 중국과 같지 않아서 완전히 해석하지 못한 곳이 있을까 염려된다"고 하였고, 소롱이가 이 말을 阿斗(누르하치의 從弟)에게, 아두는 누르하치에게 전하였다.[66]

마침내 강홍립의 거처로 차관 양간과 아두, 彦加里, 大海, 劉海 등이 모여 강홍립으로부터 서신 내용의 하나하나를 묻고 해석을 받아 문서 내용에 대한 오해를 풀었고, 누르하치는 두 원수(강홍립과 김경서)와 차관

---

62 『광해군일기(중초본)』 권49; 『광해군일기(정초본)』 권139, 광해군 11년 4월 甲戌.
63 『광해군일기(중초본)』 권50; 『광해군일기(정초본)』 권140, 광해군 11년 5월 己酉.
　　『滿洲實錄』과 『淸太祖實錄』의 5월 28일의 기록에는 조선에서 보낸 관원 1명과 從者 13명, 후금에서 전에 사신으로 갔던 사람이 도착했는데 조선국 평안도관찰사 朴火가 보낸 글을 가지고 온 것으로 되어 있다(『滿洲實錄』 卷5, 天命 4年 5月 28日; 『淸太祖實錄』 卷之6, 天命 4年 5月 28日 庚戌).
64 『續雜錄』 1, 己未 萬曆 47年 光海君 12年 6月 3日.
65 『紫巖集』 卷之5, 雜著 「柵中日錄」 己未 5月 27日; 28日.
66 『紫巖集』 卷之5, 雜著 「柵中日錄」 己未 5月 29日. 『續雜錄』에서는 강홍립의 別錄을 인용하여 강홍립 등이 어찌할 바를 몰라 고민하던 차에 통사가 彦加里 등에게 말한 것으로 되어 있다(『續雜錄』 1, 己未 萬曆 47年 光海君 12年 6月 3日).

을 초청하여 장막 안에서 접견하고 주연을 베풀었다.[67] 이를 통해 보면 소롱이는 누르하치의 진영에서도 조선과 사로잡힌 포로들을 위해 우호적인 태도를 취하고 있었음을 알 수 있다.

한편 조선의 군관 양간은 1619년(광해군 11) 7월 1일 누르하치의 회답서와 포로 10명을 데리고 누르하치의 진영을 떠나 같은 달 14일 조선에 도착하였다.[68] 조선에서 회답이 없자, 누르하치는 8월 4일 차호 1인을 조선의 통사와 함께 만포로 가서 조선에서 差人이 들어올 기미가 있는지 타진해서 들어보도록 하였는데, 이때 하서국(하세국)이 차호와 함께 만포로 출송되었다.[69]

그리고 하서국과 함께 온 차호가 조선에 도착한 것은 같은 달 15일이었다.[70] 하서국과 함께 온 차호는 汪住였고, 하서국과 왕주는 9월 15일 만포에서 누르하치에게로 돌아왔다.[71] 왕주가 만포에 있는 동안 당시 만포 등지에는 전염병[癘氣]이 널리 발생하여 왕주 역시 전염병[癘病]을 심하게 앓았다.[72]

몇 달이 지나도록 조선에서 회답과 차관 파견의 소식이 없자, 누르하치는 11월 7일 하서국(하세국)과 소농이(소롱이)를 만포로 다시 보내 조선의 차관이 들어오는지 여부를 확실하게 알아서 급히 보고하라고 하였고, 소농이(소롱이)가 12월 4일까지는 돌아와 보고하도록 하였다.[73]

---

67 『紫巖集』 卷之5, 雜著 「柵中日錄」 己未 6月 1日; 9日.

68 『紫巖集』 卷之5, 雜著 「柵中日錄」 己未 7月 1日;『광해군일기(중초본)』권50;『광해군일기(정초본)』권142, 광해군 11년 7월 乙未.

69 『紫巖集』 卷之5, 雜著 「柵中日錄」 己未 8月 4日.

70 『광해군일기(중초본)』권50;『광해군일기(정초본)』권143, 광해군 11년 8월 丙寅.

71 『紫巖集』 卷之5, 雜著 「柵中日錄」 己未 9月 15日.

72 『광해군일기(중초본)』권50;『광해군일기(정초본)』권143, 광해군 11년 8월 庚午; 辛未.

73 『紫巖集』 卷之5, 雜著 「柵中日錄」 己未 11月 5日; 7日.

하세국과 소롱이가 언제 만포에 도착하였는지는 정확하지 않지만, 만포에 도착해있던 소롱이는 12월 2일에 데리고 갔던 호인 2명을 누르하치에게 보내어 "만포에서 차호를 접대하는 것이 전일에 비해 10배이고, 요동에 군사를 원조했다거나 군병이 두 길로 들어온다는 소식은 모두 거짓"이라고 알려왔다.[74] 이 소식을 들은 누르하치 등은 기뻐하며 조선과의 화친이 이루어질 것이라 기대하기도 하였다.

소롱이가 호인 2명을 보낸 것은 누르하치가 回報하라고 한 12월 4일의 기한을 넘기게 될 것으로 예상했기 때문으로 생각한다. 실제로 소롱이는 12월 17일에 만포에서 빨리 돌아가려고 행장을 꾸렸으나 만포첨사 金完의 만류와 후대, 조선의 開諭 등으로 더 머물게 되었다. 이에 소롱이는 우리 장군이 분부한 기한이 이미 지나 결코 그대로 머물기 어렵지만 節制使께서 친히 술을 주니 감격스러워 마땅히 보름 동안 하세국이 돌아오기를 기다리겠다고 하였다.[75]

그리고 소롱이는 돌아갈 즈음 조선에서 준 잡물 등의 卜物이 10여 바리에 이르므로 조선으로 하여금 직접 누르하치가 있는 곳까지 보내달라고 요청하기도 하였다.[76] 소롱이의 주장은 그동안 잡물을 싣고 간 인마가 변경을 넘어 첫 부락에 가서 인도해왔는데, 복물이 많기가 10여 바리나 되므로 운송하기 어렵고, 양국이 이렇게 우호적이라 인마가 왕래하는데 장애가 없는데도 조선에서 복물을 첫 부락에 방치해 놓으면 우리 장군이 듣고 반드시 의심하는 뜻이 생긴다는 것이었다.

그러나 광해군은 비변사의 뜻을 받아들여 명나라 사람들의 耳目이 있어 번거롭고, 포로된 두 장수의 집에서 보내는 의복 등의 물건을 조정의

---

74 『紫巖集』 卷之5, 雜著 「柵中日錄」 己未 12月 2日.
75 『광해군일기(중초본)』 권51; 『광해군일기(정초본)』 권147, 광해군 11년 12월 丙寅.
76 『광해군일기(중초본)』 권51; 『광해군일기(정초본)』 권147, 광해군 11년 12월 丁丑.

허락 없이 邊臣이 어떻게 실어 보내겠냐며 소롱이를 잘 개유하도록 하면
서 그의 요청을 거절하였다.[77] 결국 차호, 즉 소롱이는 성을 내며 돌아갔
고, 광해군은 강홍립 등의 가속이 보내는 물건을 그들의 부락까지 실어
보내는 것이 무슨 대단히 불가한 일이기에 끝내 막았냐며 신료들을 질책하
고 그들이 침략해 올 시기가 朝夕이라며 방비를 서두르도록 전교하였다.[78]

소롱이가 누르하치에게 돌아간 것은 1620년(광해군 12) 1월 21일로[79],
소롱이는 누르하치에게 다음과 같이 보고하였으며, 서로 문답하였다.

〈記事 9〉
小農耳가 돌아와 奴酋에게 말하기를, "滿浦에서 差胡를 후하게 접대하
는 것이 전보다 배가 넘었으며, 다시 군사를 원조하지 않는 것은 진실로
의심할 것이 없습니다."하였다. 또한 말하기를, "河瑞國이 모시, 종이, 소
금을 싣고 옵니다."하자, 노추가 크게 기뻐하며 말하기를, "조선에서 너를
후하게 접대한 것은 나를 보고 그런 것에 지나지 않다. 소금은 만포에 많
이 있느냐? 만약 허락하면 실어올 수 있겠구나."하였다. 소롱이가 또 말
하기를, "差人은 唐官(중국 관원)이 바야흐로 와 있어서 곧바로 들여보내
지 못하지만, 정월이나 2월간에 다시 나온다면 들여보내겠다고 합니다."
하였다.[80]

〈기사 9〉를 보면, 소롱이는 광해군의 우려와는 다르게 누르하치에게
만포에서의 후대와 조선이 다시 명에 군사를 원조하지 않는다는 것을 보
고하고 있다. 또한 하서국이 모시, 종이, 소금의 물건을 가지고 온다는

---

77 『광해군일기(중초본)』 권52; 『광해군일기(정초본)』 권148, 광해군 12년 1월 庚辰.
78 『광해군일기(중초본)』 권52; 『광해군일기(정초본)』 권148, 광해군 12년 1월 壬寅.
79 『紫巖集』 卷之5, 雜著 「柵中日錄」 庚申 1月 21日. 『광해군일기』에는 1월 22일자
   기사에 하서국과 소롱이를 들여보냈다고 되어 있다(『광해군일기(중초본)』 권52;
   『광해군일기(정초본)』 권148, 광해군 12년 1월 辛丑).
80 『紫巖集』 卷之5, 雜著 「柵中日錄」 庚申 1月 21日.

말에 누르하치는 크게 기뻐하였다. 실제로 하서국이 모시와 종이 등의 물품을 가져오자 누르하치에게 즉시 바쳐졌으며, 누르하치는 크게 기뻐하였다.[81] 특히 누르하치 진영에 있던 藩胡 등이 조선의 법으로는 만약 나라의 명령이 없으면 한 척의 베[布]나 한 장의 종이도 들여보낼 이치가 만무하니 반드시 和好를 의심할 바 없다고 하자 누르하치도 그렇게 여겼다.[82]

또한 소롱이는 지금 명의 관원이 조선에 와 있기 때문에 조선에서 곧바로 차인을 들여보내지 못하며, 정월이나 2월에 다시 사람을 보낸다면, 조선에서 그때 차인을 들여보내겠다는 사실을 전하였다. 그리고 1월 22일에 돌아온 하서국이 전한 바도 소롱이의 말과 한결 같았다.[83] 이에 누르하치는 정월에서 2월 사이에 다시 나오라는 말을 듣고 2월 14일 소롱이에게 통사와 함께 만포로 가게 하였다.[84] 이때 강홍립은 자신들을 지키는 여진인이 "통사가 갈 때 필히 중로에서 문서를 수색할 것이다"는 말을 듣고 부득이 미리 작성한 장계를 몰래 仁必[85]에게 주어 중간에서 전하게 하였다.

실제 소롱이와 통사 하서국, 黃連海가 만포로 출발한 것은 1620년(광해군 12) 2월 23일이었고, 후금의 장수 大海 등이 통사들을 수색하여 문서를 찾았으나 발견된 것이 없었다.[86] 소롱이는 누르하치가 재차 조선에 보내는 글을 가지고 있었는데, 그 내용의 대개는 녹봉을 만포로 옮겨달

---

81 『紫巖集』卷之5, 雜著「柵中日錄」庚申 1月 21日.
82 『紫巖集』卷之5, 雜著「柵中日錄」庚申 1月 22日.
83 『紫巖集』卷之5, 雜著「柵中日錄」庚申 1月 22日.
84 『紫巖集』卷之5, 雜著「柵中日錄」庚申 2月 14日.
85 仁必은 조선의 번호로, 조선군 포로들을 지키던 자였다(『紫巖集』卷之5, 雜著「柵中日錄」己未 3月 8日).
86 『紫巖集』卷之5, 雜著「柵中日錄」庚申 2月 23日.

라는 것과 차호를 城內에 들이지 않아 불편하다는 사항 등이었다. 이것
은 후금의 장수 언가리, 대해 등이 강홍립이 잡혀 있는 柵中에 와서 보여
주며, 묻고 수정한 것이다.[87]

그해 3월 4일, 하서국은 차호를 대동하고 조선에 왔는데, 차호는 胡書
와 강홍립 등의 장계를 가지고 있었다.[88] 이때 차호의 이름이 기록되어
있진 않지만, 차호는 소롱이였음이 분명하다. 조선에서 파악한 호서 중
의 긴요한 말은 조선의 國書와 差人을 요구하는 뜻이었고, 그리고 녹봉
의 만포 지급 문제, 차호의 성내에서의 접대 문제 등이 쓰여 있었다.

차호 소롱이는 통사 하서국, 황연해와 함께 5월 28일 누르하치에게 돌
아왔고, 조선에서 누르하치에게 開諭하는 말을 전하였는데, 누르하치는
재삼 詰問하고는 크게 기뻐하였다.[89] 이후 누르하치는 비록 조선의 답서
를 받지는 못했지만 우리는 불가불 문서를 보내야겠다며 그 문서를 책중
의 조선 장수들에게 보여주었다.[90] 그리고 조선이 도망한 여진인들을 별

87 『紫巖集』卷之5, 雜著「柵中日錄」庚申 2月 21日.
88 『광해군일기(중초본)』권52; 『광해군일기(정초본)』권150, 광해군 12년 3월 壬午.
　3월 8일 하서국은 胡書를 가지고 서울에 들어왔다(『광해군일기(중초본)』권52; 『광
　해군일기(정초본)』권150, 광해군 12년 3월 丙戌).
89 『紫巖集』卷之5, 雜著「柵中日錄」庚申 5月 28日. 조선에서 소롱이 등을 통해 누
　르하치에게 개유한 말의 대략적인 내용은 다음과 같다. 너희들의 문서에 마땅히 회
　답해야 하지만 명나라가 조선을 의심하여 힐책하고 명나라 관원이 강변을 순시까
　지 하는 상황에서 중로에서 발각되면 大事를 그르친다는 것, 녹봉을 옮겨 지급하는
　것은 어렵지 않지만 요동에서 힐책하는 때라서 극히 난처하며 허다한 녹봉을 옮기
　는 것은 서로 통하는 것을 반증하는 것이므로 금년에 이미 함경도로 보낸 것을 마
　땅히 회령에서 받을 것, 兩國은 전부터 원수진 것이 없으니 이렇게 서로 어울리는
　것은 한 두 장수가 잡혀있기 때문이 아니며 이 장수들이 있고 없고는 九牛一毛에
　불과하니 죽이든 돌려보내든 오직 그쪽의 뜻이라는 것, 근일 도망한 여진인 남녀
　약간 명이 우리나라에 來投하였는데 서로 후대하는 사이에 수용하기 불가하므로
　함께 보낸다는 것이었다.
90 『紫巖集』卷之5, 雜著「柵中日錄」庚申 7月 4日. 문서의 대략은 다음과 같다. '도

도로 보내준 후의에 대한 보답으로 포로가 된 조선 장수 3명과 밑에 사람 7명을 출송하였는데, 소롱이로 하여금 이들의 행차를 호위해 가도록 하였다. 이때 출송된 세 장수는 종사관이었던 李民寏과 정주목사 文希聖, 순천군수 李一元이었고, 이들 일행은 1620년(광해군 12) 7월 11일에 출발하여 7월 17일에 만포에 도착하였다.[91]

이후 소롱이와 관련된 기록은 단편적이다. 『광해군일기』에는 차호가 왔어도 그 성명이 거의 나오지 않으며, 『책중일록』을 지었던 이민환도 송환되었기 때문이다. 1620년 7월 이민환, 문희성, 이일원의 송환 이후 단편적이지만 소롱이와 관련된 내용은 다음과 같다.

1620년(광해군 12) 12월에는 소롱이가 만포에 와서 北朝와 南朝의 얻고 잃음이 하늘에 달려 있고, 3월에 군대를 일으킬 때 조선에서 명에 원병을 파병하지 말고 후금에 끝까지 신의를 잃지 말도록 말하였다.[92] 또한 1621년(광해군 13) 봄에 소롱이가 만포에 왔을 때 장차 조선에 의지하여 중국에 화친을 빌고자 한다고 말하기도 하였다.[93] 2월 11일 기사에서도 비변사가 소롱이를 반복해서 개유하라는 내용이 있어 그가 만포에 와 있었음을 확인할 수 있다.[94]

소롱이는 그해 3월 14일 만포로부터 강홍립 등이 있는 곳으로 와서 비밀히 조선 차관의 파견과 관련된 일을 상의하기도 하였다.[95] 이때 소롱이는 강홍립 등에게 '비록 죽을지언정 盡力하지 않을 수 있겠습니까?'라고

　　　망한 여진인을 별도로 보내준 大國(조선)의 소위는 四時와 같은 신의라서 厚意에 답하지 않을 수 없다. 그러므로 사로잡힌 將官 세 사람과 하인 7명을 출송한다.'
91 『紫巖集』 卷之5, 雜著 「柵中日錄」 庚申 7月 11日; 17日.
92 『續雜錄』 1, 辛酉 天啓 元年 光海君 14年 4月.
93 『광해군일기(중초본)』 권56; 『광해군일기(정초본)』 권166, 광해군 13년 6월 丁酉.
94 『광해군일기(중초본)』 권55; 『광해군일기(정초본)』 권161, 광해군 13년 2월 癸丑.
95 『續雜錄』 1, 辛酉 天啓 元年 光海君 14年 3月 20日.

하여 조선을 위해 힘쓰고 있음을 밝히기도 하였다. 그리고 1621년(광해군 13) 4월 1일에도 다시 만포에 달려와서 첨사 정충신에게 후금이 遼陽을 공격할 때 조선이 남조를 돕지 않았다는 것을 잘 알고 있다고 말하기도 하였다.[96]

한편 1621년(광해군 13) 6월에는 小胡가 오랫동안 우리 땅에 머물러 있고 돌아갈 뜻이 없다는 내용[97]이 보이는데, 소호는 바로 소롱이었다. 이즈음 차호가 만포가 아닌 의주로 왔으며, 광해군은 의주로 온 차호를 만포에서와 같이 잘 접대하고 후한 선물을 주도록 하였는데, 差胡가 6월 11일 돌아갔다.[98]

그리고 소롱이는 6월 19일 만포가 아니라 義州 건너편으로 갑자기 왔다.[99] 즉 차호가 鎭江의 길을 경유하여 압록강변으로 갑자기 왔는데 강홍립의 書狀과 胡書를 가지고 왔다는 것이다.[100] 그러나 조선에서는 호서에 詔자를 쓰고 있어 받지 않았고, 소롱이가 돌아간 후 강홍립의 서장을 전과 같이 올리도록 하였다.[101] 그리고 소호, 즉 소롱이는 6월 24일이 되면 이미 돌아갔는데[102] 조선에 호서를 바치지 못하고 돌아갔음이 확인된다.[103]

---

96 『續雜錄』 1, 辛酉 天啓 元年 光海君 14年 4月.
97 『광해군일기(중초본)』 권56; 『광해군일기(정초본)』 권166, 광해군 13년 6월 壬申; 癸巳.
98 『광해군일기(중초본)』 권56; 『광해군일기(정초본)』 권166, 광해군 13년 6월 壬申; 辛巳. 이때의 차호가 소롱이인지는 확실치 않다.
99 『광해군일기(중초본)』 권56; 『광해군일기(정초본)』 권166, 광해군 13년 6월 己丑. 6월 22일에도 차호가 나와 있음이 확인된다("差胡出來, 今幾日乎, 胡書受不受間, 所當善答以送", 『광해군일기(중초본)』 권56; 『광해군일기(정초본)』 권166, 광해군 13년 6월 壬辰).
100 『광해군일기(중초본)』 권56, 광해군 13년 6월 癸巳.
101 『광해군일기(중초본)』 권56, 광해군 13년 6월 甲午.
102 위와 같음.

1621년(광해군 13) 9월 2일 기사에 小弄貴가 오는 것을 거절하였다는 내용이 나오고,[104] 광해군 역시 소호가 지금까지 나오지 않은 것은 전후로 胡書를 받지 않았기 때문에 장차 조선을 배척하고 단절하려는 것으로 인식하고 있었다.[105] 그렇지만 조선에서 누르하치에게 파견한 정충신은 8월 28일에 누르하치에게 가면서 소롱귀와 동행하고 있었다. 즉 정충신은 상소에서 호차 소롱귀 등과 함께 길을 떠난 지 10여일 만에 오랑캐의 진영에 도달하였으며,[106] 돌아올 때도 소롱귀(소롱이)의 무리와 함께 나왔다고 하였다.[107] 그리고 조선에서는 정충신으로 하여금 소롱이에게 洪太主(홍타이지)와 貴永介에 대해 자세히 묻도록 하였는데,[108] 이를 끝으로 소롱이에 대한 기사는 나타나지 않는다.

## 5. 맺음말

본고는 두만강 유역에 거주하던 변경인 소롱이를 통해 여진 사신이라 할 수 있는 '차호'·'호차'의 발생과 개념을 살펴보고자 하였다. 또한 조선과 여진과의 관계 변화에 따라 소롱이의 신분과 역할이 변화하면서 조선과 여진과의 사이에서 통역관이자 최일선 외교관으로 활동하는 모습을 찾아보고자 하였다.

17세기 초 조선과 여진과의 관계에서 差胡·胡差라는 명칭이 등장하기

---

103 『광해군일기(중초본)』 권56; 『광해군일기(정초본)』 권166, 광해군 13년 6월 丁酉.
104 『광해군일기(중초본)』 권58; 『광해군일기(정초본)』 권169, 광해군 13년 9월 庚子.
105 『광해군일기(중초본)』 권58; 『광해군일기(정초본)』 권169, 광해군 13년 9월 甲辰.
106 『광해군일기(중초본)』 권58; 『광해군일기(정초본)』 권169. 광해군 13년 9월 戊申.
107 『광해군일기(중초본)』 권58, 광해군 13년 9월 11일 己酉.
108 『광해군일기(중초본)』 권58; 『광해군일기(정초본)』 권169, 광해군 13년 9월 乙卯.

시작했는데, 차호와 호차는 모두 差와 胡의 합성어이다. 조선에서는 차
호와 호차의 용례를 병행해서 사용하였다. 差의 개념과 용례, 差倭 관련
연구 성과를 종합하여 보면 차호·호차는 '조선에서 오랑캐라 부르던 북
방의 여진족 추장 또는 수장이 특별한 임무의 수행을 위해 조선에 파견
한 임시 사절'로 규정할 수 있다.

차호라는 명칭은 선조대에 처음 등장해서 광해군대에 가장 많이 쓰였
고, 호차라는 명칭은 광해군대에 등장하여 인조대에 가장 많이 쓰였다.
여진 추장이나 수장이 파견한 사람들에 대해서 차호와 호차 이외에 奴
差, 虜使 등을 쓰기도 하였고, 병자호란 이후에는 淸使, 勅使 등을 사용
하였다.

한편 16세기 말에서 17세기 초까지 두만강 유역에 거주하였던 邊境人
소롱이는 조선의 '번호'에서 홀라온 부잔타이의 '홀차'로, 다시 건주위
(후금) 누르하치의 '차호' 및 '호차'로 그 위치가 변화(번호 → 홀차 →
호차 및 차호)하였고 각각 조선과의 외교적 현안 문제를 해결하기 위해
파견되었다.

우선 조선의 번호였던 소롱이는 홀라온 부잔타이가 두만강 유역의 번
호와 조선을 침략한 이후 조선에 파견되었다. 소롱이가 처음 조선에 파
견되어 나온 것은 1605년(선조 38)이었다. 소롱이는 忽胡, 胡差, 忽差 등
으로 불리면서 부잔타이와 조선과의 외교적 현안 문제를 논의했다. 소롱
이는 홀라온의 정세와 관련 정보를 조선에 전달해 주기도 했지만, 주로
부잔타이의 조선 직첩 및 관복 요청 과정과 관련하여 파견되었으며, 부
잔타이와 조선과의 교섭을 진행하였다.

이후 소롱이가 재등장하는 것은 조·명연합군이 누르하치의 후금을 정
벌하던 1619년(광해군 11)이었다. 소롱이는 심하 전투 직전 조선 회령에
와 있었는데, 이때 여러 기록에는 그에 대해 조선에 초피를 진상하러 온

누르하치의 차호로, 또는 조선에 녹봉을 받으러 온 것으로, 그리고 다른 한편으로는 오랑캐 상인[胡商]으로 쓰고 있다. 그러나 이 기록들은 공통적으로 조선이 회령에 온 소롱이에게 조선의 원병 파병이 부득이 한 것임을 설명한 것으로 되어 있다.

한편 심하 전투에서 누르하치에게 조·명연합군이 패배하고 강홍립이 군사들을 이끌고 투항한 이후부터 소롱이는 조선과 후금 사이의 외교적 교섭에서 최일선에 있었다. 소롱이는 조선의 사정을 잘 알고 있었고, 부잔타이와 조선과의 교섭 경험이 있었기 때문에 누르하치가 그를 활용하는 것은 어쩌면 당연한 것이었을지도 모른다.

조선에서는 파견된 소롱이를 差胡, 胡差, 奴差, 虜使, 小胡 등으로 불렀다. 심하 전투 이후는 후금의 조선에 대한 차호·호차 파견이 본격화된 시기였으며, 조선에서도 차호·호차를 후금이 보낸 외교 사절로 인식하고 이에 대한 접대를 하였다. 17세기 초 후금의 성립, 조·명연합군의 심하 전투 패배는 조선에 있어 여진과의 관계 변화, 재정립을 요구하는 상황이 되었다. 누르하치는 조선과의 국교 수립을 원하고 있었고, 그것은 조선으로 하여금 후금을 국가로 인정하는 것이었다.

이에 소롱이는 누르하치가 파견한 차호로서 조선에 대한 포로 송환과 胡書[國書]를 가지고 조선에 여러 차례 파견되었다. 특히 누르하치는 조선이 더 이상 明을 원조하지 않도록 요구하는 한편 조선과의 화친을 원했고, 이 과정에서 조선의 差官 파견을 원하고 있었다. 소롱이는 이와 관련한 교섭을 조선과 진행하였으며, 마침내 조선은 1621년(광해군 13) 만포첨사 鄭忠信을 누르하치에게 파견하였다. 이때 소롱이는 정충신의 왕복 노정을 동행하였다.

여진인 소롱이는 1605년(선조 38)부터 1621년(광해군 13)까지 조선과 여진과의 현안 문제에서 최일선 외교관의 역할을 수행했다. 소롱이의 역할 변화는 특히 새롭게 성장하고 통일되어 가는 여진 세력의 변화와 밀접하며, 소롱이가 활동한 시기는 이들 여진 세력이 조선과 새로운 관계를 맺어가는 시기와 일치한다. 또한 소롱이의 변화 역시 조선과 여진과의 변화를 반증하고 있다. 국제관계의 변화가 국가의 외교적 대응과 변화뿐만 아니라 변경이라는 공간 속에 거주하던 개인의 위치와 역할을 변화시킨 것이다.

　16~17세기 여진의 통합과 두만강 유역 진출은 민족과 민족이 만나고 공존하는 변경이라는 공간을 변화시켰다. 이제 두만강 유역 변경인들에게 선택을 강요하는 서로 다른 국가 권력이 미쳐 왔고, 이 과정에서 양국의 동향과 사정을 잘 이해하였던 두만강 유역의 거주민들에게 새로운 역할과 위치의 변화가 일어나고 있었다. 소롱이는 이렇게 변화된 변경이라는 공간속에서 조선과 여진과의 사이에서 최일선 외교관으로 변모되어 왔다.

〈별표 1〉 누르하치의 조선에 대한 소롱이 파견 관련 기사

| 연번 | 내용 | 시기 및 출처 |
|---|---|---|
| 1 | 북병사 馳啓 : 노추의 차호 소롱이가 와서 바친 진상 초피 5백 령을 올려 보냄 | 1619년(광해군 11)<br>『광해군일기(중초본)』권49,<br>『광해군일기(정초본)』권137,<br>광해군 11년 2월 戊寅 |
| 2 | ① 강홍립 : 조선에서 會寧府使로 하여금 小弄耳에게 傳言하게 함<br>② 小農耳가 咸鏡道로부터 녹봉을 받아와서 奴酋에게 조선의 전언을 전함<br>③ 왕이 會寧府 시장에 온 商胡에게 통보함, 상호가 회령에서 누르하치에게 통보하자 하세국을 석방함<br>④ 河世國은 胡城(오랑캐의 성)에 이르자 갇혔는데, 小弄耳가 함경도로부터 傳言하였기 때문에 풀어줌 | 1619년(광해군 11)<br>① 『續雜錄』1, 己未 萬曆 47년 광해군 12년 3월 11일<br>② 『紫巖集』卷之5, 雜著「柵中日錄」己未 3월 8일<br>③ 『광해군일기(중초본)』권49,<br>『광해군일기(정초본)』권139,<br>광해군 11년 4월 乙卯<br>④ 『續雜錄』1, 己未 萬曆 47년 광해군 12년 4월 4일 |
| 3 | ① 차호 소롱이가 누르하치의 문서를 가지고 조선에 감, 포로로 잡혔던 종사관 鄭應正, 군관 許依, 將官 金得振·李長培, 통사 하서국 등이 함께 출송됨(『滿洲實錄』과 『淸太祖實錄』에는 張應京과 관리 3명, 통사 1명을 돌려보내고, 사신 2명을 보냈다고 되어 있음)<br>② '胡差'가 와서 누르하치의 서신을 바쳤는데, 포로로 잡혔던 종사관 정응정 등이 함께 옴<br>③ 胡差가 滿浦의 건너편 강변에 이르러서 草幕을 치고 거처함, 왕이 강을 건너 城에 들어오게 하여 정성껏 접대하고 물품을 줌, 虜使가 우리 경내에 이른 것은 이때부터 시작되었다고 함<br>④ 광해군이 차호를 성 안의 관사가 아닌 강변의 胡館에서 잘 접대하도록 함 | 1619년(광해군 11)<br>① 『紫巖集』卷之5, 雜著「柵中日錄」己未 3월 21일; 『滿洲實錄』권5, 天命 4년 3월 21일; 『淸太祖實錄』卷之6, 天命 4년 3월 21일 갑진<br>② 『광해군일기(중초본)』권49,<br>『광해군일기(정초본)』권139,<br>광해군 11년 4월 乙卯<br>③ 『광해군일기(중초본)』권49,<br>『광해군일기(정초본)』권139,<br>광해군 11년 4월 壬戌<br>④ 『광해군일기(중초본)』권49,<br>『광해군일기(정초본)』권139,<br>광해군 11년 4월 丙寅 |
| 4 | 만포에 있던 소롱이가 鄭忠信이 들어온다고 통지하였다가, 5월 26일 먼저 와서는 차관 정충신이 오지 않고 문서도 평안감사가 썼다고 전함(『滿洲實錄』과 『淸太祖實錄』에는 5월 28일에 조선에서 보낸 관원 1명, 從者 13명, 후금에서 전에 사신으로 갔던 사람이 도착했는데, 조선국 평안도관찰사 朴化가 보낸 글을 가지고 온 것으로 되어 있음) | 1619년(광해군 11)<br>『續雜錄』1, 己未 萬曆 47년 광해군 12년 6월 3일; 『滿洲實錄』권5, 天命 4년 5월 28일; 『淸太祖實錄』卷之6, 天命 4년 5월 28일 庚戌 |

| 연번 | 내용 | 시기 및 출처 |
|---|---|---|
| 5 | 강홍립은 소농이(소롱이)에게 "우리나라 문서에서 어휘를 사용하는 것이 중국과 같지 않아서 완전히 해석하지 못한 곳이 있을까 염려된다"고 하였고, 소롱이가 이 말을 阿斗(누르하치의 從弟)에게, 아두는 누르하치에게 전함 | 1619년(광해군 11)<br>『紫巖集』卷之5, 雜著「柵中日錄」<br>己未 5월 29일 |
| 6 | ① 누르하치가 하서국(하세국)과 소농이(소롱이)를 만포로 보내 조선의 차관이 들어오는지 여부를 확실하게 알아서 급히 보고하라고 함, 소롱이가 12월 4일까지는 돌아와 보고하도록 함<br>② 만포에 있었던 소롱이는 12월 2일에 데리고 갔던 호인 2명을 누르하치에게 보내어 "만포에서 차호를 접대하는 것이 전일에 비해 10배이고, 요동에 군사를 원조했다거나 군병이 두 길로 들어온다는 소식은 모두 거짓이라고 알려옴<br>③ 소롱이는 12월 17일에 만포에서 빨리 돌아가려고 행장을 꾸렸으나 만포첨사 金完의 만류와 후대, 開諭 등으로 더 머물게 됨<br>④ 소롱이에게 잠물을 주어 보냈는데, 복물이 10여 바리에 이르므로 소롱이가 조선에게 직접 누르하치가 있는 곳까지 보내달라고 요청함<br>⑤ 조선이 소롱이의 요청을 거절하자 성을 내고 돌아감<br>⑥ 소롱이가 1월 21일 누르하치에게 돌아감, 만포에서의 후대와 조선이 다시 명에 군사를 원조하지 않는다는 것을 보고함. 조선이 차인을 곧바로 파견하지 못하는 이유를 보고함. | 1619년(광해군 11)~1620년(광해군 12)<br>① 『紫巖集』卷之5, 雜著「柵中日錄」己未 11월 5일; 7일<br>② 『紫巖集』卷之5, 雜著「柵中日錄」己未 12월 2일<br>③ 『광해군일기(중초본)』권51, 『광해군일기(정초본)』권147, 광해군 11년 12월 丙寅<br>④ 『광해군일기(중초본)』권51, 『광해군일기(정초본)』권147, 광해군 11년 12월 丁丑<br>⑤ 『광해군일기(중초본)』권52, 『광해군일기(정초본)』권148, 광해군 12년 1월 壬寅<br>⑥ 『紫巖集』卷之5, 雜著「柵中日錄」庚申 1월 21일; 『광해군일기(중초본)』권52, 『광해군일기(정초본)』권148, 광해군 12년 1월 辛丑 |
| 7 | ① 누르하치가 정월에서 2월 사이에 다시 나오라는 말을 듣고 2월 14일 소롱이에게 통사와 함께 만포로 가게 함. 강홍립이 비밀리에 장계를 보냄<br>② 2월 23일 소롱이와 통사 하서국, 黃連海가 만포로 출발함<br>③ 3월 4일 하서국이 차호를 대동하고 옴, 차호는 胡書와 강홍립의 장계를 가지고 나옴, 호서 중의 긴요한 말은 조선의 國書와 差人을 요구하는 뜻이었고, 그리고 녹봉의 만포 지급 문제, 차호의 성내에서의 접대 문제 등이 쓰여 있었음<br>④ 차호 소롱이가 통사 하서국, 황연해와 함께 5월 28일 누르하치에게 돌아왔는데, 조선에서 누르하치에게 開諭하는 말을 전함, 누르하치가 크게 기뻐함 | 1620년(광해군 12)<br>① 『紫巖集』卷之5, 雜著「柵中日錄」庚申 2월 14일<br>② 『紫巖集』卷之5, 雜著「柵中日錄」庚申 2월 23일<br>③ 『광해군일기(중초본)』권52, 『광해군일기(정초본)』권150, 광해군 12년 3월 壬午<br>④ 『紫巖集』卷之5, 雜著「柵中日錄」庚申 5월 28일 |

| 연번 | 내용 | 시기 및 출처 |
|---|---|---|
| 8 | 7월 4일, 누르하치가 조선이 도망한 여진인들을 별도로 보내준 후의에 대한 보답으로 조선 장수 3명과 下人 7명을 출송하였는데, 소롱이로 하여금 이들을 호위해 가도록 함, 실제 출발은 7월 11일이고, 7월 17일에 만포에 도착함 | 1620년(광해군 12) 『紫巖集』卷之5, 雜著「柵中日錄」庚申 7월 4일; 11일; 17일 |
| 9 | 12월에 소롱이가 만포에 와서 北朝와 南朝의 얻고 잃음이 하늘에 달려 있고, 3월에 군대를 일으킬 때 조선에서 명에 원병을 파병하지 말고 후금에 끝까지 신의를 잃지 말도록 말함 | 1620년(광해군 12) 『광해군일기(중초본)』 권56, 『광해군일기(정초본)』 권166, 광해군 13년 6월 丁酉 |
| 10 | ① 봄에 소롱이가 만포에 왔을 때 장차 조선에 의지하여 중국에 화친을 빌고자 한다고 말함 ② 2월 11일에 비변사가 소롱이를 반복해서 개유해야 한다고 함 ③ 3월 14일 소롱이가 만포로부터 강홍립 등이 있는 곳으로 와서 비밀리 조선 차관의 파견과 관련된 일을 상의함 | 1621년(광해군 13) ① 『광해군일기(중초본)』 권56 『광해군일기(정초본)』 권166, 광해군 13년 6월 丁酉 ② 『광해군일기(중초본)』 권55, 『광해군일기(정초본)』 권161, 광해군 13년 2월 癸丑 ③ 『續雜錄』 1, 辛酉 天啓 원년 광해군 14년 3월 20일 |
| 11 | 4월 1일 소롱이가 다시 만포에 달려와서 첨사 정충신에게 후금이 遼陽을 공격할 때 조선이 남조를 돕지 않았다는 것을 잘 알고 있다고 말 | 1621년(광해군 13) 『續雜錄』 1, 辛酉 天啓 원년 광해군 14년 4월 |
| 12 | ① 6월 小胡가 오랫동안 우리 땅에 머물러 있고 돌아갈 뜻이 없음(소롱이를 소호라 부르기 시작함), ② 차호가 만포가 아닌 의주로 왔으며, 광해군은 의주로 온 차호를 만포에서와 같이 잘 접대하고 후한 선물을 주도록 하였는데, 差胡가 6월 11일 돌아감(이때의 차호가 소롱이인지는 확실치 않음) | 1621년(광해군 13) ① 『광해군일기(중초본)』 권56 『광해군일기(정초본)』 권166, 광해군 13년 6월 壬申; 癸巳 ② 『광해군일기(중초본)』 권56, 『광해군일기(정초본)』 권166, 광해군 13년 6월 壬申; 辛巳 |
| 13 | ① 차호 소롱이가 만포가 아니라 鎭江의 길을 경유하여 압록강변 義州 건너편으로 갑자기 옴, 강홍립의 書狀과 胡書를 가지고 옴 ② 6월 24일 소호가 이미 들어갔음, 이때 소롱이가 호서를 바치지 못하고 돌아감 | 1621년(광해군 13) ① 『광해군일기(중초본)』 권56, 『광해군일기(정초본)』 권166, 광해군 13년 6월 己丑 ② 『광해군일기(중초본)』 권56, 광해군 13년 6월 甲午 『광해군일기(중초본)』 권56 『광해군일기(정초본)』 권166, 광해군 13년 6월 丁酉 |

| 연번 | 내용 | 시기 및 출처 |
|---|---|---|
| 14 | ① 8월 28일 정충신이 누르하치에게 파견됨, 호차 소롱귀(소롱이) 등과 함께 길을 떠난지 10여일 만에 오랑캐의 진영에 도달하였다고 함<br>② 정충신이 수일의 노정을 지나 가서 소호의 무리와 돌아서 나옴 | 1621년(광해군 13)<br>① 『광해군일기(중초본) 권58, 『광해군일기(정초본)』 권169, 광해군 13년 9월 甲辰: 戊申<br>② 『광해군일기(중초본)』 권58, 광해군 13년 9월 己酉 |

# 참고문헌

## 1. 사료

『高麗史』.

『高麗史節要』.

『朝鮮王朝實錄』(『太祖實錄』, 『太宗實錄』, 『世宗實錄』, 『文宗實錄』,

『端宗實錄』, 『世祖實錄』, 『成宗實錄』, 『燕山君日記』, 『中宗實錄』,

『明宗實錄』, 『宣祖實錄』, 『宣祖修正實錄』, 『光海君日記(重草本·正草本)』,

『仁祖實錄』).

『備邊司謄錄』.

『承政院日記』.

『昭顯瀋陽日記』.

『事大文軌』.

『龍飛御天歌』

『制勝方略』.

『新增東國輿地勝覽』

『北征錄』

『燃藜室記述』.

『大東野乘』.

『象村集』.

『鶴峯逸稿』.

『亂中雜錄』.

『林下筆記』.

『退溪先生文集』.

『北關誌』.

『壯襄公全書』.

『北路紀略』.

『月沙先生文集』.

『眉叟記言』.

『國朝寶鑑』.

『國朝人物考』.

『建州紀程圖記』.

『柵中日錄』.

『續雜錄』.

『紫巖集』.

『元史』

『明實錄』.

『大明一統志』

『大明會典』

『舊滿洲檔』.

『滿洲實錄』.

『淸太祖實錄』.

『滿文老檔』.

## 2. 저서

고려대학교 민족문화연구원 만주학센터 만주실록 역주회 역, 『만주실록 역주』,
        소명출판, 2014.

국방군사연구소, 『國土開拓史』, 정문사, 1999.

김구진, 『13C~17C 女眞 社會의 硏究-金 滅亡 以前 淸 建國 以前까지 女眞社
        會의 組織을 中心으로-』, 고려대학교 박사학위논문, 1988.

김종원, 『근세 동아시아관계사 연구-朝淸交涉과 東亞三國貿易을 중심으로』,
        혜안, 1999.

남의현, 『明代 遼東都司 支配의 限界에 관한 연구』, 강원대학교 박사학위논문, 2006.

남의현, 『明代遼東支配政策硏究』, 강원대학교 출판부, 2008.

단국대학교 부설 동양학연구소, 『漢韓大事典(4)』, 단국대학교출판부, 2001.

박원호, 『明初朝鮮關係史硏究』, 일조각, 2002.

박정민, 『조선시대 여진인 내조 연구』, 경인문화사, 2015

박정민, 『朝鮮時代 女眞人 來朝 연구』, 전북대학교 박사학위논문, 2014.

방동인, 『韓國의 國境劃定硏究』, 일조각, 1997.

서병국, 『宣祖時代 女眞交涉史硏究』, 교문사, 1970.

세종대왕기념사업회, 『국역 제승방략』, 1999.

세종대왕기념사업회·한국고전용어사전 편찬위원회, 『한국고전용어사전 5』, 세종대왕기념사업회, 2001.

육군본부, 『한국군사사』 7(조선후기 Ⅰ), 경인문화사, 2012.

이민환 지음, 중세사료강독회 옮김, 『책중일록』, 서해문집, 2014.

이원명·박상진, 『장양공 이일(李鎰)장군 연구, 국역 '장양공전서(國譯 '壯襄公全書')』, 국학자료원, 2010.

이인영, 『韓國滿洲關係史의 硏究』, 을유문화사, 1954.

이재철, 『세종시대의 국토방위』, 세종대왕기념사업회, 1995.

전해종, 『歷史와 文化-韓國과 中國·日本』, 일조각, 1976.

조병학, 『入關前 後金의 몽골 및 滿洲族 統合에 관한 연구』, 중앙대학교 박사학위논문, 2002.

최동권, 『구만주당』, 보고사, 2007.

崔學根 譯, 『國譯蒙文 滿洲實錄(上)[蒙文本]』, 보경문화사, 1992.

최호균, 『朝鮮中期 對女眞關係의 연구』, 성균관대학교 박사학위논문, 1995.

한명기, 『임진왜란과 한중관계』, 역사비평사, 1999.

한성주, 『조선 전기 수직여진인 연구』, 경인문화사, 2011.

_____, 『조선 전기 女眞에 대한 授職政策 연구』, 강원대학교 박사학위논문, 2011.

葛劍雄, 『中國歷代疆域的變遷』, 商務印書館, 1997.

姜龍範·劉子敏, 『明代中朝關系史』, 黑龍江朝鮮民族出版社, 1999.

王臻, 『朝鮮前期與明建州女眞關係硏究』, 中國文史出版社, 2005.
河內良弘, 『明代女眞史の硏究』, 同明舍, 1992.


## 3. 논문

강성문, 「朝鮮시대 女眞征伐에 관한 연구」, 『군사』 18, 1989.
_____, 「朝鮮初期 六鎭開拓의 國防史的 意義」, 『군사』 42, 2001.
계승범, 「鄕通事 河世國과 조선의 선택-16~17세기 한 女眞語 통역관의 삶과 죽음-」, 『만주연구』 11, 2011.
김구진, 「麗末鮮初 豆滿江 流域의 女眞 分布」, 『백산학보』 15, 1973.
_____, 「吾音會의 斡朶里 女眞에 對한 硏究」, 『사총』 17·18, 1973.
_____, 「初期 毛憐 兀良哈 硏究」, 『白山學報』 17, 1974.
_____, 「骨看 兀狄哈 女眞 硏究」, 『사총』 20, 1976.
_____, 「尹瓘 9城의 範圍와 朝鮮 6鎭의 開拓 -女眞 勢力 關係를 中心으로-」, 『사총』 21·22, 1977.
_____, 「여진과의 관계」, 『한국사 22-조선왕조의 성립과 대외관계』, 『한국사』 22, 국사편찬위원회, 1995.
김구진·이현숙, 「『제승방략(制勝方略)』의 북방(北方) 방어(防禦) 체제」, 『국역 제승방략』, 세종대왕기념사업회, 1999.
김남규, 「高麗前期의 女眞觀-女眞懷柔政策과 관련하여」, 『가라문화』 12, 1995.
김병록, 「조선초기 金宗瑞의 六鎭開拓에 關한 考察」, 성균관대학교 석사학위 논문, 1996.
김상태, 「朝鮮 世祖代의 圜丘壇 復設과 그 性格」, 『한국학연구』 6·7, 1996.
김석주·김남신, 「寧古塔에 對한 歷史地理的 考察」, 『문화역사지리』 22-3, 2010.
김선민, 「朝鮮通事 굴마훈, 淸譯 鄭命壽」, 『명청사연구』 41, 2014.
_____, 「훈춘, 청과 조선의 변경」, 『만주연구』 19, 2015.
김선호, 「14세기말 몽·려관계와 동북아 정세변화」, 『강원사학』 12, 1996.
김순남, 「조선 成宗代 兀狄哈에 대하여」, 『조선시대사학보』 49, 2009.

_____, 「조선 燕山君代 여진의 동향과 대책」, 『한국사연구』 144, 2009.

_____, 「조선 中宗代의 북방 野人 驅逐」, 『조선시대사학보』 54, 2010.

_____, 「조선 전기 5진 藩胡 동향의 추이」, 『역사와 실학』 46, 2011.

_____, 「16세기 조선과 野人 사이의 모피 교역의 전개」, 『한국사연구』 152, 2011.

_____, 「15세기 중반~16세기 조선 북방 軍役의 폐단과 軍額 감소」, 『조선시대사학보』 61, 2012.

김순자, 「고려말 동북면의 지방세력연구」, 연세대학교 석사학위논문, 1987.

김태영, 「朝鮮초기 世祖王權의 專制性에 대한 一考察」, 『한국사연구』 87, 1994.

남의현, 「明代 兀良哈·女眞의 成長과 遼東都司의 危機」, 『만주연구』 3, 2005.

_____, 「明代 前期 遼東과 몽골·女眞의 動向」, 『명청사연구』 25, 2006.

_____, 「明 前期 奴兒干都司의 設置와 衰退」, 『동북아역사논총』 16, 2007.

_____, 「16~17세기 豆滿江 邊境地帶 女眞의 성장과 국제질서의 변화-瓦爾喀 등 女眞族 통합과정을 중심으로-」, 『명청사연구』 41, 2014.

노영구, 「17세기 전반기 조선의 대북방 방어전략과 평안도 국방체제」, 『군사연구』 135, 2013.

민덕기, 「임진왜란 직전 조선의 국방 인식과 대응에 대한 재검토-동북방 여진에 대한 대응을 중심으로-」, 『역사와 담론』 57, 2010.

박성규, 「고려말 한·중간의 유민」, 『경주사학』 20, 2001.

박원호, 「永樂年間 明과 朝鮮間의 女眞問題」, 『아세아연구』 85, 1991.

_____, 「宣德年間(1425~1435) 明과 朝鮮間의 建州女眞」, 『아세아연구』 85, 1992.

_____, 「15세기 동아시아 정세」, 『한국사 22-조선왕조의 성립과 대외관계』, 국사편찬위원회, 1995.

박정민, 「세조대의 여진관계와 정책」, 『한국사연구』 151, 2010.

_____, 「조선 세조대 여진인 來朝와 귀속문제」, 『전북사학』 41, 2012.

_____, 「조선 세종대 여진인 통교체제의 정비」, 『한국사연구』 163, 2013.

_____, 「누르하치의 두만강 유역 진출과 조선의 藩胡 상실」, 『인문과학연구』 43, 강원대학교 인문과학연구소, 2014.

_____, 「임진왜란과 여진인 '來朝'의 종언」, 『만주연구』 18, 2014.

박화진, 「쓰시마번 차왜의 신묘통신사행 준비과정에 대한 고찰」, 『조선통신사연
　　　구』 14, 2012.

방동인, 「4군 6진의 개척」, 『한국사』 22, 국사편찬위원회, 1995.

_____, 「조선초기의 북방 영토개척-압록강 방면을 중심으로」, 『관동사학』 5·6, 1994.

서병국, 「童猛哥帖木兒의 建州左衛硏究」, 『백산학보』 11, 1971.

서인범, 「명대의 遼東都司와 東寧衛」, 『명청사연구』 23, 2005.

송기중, 「《太祖實錄》에 등장하는 蒙古語名과 女眞語名(Ⅱ)」, 『진단학보』 73,
　　　1992.

_____, 「朝鮮朝 建國을 後援한 勢力의 地域的 基盤」, 『진단학보』 78, 1994.

송병기, 「동북, 서북계의 수복」, 『한국사』 9, 국사편찬위원회, 1973.

_____, 「世宗朝 兩界行城 築造에 對하여」, 『사학연구』 18, 1964.

송우혜, 「조선 선조조의 니탕개란 연구」, 『역사비평』 72, 2005.

신정훈, 「麗末鮮初 對女眞政策과 東北面의 領域擴大」, 연세대학교 석사학위
　　　논문, 2003.

심민정, 「두모포왜관시기 差倭 接待例 변화와 정비 -『接倭式例』 분석을 중심
　　　으로-」, 『동북아문화연구』 46, 2016.

_____, 「조선 후기 일본사신 접대를 통해 본 朝日관계 -差倭제도와 접대규정
　　　변화를 중심으로-」, 『역사와 경계』 96, 2015.

심재석, 「용비어천가에 보이는 고려말 이성계가」, 『외대사학』 4-1, 1992.

유봉영, 「王朝實錄에 나타난 李朝前期의 野人」, 『백산학보』 14, 1973.

오종록, 「세종시대 북방영토개척」, 『세종문화사대계』 3, 세종기념사업회, 2001.

유재춘, 「朝鮮前期 行城築造에 관하여」, 『강원사학』 13, 1998.

_____, 「중·근세 韓·中間 국경완충지대의 형성과 경계인식」, 『한일관계사학회』
　　　39, 2011.

유창규, 「李成桂의 軍事的 基盤-東北面을 중심으로-」, 『진단학보』 58, 1984.

윤유숙, 「근세 韓日통교와 非定例 差倭의 조선도해」, 『사총』 70, 2013.

윤호량, 「宣祖 16년(1583) '尼蕩介의 亂'과 조선의 군사전략」, 고려대학교 석사
　　　학위논문, 2009.

李景植, 「朝鮮初期의 北方開拓과 農業開發」, 『역사교육』 52, 1992.

이혜진, 「17세기 후반 朝日外交에서의 裁判差倭 성립과 조선의 외교적 대응」, 『한일관계사연구』 8, 1998.

장성진, 「광해군시대 국방정책 연구」, 국방대학교 석사학위논문, 2008.

장정수, 「선조대 對女眞 방어전략의 변화 과정과 의미」, 『조선시대사학보』 67, 2013.

_____, 「선조대 말 여진 번호 로툰(老土)의 건주여진 귀부와 조선의 대응」, 『조선시대사학보』 78, 2016.

정다함, 「朝鮮初期 野人과 對馬島에 대한 藩籬·藩屛認識의 형성과 敬差官의 파견」, 『동방학지』 141, 2008.

조영록, 「入關前 明·鮮時代의 滿洲女眞史」, 『백산학보』 22, 1977.

최재진, 「고려말 동북면의 통치와 이성계 세력 성장-쌍성총관부 수복이후를 중심으로-」, 『사학지』 26, 1993.

최호균, 「光海君의 對北方政策에 관한 一考察-對明派兵과 密旨問題를 中心으로-」, 성균관대학교 석사학위논문, 1983.

추명엽, 「고려전기 '번(蕃)' 인식과 '동·서번'의 형성」, 『역사와 현실』 43, 2002.

한문종, 「조선 전기 倭使의 宴享接待와 女樂」, 『한일관계사연구』 36, 2010.

_____, 「朝鮮前期의 對馬島 敬差官」, 『전북사학』 15, 1992.

한성주, 「조선초기 受職女眞人 연구-세종대를 중심으로-」, 『조선시대사학보』 36, 2006.

_____, 「朝鮮初期 朝·明 二重受職女眞人의 兩屬問題」, 『조선시대사학보』 40, 2007.

_____, 「두만강지역 여진인 동향 보고서의 분석-『端宗實錄』 기사를 중심으로-」, 『사학연구』 86, 2007.

_____, 「조선 세조대 毛憐衛 征伐과 여진인의 從軍에 대하여」, 『강원사학』 22·23, 2008.

_____, 「朝鮮前期 '字小'에 대한 고찰-對馬島 倭人 및 女眞 勢力을 중심으로」, 『한일관계사연구』 33, 2009.

_____, 「조선 전기 女眞僞使의 발생과 처리 문제에 대한 고찰」, 『사학연구』 100, 2010.

_____, 「조선 전기 두만강 유역 '女眞 藩籬·藩胡'의 형성과 성격」, 『한국사학보』

41, 2010.

_____, 「조선 명종대·豆滿江 以北지역에 대한 '鎭'설치 시도-伊應巨島의 子母鎭 설치와 女眞과의 분쟁을 중심으로」, 『한일관계사학회』 42, 2012.

_____, 「조선 세조대 '女眞 和解事'에 대한 연구-申叔舟의 파견을 중심으로」, 『동북아역사논총』 38, 2012.

_____, 「조선 연산군대 童淸禮의 建州三衛 파견에 대하여」, 『만주연구』 14, 2012.

_____, 「朝鮮前期 豆滿江流域에 나타나는 두 개의 '朝鮮'」, 『명청사연구』 37, 2012.

_____, 「세조대(1467년) 朝鮮과 明의 建州女眞 협공에 대한 연구」, 『한일관계사학회』 45, 2013.

_____, 「조선 변경정책의 허와 실-두만강 유역 女眞 藩胡의 성장과 발전-」, 『명청사연구』 42, 2014.

_____, 「임진왜란 전후 女眞 藩胡의 朝鮮 침구 양상과 조선의 대응 분석」, 『동양사학연구』 132, 2015.

_____, 「조선 선조대 후반 忽剌溫 부잔타이[布古泰]의 침입 양상」, 『역사와 경계』 100, 2016.

_____, 「누르하치의 두만강 유역 번호 침탈과 조선의 대응 고찰」, 『만주연구』 22, 2016.

한형주, 「朝鮮 世祖代의 祭天禮에 대한 研究-太·世宗代 祭天禮와의 비교 검토를 중심으로」, 『진단학보』 81, 1996.

허흥식, 「고려말 이성계의 세력 기반」, 『역사와 인간의 대응, 고병익 회신기념 사학논집』, 1985.

홍성덕, 「十七世紀 別差倭의 渡來와 朝日關係」, 『전북사학』 15, 1992.

_____, 「조선후기 한일외교체제와 대마도의 역할」, 『동북아역사논총』 41, 2013.

황선희, 「世祖 초기의 女眞關係와 北征」, 서강대학교 석사학위논문, 2007.

ケネスR·ロビンソン, 「一四五五年三月の人名記錄にみる朝鮮王朝の受職野人」, 『年報 朝鮮學』 6, 1997.

ケネス·R·ロビンソン, 「朝鮮王朝-受職女眞人の關係と'朝鮮'」, 『歷史評論』

592, 1999.

高橋公明,「朝鮮遣使ブ-ムと世祖の王權」,『日本前近代の國家と對外關係』,
　　　吉川弘文館, 1987.

中村榮孝,「朝鮮世祖の圜丘壇祭祀について(上)」,『朝鮮學報』54, 1970.

河內良弘,「申叔舟の女眞出兵」,『朝鮮學報』71, 1974.

河內良弘,「朝鮮世祖の字小主義とその挫折」,『明代女眞史の研究』, 同朋舍,
　　　1992.

王多芳,「關于明代中朝邊界形成的研究」,『中國邊疆史地研究』, 1997年 第3其.

建文,「論明代對東疆地區的管轄問題」,『北方文物』, 北方文物雜誌社, 1995
　　　年 第2其.

王多芳,「關于明代中朝邊界形成的研究」,『中國邊疆史地研究』, 中國社會
　　　科學院中國邊疆史地研究中心, 1997年 第3其.

董万崙,「明末淸初圖們江內外瓦爾喀研究」,『民族文化』2003年 第1期.

## 4. 기타

국사편찬위원회 명실록·청실록 사이트(http://sillok.history.go.kr/mc/main.do).

비변사등록(http://db.history.go.kr/item/level.do?itemId=bb).

승정원일기(http://sjw.history.go.kr/main.do).

조선왕조실록(http://sillok.history.go.kr).

한국학중앙연구원 한국학자료센터 고문헌용어용례사전(http://kostma.aks.ac.kr/dic/
　　　dicMain.aspx?mT=B).

# 찾아보기

**한성주**

강원대학교 사학과 졸업
강원대학교 대학원 문학석사·박사
전 강원도사편찬실 편찬연구원
전 강원대학교 인문과학연구소 전임연구원
현 강원대학교 사학과·교양학부 강사

**저서** 『조선전기 수직여진인 연구』(단독)
　　　『근세 동아시아와 요동』
　　　『중·근세 동아시아지역의 해류 경계분쟁』
　　　『세계 영토분쟁의 과거와 현재』(이상 공저)

**논문** 「조선 변경정책의 허와 실-두만강 유역 女眞 藩胡의 성장과 발전-」
　　　「조선의 對女眞關係와 6鎭지역 사람들」
　　　「임진왜란 전후 女眞 藩胡의 朝鮮 침구 양상과 조선의 대응 분석」
　　　「조선 초기 對明관계와 공험진」
　　　「조선 선조대 忽刺溫 부잔타이[布占泰]의 침입 양상」
　　　「누르하치의 두만강 유역 번호 침탈과 조선의 대응 고찰」
　　　「정묘호란 직후 '李仁居의 난' 연구」
　　　「고문서를 통해서 본 강릉 김씨의 麟蹄 이주」
　　　「胡差 小弄耳를 통해서 본 조선·여진 관계의 변화」
　　　「18~19세기 삼척 지역 李貴才 가문 호구 자료의 현황과 의미」 外

# 조선시대 藩胡 연구

초판 1쇄 인쇄  2018년 3월 23일
초판 1쇄 발행  2018년 3월 30일

지 은 이  한성주
발 행 인  한정희
발 행 처  경인문화사
총괄이사  김환기
편    집  김지선 박수진 한명진 유지혜 장동주
마 케 팅  김선규 하재일 유인순
출판번호  406-1973-000003호
주    소  파주시 회동길 445-1 경인빌딩 B동 4층
전    화  031-955-9300  팩   스  031-955-9310
홈페이지  www.kyunginp.co.kr
이 메 일  kyungin@kyunginp.co.kr

ⓒ 한성주, 2018

ISBN  978-89-499-4724-2  93910
값  28,000원